SFU 78

EVA-MARIA NEIDLINGER

Vermittlungsverträge unter besonderer Beachtung der Anlagevermittlung

Schriften zum Bürgerlichen Recht

Band 382

Vermittlungsverträge unter besonderer Beachtung der Anlagevermittlung

Von

Eva-Maria Neidlinger

Duncker & Humblot · Berlin

Die Juristische Fakultät der Universität Augsburg hat diese Arbeit
im Wintersemester 2006/2007 als Dissertation angenommen.

Bibliografische Information der Deutschen Nationalbibliothek

Die Deutsche Nationalbibliothek verzeichnet diese Publikation in
der Deutschen Nationalbibliografie; detaillierte bibliografische Daten
sind im Internet über http://dnb.d-nb.de abrufbar.

Satz: Klaus-Dieter Voigt, Berlin
Druck: Berliner Buchdruckerei Union GmbH, Berlin
Printed in Germany

ISSN 0720-7387
ISBN 978-3-428-12620-0

Gedruckt auf alterungsbeständigem (säurefreiem) Papier
entsprechend ISO 9706 ♾

Internet: http://www.duncker-humblot.de

Vorwort

Die Arbeit wurde im Wintersemester 2006/2007 von der Juristischen Fakultät der Universität Augsburg als Dissertation angenommen.

Mein besonderer Dank gilt meinem Doktorvater Herrn Prof. Dr. Jörg Neuner für die bestmögliche Unterstützung, die er mir bei der Erstellung meiner Arbeit gewährte, sowie für die schöne Zeit am Lehrstuhl. Frau Prof. Dr. Beate Gsell danke ich für die Zweitbegutachtung.

Darüber hinaus danke ich all jenen, die mich während der Zeit der Anfertigung der Arbeit fortwährend motiviert haben. Zuvörderst zu erwähnen sind die Mitglieder des Lehrstuhls.

Für immer neuen Ansporn sorgten meine Freunde und Kollegen der Mittagsrunde.

Augsburg, im März 2008 *Eva-Maria Neidlinger*

Inhaltsverzeichnis

Abkürzungsverzeichnis

a. A.	andere Ansicht
a. a. O.	am angeführten Ort
ABl.	Amtsblatt der Europäischen Gemeinschaften
Abs.	Absatz
AcP	Archiv für die civilistische Praxis
ADHGB	Allgemeines Deutsches Handelsgesetzbuch
a. F.	alte Fassung
AGB	Allgemeine Geschäftsbedingungen
AGBG	Gesetz zur Regelung des Rechts der Allgemeinen Geschäftsbedingungen
a. M.	am Main
Anm.	Anmerkung
AnSVG	Anlegerschutzverbesserungsgesetz
Art.	Artikel
AuslInvG	Gesetz über den Vertrieb ausländischer Investmentanteile und über die Besteuerung der Erträge aus ausländischen Investmentanteilen
BaFin	Bundesanstalt für Finanzdienstleistungsaufsicht
BAV	Bundesaufsichtsamt für das Versicherungswesen
BB	Betriebs-Berater
Begr.	Begründung
BGB	Bürgerliches Gesetzbuch
BGBl	Bundesgesetzblatt
BGH	Bundesgerichtshof
BGHZ	Sammlung der Entscheidungen des Bundesgerichtshofs für Zivilsachen
BKR	Zeitschrift für Bank- und Kapitalmarktrecht
BörsenG	Börsengesetz
BR-Drucks.	Bundesrats-Drucksachen
BT-Drucks.	Bundestags-Drucksachen
BVerfG	Bundesverfassungsgericht
bzw.	beziehungsweise
ca.	circa
c.i.c.	culpa in contrahendo
DB	Der Betrieb
ders.	derselbe
d.h.	das heißt
Diss.	Dissertation

DStR	Deutsches Steuerrecht
ebd.	ebenda
EG	Europäische Gemeinschaft
Einf.	Einführung
etc.	et cetera
EuGH	Gerichtshof der Europäischen Gemeinschaften
EWG	Europäische Wirtschaftsgemeinschaft
f	folgende
ff	fortfolgende
FAZ	Frankfurter Allgemeine Zeitung
Fn.	Fußnote
FS	Festschrift
GbR	Gesellschaft bürgerlichen Rechts
GewArch	Gewerbearchiv
GewO	Gewerbeordnung
GG	Grundgesetz
ggf.	gegebenenfalls
GmbH	Gesellschaft mit beschränkter Haftung
GmbHG	Gesetz betreffend die Gesellschaften mit beschränkter Haftung
Habil.-Schr.	Habilitationsschrift
HaustürWG	Gesetz über den Widerruf von Haustürgeschäften und ähnlichen Geschäften
HGB	Handelsgesetzbuch
Hrsg.	Herausgeber
Hs.	Halbsatz
i. V. m.	in Verbindung mit
JBl	Juristische Blätter
JR	Juristische Rundschau
JuS	Juristische Schulung
JZ	Juristenzeitung
KAGG	Gesetz über Kapitalanlagegesellschaften
KG	Kommanditgesellschaft
KK	Kölner Kommentar
KWG	Gesetz über das Kreditwesen
LG	Landgericht
LMK	Kommentierte BGH-Rechtsprechung Lindenmaier-Möhring
MDR	Monatsschrift für Deutsches Recht
Mill.	Milliarden
MMR	MultiMedia und Recht
MüKo	Münchener Kommentar
m. w. N.	mit weiteren Nachweisen
Nachw.	Nachweis
n. F.	neue Fassung

NJW	Neue Juristische Wochenschrift
NJW-RR	NJW-Rechtsprechungsreport-Zivilrecht
n. rk.	nicht rechtskräftig
Nr.	Nummer
NVersZ	Neue Zeitschrift für Versicherung und Recht
NZG	Neue Zeitschrift für Gesellschaftsrecht
NZM	Neue Zeitschrift für Miet- und Wohnungsrecht
NZS	Neue Zeitschrift für Sozialrecht
o. ä.	oder ähnliches
o. g.	oben genannt
OLG	Oberlandesgericht
PHi	Produkthaftpflicht international
pVV	positive Vertragsverletzung
Rdnr.	Randnummer
Rdnrn.	Randnummern
RegE	Regierungsentwurf
RG	Reichsgericht
RGZ	Sammlung der Entscheidungen des Reichsgerichts in Zivilsachen
RL	Richtlinie
Rspr.	Rechtsprechung
r+s	Recht und Schaden
S.	Seite(n)
SchuldRModG	Gesetz zur Modernisierung des Schuldrechts
SGB	Sozialgerichtsbarkeit, Sozialgesetzbuch
SGb	Die Sozialgerichtsbarkeit
StGB	Strafgesetzbuch
st. Rspr.	ständige Rechtsprechung
u. a.	unter anderem, und andere
UWG	Gesetz gegen den unlauteren Wettbewerb
v.	vom, von
VersR	Versicherungsrecht
VersVermV	Versicherungsvermittlungsverordnung
vgl.	vergleiche
Vorbem.	Vorbemerkung
VerkProspG	Wertpapier-Verkaufsprospektgesetz
VerkProspV	Verkaufsprospektverordnung
VVG	Gesetz über den Versicherungsvertrag
WpDRiL	Wertpapierdienstleistungsrichtlinie
WpHG	Wertpapierhandelsgesetz
WM	Wertpapier-Mitteilungen
WoVermittG	Gesetz zur Regelung der Wohnungsvermittlung
z. B.	zum Beispiel
ZBB	Zeitschrift für Bankrecht und Bankwirtschaft

ZGR	Zeitschrift für Unternehmens- und Gesellschaftsrecht
ZHR	Zeitschrift für das gesamte Handelsrecht und Wirtschaftsrecht
ZIP	Zeitschrift für Wirtschaftsrecht und Insolvenzpraxis
ZMR	Zeitschrift für Miet- und Raumrecht
ZPO	Zivilprozessordnung

Einleitung

Anlass dieser Arbeit ist der sich im Fluss befindende Bedeutungswandel, dem die Berufsgruppe des Vermittlers in einigen besonders sensiblen Wirtschaftsbereichen gegenübersteht. Dieser zu beobachtende Umbruch ist keine Neuorientierung speziell im Vermittlerwesen, sondern spiegelt allgemeine Tendenzen der Rechtswirklichkeit in vielen beruflichen Umfeldern wider. Dieser Wandel drückt sich in dem stetigen Anwachsen der Informationspflichten sowohl in Quantität als auch Qualität aus.

A. Ziel der Untersuchung

Das Ziel der Arbeit liegt zum einen in der Erörterung wichtiger Problemfelder im Zusammenhang mit der Tätigkeit des Anlagevermittlers im Grauen Kapitalmarkt; zum anderen soll, auf diesen Erkenntnissen aufbauend, versucht werden, den Typus des Vermittlers in seiner generellen Erscheinungsform zu beschreiben. Hierbei sollen seine charakteristischen Merkmale herausgearbeitet werden. Näher zu bestimmen sind zuvörderst seine Eigenschaften, die sich aus der ihn kennzeichnenden Stellung zwischen den Hauptvertragsparteien ergeben. In Anbetracht der großen Relevanz der Informationspflichten soll auf diese ein besonderes Augenmerk gelegt werden. Bereits an dieser Stelle sei angedeutet, dass es *den* Vermittler nicht gibt, sondern dieser Beruf verschiedene Ausprägungen erfahren kann. Nichtsdestotrotz ist es aber möglich, einzelne für die Vermittlung typische Regelungskreise mit der jeweiligen Erscheinungsform herauszuarbeiten.

B. Gang der Untersuchung

Schwerpunkt der Arbeit ist das erste Kapitel, welches die Anlagevermittlung im Grauen Kapitalmarkt thematisiert. Hier werden neben anderen Fragestellungen die Rechtsbeziehungen zwischen den Beteiligten, die Aufklärungs- und Beratungspflichten des Vermittlers und mögliche Rechtsfolgen bei nicht gehöriger Information erörtert. Anschließend werden im zweiten Kapitel überblicksweise die Regelungen im Bereich des Organisierten Kapitalmarkts und der Versicherungsvermittlung als sowohl wirtschaftlich bedeutsame als auch rechtlich anspruchsvoll gestaltete Märkte skizziert, um damit eine breitere Grundlage für die Annäherung an das Wesen des Vermittlers zu schaffen. Abschließend soll im dritten Kapitel unter Hinzuziehung der in den ersten beiden Kapiteln gewonnenen rechtlichen Erkenntnisse und ausgehend vom Zivilmaklervertrag das Vermittlungsverhältnis in seiner generellen Form vorgestellt werden.

Kapitel 1

Anlagevermittlung

A. Überblick

Das erste Kapitel befasst sich mit der Haftung des Vermittlers von Objekten des Grauen Kapitalmarkts und beschränkt sich hierbei auf geschlossene Immobilienfonds. Nach dem Rekordjahr für geschlossene Immobilienfonds in 2004[1] war für das Jahr 2005 zwar ein Einbruch im Investitionsvolumen bei geschlossenen Fonds zu verzeichnen[2] und im ersten Halbjahr 2006 sind die Investitionen nochmals zurückgegangen.[3] Dennoch hat diese Materie nichts von ihrer Aktualität verloren. Dies rührt aus den zahlreichen anhängigen Klagen von Kapitalanlegern her, die sich vor allem in Zeiten der Hochkonjunktur in den 90er Jahren für den Beitritt zu einem Fonds entschlossen haben. Es wird vermutet, dass bis zu 40 Prozent ihrer Investitionssumme ‚unseriösen Vermittlern und betrügerischen Anbietern' zugeflossen sein soll.[4] Die Anlagevermittler sind am Erwerb von Beteiligungen deshalb in großem Stil beteiligt, da die Kapitalsuchenden meist über keine eigene Vertriebsstruktur verfügen,[5] sondern externe Vermittler,[6] die auch ‚Emissionsgehilfen'[7] genannt werden, beauftragen, die Be-

---

1 Im Jahre 2004 wurden in geschlossene Immobilienfonds € 5,25 Mill. investiert (10 Prozent Zuwachs gegenüber dem Vorjahr), zusammen mit Fremdkapital sogar € 12 Mill. An geschlossenen Fonds insgesamt beteiligten sich knapp 400.000 Anleger und investierten fast € 25 Mill., davon knapp € 13 Mill. Eigenkapital. Es handelte sich um ein ‚Redkordjahr für geschlossene Fonds', Frankfurter Allgemeine Zeitung, Freitag, 18.02.2005, Nr. 41/Seite 47.

2 http://www.profifonds24.de/2004/7,1,13,131,1314,1,Immobilienfonds%20Inland, 1359,1,mod.html: 2005 verringerte sich das platzierte Investitionsvolumen um etwa ein Drittel auf € 2,7 Mill. Wegen der Besteuerung der Investitionsgewinne wird für die Zukunft damit gerechnet, dass sich der Abwärtstrend fortsetzt. Der Rückgang für die geschlossenen Fonds im Allgemeinen fiel 2005 dagegen mit etwa 3 Prozent gemäßigt aus, www.cach-online.de.

3 Der Markt für geschlossene Fonds ist im ersten Halbjahr 2006 um ca. 6 Prozent zurückgegangen, von diesem Negativtrend sind auch Immobilienfonds betroffen, www.cach-online.de v. 03.08.2006.

4 *Hasenkamp,* DStR 2004, 2154 ff (2154).

5 *Schirp/Mosgo,* BKR 2002, 354 ff (355).

6 *Schirp/Mosgo,* BKR 2002, 354 ff (355); siehe *Wagner,* in: Wagner/Loritz, Konzeptionshandbuch der steuerorientierten Kapitalanlage, Rdnrn. 492 ff; *Schwark,* BB 1979, 897 ff (899); *Grießenbeck,* BB 1988, 2188 ff (2189).

7 *Lutter,* Zur Haftung des Emissionsgehilfen im grauen Kapitalmarkt, in: FS für Johannes Bärmann, S. 605 ff.

teiligungen zu vertreiben. Zentrales und wiederkehrendes Argument in den Klagen gegen die Anlagevermittler ist in der Regel der Vorwurf, über das Anlageobjekt nicht ausreichend informiert worden zu sein.[8] Aus diesem Grund steht die Darstellung der Aufklärungs- und Beratungspflichten der Anlagevermittler gegenüber den Anlegern neben den rechtlichen Beziehungen zwischen den beteiligten Personen im Vordergrund dieses Kapitels.

I. Tätigkeit des Anlagevermittlers

Anlagevermittler sind typischerweise selbständige, gewerblich tätige Einzelpersonen oder selbständige Unternehmen.[9] Diese sind entweder ausschließlich auf die Anlagevermittlung spezialisiert oder nehmen die Vermittlung neben einer anderweitigen Tätigkeit etwa als Steuerberater wahr.[10] Häufig treten auch Bankangestellte als Anlagevermittler bzw. Anlageberater auf.[11] Größtenteils stehen die Vermittler als Einfirmenvertreter oder Mehrfirmenvertreter auf der Seite der Kapitalgeber.[12] Einfirmenvertreter dürfen entsprechend der vertraglichen Vereinbarung in der Regel für keinen anderen Kapitalsuchenden handeln und verpflichten sich zum Tätigwerden; als Ausgleich erhalten sie meist das Alleinvertriebsrecht an der zu platzierenden Kapitalanlage (Exklusivvertrieb).[13] Vorwiegend sind die Vermittler aber im Rahmen eines freien Vertriebs Mehrfirmenvertreter bzw. Mehrproduktvertreter für verschiedene Anbieter und Produkte.[14] Eine Tätigkeitspflicht besteht hier in der Regel nicht.[15] Wegen der Betrauung durch den Anbieter werben die Anlagevermittler die Anleger demnach mit dem Ziel ein, Anleger für die Produkte ihrer Auftraggeber zu gewinnen.

Den Kontakt zu potentiellen Anlegern stellen die Vermittler über Zeitungsannoncen oder Internetwerbung bzw. durch ihre weitere berufliche Tätigkeit oder auch auf Großveranstaltungen her.[16] Mit dem hieraus gewonnenen möglichen Kundenkreis korrespondieren sie per Rundschreiben und lassen den Interessenten regelmäßig neue Beteiligungsmöglichkeiten zukommen.[17] Aus dieser Be-

---

[8] *Hasenkamp,* DStR 2004, 2154 ff (2154).

[9] *Strohm,* in: Tewes, Praxishandbuch Immobilienkapitalanlagen, Teil 5/4.2, S. 1.

[10] *Strohm,* in: Tewes, Praxishandbuch Immobilienkapitalanlagen, Teil 5/4.2, S. 1.

[11] *Gummert,* in: Münchener Handbuch des Gesellschaftsrechts, § 69 Rdnr. 51.

[12] *Strohm,* in: Tewes, Praxishandbuch Immobilienkapitalanlagen, Teil 5/4.2, S. 2.

[13] Siehe *Wagner,* in: Wagner/Loritz, Konzeptionshandbuch der steuerorientierten Kapitalanlage, Rdnr. 526 zum Bauherrenmodell; *Westa,* Prospekt- und Vertriebshaftung bei steuerbegünstigten Kapitalanlagen, S. 52 ff.

[14] *Wagner,* in: Wagner/Loritz, Konzeptionshandbuch der steuerorientierten Kapitalanlage, Rdnr. 526 zum Bauherrenmodell.

[15] Hier handelt es sich i.d.R. um einen echten Maklervertrag, *Strohm,* in: Tewes, Praxishandbuch Immobilienkapitalanlagen, Teil 5/4.2, S. 2.

[16] *Gummert,* in: Münchener Handbuch des Gesellschaftsrechts, § 61 Rdnrn. 1 f.

[17] *Gummert,* in: Münchener Handbuch des Gesellschaftsrechts, § 69 Rdnr. 41.

schreibung wird deutlich, dass der erste Anstoß zum Beteiligungserwerb überwiegend vom Anlagevermittler gesetzt wird.[18] Die Initiative zum Abschluss eines Vermittlungsvertrags kann aber auch vom Anleger ausgehen, wenn sich dieser etwa einen Überblick über die zahlreichen Anlagemöglichkeiten verschaffen will, nachdem er sich über seine finanzielle Situation informiert hat.[19]

Der Intermediär ist in der Regel auch die einzige Person, mit der der Anleger bis zum Abschluss des Beteiligungsvertrags in persönlichen Kontakt tritt. Jener soll den Vertragsschluss vorbereiten, indem er die Beitrittsangebote von den Anlegern entgegennimmt und die ihm von der Gesellschaft zur Verfügung gestellten Formulare unterschriftsreif vorbereitet.[20] Er hat in der Regel aber keine Abschlussvollmacht,[21] sondern leitet die Angebote an die Gesellschaft weiter, die selbst über deren Annahme entscheidet.[22] Ist für den Anlageinteressenten das Handeln des Vermittlers als ‚Vertriebsbeauftragter' erkennbar, darf er darauf vertrauen, dass der Vermittler Empfangsbote der Gesellschaft ist.[23]

Die geschlossenen Immobilienfonds[24] sind als Publikumsgesellschaften organisiert und als solche dadurch gekennzeichnet, dass sie auf den Beitritt einer begrenzten, aber unbestimmten Vielzahl von Anlegern angelegte, kapitalistisch strukturierte Personengesellschaften sind.[25] Die Gesellschaftsverträge, die durch die Initiatoren vorformuliert sind, gestehen den nach der Gründung beitretenden Anlegern nur sehr eingeschränkte Mitwirkungsrechte zu.[26] Der Gegenstand der Vermittlung richtet sich nach der Art der Beteiligung durch den Anleger. Handelt es sich um eine direkte gesellschaftliche Beteiligung des Anlegers als Gesellschafter der Anlagegesellschaft, ist Vermittlungsgegenstand der Beteiligungs-

---

18 *Hoegen,* Einzelfragen zur Haftung bei Anlagevermittlung und Anlageberatung, in: FS für Walter Stimpel, S. 247 ff (248).

19 *Wüst,* JZ 1989, 67 ff (70).

20 *BGH,* Urteil v. 19.11.1984, NJW 1985, 1080 f (1081).

21 *Hoffmann,* JR 1969, 372 ff (373).

22 *Gummert,* in: Münchener Handbuch des Gesellschaftsrechts, § 62 Rdnr. 9.

23 *BGH,* Urteil v. 19.11.1984, NJW 1985, 1080 f (1081); *Wagner,* in: Assmann/Schütze, Handbuch des Kapitalanlagerechts, § 23 Rdnr. 65.

24 Ziele einer Beteiligung sind die jährliche Ausschüttung, die Wertsteigerung und der Abfindungsanspruch, und auch die steuerlichen Abschreibungen, weshalb die Beteiligungen langfristig, d.h. auf mindestens fünfzehn Jahre, konzipiert sind, um die Einkunfts- bzw. Überschusserzielungsabsicht zu gewährleisten, *Wagner,* NZG 2003, 897 ff (897). Trotz des Rückgangs der steuerlichen Abschreibungsmöglichkeiten bleibt diese Anlageform demnach wegen der Spezialisierung auf Altersversorgung und Vermögensbildung weiterhin bedeutsam, siehe *Zimmer,* DB 1998, 969 ff (969); *Ziegler,* DStR 2005, 30 ff (30).

25 Die Publikums-KGs sind phänotypisch den Aktiengesellschaften auf das engste verwandt, genotypisch dagegen als Personengesellschaft mit massenhafter Beteiligung konstruiert. Deshalb können die Abschreibungsverluste den Mitgesellschaftern unmittelbar zugewiesen werden, siehe *v. Bar,* ZGR 1983, 476 ff (477). Die Publikumsgesellschaften können auch in der Rechtsform einer GmbH organisiert sein.

26 *Gummert,* in: Münchener Handbuch des Gesellschaftsrechts, § 61 Rdnrn. 1 f.

vertrag, bei einer nur mittelbaren schuldrechtlichen Beteiligung über einen Treuhänder ist Vermittlungsgegenstand der Treuhandvertrag zwischen Anleger und Treuhänder. Die Arbeit beschränkt sich auf die erste Variante.

Im zweigeteilten deutschen Kapitalmarkt, der in einen Organisierten Markt[27] für Wertpapieranlagen und einen Grauen Kapitalmarkt[28] für nicht wertpapiermäßig verbriefte Vermögensanlagen aufgespalten ist, ist die Anlageform der Gesellschaftsbeteiligung dem Letzteren zugehörig.[29] Dieser Teil des Kapitalmarkts ist aus der Beschränkung des Geregelten Kapitalmarkts auf Aktiengesellschaften und dem Auftreten anderer Investitionsformen heraus entstanden.[30] Im Gegensatz zum Geregelten Kapitalmarkt ist er, abgesehen von einigen gewerberechtlichen Vorschriften, wie etwa die Erlaubnispflicht nach § 34c GewO, gesetzlich nur sehr unzureichend geregelt, da der Gesetzgeber dieses Segment bis zum Erlass des Anlegerschutzverbesserungsgesetzes[31] für nicht regelungsbedürftig hielt.[32] Auch wenn der Anlegerschutz in diesem Bereich weitgehend durch umfassendes Richterrecht verwirklicht wird,[33] begünstigte dieses Regelungsgefälle zwischen den Kapitalmärkten dennoch die Verbreitung undurchschaubarer Anlageprodukte auf dem Grauen Kapitalmarkt und führte zu beträchtlichen Anlegerschäden.[34]

Die Vermittlungsprovisionen im Ungeregelten Kapitalmarkt sind typischerweise erfolgsbezogen. Der geforderte Erfolg wird normalerweise definiert als Abschluss eines konkreten Beteiligungs- bzw. Treuhandvertrags, unter Umständen verbunden mit der Beibringung eines Bonitätsnachweises durch den Anleger;[35] bei Exklusivvertriebsrechten tritt er teilweise erst mit der Schließung der

---

[27] Dieser Markt wird auch ‚Geregelter Kapitalmarkt' genannt.

[28] Dieser Markt wird auch ‚Ungeregelter' bzw. ‚Freier Kapitalmarkt' genannt. Er lässt sich nicht exakt definieren, sondern nur umschreiben. ‚Es handelt sich um den Markt für nicht wertpapiermäßig verbriefte Risikokapitalanlagen, der durch großen Formenreichtum, geringen Organisationsgrad und kaum ausgebildete Sekundärmärkte gekennzeichnet ist.' Zu diesem Markt gehören u. a. auch Anteile an Treuhandvermögen, Bankgarantien und Depositendarlehen, *Fleischer,* BKR 2004, 339 ff (339).

[29] So fällt die gewerbsmäßige Vermittlung von Gesellschaftsanteilen nicht unter den Begriff der Finanzdienstleistungen nach § 1 Abs. 1a KWG, soweit nicht die Voraussetzungen des § 1 Abs. 11 KWG erfüllt sind. Deshalb ist der Vertrieb von Anteilen an BGB-Gesellschaften nicht nach § 32 Abs. 1 KWG erlaubnispflichtig. Ebenfalls nicht erfasst sind Leasingfonds, typische oder atypische stille Beteiligungen, siehe *Jung,* BB 1998, 649 ff (651).

[30] *Assmann,* in: Assmann/Schneider, WpHG, Einl. 4.

[31] Das Anlegerschutzverbesserungsgesetz (BGBl I 2004, S. 2630) trat in seinen wesentlichen Teilen, insbesondere im Hinblick auf die Änderungen des WpHG und den Erlass einer Verordnungsermächtigung bezüglich einer Verkaufsprospektverordnung am 30.10.2004, im Übrigen am 01.07.2005 in Kraft, § 6 AnSVG.

[32] *Assmann,* in: Assmann/Schneider, WpHG, Einl. 5.

[33] *Assmann,* in: Assmann/Schneider, WpHG, Einl. 6.

[34] *Fleischer,* BKR 2004, 339 ff (339).

[35] *Strohm,* in: Tewes, Praxishandbuch Immobilienkapitalanlagen, Teil 5/4.2, S. 1.

Gesellschaft[36] oder mit der Vermittlung von zumindest 50 Prozent des erforderlichen Zeichnungskapitals ein.[37] Die Provisionen erreichen eine Größenordnung von 15 bis 30 Prozent des platzierten Kapitals, vereinzelt sogar bis zu 50 Prozent.[38] Da diese hohen Vermittlungsgebühren den Vertrieb erschweren, wird immer wieder versucht, deren Ausmaß durch eine Zweiteilung in Innen- und Außenprovision zu verschleiern, wobei lediglich die Außenprovision ausdrücklich als solche benannt, die Innenprovision hingegen als Werbungskosten o. ä. klassifiziert wird.[39]

Mit Schließung der Gesellschaft endet der Maklervertrag ohne weiteres. Beim Exklusivvertrieb wird in der Regel ein Kündigungsrecht des Initiators für den Fall vereinbart, dass der Erfolg nicht in der vorgegebenen Zeit eintritt.[40]

II. Begriffsbestimmungen

Die dem Anlagevermittler als Vertragsintermediär eigentlich innewohnende Hauptaufgabe ist zwar die Mithilfe beim Zusammenführen der potentiellen Vertragspartner. Er kann dem Anlageinteressenten aber auch neben oder ohne Vermittlungstätigkeit zur Aufklärung bzw. Beratung verpflichtet sein. Dieses Pflichtenpaar wird unter dem Oberbegriff der Information zusammengefasst.[41] Ihr zeitlich vorgelagert sind die Verschaffung[42] oder Prüfung der notwendigen Angaben. Für die Aufklärung charakteristisch ist die retrospektive Betrachtungsweise; d.h. der Empfänger hätte sein Verhalten an dieser ausgerichtet, wenn er sie (ordnungsgemäß) erhalten hätte. Im Gegensatz dazu bezeichnet die Auskunft die Mitteilung von Umständen, von deren Kenntnis der Adressat künftige Entscheidungen abhängig machen will. Aus den unterschiedlichen Perspektiven wird gefolgert, dass nur die Auskunft, nicht aber die Aufklärung, selbstän-

---

36 Siehe *Wagner,* in: Wagner/Loritz, Konzeptionshandbuch der steuerorientierten Kapitalanlage, Rdnr. 520.

37 *Westa,* Prospekt- und Vertriebshaftung bei steuerbegünstigten Kapitalanlagen, S. 52 ff.

38 *Schirp/Mosgo,* BKR 2002, 354 ff (357).

39 *Schirp/Mosgo,* BKR 2002, 354 ff (355); siehe dazu auch Kapitel 1 C.VII.

40 *Wagner,* in: Wagner/Loritz, Konzeptionshandbuch der steuerorientierten Kapitalanlage, Rdnr. 526.

41 In dieser Arbeit bezeichnet der Begriff ‚Anlagevermittler' alle von zumindest einer Hauptvertragspartei mit der Vermittlung beauftragte Personen. Besteht, ggf. neben der Vermittlung, eine Beratungspflicht, wird die handelnde Person ‚Anlageberater' genannt. Der Begriff ‚Anlagevermittler' wird auch als Oberbegriff für beide Personen verwendet, sofern die Art der Information neben der Tätigkeit des Vermittelns zwischen Parteien in den Hintergrund tritt.

42 Der Begriff ‚Informationsbeschaffungspflicht' wird verwendet von *Fleischer,* Informationsasymmetrie im Vertragsrecht, S. 452 und *Breidenbach,* Die Voraussetzungen von Informationspflichten beim Vertragsschluss, S. 72.

dig einklagbar ist.[43] Der Verpflichtete muss die Information unaufgefordert, die Auskunft dagegen nur auf Verlangen erteilen.[44]

1. Aufklärung

Die Aufklärung ist die unaufgeforderte, wertungsfreie Mitteilung von entscheidungserheblichen Umständen. Sie soll den Empfänger durch Bereitstellung der notwendigen Kenntnisse in die Lage versetzen, eine eigenverantwortliche, selbständige Entscheidung über ein konkretes Rechtsgeschäft zu fällen. Eine allgemeine Aufklärungspflicht existiert nicht, sie muss für jeden Einzelfall begründet werden.

2. Beratung

Die Beratung dagegen dient nicht lediglich dem Zweck, dem Anlageinteressenten die Entscheidungsgrundlagen zu liefern, sondern strebt idealerweise an, dessen eigene Entscheidung durch Abgabe einer Empfehlung zu ersetzen.[45] Diese Zielrichtung führt zu einem gegenüber der Aufklärung erweiterten Pflichtenumfang. Auch der Berater teilt die vertragswesentlichen Umstände mit; darüber hinaus bewertet und vergleicht er die in Betracht kommenden Anlageobjekte verschiedener Anbieter, wählt das den Vorstellungen des Beratenen am ehesten entsprechende Objekt aus und spricht schließlich eine Empfehlung aus oder erteilt einen sonstigen Ratschlag.[46] Ein derartiges Vorgehen ist dem Berater nur möglich, wenn er sich seine Unabhängigkeit gegenüber den Anbietern bewahrt. Einer gänzlichen Unabhängigkeit im Sinne des Fehlens jeglicher rechtlichen Beziehung zu den Anbietern steht aber entgegen, dass die Berater in der Regel als Mehrfachvertreter für mehrere Auftraggeber tätig sind. Um zu vermeiden, dass in den weitaus meisten Fällen von vornherein eine ordnungsgemäße Beratungsleistung ausgeschlossen ist, bietet sich eine weiter gefasste Definition der Unabhängigkeit an. Für die Wahrung der Unabhängigkeit sollte es demnach als ausreichend erachtet werden, dass der Vermittler die Bereitschaft und das Recht mitbringt, trotz seiner Vertragsbeziehungen zu den Anbietern sachlich uneingeschränkt zu beraten.[47] Die so definierte Unabhängigkeit enthält folglich auch subjektive Elemente. Eine engere Auslegung des Begriffs der Be-

---

[43] *Roth,* in: MüKo, BGB, § 241 Rdnr. 114.

[44] *Krebs,* Sonderverbindung und außerdeliktische Schutzpflichten, S. 456.

[45] A. A. *Wagner,* BB 2002, 172 ff (177), der die Meinung vertritt, dass Aufklärung und Beratung im Grunde das gleiche Ziel haben, da sie beide die Voraussetzungen für eine sachgerechte Entscheidung herbeiführen sollen.

[46] Siehe *Fleischer,* Informationsasymmetrie im Vertragsrecht, S. 452 f; *Henssler,* Risiko als Vertragsgegenstand, S. 185 f; *Wolf,* NVersZ 2001, 392 ff (394 f).

[47] *Schirp/Mosgo,* BKR 2002, 354 ff (360); *Blankenstein,* NZM 2002, 145 ff (147).

ratung, die eine uneingeschränkte objektive Unabhängigkeit erfordert, würde deren Anwendungsbereich entgegen den Interessen aller Beteiligten zu sehr einschränken. Weiter ist festzuhalten, dass der Berater nicht alle erdenklichen Anlagen heranziehen und vergleichen muss, sondern eine repräsentative und ausgewogene Anzahl genügend ist. Eine umfassendere Beratungsleistung wäre nicht zumutbar.

Neben der unabhängigen Beratung ist auch die abhängige Beratung denkbar. Bei dieser beschränkt der Berater seine Auswahl auf die Objekte seines bzw. seiner Auftraggeber.[48] Nach allgemeiner Anschauung wird als Berater aber nur eine Person bezeichnet, die auf Seiten des Ratsuchenden steht und sich vollumfänglich für dessen Belange einsetzt. Deshalb ist die unabhängige Beratung der Regelfall; die abhängige Beratung kann aber bei besonderer Vereinbarung oder gesetzlicher Vorgabe zulässig sein.

3. Abgrenzung zwischen Aufklärung und Beratung

Die Abgrenzung von Aufklärung und Beratung wird vielfach als bedeutungslos angesehen, wie die synonyme Verwendung dieser Begriffe sowie deren achtlose Vermischung verdeutlichen.[49] Dahinter steht die Annahme, dass die Vermittler vorwiegend als Berater agieren, so dass an die Vertriebspersonen regelmäßig auch die Anforderungen wie an einen Berater gestellt werden; teilweise wird den Anlagevermittlern seitens der Anbieter ein derartiges Auftreten sogar nahe gelegt.[50] Da aber kein Erfahrungssatz existiert, wonach der Vertrieb immer von Anlageberatern durchgeführt würde,[51] und in der Praxis sowohl Anlagevermittler als auch Anlageberater anzutreffen und beide Vertriebsformen sowohl hinsichtlich der Voraussetzungen als auch der Rechtsfolgen unterschiedlich zu bewerten sind[52] und unterschiedliche Funktionen auf dem Kapitalanlagemarkt wahrnehmen[53], ist eine klare Trennung vonnöten. Überdies unterscheidet die Rechtsprechung des BGH deutlich zwischen beiden Informationsarten.[54]

---

48 Zu einer ähnlichen Differenzierung zwischen dem ‚unabhängigen individuellen Anlageberater‘ und ‚dem auf der Anbieterseite stehenden Anlageberater‘ siehe auch *Wagner*, DStR 2004, 1883 ff (1883).

49 Zur Rechtsprechung der Untergerichte siehe *Assmann*, ZIP 2002, 637 ff (648); nach *Schäfer* in: Schwintowski/Schäfer, Bankrecht, § 18 Rdnr. 2 nähern sich Anlagevermittlung und Anlageberatung immer mehr an.

50 *BGH*, Urteil v. 12.02.2004, NJW 2004, 1732 ff (1733).

51 *BGH*, Urteil v. 12.02.2004, NJW 2004, 1732 ff (1733).

52 *Assmann*, ZIP 2002, 637 ff (648); *Möllers/Ganten*, ZGR 1998, 773 ff (789 ff) zur Abgrenzung von Aufklärung und Beratung nach der Maßgabe von drei Kriterien.

53 *Henssler*, Risiko als Vertragsgegenstand, S. 185.

54 Siehe nur *BGH*, Urteil v. 13.05.1993, NJW-RR 1993, 1114 ff (1114); *BGH*, Urteil v. 11.09.2003, NJOZ 2005, 1268 ff (1269).

Da in der Praxis in der Regel keine expliziten Vereinbarungen über die Reichweite der Information getroffen werden, ist die Frage, ob diese als Aufklärung oder als Beratung anzusehen ist, ob also der Vermittler einen Rat erteilt oder nur Umstände mitgeteilt hat, maßgeblich durch Auslegung nach dem objektiven Empfängerhorizont des Anlageinteressenten zu lösen. Will der Vermittler aus Anlegersicht diesem durch seine Erklärungen eine selbständige Entscheidungsfindung abnehmen und nicht lediglich die eigene Entschließung ermöglichen, liegt eine Beratung vor. Maßgebliches Element für die Abgrenzung ist damit grundsätzlich das Aussprechen einer Empfehlung.

Um in Zweifelsfällen beurteilen zu können, ob das Hervorheben der Vorzüge eines Anlageobjekts als Kaufempfehlung auszulegen oder lediglich als werbende Anpreisung des ‚Verkäufers' zu verstehen ist, sollten die übrigen Merkmale der Beratung heranzogen werden; dies sind die Erkundigung nach den Anlegerwünschen und die vergleichende Beurteilung verschiedener Anlagen. So ist nur der Anlageberater, nicht aber der Anlagevermittler, verpflichtet, sich über die Wünsche und Vorstellungen des Anlegers zu erkundigen,[55] um eine anlegergerechte Beratung verwirklichen zu können. Diese Erkundigung lässt aber auch noch keine sicheren Rückschlüsse auf die Art der Informationserteilung zu, da die Kenntnis der Anlageziele nicht nur für die Empfehlung des Beraters erforderlich ist, sondern auch für Warnhinweise des Vermittlers nützlich sein kann.[56] Daneben dient dieses Wissen dem Anlagevermittler zur Eingrenzung des Anlageobjekts entsprechend den Kundenwünschen und führt somit zur Verbesserung seiner Vertriebschancen und der pflichtgemäßen Erfüllung des Vermittlungsvertrags mit dem Anbieter im Falle einer Tätigkeitspflicht. Nimmt der Vermittler aber anhand der eruierten Kundenerwartungen für den Anleger erkennbar einen Vergleich und eine Beurteilung mehrerer Objekte vor, spricht dies für eine Beratung. Der entgegengesetzte Fall des offenkundig fehlenden Vergleichs erlaubt dagegen keine eindeutigen Rückschlüsse; es könnte sich um eine Aufklärung oder eine fehlerhafte Beratung handeln. Maßgeblich sind die Gesamtumstände.[57]

Ein Rückgriff auf das zugrunde liegende Schuldverhältnis zur Bestimmung des Informationsinhalts ist in vielen Fällen ausgeschlossen. Außer in den Fällen des ausdrücklich abgeschlossenen Vertrags fällt der Vertragsschluss zeitlich mit

---

[55] Siehe unten zum Anlagevermittler Kapitel 1 C.V.1.c) und zum Anlageberater Kapitel 1 D.II.1.

[56] Dies gilt, obwohl der Vermittler im Grauen Kapitalmarkt nicht verpflichtet ist, Erkundigungen einzuholen, um Warnhinweise zu geben.

[57] A.A. *Lang,* Informationspflichten bei Wertpapierdienstleistungen, § 3 Rdnr. 21: Wenn sich an die Aufklärung durch eine Bank die Frage des Kunden anschließt, ob diese die Anlage empfehlen könne und die Bank die Frage beantwortet, soll sich die Pflicht zur Aufklärung in eine Pflicht zur Beratung wandeln. Dem kann so pauschal nicht zugestimmt werden, da auch die Einzelumstände heranzuziehen und bloße Anpreisungen von der Beratung abzugrenzen sind.

dem Beratungsgespräch zusammen, da dieses zumindest die Annahme des Angebots zum Abschluss des Beratungsvertrags enthält, d.h. dass sich die Verpflichtung zur Beratungsleistung mit deren Erfüllung überschneidet. Würde man nun durch Hinzuziehung des Vertragsinhalts die tatsächlich erteilte Information bestimmen, unterläge man einem Zirkelschluss. Die Heranziehung der vertraglichen Verpflichtung zur Bestimmung der tatsächlich erteilten Information kann deshalb nur in den Fällen Sinn machen, in denen der Abschluss des Beratungsvertrags aus Umständen hergeleitet wird, die außerhalb des eigentlichen Beratungsgesprächs liegen. Pflichtenbegründende Äußerungen des Vermittlers im Vorfeld der Beratung können etwa die Betonung des Anlageobjekts als ‚bankgeprüft' oder die Herausstellung der eigenen unabhängigen Position sein. Das Auftreten als ‚Anlageberater' sollte angesichts der uneinheitlichen Verwendung dieses Begriffs nicht als Indiz für einen Beratungsvertrag angesehen werden. Dagegen kann aus der tatsächlichen Erteilung einer ordnungsgemäßen Beratung regelmäßig der Abschluss eines Beratungsvertrags abgeleitet werden, da der Vermittler ohne eine entsprechende Verpflichtung nicht in diesem Maße tätig geworden wäre. Insofern ist der Rückschluss von der Erfüllung auf die Verpflichtung zulässig.[58] Diese Überlegung kann nicht auf den Auskunftsvertrag übertragen werden, da die Aufklärung nicht zwangsläufig zur Erfüllung einer eigenen Verbindlichkeit des Vermittlers gegenüber dem Anleger erfolgen muss, sondern auch den Zweck haben kann, den Pflichten aus dem Vermittlungsvertrag mit dem Anbieter ordnungsgemäß nachzukommen. Einer tatsächlichen Aufklärung muss also kein Schuldverhältnis zugrunde liegen.

4. Wahrheitspflicht und Warnpflicht

a) Wahrheitspflicht

Die Wahrheitspflicht kann aus § 123 BGB abgeleitet werden und gilt unabhängig von einer Informationspflicht in jedem Schuldverhältnis uneingeschränkt.[59] Ihr kann durch bloßes Schweigen nachgekommen werden. Der Grund für die Haftung bei einer Wahrheitspflichtverletzung liegt in der Verletzung des sich aus der Erklärung ergebenden Vertrauenstatbestands und der Übernahme der Verantwortung.[60] Bei einer fehlerhaften Informationserteilung haftet der Anlagevermittler demnach unabhängig vom Bestehen einer mitunter schwierig nachzuweisenden Aufklärungspflicht. Bereits die Auswahl der mitge-

---

[58] A.A. *Wiegand,* Die ‚Sachwalterhaftung' als richterliche Rechtsfortbildung, S. 77, die der Meinung ist, dass von der Erfüllung der Aufklärung nicht auf die Verpflichtung zurückgeschlossen werden kann.

[59] *Lorenz,* Der Schutz vor dem unerwünschten Vertrag, S. 412; siehe zum Anlagevermittler, *BGH,* Urteil v. 22.03.1979, NJW 1979, 1449 ff (1450); *Grundmann,* in: MüKo, BGB, § 276 Rdnr. 117.

[60] *Neuner,* Privatrecht und Sozialstaat, S. 246.

teilten Umstände kann zu einem Verstoß gegen die Wahrheitspflicht führen, wenn diese eine Verzerrung der wahren Umstände bewirkt.[61] Die Grenze zur Aufklärung ist aber fließend, da eine ordnungsgemäße Aufklärung nicht nur vollständig, sondern auch richtig sein muss.

b) Warnpflicht

In Abgrenzung zur Aufklärung und zur Beratung ist die Warnung zu erwähnen. Diese geht über die bloße Mitteilung von Umständen hinaus und erfordert ggf. ein Einwirken auf den Anleger, um Fehlentscheidungen abzuwenden.[62] Inhaltlich kann sie sich auf die der Anlage innewohnenden Risiken oder auf Risiken aus der Sphäre des konkreten Anlegers beziehen.

Wegen desselben Ausgangspunkts der Risikodarstellung könnte die Warnung sowohl der Aufklärung[63] als auch der Beratung zugeordnet werden.[64] Die Warnung unterscheidet sich von der Aufklärung aber in der unterschiedlichen Herleitung und dem abweichenden Pflichtenumfang. So verfolgt die Aufklärung das Ziel, die informationelle Unterlegenheit auszugleichen; die Warnung dient der Gefahrenabwehr. Ihr Schutzobjekt ist das Integritätsinteresse des Anlegers.[65] Der Unterschied in der Pflichtenstruktur liegt darin, dass die Aufklärung objektiv ausgerichtet ist, die Warnung dagegen subjektiv. Eine sachgerechte Warnung erfordert nämlich, auch die konkreten Anlegerverhältnisse zu berücksichtigen.

Dagegen muss die Beratung bei gegebenem Anlass immer auch eine Warnung enthalten. Die Beratung verlangt eine Empfehlung über den Erwerb der Anlage, die auch auf die Vorstellungen und Wünsche des Anlegers eingehen muss. Dies umfasst die Pflicht, auf etwaige Risiken, die aus der Anlage oder aus den Verhältnissen des Anlegers resultieren, hinzuweisen. In dem Rat, vom Erwerb einer Anlage abzusehen, kann sich demnach eine Beratung oder eine Warnung widerspiegeln.

5. Zusammenfassung

Die vorangehenden Ausführungen zeigen, dass Aufklärung und Beratung inhaltlich dergestalt voneinander abweichen, dass eine Abgrenzung nicht unter-

---

[61] Z.B. Mitteilung nur eines Teils der Kosten, wodurch der Anschein erweckt wird, alle Kosten seien erfasst; *Breidenbach,* Die Voraussetzungen von Informationspflichten beim Vertragsschluss, S. 81.

[62] Siehe *Thiel,* Die Haftung der Anlageberater und Versicherungsvermittler, S. 40.

[63] *Grundmann,* in: MüKo, BGB, § 276 Rdnr. 116.

[64] *Lang,* Informationspflichten bei Wertpapierdienstleistungen, § 3 Rdnr. 19.

[65] *Pfeiffer,* Der Schutz des (Klein-)Anlegers im Rahmen der Verhaltensregeln der §§ 31, 32 WpHG, S. 1267; siehe *Lang,* Informationspflichten bei Wertpapierdienstleistungen, § 17 Rdnr. 92 Fn. 290, Rdnr. 95 Fn. 296 m.w.N.

bleiben kann. Die Beratung bildet die umfassendere und weiter reichende Informationsart. Anders als die Aufklärung, die eine eigene Entscheidung vorbereiten soll, erfordert die Beratung mehr als nur eine wertungsfreie Mitteilung der potentiell entscheidungserheblichen Umstände. Sie verlangt darüber hinaus eine Empfehlung für den Anleger, die auf einer bewertenden und vergleichenden Auswahl basiert und die eigene Entscheidung erleichtern soll. Diese Aufgabe kann der Berater nur wahrnehmen, wenn er nicht einem oder mehreren Anbietern verpflichtet ist, d.h. dass er objektiv unabhängig sein oder zumindest subjektiv den Willen zur uneingeschränkten Beratung haben muss. Daneben sollte dem Anlageberater bei entsprechender Vereinbarung aber auch die abhängige Beratung im Sinne einer Empfehlung auf beschränkter Auswahlgrundlage gestattet sein.

Die Abgrenzung beider Informationsarten kann wegen der fehlenden Eindeutigkeit nicht über die Merkmale des Empfehlens oder des Erkundigens über Vorstellungen stattfinden. Der Rückgriff auf den Beratungsvertrag selbst ist nur möglich, wenn sich Verpflichtung und Erfüllung nicht überschneiden.

B. Rechtsbeziehungen

Die angesprochenen Informationspflichten setzen ein bestehendes Schuldverhältnis voraus.[66] Dieses wird vor allem im Verhältnis des Anlagevermittlers zum Anleger relevant. Im Folgenden sollen zuerst die möglichen Schuldverhältnisse zwischen Anlagevermittler und Anbieter dargestellt werden, da diese in den meisten Fällen überhaupt erst den Grundstein für das Zusammentreffen des Anlagevermittlers mit dem Anleger legen. Danach wird die rechtliche Verbindung zwischen den beiden Letzteren als notwendige Grundlage für das Entstehen der Informationspflichten erläutert.

I. Rechtsbeziehung des Anlagevermittlers zum Anbieter

In der Praxis ist es üblich,[67] dass der Anlagevermittler den Vermittlungsauftrag von der Anbieterseite, d.h. von der Anlagegesellschaft oder vom Initiator erhält. Wegen der Aufgabe des Intermediärs, einen Vertrag zu vermitteln, liegt

---

[66] Neben der hier angesprochenen Lösung gibt es folgende Ansätze: die gesetzlichen Schuldverhältnisse, § 98 HGB (*OLG Frankfurt a.M.*, Urteil v. 26.10.1978, WM 1979, 1393 ff (1396)), Lösung über das Vertrauensprinzip, das Anlegerschutzprinzip und über das Institut der culpa in consultando (*Wach,* Terminhandel in Recht und Praxis, S. 110 f; *Henssler,* Risiko als Vertragsgegenstand, S. 182 f); siehe dazu auch unten Kapitel 1 B.II.3.

[67] *Hoegen,* Einzelfragen zur Haftung bei Anlagevermittlung und Anlageberatung, in: FS für Walter Stimpel, S. 247 ff (248).

die Charakterisierung des Vermittlungsvertrags als Handelsvertreter-, Makler- oder Kommissionsvertrag am nächsten.

1. Abgrenzung des Maklervertrags vom Handelsvertretervertrag

Handelsvertreter ist gemäß § 84 Abs. 1 S. 1 HGB, wer als selbständiger[68] Gewerbetreibender ständig damit betraut und verpflichtet ist, für einen anderen Unternehmer möglichst viele Geschäfte zu vermitteln oder in dessen Namen abzuschließen. Da die Vermittlung nicht auf Waren beschränkt ist, kann der Vermittler von Beteiligungen an Personengesellschaften auch als Handelsvertreter eingeordnet werden.[69] Fehlt das Merkmal der ständigen Betrauung und richtet sich die Tätigkeit auf ein einzelnes Objekt, kommt ein Maklerverhältnis im Sinne des § 652 BGB oder des § 93 HGB in Betracht. Wenn eine Tätigkeitspflicht vereinbart ist, entstehen Abgrenzungsprobleme zwischen den Intermediären, die anhand des Merkmals der ständigen Betrauung aufzulösen sind.

Dieses Merkmal der ständigen Betrauung ist in der Regel das wichtigste abgrenzungsrelevante Kriterium. Es verliert bei der Vermittlung von Beteiligungen an Publikumsgesellschaften aber wegen der Unklarheiten bei der Bestimmung der Dauerhaftigkeit an Bedeutung. Grundsätzlich kann zwar auch die Betrauung mit der Vermittlung eines einzigen Projekts als dauerhaft angesehen werden, so dass die auf eine Publikumsgesellschaft gerichtete Vermittlung ausreichend sein kann. Dies soll aber nur gelten, wenn die Beauftragung auf eine unbestimmte Anzahl von Abschlüssen gerichtet ist.[70] Bei geschlossenen Fonds ist die Anzahl der Beteiligungen aber klar begrenzt, da Anteile nur bis zur Schließung ausgegeben werden, so dass in der Regel eine ständige Betrauung abzulehnen ist.[71] Nur in Extremfällen bei besonders großen Publikumsgesellschaften kann die Dauerhaftigkeit bejaht werden, da der Vermittler in diesen Fällen aufgrund der voraussichtlich langen Dauer und der großen Anzahl der geforderten Abschlüsse einem Handelsvertreter näher steht als dem typischen Makler, der nur ein einzelnes Objekt vermittelt.[72] Die Unbestimmtheit und die Vielzahl der zu ver-

---

[68] Ein nichtselbständiger Vermittler gilt als Angestellter nach § 84 Abs. 2 HGB, so dass für seine rechtliche Beziehung zum Anbieter Arbeitsrecht einschlägig ist, *Roth,* in: Koller/Roth/Morck, HGB, § 84 Rdnr. 3.

[69] *Roth,* in: Koller/Roth/Morck, HGB, § 84 Rdnr. 4.

[70] *Roth,* in: Koller/Roth/Morck, HGB, § 84 Rdnr. 6.

[71] Nach *Wiegand,* Die ‚Sachwalterhaftung' als richterliche Rechtsfortbildung, S. 345 soll etwa ein Einzelauftrag vorliegen bei dem Auftrag, fünfzig Beteiligungen innerhalb eines Jahres zu vermitteln; bei offenen Immobilienfonds gilt das open-end-Prinzip, d.h. es wird laufend neues Anlagekapital aufgenommen, so dass von einer dauerhaften Beauftragung auszugehen ist, *Klumpe/Nastold,* Immobilienfonds, S. 4.

[72] Zur Abgrenzung siehe auch *BGH,* Urteil v. 01.04.1992, NJW 1992, 2818 ff (2819 f); *Wagner,* in: Wagner/Loritz, Konzeptionshandbuch der steuerorientierten Ka-

äußernden Objekte und das Interesse an der Umsatzförderung lassen dann eine Charakterisierung als Handelsvertreter zu.[73] Lediglich als schwaches Indiz für die Position als Handelsmakler kann der Umstand gewertet werden, dass der Vermittler auch für andere Auftraggeber tätig ist, da auch dem Handelsvertreter die Vertretung einer Konkurrenzfirma erlaubt sein kann.[74]

Die Abgrenzung erlangt Bedeutung für die Pflichtenstellung des Vermittlers. Der Handelsvertretervertrag als Dienstvertrag mit Geschäftsbesorgungscharakter[75] verpflichtet zur einseitigen Interessenwahrnehmung, wohingegen der Status des Maklers uneinheitlich ist. Der Handelsvertreter ist im Zweifel in gewissem Umfang weisungsgebunden, wohingegen der Makler weisungsunabhängig ist.[76] Daneben hat die Einordnung Auswirkungen auf die Zulässigkeit der Doppeltätigkeit.

2. Abgrenzung des Zivilmaklers vom Handelsmakler

Für seine Stellung im Verhältnis zu den potentiellen Hauptvertragsparteien ist es prägend, welchem Maklertyp der Vermittler zugeordnet wird.[77] Der Zivilmakler im Sinne der §§ 652 ff BGB ist einseitiger Interessenwahrer seines Auftraggebers, der Handelsmakler nach §§ 93 ff HGB dagegen neutraler Mittler zwischen den Parteien.[78] Beide unterscheiden sich insbesondere dadurch, dass nur Letzterer gewerbsmäßig Gegenstände des Handelsverkehrs im Sinne des § 93 Abs. 1 HGB vertreibt. Die Beteiligungen an Publikumsgesellschaften sind in § 93 Abs. 1 HGB nicht ausdrücklich genannt, sie könnten aber ähnlich wie Wertpapiere unter die sonstigen Gegenstände des Handelsverkehrs subsumiert werden, da sie mit diesen wegen der weitgehenden Entpersonalisierung der Verträge und der bloß kapitalmäßigen Beteiligung vergleichbar sind.[79]

Das gesetzliche Leitbild der BGB-Gesellschaft[80] spricht nicht gegen die Einordnung von Beteiligungen an Publikumsgesellschaften als Gegenstände des

---

pitalanlage, Rdnr. 525 zu Bauherrenmodellen. Auch die Rechtsprechung und Literatur gehen nicht von einem Handelsvertretervertrag aus, was sich inzident daran zeigt, dass sie zwischen Zivilmakler und Handelsmakler differenzieren.

73 *BGH,* Urteil v. 01.04.1992, NJW 1992, 2818 ff (2819).

74 *BGH,* Urteil v. 01.04.1992, NJW 1992, 2818 ff.

75 *Roth,* in: Koller/Roth/Morck, HGB, § 84 Rdnr. 6.

76 *BGH,* Urteil v. 01.04.1992, NJW 1992, 2818 ff (2819).

77 Die Positionen von Zivilmakler (als Doppelmakler) und Handelsmakler (als Vertrauensmakler) können sich angleichen, so dass der Unterschied nur in wenigen Fällen relevant wird, *v. Bar,* ZGR 1983, 476 ff (506 f).

78 Siehe näher Kapitel 3 B.V.

79 *Wiegand,* ‚Sachwalterhaftung‘ als richterliche Rechtsfortbildung, S. 352 f.

80 *Klumpe/Nastold,* Immobilienfonds, S. 49; Beteiligungen an Unternehmen außerhalb ihrer wertpapiermäßigen Verbriefung in Aktien oder Kuxen sind grundsätzlich nicht übertragbar. Die Übertragbarkeit von GmbH-Anteilen wird meist durch Bestim-

Handelsverkehrs. Anders als bei typischen Personengesellschaften handelt es sich nämlich nicht um individuelle, sondern um genormte Beteiligungen[81] ohne personalen Bezug.[82] Die Übertragung der Anteile, die grundsätzlich im Gesellschaftsvertrag vereinbart ist,[83] erfolgt ähnlich der Veräußerung von Wertpapieren in einer anonymen und standardisierten Weise.[84]

Weitere Voraussetzung für die Einordnung als Gegenstand des Handelsverkehrs ist die den Wertpapieren vergleichbare Zugehörigkeit zum Handel wegen der Möglichkeit leichten Umschlags,[85] was die Existenz eines Marktes und eines zumindest objektiv bestimmbaren Marktpreises voraussetzt.[86] Hier ist zwischen dem Primärerwerb bei der erstmaligen Auflage und dem Erwerb gebrauchter Anteile zu unterscheiden. Wie sich aus der großen Anzahl von veräußerten Gesellschaftsbeteiligungen ergibt, hat sich für den Ersterwerb ein funktionsfähiger Markt etabliert, auf dem die Beteiligungen leicht umschlagbar sind.[87] Für gebrauchte Beteiligungen der Anlagen des ‚Grauen Kapitalmarkts' wurde noch kein institutionalisierter, organisierter Sekundärmarkt errichtet.[88] Zweitmärkte sind erst in Vorbereitung bzw. auf wenige Fonds beschränkt.[89] Da in diesem Bereich die Entstehung noch im Fluss ist und sich ein funktionsfähiger Handel erst noch vollständig entwickeln muss, fehlt es derzeit an der mit Wertpapieren vergleichbaren Weiterveräußerbarkeit und Fungibilität. Bis zur

---

mungen im Gesellschaftsvertrag beschränkt, § 15 Abs. 5 GmbHG, deshalb werden solche Beteiligungen allgemein nicht als Gegenstände des Handelsverkehrs angesehen, *Lutter,* Zur Haftung des Emissionsgehilfen im grauen Kapitalmarkt, in: FS für Johannes Bärmann, S. 605 ff (613 f).

81 *Reiner,* in: Ebenroth/Boujong/Joost, HGB, § 93 Rdnr. 30.

82 *OLG Frankfurt a. M.,* Urteil v. 26.10.1978, WM 1979, 1393 ff (1396); *Lutter,* Zur Haftung des Emissionsgehilfen im grauen Kapitalmarkt, in: FS für Johannes Bärmann, S. 605 ff (614).

83 Andernfalls ist die Zustimmung aller Gesellschafter erforderlich, *Klumpe/Nastold,* Immobilienfonds, S. 49.

84 *OLG Frankfurt a. M.,* Urteil v. 26.10.1978, WM 1979, 1393 ff (1396); *Grießenbeck,* BB 1988, 2188 ff (2190).

85 *Lutter,* Zur Haftung des Emissionsgehilfen im grauen Kapitalmarkt, in: FS für Johannes Bärmann, S. 605 ff (613).

86 *Reiner,* in: Ebenroth/Boujong/Joost, HGB, § 93 Rdnr. 29.

87 *Pleyer/Hegel,* ZIP 1986, 681 ff (686); *Herrmann,* in: Heymann, HGB, § 93 Rdnr. 1 f; siehe *BGH,* Urteil v. 29.02.1984, WM 1984, 667 f (668).

88 *Ziegler,* DStR 2005, 30 ff (30); *Hösch,* GewArch 1999, 135 ff (136); nach *BGH,* Versäumnisurteil v. 18.01.2007, NJW-RR 2007, 621 f (622) ist der Anlageberater grundsätzlich zur Aufklärung über die eingeschränkte Fungibilität von KG-Anteilen an geschlossenen Immobilienfonds verpflichtet.

89 *Klumpe/Nastold,* Immobilienfonds, S. 50: Die Börse Düsseldorf plant einen Handel mit geschlossenen Fonds. Die Hamburger Zweitmarktbörse HWWAG besteht zwar bereits, an ihr können aber nicht alle Anteile veräußert werden, *LG München I,* Urteil v. 02.05.2003, NJOZ 2003, 1970 ff (1975); auf www.profifonds24.de/2004 ist ausdrücklich von einem ‚Zweitmarkt' für geschlossene Fonds die Rede; *Heisterhagen/Kleinert,* DStR 2004, 507 ff (509).

Etablierung eines umfassenden Zweitmarkts sind die Kapitalanlagen des Grauen Kapitalmarkts demnach als nur zum einmaligen Vertrieb geeignet und bestimmt anzusehen[90] und die gebrauchten Anteile damit noch keine Gegenstände des Handelsverkehrs. § 93 HGB ist aber bei einer Änderung des Marktes[91] offen für eine Weiterbildung,[92] so dass sich ursprünglich rein zivilrechtliche Objekte zu Gegenständen des Handelsverkehrs wandeln können.[93]

Neben diesen speziell auf den Zweiterwerb bezogenen Einwänden wird gegen die Qualifizierung des Anlagevermittlers als Handelsmakler generell vorgebracht, dass jener aufgrund seiner einseitigen redlichen Betriebsförderpflicht[94] keine neutrale Position einnehmen könne, da er seinem Auftraggeber vor allem beim Exklusivvertrieb besonders verpflichtet sei.[95] Dies gelte umso mehr, wenn die Provision erst bei Vermittlung eines bestimmten Prozentsatzes der Anteile entsteht, da dann ein besonderer Druck auf dem Vermittler laste.[96] Aus diesem Grunde unterscheide sich der ‚Realtypus des Anlagevermittlers vom Normativtypus des Handelsmaklers in konstitutiven Elementen'.[97] Dieser Argumentation ist aber entgegenzuhalten, dass bei ihrer konsequenten Weiterführung kein Handelsmakler eine Tätigkeitspflicht übernehmen dürfte, ohne dass dies seiner neutralen Stellung widerspräche. Ist die Handelsmaklerstellung einmal festgestellt, dann handelt es sich bei dem Willen des Vermittlers, einseitig für den Anbieter tätig zu werden, lediglich um ein rechtlich unbeachtliches Interesse, solange eine anderslautende Vereinbarung fehlt.

Aus diesen Gründen ist es also grundsätzlich möglich, den Anlagevermittler als Handelsmakler anzusehen, was in zunehmendem Maße auch vertreten wird,[98] zum Teil sogar als anerkannt gilt.[99] Richtigerweise ist aber zumindest

---

90 *Kübler,* ZHR 145 (1981), 204 ff (212).

91 *Grießenbeck,* BB 1988, 2188 ff (2191).

92 *Pleyer/Hegel,* ZIP 1986, 681 ff (686).

93 *Lutter,* Zur Haftung des Emissionsgehilfen im grauen Kapitalmarkt, in: FS für Johannes Bärmann, S. 605 ff (614).

94 *Assmann,* Prospekthaftung, S. 251 f; *Henssler,* Risiko als Vertragsgegenstand, S. 184 f.

95 *Pleyer/Hegel,* ZIP 1986, 681 ff (686); *Benedict,* AcP 204 (2004), 697 ff (702).

96 *Westa,* Prospekt- und Vertriebshaftung bei steuerbegünstigten Kapitalanlagen, S. 54.

97 Siehe bei *Pleyer/Hegel,* ZIP 1986, 681 ff (686) m.w.N.

98 *OLG Frankfurt a.M.,* Urteil v. 26.10.1978, WM 1979, 1393 ff (1396); *Reuter,* in: Staudinger, BGB, §§ 652, 653 Rdnr. 195; *Lang,* AcP 201 (2001), 451 ff (546); siehe auch *Hopt,* in: Baumbach/Hopt, HGB, § 93 Rdnr. 12; *Herrmann,* in: Heymann, HGB, § 93 Rdnr. 1. Auch *v. Bar,* ZGR 1983, 476 ff (506 f) lehnt die Einordnung als Handelsmakler ab, da die Anlagevermittler häufig zum alleinigen Vertrieb berechtigt und verpflichtet sind und eher im Lager des Emittenten stehen, was untypisch für den Handelsmakler ist.

99 *OLG Düsseldorf,* Urteil v. 19.02.1999, NZG 1999, 609 ff (611).

die Anwendung des § 98 HGB[100] in Bezug auf die Rechtsstellung des Anlagevermittlers zum Anleger als Vertragspartner seines Auftraggebers zum gegenwärtigen Zeitpunkt noch abzulehnen, auch wenn Stimmen in der Literatur schon seit Jahren dafür plädieren. Notwendig für dessen Anwendung ist nämlich ein typisches Vertrauen in die Neutralität des Vermittlers. Abgesehen von zwei instanzgerichtlichen Entscheidungen, die sich für die Einordnung als Handelsmakler aussprechen,[101] befasst sich die Rechtsprechung aber regelmäßig nicht mit dieser Abgrenzungsproblematik und zieht ohne Begründung die §§ 652 ff BGB heran. Deshalb darf ein Anleger nicht darauf vertrauen, dass ein Anlagevermittler des Grauen Kapitalmarkts neutral als Handelsmakler tätig sein werde. Es kann sich kein auch nur generelles oder typisiertes Vertrauen in Bezug auf ein objektives Verhalten gebildet haben. Somit ist bislang ein Schuldverhältnis nach §§ 93 ff HGB zwischen Makler und Anleger und ein Entstehen der damit zusammenhängenden Pflichten aus § 98 HGB abzulehnen.

Ist der Makler Mehrfirmenvertreter, so ist er typischerweise echter Makler im Sinn des § 652 BGB ohne Tätigkeitspflicht. Als Einfirmenvertreter dagegen ist er in der Regel zur Tätigkeit verpflichtet, weshalb generell ein Alleinauftrag vorliegt.[102]

3. Kommissionsvertrag

Grundsätzlich können Kapitalanlagegeschäfte auch durch einen Kommissionär ausgeführt werden.[103] Ein Kommissionär übernimmt es gemäß § 383 HGB gewerbsmäßig, Waren oder Wertpapiere für Rechnung eines anderen im eigenen Namen zu kaufen oder zu verkaufen. Zwar fallen die Anteile an geschlossenen Immobilienfonds nicht unter den engen Wertpapierbegriff des § 383 HGB, es handelt sich bei deren Umschlag aber um ein kommissionsähnliches Geschäft im Sinne der §§ 383, 406 HGB.[104] Der Vertrieb von Anteilen an Publikumsgesellschaften erfolgt aber grundsätzlich nicht durch einen Kommissionär, da sich die Anbieter die Entscheidung über die Annahme des Zeichnungsscheins in der Regel selbst vorbehalten und der Vermittler den Zeichnungsschein nur als Emp-

---

[100] Nach *v. Bar,* ZGR 1983, 476 ff (506 f) sind Handelsmakler typischerweise nicht zur Tätigkeit verpflichtet, weswegen eine dem § 98 HGB ähnliche Vorschrift im Handelsvertreterrecht fehlt. Auch erscheine der Emissionsgehilfe eher im Lager des Emittenten angesiedelt, dessen Interessen er in erster Linie wahrnimmt. Deshalb werde § 98 HGB nur in wenigen Fällen praktisch relevant.

[101] Außer *OLG Frankfurt a.M.,* Urteil v. 26.10.1978, WM 1979, 1393 ff (1396) und *OLG Düsseldorf,* Urteil v. 19.02.1999, NZG 1999, 609 ff (611).

[102] *Tewes,* Praxishandbuch Immobilienkapitalanlagen, Teil 5/4.2, S. 1.

[103] *BGH,* Urteil v. 13.07.2004, NJW 2004, 2969 ff (2969) zum Anteilserwerb an Investmentfonds; *BGH,* Beschluss v. 28.05.2002, NJW-RR 2002, 1272 f (1272) zum Aktienkauf.

[104] *BGH,* Urteil v. 05.05.1960, NJW 1960, 1852 f (1853); *Krüger,* in: Ebenroth/Boujong/Joost, HGB, § 406 Rdnr. 2.

fangsbote weiterleitet, die Anteile regelmäßig aber nicht im eigenen Namen erwirbt.

II. Rechtsbeziehung des Anlagevermittlers zum Anleger

Von größerer praktischer Relevanz als die Beziehung zwischen dem Anlagevermittler und dem Anbieter ist das rechtliche Verhältnis des Intermediärs zum Anleger. Das Bestehen einer rechtlichen Beziehung ist Grundvoraussetzung für die zentralen Informationspflichten und kann die unterschiedlichsten Formen und Inhalte aufweisen. Dieses Schuldverhältnis wird zum Teil unspezifisch ‚Anlagevermittlungs- und Beratungsvertrag'[105] oder auch ‚Makler- oder Vermittlungsvertrag' genannt.

1. Vermittlungsvertrag

Neben der soeben angesprochenen Konstellation, in der der Anlagevermittler ausschließlich vom Anbieter mit der Vermittlung betraut ist, kann er auch von beiden Hauptvertragsparteien oder ausschließlich durch den Anleger beauftragt werden. Da die Anlagevermittler meist Mehrfirmenvertreter sind und von sich aus deshalb nur die Objekte ihrer Auftraggeber anbieten, liegt ein einseitiger Vermittlungsauftrag durch den Anleger nur dann nahe, wenn dieser die Initiative zum Beteiligungserwerb ergreift.

a) Entstehen des Vermittlungsvertrags

Die Bewertung der Rechtslage im Hinblick auf das Zustandekommen eines Maklervertrags ist insbesondere problematisch, wenn eine Doppelmaklerschaft im Raum steht und der ausdrückliche Abschluss des Maklervertrags unterblieben ist. Betrachtet man die Frage des Zustandekommens eines Vermittlungsvertrags zwischen dem Anleger und dem Vermittler, steht die Ambivalenz[106] der Vermittlertätigkeit im Vordergrund. Sein Handeln kann zum einen lediglich dem Zweck dienen, seinen Auftrag gegenüber dem Anbieter zu erfüllen, der Vermittler kann damit zum anderen aber (auch) eine Verpflichtung gegenüber dem Anleger selbst erfüllen wollen. Außerdem sind das gesetzliche Leitbild des Maklervertrags, wonach der Makler nur zu einer Partei in vertraglichen Beziehungen steht, und die Tatsache, dass die Tätigkeit beiden Seiten zugute kommt, zu beachten.[107]

---

[105] *OLG Düsseldorf,* Urteil v. 24.08.1995, WM 1996, 1082 ff (1085).

[106] *Reuter,* in: Staudinger, BGB, §§ 652, 653 Rdnr. 2.

[107] *BGH,* Urteil v. 02.07.1986, NJW-RR 1986, 1496 f (1497).

Es sind mehrere Möglichkeiten denkbar, sich dieser Problematik zu nähern. So wird von der Rechtsprechung häufig im Groben danach unterschieden, von welcher Partei die Initiative ergriffen wurde. Daneben kann man die Lösung der Frage davon abhängig machen, ob bereits ein Maklervertrag zum Anbieter wegen der Vermittlung des fraglichen Objekts besteht.[108] Egal, welchen Weg man wählt, immer ist es ein Versuch, anhand objektiver Kriterien das Bestehen von auf einen Vermittlungsvertrag gerichteten Willenserklärungen nachzuweisen.

Der Vorschlag, die Lösung von einem bereits bestehenden Vorauftrag abhängig zu machen, führt für sich gesehen nicht weiter. Es wird zwar vertreten, dass der Anleger davon ausgehen darf, dass der Makler mit seinem Handeln nur die Erfüllung dieses ersten Vertriebsvertrags bezweckt und das Entgelt für die Vermittlung vom Anbieter erhält,[109] wenn für den Anleger erkennbar der Vermittler bereits im Auftrag des Anbieters tätig wird.[110] Dies allein lässt aber keine verbindliche Aussage über den Abschluss eines weiteren Maklervertrags zu. Zum einen kann die Doppelmaklerschaft zulässig sein, so dass ein bereits bestehender Maklervertrag den Abschluss eines weiteren nicht ausschließt; zum anderen reicht diese Tatsache ohne weitere Erkennbarkeit nach außen allein nicht aus, um anhand der Auslegung festzustellen zu können, ob konkludente Willenserklärungen auf Abschluss eines weiteren Maklervertrags vorliegen. Das Bestehen eines Maklervertrags auf Seiten des Anbieters kann sich aber dadurch manifestieren, dass der Makler die Initiative zum Abschluss des Hauptvertrags ergreift.[111] Sein Initiativwerden ist nämlich ein erkennbares Anzeichen für das Bestehen eines Maklervertrags. Das engere und aussagekräftigere Merkmal ist also das Initiativwerden. Als ersten Ansatzpunkt bietet es sich folglich grundsätzlich durchaus an, mit dem BGH zu fragen, wer den ersten Anstoß für das Zusammentreffen von Makler und Anleger gesetzt hat. Dies gilt, auch wenn sich durch die Abfolge im Geschehensablauf der Inhalt der Leistung nicht ändert.

Grob gesagt führt die Initiative des bereits von der anderen Seite eingeschalteten Maklers in der Regel nicht zum Abschluss eines weiteren Maklervertrags.[112] Die bloß passive Entgegennahme bzw. das Gefallenlassen von Maklerdiensten ist nicht ohne weiteres ausreichend, da diese unter Umständen lediglich der Erfüllung einer eigenen Verbindlichkeit des Maklers dienen. Will der Makler einen zweiten Maklervertrag abschließen, muss er diesen Willen durch ein ausdrückliches Provisionsverlangen zum Ausdruck bringen und der Kunde muss

---

[108] Siehe auch die Gliederung bei *Reuter,* in: Staudinger, BGB, §§ 652, 653 Rdnrn. 4, 6.

[109] *OLG Frankfurt a.M.,* Urteil v. 26.10.1978, WM 1979, 1393 ff (1395).

[110] *Pleyer/Hegel,* ZIP 1986, 681 ff (686); *Schwark,* BB 1979, 897 ff (899); *Wittmann,* DB 1980, 1579 ff (1580).

[111] *Reuter,* in: Staudinger, BGB, §§ 652, 653 Rdnr. 4.

[112] *BGH,* Urteil v. 06.12.2001, NJW 2002, 817 f (817).

dessen Dienste in Kenntnis dieses Provisionsverlangens in Anspruch nehmen.[113] Aus diesen Gründen ist die Doppelmaklerschaft eher die Ausnahme.[114] Nach ständiger Rechtsprechung des BGH darf der Anleger nämlich, soweit ihm nichts Gegenteiliges bekannt ist, davon ausgehen, dass der Makler das Objekt von dem Verkäufer an die Hand bekommen hat und deshalb mit der angetragenen Weitergabe von Informationen eine Leistung für den Anbieter erbringen will. Ohne weiteres braucht der Kaufinteressent in einem solchen Fall nicht damit zu rechnen, dass der Makler auch von ihm eine Provision erwartet.[115]

Geht die Initiative vom Anleger selbst aus, liegt der Abschluss eines Maklervertrags insbesondere dann nahe, wenn der Makler erkennbar noch keinen anderen Auftraggeber hat. Tritt hier der Anleger mit der Bitte an den Intermediär heran, für ihn ein geeignetes Objekt zu suchen, und beginnt dieser mit der vereinbarten Tätigkeit, indem er ihm etwa Anlageprospekte zusendet, nimmt der Vermittler das Angebot des Anlegers auf Abschluss eines Vermittlungsvertrags an. Sein Handeln kann nicht anders ausgelegt werden, da, anders als bei einer Beauftragung durch den Anbieter, kein anderer Grund für sein Tätigwerden ersichtlich ist. In der Regel besteht aber bereits ein Vorauftrag auf Seiten des Maklers. In dieser Konstellation ist das Kriterium des Initiativwerdens allein zu undifferenziert, so dass die Rechtsprechung weitere Merkmale heranzieht. Bis vor kurzem hat der BGH trotz der Initiative des Anlegers einen Maklervertragsschluss dann abgelehnt, wenn der Kunde sich auf eine Anzeige des Maklers hin bei diesem wegen eines ganz konkret angebotenen Objekts meldet. Hierdurch erklärt der Kunde nämlich noch nicht schlüssig seine Bereitschaft zur Zahlung einer Maklerprovision.[116] Dieses Kundenverhalten ist nämlich wertungsmäßig dem Initiativwerden durch den Makler selbst gleichzusetzen, da der Kunde tatsächlich nur reagiert. Seine Anfrage stellt objektiv gesehen nichts anderes dar als einen Teilerfolg des Maklers bei der Erfüllung seiner Aufgaben, nämlich das Auffinden eines möglichen Hauptvertragspartners. Auch hier hat der Makler den originären Anstoß gesetzt. Die fehlende Eindeutigkeit im Maklerverhalten geht entsprechend der Unklarheitenregel zu dessen Lasten,[117] so dass im Zweifel der Abschluss eines Maklervertrags zu verneinen ist.[118] Um seinen Willen zum Abschluss eines weiteren Maklervertrags zu verdeutlichen, ist in der Regel auch hier eine ausdrückliche Provisionsforderung nötig.

---

[113] *BGH,* Urteil v. 04.10.1995, NJW-RR 1996, 114 f (114).

[114] *Pleyer/Hegel,* ZIP 1986, 681 ff (686); *Lutter,* Zur Haftung des Emissionsgehilfen im grauen Kapitalmarkt, in: FS für Johannes Bärmann, S. 605 ff (612); *Schwark,* BB 1979, 897 ff (899).

[115] *BGH,* Urteil v. 22.09.2005, NJW 2005, 3779 ff (3780) m.w.N.

[116] Siehe etwa *BGH,* Urteil v. 25.09.1985, NJW 1986, 177 f (177); *BGH,* Urteil v. 02.07.1986, NJW-RR 1986, 1496 f (1497).

[117] Siehe dazu *Reuter,* in: Staudinger, BGB, §§ 652, 653 Rdnr. 4; *Fischer,* NZM 2002, 480 ff (480).

[118] *Reuter,* NJW 1990, 1321 ff (1323).

In einem neueren Urteil hat der BGH seine Rechtsprechung gemäß dieser Sichtweise konsequent fortentwickelt. Dort führt er aus, dass die soeben angesprochene Rechtsprechung auch gilt, ‚wenn der Makler anlässlich einer Anfrage des Interessenten diesem von sich aus weitere Objekte offeriert und darüber hinaus (...) auch dann, wenn der Kunde (...) ohne Bezugnahme auf ein Inserat oder ein sonstiges Einzelangebot des Maklers Kontakt zu diesem aufnimmt, um sich Objekte aus dessen ‚Bestand' benennen zu lassen'.[119] Bei Erteilung eines ‚Suchauftrags' von sich aus erwartet der Kunde dagegen erkennbar, dass der Makler für ihn nach außen hin erst noch tätig werden muss und demnach von der anderen Seite noch nicht beauftragt ist.[120]

Man kann dieses Urteil im Hinblick auf die Unterscheidung nach der Initiative zum Abschluss des Maklervertrags derart deuten, dass die Definition des Anstoßens nicht nur sehr weit ausgedehnt wird, sondern nun für gänzlich überflüssig gehalten wird, da ja eine konkrete Bezugnahme und damit folglich auch die Existenz eines Inserats o.ä. nicht mehr verlangt wird. Verkürzt gesagt bedeutet dies, dass im Ergebnis die Existenz eines Inserats ohne Belang ist und demnach die Frage des ersten Anstoßes in den Hintergrund tritt. Einzig maßgebend für die Entscheidung für oder gegen einen Vermittlungsvertrag ist die Zweiteilung in die Suche aus dem Bestand einerseits und die Erteilung eines Suchauftrags durch den Anleger andererseits.

Mit dieser Rechtsprechung schränkt der BGH die Möglichkeit des konkludenten Entstehens von Maklerverträgen noch weiter ein. Er tut damit inzident seine Auffassung kund, dass nur dann, wenn der Anleger von sich aus dem Makler einen Suchauftrag erteilt, für diesen erkennbar ist, dass der Anleger den Willen hat, einen verbindlichen Maklervertrag abzuschließen.

Die Literatur[121] steht dieser Auffassung im Falle der Eigeninitiative des Anlegers zum Teil kritisch gegenüber und argumentiert insbesondere, dass diese BGH-Entscheidung nicht mit der allgemeinen Vertragslehre in Einklang zu bringen sei. Zur Begründung wird angeführt, dass die Inanspruchnahme einer Maklerleistung einer der typischen Fälle eines konkludenten Vertragsschlusses sei, vergleichbar mit der Entgegennahme von Waren oder sonstigen Dienstleistungen.[122] Diese Kritik vernachlässigt aber, dass sich die Maklerleistung durch ihre Besonderheiten, nämlich die Ambivalenz und dem Zugute kommen für beide Parteien, von den typischen Leistungen des Rechtsverkehrs absetzt. Aus diesem Grunde hat sich vollkommen zu Recht die Unklarheitenregel herausgebil-

---

119 *BGH,* Urteil v. 22.09.2005, NJW 2005, 3779 ff (3780).

120 Zur Differenzierung zwischen der Erteilung eines Suchauftrags und der Beschränkung auf den Bestand vgl. bereits *OLG Hamm,* Urteil v. 21.02.1994, NJW-RR 1994, 1540 (1540).

121 *Pauly,* MDR 2006, 549 ff (550) m.w.N.

122 *Pauly,* MDR 2006, 549 ff (550).

det, mit der die gestiegenen Anforderungen an das Entstehen des Maklervertrags einhergehen. Auch § 653 BGB hilft nicht weiter, da dieser einen bereits bestehenden Maklervertrag voraussetzt.[123]

Gegen die strengen Anforderungen an den Vertragsschluss lässt sich zwar auch einwenden, dass im Geschäftsleben grundsätzlich jeder damit rechnen muss, dass er eine Leistung nur gegen Entgelt erhält, nach der neuen BGH-Rechtsprechung der Anleger die Maklerkenntnisse aber ohne jegliche Gegenleistung für sich ausnutzen kann. Andererseits darf nicht vergessen werden, dass der Anleger, wie bereits oben erwähnt, durch sein Erscheinen zum erfolgreichen Vermitteln durch den Makler beiträgt und dieser auf die Interessenten, die sich bei ihm melden, angewiesen ist. Will der Makler seine Kenntnisse nicht ohne Gegenleistung preisgeben, steht es ihm frei, diese nur nach Abschluss einer Provisionsvereinbarung zu offenbaren. Von einem gewerblichen Makler kann dies auch erwartet werden. Die neue Rechtsprechung ist aber insbesondere auch deswegen gutzuheißen, weil die Einschränkung der Kundenanfrage auf Objekte aus dem Bestand des Maklers für diesen nur als Anzeichen gegen den Willen des Anlegers auf Abschluss eines Vermittlungsvertrags gedeutet werden kann. Diese Begrenzung seitens des Anlegers soll ein suchendes Tätigwerden des Maklers verhindern und kann damit erkennbar einzig den Zweck verfolgen, eine Provisionspflicht zu vermeiden. Aus einem anderen Grund wird der Anleger die Objektauswahl nicht einschränken wollen. Ohne Klarstellung kommt demnach kein weiterer Maklervertrag zustande. Der neuen BGH-Rechtsprechung ist demnach in vollem Umfang zuzustimmen.

Letztlich bleibt noch zu klären, inwieweit sich die Üblichkeit und Erkennbarkeit der Doppelmaklerschaft für beide Seiten und deren daraus folgende Zulässigkeit[124] auf die soeben gemachten Ausführungen auswirken kann.[125] So könnte die Üblichkeit das ausdrückliche Provisionsverlangen ersetzen.[126] Dies kann nur bejaht werden, wenn die Voraussetzung der Erkennbarkeit der Üblichkeit eng genug ist, um die sehr strenge Voraussetzung des ausdrücklichen Provisionsverlangens in adäquater Weise zu ersetzen. Gerade auch angesichts der neuen engen Rechtsprechung sollte der bloß erkennbaren Üblichkeit der Doppelmaklerschaft keine derart weitreichende Wirkung zukommen. Gerade wenn der Anleger sich auf den Bestand des Maklers konzentrieren will, überlagert die dahinter stehende Aussage die entgegenstehende Wertung, die aus der Üblichkeit gefolgert werden kann. In nicht eindeutigen Fällen kann dieses Kriterium aber als zusätzliches Indiz für einen Vertragsschluss verwendet werden.

---

123 A.A. *Pauly,* MDR 2006, 549 ff (551).

124 *Sprau,* in: Palandt, BGB, § 654 Rdnr. 4.

125 *Reuter,* in: Staudinger, BGB, §§ 652, 653 Rdnr. 5.

126 *Reuter,* in: Staudinger, BGB, §§ 652, 653 Rdnr. 5.

Insgesamt wurde der Anwendungsbereich der Doppelmaklerschaft durch die Rechtsprechung weiter eingeengt. Dies führt in gleicher Weise zu einer Ausweitung der konkurrierenden Schuldverhältnisse.

b) Qualifikation

Ist ein Vertragsschluss grundsätzlich festgestellt, ist die Abgrenzung zwischen dem echten Maklervertrag und dem Maklerdienstvertrag eine Frage der Tätigkeitspflicht. Da der Anleger normalerweise Wert auf eine Handlungspflicht legt, liegt ein Maklerdienstvertrag näher. Wenn man den Beginn der Vermittlungstätigkeit als Annahmeerklärung des Maklers auslegt, relativieren sich die Unterschiede zwischen beiden Vertragsarten aber insofern, als der Vermittler von vornherein generell nicht zur Tätigkeit verpflichtet ist bzw. das Entstehen einer Handlungspflicht durch schlichte Untätigkeit abwenden kann. Die genaue Inhaltsbestimmung wirkt sich erst aus, wenn der erste Vermittlungsversuch scheitert, da sich dann der Makler nur im Falle eines Maklerdienstvertrags bemühen muss, weitere mögliche Vertragspartner zu präsentieren. Nur bei einer Vertragsannahme vor Vermittlungsbeginn ergeben sich auch für die Pflicht zum erstmaligen Tätigwerden relevante Unterschiede.[127]

Wenn der Anleger durch Abwälzung der Zahlungspflicht auf den Anbieter von der Provisionszahlung befreit ist, lässt dies den Inhalt des Vertrags zwischen Anlagevermittler und Anleger als Maklervertrag unberührt. Ist die Zahlungspflicht des Anlegers gänzlich abbedungen, wie es bei einer Doppelmaklerschaft nicht ganz fern liegt, dann kann dieses Vertragsverhältnis nicht mehr als Maklervertrag qualifiziert werden, weil das für diesen Vertragstyp charakteristische Merkmal der Erfolgsabhängigkeit wegfällt. Genauso wenig wie es einen Kaufvertrag ohne Verpflichtung zur Zahlung des Kaufpreises gibt, kann es einen Maklervertrag ohne Provisionszahlungspflicht geben. Bei einer Tätigkeitspflicht handelt es sich dann um einen Auftrag nach § 662 BGB.[128]

c) Nebenpflichten

Als gesetzliche Nebenpflicht des Maklervertrags folgt aus § 242 BGB ggf. eine Pflicht zur Aufklärung, die im Falle der Anlagevermittlung häufig besonders ausgeprägt ist. Wenn der Anleger aber etwa einen konkreten Suchauftrag erteilt, kann es ihm an der Aufklärungsbedürftigkeit fehlen, so dass auch hier

[127] Die Vermittlungstätigkeit kann auch durch einen Geschäftsbesorgungsdienstvertrag geregelt werden, *Emmerich,* Anm. zu *BGH,* Urteil v. 12.02.2004, JuS 722 ff (722).

[128] *OLG Frankfurt a.M.,* Urteil v. 19.03.2002, 414 ff (415); a.A. *BGH,* Urteil v. 12.02.1981, NJW 1981, 1444 f (1444): Provisionspflicht ist beim Maklervertrag eine abdingbare Rechtsfolge. Qualifiziert man die Vermittlung nicht als Geschäftsbesorgung, liegt ein Vertrag sui generis vor.

keine Informationspflichten entstehen. Dagegen existiert im Grauen Kapitalmarkt kraft Gesetzes keine Beratungspflicht, eine solche beruht immer auf rechtsgeschäftlicher Vereinbarung.[129]

2. Rechtsverhältnis im Sinne des § 98 HGB

Auch ohne den Abschluss eines Maklervertrags entsteht zwischen dem Anleger und dem Anlagevermittler eine maklerrechtliche Sonderverbindung, wenn man mit der weit verbreiteten Literaturmeinung[130] die Handelsmaklerstellung des Anlagevermittlers gemäß § 93 HGB bejaht. Voraussetzung dafür ist das Bestehen eines Maklervertrags zum Hauptvertragsgegner. Das Schuldverhältnis des Handelsmaklers zum Vertragspartner seines Auftraggebers wird dann aus § 98 HGB hergeleitet.

a) Rechtliche Einordnung

Die Qualifikation dieses Rechtsverhältnisses erfordert eine Aufspaltung des § 98 HGB. Zu unterscheiden sind die Beziehungen des Vermittlers zum Anbieter als seinem Auftraggeber einerseits und zum Anleger als dem Vertragspartner seines Auftraggebers andererseits.

Bei einer schuldhaften Pflichtverletzung folgt die Haftung des Vermittlers aus § 98 HGB als lex specialis zu § 280 Abs. 1 BGB.[131] In den Fällen der Doppelmaklerschaft gilt dies gegenüber beiden Hauptvertragsparteien. Grundlage der Haftung ist dann der jeweils mit der Hauptvertragspartei geschlossene Maklervertrag. § 98 HGB erlangt eine eigenständige Bedeutung im Verhältnis des Vermittlers zum Anleger demnach nur, wenn keine andere unter Umständen weitergehende Beziehung, also weder eine Doppelmaklerschaft noch eine Doppeltätigkeit, besteht. In diesem Fall hat § 98 HGB die Wirkung einer konstitutiven Haftungsbegründung. Die dogmatische Einordnung dieser Anspruchsgrundlage ist streitig und muss sich u. a. am Sinn und Zweck der Norm orientieren.

aa) Sinn und Zweck des § 98 HGB

Das Recht des Handelsmaklers ist daraus entstanden, dass die Vermittler ursprünglich sehr gering geachtet waren[132] und zugleich im Handelsrecht die Be-

---

[129] *Grundmann,* in: MüKo, BGB, § 276 Rdnr. 118; zur Beratung siehe unten generell Kapitel 1 D.

[130] Siehe aber oben zur Ablehnung der Handelsmaklerstellung Kapitel 1 B.2.

[131] *Roth,* in: Koller/Roth/Morck, HGB, § 98 Rdnr. 1; genauer *Reiner,* in: Ebenroth/Boujong/Joost, HGB, § 98 Rdnr. 6; wenn man das Spezialitätsverhältnis ablehnt, haftet der Handelsmakler seinem Auftraggeber aus § 280 Abs. 1 BGB i. V. m. § 93 HGB.

[132] *Hartl,* Der Mäklervertrag des BGB – noch zeitgemäß?, S. 80.

weisbarkeit des Vertragsschlusses besonders bedeutsam war.[133] Deshalb wurden ‚Vertragszeugen' ernannt, denen das Aufzeichnen und Bezeugen der Handelsgeschäfte oblag. Die Vermittlung gehörte nicht zu ihren Aufgaben.[134] Aus diesen Handelspolizisten hat sich im Laufe der Zeit ein Handelsmakler mit einer beamtenähnlichen Stellung herausgebildet.[135] Daneben traten Privathandelsmakler auf, die gewerbsmäßig die Vermittlung von Handelsgeschäften ausübten. Die Regelungen des amtlich bestellten Handelsmaklers wurden, soweit sie nicht Ausfluss der Amtsstellung waren, auch auf den Privathandelsmakler angewendet.[136] Der Privathandelsmakler entspricht dem heutigen Handelsmakler im Sinne der §§ 93 ff HGB.

Die Kodifikation des Handelsmaklers baut also auf dem Bedürfnis nach einer neutralen Person auf, die den Geschäftsabschluss bezeugen kann. Die in den §§ 93 ff HGB niedergelegten Rechte sollen insoweit also beiden Hauptvertragsparteien zugute kommen. Aus der historischen Auslegung lassen sich aber keine Anhaltspunkte dafür finden, dass dem Vertragspartner des Auftraggebers, zu dem kein Handelsmaklervertrag besteht, darüber hinausgehende (Interessenwahrungs-)Rechte zustehen soll. Diese sollen ihm nur bei einer wirklichen Doppelmaklerschaft zukommen. Auch die in § 99 HGB regelmäßig vorgesehene hälftige Zahlungspflicht führt nicht zwingend zu der Schlussfolgerung, dass beiden Parteien die gleichen Rechte zustehen müssen, da diese Norm dahingehend teleologisch zu reduzieren ist, dass nur der Auftraggeber Lohnschuldner ist.[137]

Für die dogmatische Einordnung ist festzuhalten, dass sich die Rechtsverhältnisse des Handelsmaklers zu seinem Auftraggeber und zu dessen Vertragspartner nicht exakt entsprechen. Zum Auftraggeber besteht ein Handelsmaklerverhältnis. Dieses zieht bei einem Tätigwerden ebenso wie der Zivilmaklervertrag die Pflicht zur Interessenwahrung nach sich. Der anderen Partei gegenüber ist der Handelsmakler nicht zur Interessenwahrung verpflichtet, dieser Partei schuldet er nur Neutralität und die pflichtgemäße Erfüllung der §§ 94 ff HGB.

bb) Folgerungen für die Qualifikation

(1) Abgeleitetes Rechtsverhältnis bzw. deliktische Einordnung

Das Schuldverhältnis zwischen dem Handelsmakler und dem Anleger kann weder über einen Vertrag zugunsten Dritter noch über einen Vertrag mit Schutz-

---

133 *Hartl,* Der Mäklervertrag des BGB – noch zeitgemäß?, S. 81.

134 *Hartl,* Der Mäklervertrag des BGB – noch zeitgemäß?, S. 81.

135 Siehe *Leisau,* Die Rechtsbeziehungen zwischen Auftraggeber und Makler im Maklervertrag, S. 4 f.

136 *Hartl,* Der Mäklervertrag des BGB – noch zeitgemäß?, S. 88.

137 *Hopt,* in: Baumbach/Hopt, HGB, § 99 Rdnr. 1.

wirkung zugunsten Dritter begründet werden.[138] Gegen den Vertrag mit Schutzwirkung zugunsten Dritter spricht, dass die Hauptvertragsparteien keine gleichgerichteten Interessen verfolgen,[139] woran auch die Neutralitätspflicht des Maklers nichts ändert. Deshalb kann nicht von einer Einbeziehung des Anlegers in den Schutzbereich des Maklervertrags ausgegangen werden. Ein Vertrag zugunsten Dritter scheitert zwar nicht daran, dass dem Anleger durch § 98 HGB nur ein Anspruch auf Schadensersatz, nicht aber ein Anspruch auf Primärleistung zugebilligt wird.[140] Bei Anwendung der §§ 328 ff BGB (analog) würde aber kein eigenes unabhängiges, sondern nur ein abgeleitetes Rechtsverhältnis entstehen, so dass der Makler dem Anleger gegenüber seine Einwendungen gegen den Auftraggeber vorbringen könnte, § 334 BGB. Um der Stellung der Hauptvertragsparteien als Vertragsgegner und der Funktion des Maklers als neutraler Mittler gerecht zu werden, müssen die Rechtsverhältnisse der Hauptvertragsparteien zum Makler voneinander unabhängig sein. Die Bindungswirkung muss auf den Abschluss des Handelsmaklervertrags beschränkt bleiben.

§ 98 HGB begründet auch keine deliktische Haftung. Die Schutzpflichten der §§ 94 ff HGB können wegen des numerus-clausus-Prinzips des § 823 Abs. 1 BGB nämlich nicht als Verkehrspflichten angesehen werden.[141]

(2) Vertrauenshaftung nach § 311 Abs. 3 BGB

Nach weit verbreiteter Auffassung in der Literatur wird aber vertreten, dass es sich bei § 98 HGB im Verhältnis des Handelsmaklers zum Anleger um einen gesetzlichen Fall der Vertrauenshaftung nach § 311 Abs. 3 BGB[142] handele. Grundlage dieser Einordnung soll die Objektivität und Neutralität des Handelsmaklers sein.[143]

---

138 *Herrmann,* in: Heymann, HGB, § 98 Rdnr. 1; *Lutter,* Zur Haftung des Emissionsgehilfen im grauen Kapitalmarkt, in: FS für Johannes Bärmann, S. 605 ff (614 f Fn. 23).

139 *Hopt,* in: Baumbach/Hopt, HGB, § 93 Rdnr. 24; *Wiegand,* Die ‚Sachwalterhaftung' als richterliche Rechtsfortbildung, S. 344.

140 *Blaurock,* ZHR 146 (1982), 238 ff (248): Auch bei der Haftungsfreizeichnung zugunsten Dritter wird zum Teil ein Vertrag zugunsten Dritter angenommen, da dem Dritten das Recht zugewandt wird, sich dem Geschädigten gegenüber auf den Haftungsausschluss zu berufen.

141 Die Pflichten der §§ 94–96, 101 HGB sind Schutzgesetze, *Reiner,* in: Ebenroth/Boujong/Joost, HGB, § 98 Rdnr. 8.

142 *Canaris,* Schutzgesetze – Verkehrspflichten – Schutzpflichten, in: FS für Karl Larenz II, S. 27 ff (92); *Canaris,* ZHR 163 (1999), 206 ff (226); *Hopt,* in: Baumbach/Hopt, HGB, § 93 Rdnr. 24; *Brüggemann,* in: Staub, HGB, § 93 Rdnr. 8: vertragsähnliches Vertrauensverhältnis; *v. Hoyningen-Huene,* in: MüKo, HGB, § 93 Rdnr. 61: vertragsähnliche Stellung; *OLG München,* Urteil v. 08.08.1970, NJW 1970, 1924 ff (1925): Stellung als getreuer Sachwalter auch der anderen Partei gegenüber.

143 *Krebs,* Sonderverbindung und außerdeliktische Schutzpflichten, S. 93.

Die Haftung könnte mit typisiertem, abstraktem Vertrauen begründet werden. Man könnte dieses daraus herleiten, dass den Handelsmaklern seit je her eine neutrale Stellung zukommt, so dass ihm seitens der Parteien typischerweise besonderes Vertrauen entgegengebracht wird. Die Einordnung als besondere Form der Vertrauenshaftung nach § 311 Abs. 3 S. 2 BGB ist aber abzulehnen.[144] Abstraktes Vertrauen in eine Rolle ist nämlich für § 311 Abs. 3 S. 2 BGB nicht ausreichend und konkretes Vertrauen wird in der Regel nicht geweckt, da sich der Handelsmakler auf seine Neutralität nicht berufen muss.[145] Außerdem würde auch konkretes Vertrauen in die Neutralität des Vermittlers für § 311 Abs. 3 S. 2 BGB generell nicht ausreichen, da diese Norm ein Vertrauen des Anlegers dahingehend fordert, dass der Vermittler sich als Sachwalter auf seine Seite stellt. Der Handelsmakler ist aber nur Geschäftsbesorger seines Auftraggebers, gibt dem Dritten aber keine (typisierte) Gewähr für die Seriosität der Kapitalanlage und tritt diesem gegenüber nicht als Sachwalter auf.

(3) Gesetzlich begründetes vertragliches Schuldverhältnis

Von Teilen der Literatur wird § 98 HGB als vertragliche Haftung interpretiert,[146] so dass sie nur gegenüber solchen Personen entsteht, welche tatsächlich mit dem Handelsmakler einen Vertrag abgeschlossen haben.[147] Nach dieser Ansicht entspricht es dem gesetzlichen Leitbild des Handelsmaklervertrags, dass ein solcher im Verhältnis zu beiden Hauptvertragsparteien zustande kommt, so dass der Makler aus diesem Grund beiden Parteien verpflichtet und gegebenenfalls provisionsberechtigt ist. Diese Meinung ist aber zu restriktiv, da der Wortlaut des § 98 HGB von einer regelmäßigen Haftung gegenüber beiden Parteien ausgeht, ohne dies von einem Doppelauftrag abhängig zu machen. Die gesetzlichen Formulierungen wie ‚beide Parteien' (§ 98 HGB) oder ‚unter den Parteien' (§ 99 HGB) deuten auf ein generelles Schuldverhältnis zu beiden Hauptvertragsparteien hin. Um der Neutralitätspflicht des Maklers diesen gegenüber und der Wahrung der Pflichten aus §§ 94–97, 100, 101 HGB und aus § 242 BGB[148] zur Geltung zu verhelfen, muss das anspruchsbegründende Schuldverhältnis aus § 98 HGB im Verhältnis zu beiden Parteien wirken. Andernfalls wäre die Objektivität dem Anleger gegenüber nicht sichergestellt.

---

144 *Wiegand,* Die ‚Sachwalterhaftung' als richterliche Rechtsfortbildung, S. 343 sieht in § 98 HGB zwar einen gesetzlich geregelten Fall der Dritthaftung, verneint aber die Inanspruchnahme eines besonderen Vertrauens. Sie sieht in § 98 HGB einen Gleichstellungsgrund für Dritthaftung und vertragliche Haftung, ebd. S. 348.

145 Siehe *Krebs,* Sonderverbindung und außerdeliktische Schutzpflichten, S. 101.

146 *Reiner,* in: Ebenroth/Boujong/Joost, HGB, § 93 Rdnrn. 41 ff.

147 *Reiner,* in: Ebenroth/Boujong/Joost, HGB, § 98 Rdnr. 1.

148 *Reiner,* in: Ebenroth/Boujong/Joost, HGB, § 98 Rdnr. 3.

Aus diesem Grund wird durch § 98 HGB im Verhältnis zwischen Vermittler und Drittem auf gesetzlichem Wege ein vertragliches Schuldverhältnis begründet, das dem rechtsgeschäftlichen Maklervertrag zwischen dem Makler und dessen Auftraggeber entspricht, soweit dies für die Erfüllung der gesetzlichen Pflichten nach §§ 94 ff HGB erforderlich ist.

cc) Nebenpflichten

Der Handelsmakler schuldet dem Anleger demnach wegen § 98 HGB Neutralität und die Erfüllung der aus §§ 94 ff HGB folgenden Pflichten. Daneben bietet dieses Schuldverhältnis auch die Grundlage für das Entstehen von Aufklärungspflichten nach § 242 BGB. Wegen des beschränkten Zwecks dieses Schuldverhältnisses sind diese Pflichten aber auf die Weitergabe präsenten Wissens beschränkt.[149]

b) Analoge Anwendung des § 98 HGB

Nach vereinzelten Meinungen in der Literatur soll § 98 HGB stets analog anzuwenden sein, wenn im Vorbereitungsstadium eines Vertrags das Versprechen der Neutralität gegeben wird,[150] bzw. die Vermittlerhaftung sogar ganz generell auf § 98 HGB gestützt werden.[151] Auch der zivilrechtliche Doppelmakler stehe nämlich neutral zwischen den Parteien und sei insofern dem Handelsmakler vergleichbar.

Im Gegensatz zum Handelsmakler ist dem Zivilmakler die Neutralitätspflicht aber nicht per se immanent, sondern erst Folge einer Doppeltätigkeit. Ohne diese scheidet die Anwendung des § 98 HGB auf den Zivilmakler von vornherein aus. Bei einem Verstoß gegen die vertraglichen Pflichten folgt die Schadensersatzpflicht aus den existierenden Schuldverhältnissen. Damit fehlt eine für eine Analogie erforderliche Regelungslücke. Gegen eine extensive Anwendung des § 98 HGB spricht zudem, dass diese zu einer Umgehung der engen Voraussetzungen des § 311 Abs. 3 S. 2 BGB und einer abzulehnenden Ausweitung der Berufshaftung führen würde.

Für eine analoge Anwendung des § 98 HGB auf das Handelsvertreterrecht werden praktische Schwierigkeiten bei der Abgrenzung des Handelsmaklers vom Handelsvertreter anhand des Merkmals des ständigen Betrautseins[152] ge-

---

149 Siehe näher Kapitel 1 C.III.2.f)cc)(2).

150 *Wiegand,* Die ‚Sachwalterhaftung' als richterliche Rechtsfortbildung, S. 354, 363.

151 *Benedict,* ZIP 2005, 2129 ff (2136).

152 Siehe *Wiegand,* Die ‚Sachwalterhaftung' als richterliche Rechtsfortbildung, S. 351, 353.

rade bei der Vermittlung von Anteilen an einer Publikumsgesellschaft angeführt.[153] Der Handelsvertreter solle in den Fällen, in denen er nach außen hin als neutraler Mittler auftritt, auch als solcher haften.[154] Dieses Abgrenzungsproblem darf aber nicht dazu führen, dass der Handelsvertreter dem Anleger gegenüber wie ein neutraler Handelsmakler haften muss. Die Pflicht zur Neutralität kann sich nämlich nur aus einer Doppeltätigkeit ergeben, die ein haftungsbegründendes Rechtsverhältnis auch im Verhältnis zum Dritten voraussetzt. Die Anwendungsprobleme sind nicht auf Rechtsfolgenseite, sondern auf Tatbestandsebene zu lösen. Daneben spricht auch hier der Gesichtspunkt der fehlenden Regelungslücke gegen eine analoge Anwendung des § 98 HGB.

Insgesamt kann § 98 HGB als eng auszulegende Ausnahmevorschrift nicht generell auf alle Vermittlungsverträge analog angewendet werden. Der Zweck des § 98 HGB, eine Grundlage für die Pflichten aus §§ 94 ff HGB zu schaffen, gilt nämlich nur für den Handelsmakler, nicht aber für andere Intermediäre.

3. Auskunftsvertrag und Eigenhaftung Dritter

Die maklerrechtlichen Schuldverhältnisse sind für das Entstehen der äußerst wichtigen Aufklärungspflichten gegenüber dem Anleger von untergeordneter Bedeutung. Zum einen schließt der Anleger selbst meist keinen Maklervertrag ab, zum anderen haben die Pflichten aus dem gesetzlichen Schuldverhältnis des § 98 HGB nur einen beschränkten Umfang. Im Vordergrund steht deshalb die tatsächliche Informationserteilung des Maklers als Teil der Vermittlungstätigkeit, die das Entstehen der Pflicht zur Informationserteilung nach sich ziehen kann. Diskutiert werden insbesondere[155] der Abschluss eines konkludenten Auskunftsvertrags und die vorvertragliche Sonderrechtsverbindung nach § 311 Abs. 3 BGB. Die Rechtsprechung stützt die Haftung des Anlagevermittlers bevorzugt auf ersteren;[156] die herrschende Lehre favorisiert den Weg über § 311 Abs. 3 BGB.

---

[153] Siehe oben Kapitel 1 B.I.

[154] *Wiegand,* Die ‚Sachwalterhaftung' als richterliche Rechtsfortbildung, S. 354.

[155] Daneben werden die Einbeziehung des geschädigten Dritten in den Schutzbereich des Vertrags zwischen dem Sachverständigen und dem Auftraggeber sowie deliktsrechtliche Lösungen über § 823 Abs. 2 und § 826 BGB vertreten, siehe hierzu bereits Kapitel 1 B.

[156] Siehe etwa *BGH,* Urteil v. 13.06.2002, NJW 2002, 2641 f (2642); siehe auch Kapitel 1 B.II.3.c) (schwankende Rechtsprechung).

a) *Auskunftsvertrag*[157]

aa) Qualifikation

Ein entgeltlicher Auskunftsvertrag ist ein Werkvertrag, wenn die einmalige Erteilung einer Information geschuldet ist,[158] besteht dagegen eine Pflicht zur anhaltenden Informationserteilung, liegt ein Dienstvertrag vor.[159] Bei der Kapitalanlagevermittlung ist die Verpflichtung nur auf wiederholte Auskunftserteilung gerichtet, wenn besondere Anhaltspunkte vorliegen, etwa wenn die Mitteilung über Neuemissionen aller Anlageobjekte mit besonderen Eigenschaften vereinbart ist. In der Regel wird deshalb ein Werkvertrag vorliegen.

Der Werkvertrag ist geschäftsbesorgungsvertraglicher Natur im Sinne des § 675 Abs. 1 BGB, da die Beschaffung der Information als Teil der Vertragsvorbereitung wegen der Ablehnung einer allgemeinen Aufklärungspflicht objektiv im Aufgabenbereich des Anlageinteressenten liegt.[160] Die Fremdnützigkeit scheitert nicht daran, dass der Vermittler bei werbendem Auftreten ausschließlich das eigene (Provisions-)Interesse und dasjenige des Anbieters im Auge hat, aber nicht die Aufklärung des Anlegers beabsichtigt.[161] Maßgeblich ist nämlich allein die objektive Interessenverfolgung, der subjektive Wille ist unbeachtlich. Die vollständige und richtige Aufklärung wirkt objektiv gesehen aber gerade zugunsten des Anlegers.[162] Weiß der Anleger, dass der Vermittler ausschließlich im eigenen Interesse tätig wird, fehlt es bereits am Vertragsschluss. Bei Unentgeltlichkeit liegt ein Auftrag im Sinne des § 662 BGB vor.

bb) Voraussetzungen

Auskunftsverträge kommen in der Regel stillschweigend zustande. Der BGH nimmt in ständiger Rechtsprechung den stillschweigenden Abschluss eines Auskunftsvertrags an, wenn die Auskunft für den Empfänger erkennbar von erheblicher Bedeutung ist und er sie zur Grundlage wesentlicher Entschlüsse machen will.[163] Da der Anleger auf die Auskunft als Entscheidungsgrundlage angewie-

---

[157] Zur Frage, ob der Anlagevermittler oder die dahinterstehende Vertriebsgesellschaft Vertragspartner wird siehe *Wagner,* DStR 2004, 1883 ff.

[158] *BGH,* Teilurteil v. 11.03.1999, NJW 1999, 1540 f (1540); nach *Wüst,* JZ 1989, 67 ff (68) handelt es sich um einen Dienstvertrag.

[159] Siehe *Sprau,* in: Palandt, BGB, § 675 Rdnr. 29 zum Beratungsvertrag.

[160] *Czub,* in: Bamberger/Roth, BGB, § 675 Rdnr. 3.

[161] *Grießenbeck,* BB 1988, 2188 ff (2189).

[162] Beratungen über rechtliche, steuerliche oder wirtschaftliche Angelegenheiten des Auftraggebers sind Geschäftsbesorgungsverträge, *Czub,* in: Bamberger/Roth, BGB, § 675 Rdnr. 5.

[163] Siehe nur *BGH,* Urteil v. 13.05.1993, NJW-RR 1993, 1114 ff (1114); *BGH,* Urteil v. 13.01.2000, NJW-RR 2000, 998 ff (998); *BGH,* Urteil v. 11.09.2003, NJW-RR

sen ist, könne sie nicht als unverbindlicher Rat angesehen werden.[164] Indem der Anleger deutlich macht, dass er die besonderen Kenntnisse und Verbindungen des Vermittlers in Anspruch nehmen will,[165] gibt er ein Angebot auf Abschluss eines Auskunftsvertrags ab, das der Anlagevermittler mit Beginn[166] der Auskunftserteilung annimmt.[167] Nach herrschender Meinung in der Literatur[168] und Rechtsprechung[169] ist es irrelevant, von wem die Initiative zum Vertragsschluss ausgeht. Mitunter verlangt der BGH, dass der Auskunftsgeber besonders sachkundig ist oder ein eigenes wirtschaftliches Interesse an der Auskunftserteilung hat.[170] Diese Kriterien führen laut BGH aber nicht zwingend zum Vertragsschluss, sondern sind Indizien, die, wenn auch mit erheblichem Gewicht, in die Gesamtwürdigung aller Umstände des Einzelfalls einfließen.[171] Zusätzliche in die Abwägung einzubeziehende Umstände sind nach der Rechtsprechung[172] etwa Zusicherungen in Form von Garantieübernahmen[173] oder das Versprechen einer eigenen Nachprüfung der Angaben[174], die Hinzuziehung des Auskunftsgebers zu Vertragsverhandlungen auf Verlangen des Auskunftsempfängers[175], die

---

2003, 1690 (1690); Leitentscheidung des *RG,* RGZ 52, Urteil v. 27.10.1902, 365 ff (366 f): ‚Wenn jemand, zu dessen Berufsgeschäften es gehört, anderen in Geschäften der fraglichen Art beratend zur Seite steht, und der erfahren hat, dass ein anderer in einer solchen Angelegenheit einer zuverlässigen Auskunft bedarf, diesem dann in einem an denselben gerichteten Schreiben eine Auskunft über den erheblichen Punkt gibt, so schließt er eben dadurch den betreffenden Vertrag mit dem Auskunft Begehrenden ab.‘

164 Siehe dazu *BGH,* Urteil v. 22.03.1979, NJW 1979, 1449 ff (1449 f).

165 Nach *BGH,* Urteil v. 11.01.2007, NJW 2007, 1362 ff (1363) bedarf es der Feststellung weiterer Merkmale nicht, da diese Rechtsprechung zum Schutz des Anlegers typisierend der Interessenlage und den Besonderheiten bei der Vermittlung von Kapitalanlagen Rechnung trägt.

166 *BGH,* Urteil v. 04.03.1987, NJW 1987, 1815 ff (1816).

167 *BGH,* Urteil v. 12.06.1997, NJW 1998, 448 f (448); *OLG Köln,* Urteil v. 24.02. 1999, BB 2000, 374 ff (375); *BGH,* Urteil v. 13.05.1993, NJW-RR 1993, 1114 ff (1114). Der Vertrag sollte nicht mit Beginn der Informationserteilung zustande kommen, sondern erst, wenn der Anleger mit Vervollständigung der Information rechnen darf, also noch nicht nach der Mitteilung eines einzigen Umstandes.

168 *v. Heymann,* BB 2000, 1149 ff (1150).

169 *OLG Hamm,* Urteil v. 10.03.1988, NJW-RR 1989, 631 ff (632).

170 Siehe dazu *Kramer,* in: MüKo, BGB, Band 2, Einl. Rdnr. 34 und Fundstellen bei Fn. 169.

171 *BGH,* Urteil v. 11.10.1988, NJW 1989, 1029 f (1029); *BGH,* Urteil v. 22.06. 1992, NJW 1992, 3167 ff (3168); *BGH,* Urteil v. 13.02.1992, NJW 1992, 2080 ff (2082); *BGH,* Urteil v. 17.09.1985, NJW 1986, 180 ff (180); siehe dazu auch *Wiedemann/Schmitz,* ZGR 1980, 129 ff (133).

172 *Kramer,* in: MüKo, BGB, Band 2, Einl. Rdnr. 32; *Hermann,* in: MüKo, BGB, § 675 Rdnr. 122 f.

173 *BGH,* Urteil v. 15.06.1993, NJW 1993, 3073 ff (3075).

174 *BGH,* Urteil v. 13.02.1992, NJW 1992, 2080 ff (2082); *BGH,* Urteil v. 07.01. 1965, WM 1965, 287 ff (288).

175 *BGH,* Urteil v. 25.10.1966, VersR 1967, 65 ff (66).

Einbeziehung in solche Verhandlungen als unabhängige neutrale Person[176] oder eine bereits anderweitig bestehende Vertragsbeziehung zwischen Auskunftsgeber und Auskunftsempfänger[177]. Tendenziell gegen einen Auskunftsvertrag spricht es, wenn der Anleger einen eigenen Berater hat.[178]

Diese Grundsätze wendet der BGH ausdrücklich auch auf die Kapitalanlagevermittler an. Für den Anleger bilden die Vermittlerangaben in Form von detaillierten Ausführungen über die Kapitalanlagen oder von Anlageprospekten die wesentliche Entscheidungsgrundlage. Sie sind auf diese Informationen angewiesen[179], da sie regelmäßig keine Möglichkeit haben, sich anderweitig zu erkundigen. Die Vermittler dagegen sind sachkundig oder geben dies zumindest vor. Der Schutz des Kapitalanlegers erfordert es deshalb, dass eine fehlerhafte Auskunft die volle vertragliche Haftung nach sich ziehe.[180]

Das Kriterium der Entgeltlichkeit wird weder als Indiz für einen Rechtsbindungswillen[181] noch für das Vorliegen einer reinen Gefälligkeit angesehen.[182] Da mit der Entgeltlichkeit regelmäßig ein wirtschaftliches Interesse des Vermittlers am Vertragsschluss einhergeht, wird jene aber mittelbar über dieses Merkmal für die Bewertung des Vertragsschlusses herangezogen.[183] Der Umweg über das wirtschaftliche Eigeninteresse erscheint gekünstelt. Nach richtiger Ansicht sollte eine bestehende Zahlungspflicht des Anlegers unmittelbar berücksichtigt werden,[184] da nach allgemeiner Verkehrsanschauung ein Entgelt nur für eine Gegenleistung gezahlt wird.[185] Auch bei Unentgeltlichkeit können grundsätzlich Vertragspflichten entstehen, wie die Gefälligkeitsverträge zeigen.[186] In

---

176 *BGH,* Urteil v. 17.09.1985, NJW 1986, 180 ff (181); *BGH,* Urteil v. 18.01.1972, VersR 1972, 441 ff (443).

177 *BGH,* Urteil v. 17.09.1985, NJW 1986, 180 ff (181); *KG,* Urteil v. 28.10.2004, NJOZ 2005, 3411 ff (3413).

178 *BGH,* Urteil v. 13.02.1992, NJW 1992, 2080 ff (2082).

179 Siehe etwa *BGH,* Urteil v. 13.05.1993, NJW-RR 1993, 1114 ff (1115).

180 *BGH,* Urteil v. 22.03.1979, NJW 1979, 1449 ff (1450).

181 *Wiegand,* Die ‚Sachwalterhaftung' als richterliche Rechtsfortbildung, S. 87; *BGH,* Urteil v. 04.03.1987, NJW 1987, 1815 ff (1816).

182 Nach *v. Heymann,* DStR 1993, 1147 ff (1147) ist die Vereinbarung eines Entgelts nicht notwendig; *BGH,* Urteil v. 04.03.1987, NJW 1987, 1815 ff (1816); *v. Heymann,* BB 2000, 1149 ff (1150); siehe auch *Hoegen,* Einzelfragen zur Haftung bei Anlagevermittlung und Anlageberatung, in: FS für Walter Stimpel, S. 247 ff (248).

183 *BGH,* Urteil v. 22.03.1979, NJW 1979, 1449 ff (1450): Beim Vertragsschluss kann demnach als Indiz sogar die Provision ausreichen; siehe *Wiegand,* Die ‚Sachwalterhaftung' als richterliche Rechtsfortbildung, S. 87. Dagegen ist bei der Eigenhaftung von Vertretern aus c.i.c. deren wirtschaftliches Interesse an der Provision nicht ausreichend.

184 Auch *Hopt,* AcP 183 (1983), 608 ff (618) will die Entgeltlichkeit als Kriterium für den Rechtsbindungswillen berücksichtigen.

185 *Köndgen,* Selbstbindung ohne Vertrag, S. 276: ‚Am Markt wird nichts verschenkt'; *Grundmann,* in: MüKo, BGB, § 276 Rdnr. 119 Fn. 445.

186 *Kramer,* in: MüKo, BGB, Band 2, Einl. Rdnr. 32.

der besonderen Dreieckskonstellation der Kapitalanlagevermittlung wird aber angenommen, dass dem Anleger bewusst sein müsse, dass der Vermittler für einen anderen Auftraggeber tätig ist, wenn er diesen nicht selbst bezahlt;[187] dies spreche gegen einen Rechtsbindungswillen des Vermittlers.

Misst man der vereinbarten Entgeltlichkeit hier eine größere Bedeutung für den Vertragsschluss zu, führt dies zu einer wertungsmäßigen Übereinstimmung mit der Argumentation beim Zustandekommen eines Vermittlungsvertrags zwischen Vermittler und Anleger, da dort die Provisionsforderung gegen den Anleger gerade als ein entscheidendes Kriterium herangezogen wird.[188] Generell spielt die Entgeltlichkeit im Rahmen der Anlagevermittlung für die Frage des Vertragsschlusses eine größere Rolle als in anderen Bereichen, da hier die Informationserteilung ihre Grundlage nicht nur in einem Auskunftsvertrag, sondern auch im Vermittlungsvertrag mit dem Anbieter haben kann. Zu bedenken bleibt nur, ob von den Anlegern eine derartige Differenzierung erwartet werden kann. Grundsätzlich spricht die Entgeltlichkeit aber für einen Rechtsbindungswillen. Daraus sollte man aber nicht den Umkehrschluss ziehen, dass eine unentgeltliche Auskunft immer unverbindlich erteilt wird.[189] In diesem Fall muss auf die anderen Kriterien zurückgegriffen werden.

cc) Kritik der Literatur am konkludent geschlossenen Auskunftsvertrag[190]

Als häufigster Kritikpunkt am konkludenten Abschluss eines Auskunftsvertrags wird das Fehlen eines Willens zur rechtlichen Bindung vorgebracht.[191] Ein solcher Wille sei reine Fiktion,[192] da sich weder Anlagevermittler noch Anleger[193] rechtlich binden wollten. Die Angaben des Vermittlers seien rein deklaratorische Wissenserklärungen,[194] die er in Erfüllung des Vermittlungsvertrags erbringe.[195]

---

[187] *Wagner,* DStR 2003, 1757 ff (1758).

[188] Beachte das Kriterium des ausdrücklichen Provisionsverlangens, Kapitel 1 B.II.1.

[189] Beim Vermittlungsvertrag spricht die fehlende Provisionszahlungspflicht gegen einen Rechtsbindungswillen des Vermittlers, siehe oben Kapitel 1 B.II.1.a).

[190] *Lang,* AcP 201 (2001), 451 ff (460 f) für den Auskunftsvertrag.

[191] Nach *Schmitz,* Dritthaftung aus culpa in contrahendo, S. 103 soll die Anerkennung vorvertraglicher Aufklärungspflichten gegen einen Rechtsbindungswillen sprechen; allerdings kann dieser Aspekt nicht in die Auslegung einbezogen werden, da der Anleger diese Rechte grundsätzlich nicht kennt; *Lang,* AcP 201 (2001), 451 ff (556).

[192] *Häuser/Welter,* in: Soergel, BGB, § 676 Rdnr. 8; *Köndgen,* Selbstbindung ohne Vertrag, S. 355; *Canaris,* Bankvertragsrecht, Rdnr. 78.

[193] *Wiedemann/Schmitz,* ZGR 1980, 129 ff (134).

[194] *Canaris,* Bankvertragsrecht, Rdnr. 88.

[195] *OLG Frankfurt a.M.,* Urteil v. 26.10.1978, WM 1979, 1393 ff (1395); *Lutter,* Zur Haftung des Emissionsgehilfen im grauen Kapitalmarkt, in: FS für Johannes Bärmann, S. 605 ff (613).

Weiter wird kritisiert, dass der BGH den Vertragsschluss nur auf objektive Kriterien stütze[196] und deshalb der Auskunftsgeber nicht hafte, ‚wo er will, sondern wo er soll'.[197] Der Vertrag entstehe lediglich zur Haftungsbegründung und sei als solcher abzulehnen.[198]

Es sei auch nicht möglich, von der Aufklärungshandlung auf einen Vertragsschluss zurückzuschließen. Dies sei unzulässig, da sich Erfüllung und Verpflichtung überschneiden würden[199] und die Aufklärung keine typische Erfüllungshandlung darstelle.[200] Gegen die Konstruktion eines konkludenten Auskunftsvertrags wird überdies vorgebracht, dass es sich nur um eine bloße ‚Hilfs- und Scheinbegründung' handele, derer es spätestens seit der Kodifizierung der Eigenhaftung Dritter in § 311 Abs. 3 BGB nicht mehr bedürfe.[201] Dies werde durch die Auslegungsregel des § 675 Abs. 2 BGB bestätigt.[202]

Teilweise setzt die Kritik am konkludenten Auskunftsvertrag aber bereits an einem falschen Ausgangspunkt an. So soll ein Auskunftsvertrag abzulehnen sein, wenn der Vermittler keine Garantie für die Sicherheit und Rendite der Anlage abgeben will.[203] Die Übernahme einer derartigen Garantie ist aber nie Voraussetzung, der Vermittler muss nur die Seriosität des Anlagekonzepts gewährleisten.

dd) Bewertung

Der Kritik ist entgegenzuhalten, dass der Hinweis auf § 675 Abs. 2 BGB nicht stichhaltig ist, da diese Vorschrift nur einen deklaratorischen Charakter aufweist.[204] Auch der Einwand der Scheinbegründung greift nicht, da auch ein nur konkludent geschlossener Auskunftsvertrag eine vollwertige Anspruchsgrundlage ist, die nicht hinter die Eigenhaftung Dritter nach §§ 311 Abs. 3, 280 Abs. 1 BGB zurücktritt. Vielmehr gilt seit dem SchuldModG lediglich das um-

---

196 *Häuser/Welter,* in: Soergel, BGB, § 676 Rdnr. 8.

197 *Medicus,* Bürgerliches Recht, Rdnr. 371; ähnlich *Ebke/Fechtrup,* Anm. zu *BGH,* Urteil v. 19.03.1986, JZ 1986, 1112 ff (1113); siehe *Lang,* AcP 201 (2001), 451 ff (461).

198 *Strauch,* JuS 1992, 897 ff (898).

199 *Lang,* AcP 201 (2001), 451 ff (459).

200 *Wiegand,* Die ‚Sachwalterhaftung' als richterliche Rechtsfortbildung, S. 75.

201 *Canaris,* ZHR 163 (1999), 206 ff (228).

202 Dies hat sich infolge der Rechtsprechung in der Praxis aber ins Gegenteil gewandelt, *Häuser/Welter,* in: Soergel, BGB, § 676 Rdnr. 6; *Schmitz,* MMR 2000, 396 ff (396 f); nach *Arendts,* WM 1993, 229 ff (231) kann sich aus der Auslegung nach §§ 133, 157 BGB eine Willenserklärung ergeben.

203 Siehe *Benedict,* ZIP 2005, 2129 ff (2132).

204 *Seiler,* in: MüKo, BGB, § 676 Rdnr. 2.

gekehrte Argument der Subsidiarität der c.i.c., die nur der Lückenfüllung[205] diene, nicht mehr.

Es ist zwar richtig, dass aus einer Aufklärungshandlung allein nicht auf eine Verpflichtung geschlossen werden kann. Aber auch der BGH begründet den Vertragsschluss nicht auf diese Weise, sondern mit der Abgabe konkludenter Willenserklärungen durch die Parteien. Es ist deutlich zu erkennen, dass die Kriterien für das Entstehen eines Auskunftsvertrags und der gesetzlichen Aufklärungspflichten gemäß § 242 BGB identisch sind. Dies entspricht der inhaltsgleichen Schuld. Während aber die kraft Gesetzes entstehenden Aufklärungspflichten bei objektivem Vorliegen der Voraussetzungen entstehen, kommt der Auskunftsvertrag nur durch die Abgabe zweier übereinstimmender Willenserklärungen zustande, durch die sich die Parteien dieselben Kriterien zu eigen machen. D.h. dass der Anleger zu erkennen geben muss, dass er die Information durch den Vermittler wünscht, und dass der Vermittler seine Nähe zur Information und die eigene Überzeugung von der Richtigkeit und die Bereitschaft zur Informationserteilung erklären muss.

Die Erfüllung dieser Voraussetzungen hängt maßgeblich davon ab, welche der Parteien initiativ geworden ist. Ein Vertragsschluss ist insbesondere dann anzunehmen, wenn der Anlageinteressent von sich aus zum Zwecke eines Beteiligungserwerbs auf den Vermittler zugeht und der Vermittler mit der Aufklärung ohne Haftungsbeschränkung beginnt. Dieses Tätigwerden ist aus Sicht des Anlegers als Angebot auf Abschluss eines Auskunftsvertrags auszulegen, da er in dieser Konstellation grundsätzlich davon ausgehen darf, dass die Information nur in seinem Interesse erbracht wird. Hier ist es nämlich nicht erkennbar, wenn der Vermittler für einen anderen Auftraggeber tätig wird. Indem der Anleger die Information entgegennimmt, erklärt er konkludent die Annahme.[206] Sofern diesem aber im konkreten Fall Anhaltspunkte erkennbar sind, die ein Vermittlerhandeln lediglich aus Eigeninteresse nahe legen, scheidet ein Angebot aus.[207]

Geht die Initiative, wie in den meisten Fällen, vom Vermittler aus und tritt dieser werbend und anpreisend auf, ist ein Vertragsschluss regelmäßig abzulehnen. Hieraus muss ein Anleger nämlich folgern, dass der Vermittler keinen Willen gebildet hat, einen Auskunftsvertrag abzuschließen, sondern die Informationserteilung lediglich der eigenen Pflichterfüllung dient. Aber auch in diesen Fällen kann im Einzelfall ein Vertrag zustande kommen.

---

[205] *Lieb,* Culpa in contrahendo und rechtsgeschäftliche Entscheidungsfreiheit, in: FS für Dieter Medicus, S. 337 ff (342).

[206] Auch *Bosch,* ZHR 163 (1999), 274 ff (282 f) sieht den Auskunftsvertrag als nicht fernliegend an. Es ist auch möglich, dass der Anleger das Angebot abgibt und der Anlagevermittler dieses durch die Informationserteilung annimmt.

[207] Siehe dazu auch *Henssler,* Risiko als Vertragsgegenstand, S. 183 f.

Liegen die Voraussetzungen für den Auskunftsvertrag vor, führen die Parteien durch eine privatrechtliche Vereinbarung eine Pflichtenstellung herbei, die bei Vorliegen eines anderweitigen Schuldverhältnisses als gesetzliche Nebenpflicht entstehen würde. Da die Parteien hier selbst zum Ausdruck bringen, sich rechtlich binden zu wollen, ist auch der Kritikpunkt widerlegt, dass die Kriterien nicht den wahren Parteiwillen widerspiegeln, sondern sich nach den Verkehrsbedürfnissen richten würden.[208] Dies bedeutet aber nicht, dass objektive Gesichtspunkte zur Ermittlung des objektiven Erklärungswerts nicht herangezogen werden könnten; eine Auslegung nach dem objektiven Empfängerhorizont ist bei unklaren empfangsbedürftigen Willenserklärungen nämlich immer geboten.

Ebenso ist die Ansicht wenig überzeugend, dass die Voraussetzungen ‚erkennbar von erheblicher Bedeutung und Grundlage wesentlicher Entschlüsse' bei Informationsleistungen immer erfüllt und deshalb zur Feststellung eines Rechtsbindungswillens nicht hinreichend aussagekräftig seien.[209] Diese Merkmale treffen nämlich nur auf besonders wichtige Entscheidungen zu und müssen überdies nach außen kundgetan werden.

An dieser Stelle ist auch zu erwägen, die für die Doppelmaklerschaft entwickelte Unklarheitenregel[210] für die Fälle der Doppeltätigkeit zwischen Makler- und Auskunftsvertrag zu übernehmen. Hier kann die Aufklärung durch den Vermittler beiden Hauptvertragsparteien zugute kommen, sofern der Vermittler von den aufklärungspflichtigen Gesellschaftern[211] beauftragt wurde. Deshalb muss auch hier derjenige, der aus der Informationserteilung einen Anspruch ableiten will, diesen nachweisen und die bestehenden Unklarheiten beseitigen.

Die aktuelle Rechtsprechung des BGH zum Abschluss eines konkludenten Maklervertrags kann zu einer Erweiterung des Anwendungsbereichs des Auskunftsvertrags führen. Da dieser Vertrag nur bedeutsam ist, wenn nicht bereits ein Maklervertrag besteht, ist er nun grundsätzlich in all den Fällen in Betracht zu ziehen, in denen der Anleger die Initiative ergreift und keinen Suchauftrag stellt.[212] Einen unmittelbaren Einfluss auf die Entstehungsvoraussetzungen des Auskunftsvertrags wird diese Rechtsprechung aber nicht haben, da die dort aufgestellten Kriterien bei einem auf Information gerichteten Vertrag nicht passen.

---

208 *Wiegand,* Die ‚Sachwalterhaftung' als richterliche Rechtsfortbildung, S. 75.

209 *Lang,* AcP 201 (2001), 451 ff (461).

210 Siehe oben Kapitel 1 B.II.1.a).

211 Siehe unten Kapitel 1 H.II.1.a).

212 Siehe oben Kapitel 1 B.II.1.a).

b) Eigenhaftung Dritter nach § 311 Abs. 3 BGB

Auch wenn die von weiten Teilen des Schrifttums vorgebrachte Kritik am konkludenten Auskunftsvertrag[213] so pauschal nicht gerechtfertigt ist, fehlt es dennoch in vielen Fällen an einem Vertragsschluss, so dass zu erörtern ist, ob sich die Aufklärungspflicht (auch) aus der quasivertraglichen Sonderverbindung des § 311 Abs. 3 BGB ergeben kann. Bei einer Falschinformation folgt der Schadensersatzanspruch des Anlegers gegen den Vermittler aus §§ 280 Abs. 1, 311 Abs. 3 S. 1 und S. 2 i.V.m. § 311 Abs. 2 Nr. 3 i.V.m. § 241 Abs. 2 BGB.[214]

Nach allgemeiner Meinung ist eine generelle Dritthaftung abzulehnen, da die durch die Einschaltung des Dritten im Bereich der vorvertraglichen Informationspflichten eintretende Risikosteigerung durch die Zurechnung nach §§ 311 Abs. 2, 278 BGB kompensiert wird[215] und die Relativität der Schuldverhältnisse gegen die prinzipielle Eigenhaftung von Dritten spricht.[216] Trägt der Dritte aber entscheidend zum Vertragsschluss bei, ist seine Haftung nur billig,[217] wenn gerade sein Mitwirken am Vertragsschuss typischerweise zusätzliche Risiken für den Vertragspartner hervorruft.[218] Die Kategorie der Dritthaftung nach § 311 Abs. 3 BGB, zum Teil auch als ‚Sachwalterhaftung' bezeichnet,[219] gilt gerade auch für Anlagevermittler und Anlageberater.[220] Mit der Kodifizierung der Dritthaftung sollte dieses Rechtsinstitut generalklauselartig erwähnt werden, eine inhaltliche Änderung oder die Beeinträchtigung der Fortentwicklung der Rechtsfigur war nicht beabsichtigt (sog. Merkzettelgesetzgebung).

---

213 A.A. *v. Heymann,* BB 2000, 1149 ff (1150). Die Kritik bezieht sich vor allem auf den Auskunftsvertrag, weniger auf den Beratungsvertrag.

214 A.A. *Schwab,* JuS 2002, 872 ff (873), wonach richtige Haftungsnorm §§ 311 Abs. 3 S. 1, Abs. 2 Nr. 1, 280 BGB ist; wieder a.A. *Lorenz/Riehm,* Lehrbuch zum neuen Schuldrecht, Rdnr. 376, wonach die Eigenhaftung Dritter wegen wirtschaftlichen Eigeninteresses nicht unter § 311 Abs. 3 BGB, sondern unter § 311 Abs. 2 Nr. 3 BGB zu subsumieren sei.

215 *Grote,* Die Eigenhaftung Dritter als Anwendungsfall der culpa in contrahendo, S. 168.

216 *Krebs,* in: Anwaltkommentar, Schuldrecht, § 311 Rdnr. 47.

217 *Wiedemann,* in: Soergel, BGB, vor § 275 Rdnr. 218.

218 *Grote,* Die Eigenhaftung Dritter als Anwendungsfall der culpa in contrahendo, S. 168 f.

219 *Schwab,* JuS 2002, 872 ff (873).

220 *BGH,* Urteil v. 22.03.1979, NJW 1979, 1449 ff (1450); *v. Heymann,* in: Assmann/Schütze, Handbuch des Kapitalanlagerechts, § 5 Rdnr. 115.

aa) Dogmatische Grundlagen der c.i.c.

Die Bestimmung des Haftungsgrundes ist für die Auslegung der Voraussetzungen des § 311 Abs. 3 BGB bedeutsam. Im Vordergrund steht der Rechtsgedanke der Vertrauenshaftung.[221]

(1) Vertrauenshaftung

Nach der grundlegenden Lehre der Vertrauenshaftung[222] von *Ballerstedt,* der auch heute noch die herrschende Meinung in der Literatur[223] folgt, liegt der Ursprung eines außerdeliktischen Schuldverhältnisses bei Vertragsverhandlungen im tatsächlich gewährten Vertrauen und im Vertrauendürfen.[224] An einen solchen Vertrauenstatbestand können die gleichen Rechtsfolgen geknüpft werden wie an ein Rechtsgeschäft.[225]

Als gewichtigster Einwand gegen das Prinzip der Vertrauenshaftung wird immer wieder vorgebracht, dass das ‚bloße Vertrauen ein so allgemeiner und deshalb so wenig greifbarer Umstand sei, dass sich mit ihm allein nahezu nichts erklären lässt'.[226] Das Vertrauen sei ubiquitär[227], da es Basis des gesamten rechtsgeschäftlichen Verkehrs sei sowie im Deliktsrecht eine wichtige Rolle spiele,[228] und ziehe im Falle des Enttäuschens deshalb keine Haftungsfolgen nach sich.[229] Den Kritikern wird zwar zugestanden, dass das Vertrauen ein ‚allgemeines Rechtsprinzip (ist), das an den unterschiedlichsten Stellen einer Rechtsordnung von Bedeutung ist'.[230] Der Unterschied zwischen Vertrags- und Deliktshaftung einerseits und Vertrauenshaftung andererseits liege aber darin, dass das Vertrauen in den ersten Fällen lediglich eine ergänzende Rolle spiele,

---

221 Daneben werden u. a. der allgemeine Rechtsgüterschutz, der Verbraucherschutz, der Anlegerschutz und der Schutz des wirtschaftlich Schwächeren diskutiert, *Emmerich,* in: MüKo, BGB, § 311 Rdnr. 64.

222 Die allgemeinen Voraussetzungen einer Vertrauenshaftung sind Vertrauenstatbestand, schutzwürdiges Vertrauen, Vertrauensinvestition und Zurechenbarkeit, *Canaris,* Die Vertrauenshaftung im deutschen Privatrecht, S. 492.

223 *Fleischer,* Informationsasymmetrie im Vertragsrecht, S. 418; *Wiedemann/Schmitz,* ZGR 1980, 129 ff (140); *Emmerich,* in: MüKo, BGB, § 311 Rdnr. 61; *Henssler,* Risiko als Vertragsgegenstand, S. 143 f; *Bohrer,* Die Haftung des Dispositionsgaranten, S. 267.

224 *Ballerstedt,* AcP 151 (1950/1951), 501 ff (506, 508); kritisch *Hopt,* AcP 183 (1983), 608 ff (640 ff); *Picker,* AcP 183 (1983), 369 ff (418 ff).

225 *Canaris,* Die Vertrauenshaftung im deutschen Privatrecht, S. 434.

226 *Emmerich,* in: MüKo, BGB, § 311 Rdnr. 61.

227 *Picker,* AcP 183 (1983), 369 ff (427).

228 *Lang,* AcP 201 (2001), 451 ff (538).

229 *Emmerich,* in: MüKo, BGB, § 311 Rdnr. 61.

230 Siehe auch *Canaris,* ZHR 163 (1999), 206 ff (220); *Canaris,* Schutzgesetze – Verkehrspflichten – Schutzpflichten, in: FS für Karl Larenz II, S. 27 ff (105).

nur bei der Vertrauenshaftung aber die notwendige und entscheidende Voraussetzung darstelle.[231]

Ein Unterfall der Vertrauenshaftung ist die Erklärungshaftung.[232] Bei dieser muss der Erklärende, wenn er besonderes Vertrauen in Anspruch nimmt, für die Folgen seiner fehlerhaften Erklärung einstehen.[233] Andernfalls unterliegt er nur der Wahrheitspflicht.

(2) Schutz eines reibungslosen und störungsfreien Geschäftsverkehrs

Schmitz sieht den Schutz des Vertrauens der Verhandlungspartner nicht als vorrangig an, sondern stellt den Schutz von Sicherheit und Leichtigkeit des Geschäftsverkehrs in den Mittelpunkt.[234] Der Umfang der Aufklärungspflichten richte sich deshalb nicht nach dem in Anspruch genommenen Vertrauen,[235] sondern u. a. nach den Erfordernissen des redlichen Geschäftsverkehrs.[236] Mithin stellt er auch das Unterlassen der gebotenen Aufklärung und den Verstoß gegen die Wahrheitspflicht gleich.[237] Liegt kein (schutzwürdiges) Vertrauen vor, soll demnach nicht der Haftungsgrund, sondern die Kausalität entfallen.[238] Dahingegen hält *Henssler* zum Schutz der Rechtssicherheit am Erfordernis des tatsächlichen Vertrauens fest und erachtet es nicht für ausreichend, die Pflichten aus den Erfordernissen eines funktionsfähigen Geschäftsverkehrs abzuleiten.[239]

(3) Bewertung

Grundlegend für die dogmatische Herleitung der Haftung aus c.i.c. ist eine strikte Trennung zwischen dem Entstehen der Sonderverbindung und der Auf-

---

[231] *Canaris,* Schutzgesetze – Verkehrspflichten – Schutzpflichten, in: FS für Karl Larenz II, S. 27 ff (106).

[232] *Canaris,* Die Vertrauenshaftung im deutschen Privatrecht, S. 532; siehe auch *Krebs,* Sonderverbindung und außerdeliktische Schutzpflichten, S. 349, der der Ansicht ist, dass die Erklärungshaftung keine ausreichende Begründung schaffe und die Erklärung selbst nur ein Anknüpfungspunkt für eine Haftung sei, selbst aber nichts über das notwendige besondere Vertrauen aussage.

[233] Ähnlich *Bohrer,* Die Haftung des Dispositionsgaranten, S. 316 ff, 323 ff, nach dessen Meinung der Vertreter persönlich haftet, wenn in seine Auskunft vertraut wird; kritisch *Krebs,* Sonderverbindung und außerdeliktische Schutzpflichten, S. 277, der es zudem für ungeklärt hält, ob die Erklärung selbst auch das Schuldverhältnis begründen kann oder ob dieses bereits bestehen muss, S. 184 f.

[234] *Schmitz,* Dritthaftung aus culpa in contrahendo, S. 118.

[235] *Schmitz,* Dritthaftung aus culpa in contrahendo, S. 109.

[236] *Schmitz,* Dritthaftung aus culpa in contrahendo, S. 97, siehe *BGH,* Urteil v. 21.10.1964, NJW 1965, 35 (35).

[237] *Schmitz,* Dritthaftung aus culpa in contrahendo, S. 109.

[238] *Schmitz,* Dritthaftung aus culpa in contrahendo, S. 108.

[239] *Henssler,* Risiko als Vertragsgegenstand, S. 143 f.

klärungspflichten.[240] Da ein vorvertragliches Schuldverhältnis ebenso wie ein vertragliches nur inter partes wirkt,[241] muss es auch zwischen den Parteien begründet werden, so dass die Verfolgung von die Allgemeinheit betreffenden Schutzzwecken nicht genügt. Die Lehre von der Vertrauenshaftung kann diesem Erfordernis nachkommen. Dies gilt zumindest auch für die Eigenhaftung Dritter nach § 311 Abs. 3 S. 2 BGB, bei der der Vertrauenstatbestand in die Voraussetzungen übernommen wurde und eine besondere Ausprägung erfahren hat.[242] Das Bestehen einer Sonderverbindung an sich lässt aber nicht automatisch Aufklärungspflichten zur Entstehung gelangen, da deren Begründung eigenen Regeln folgt, § 242 BGB.

bb) Voraussetzungen der c.i.c.

Die Sonderverbindung zu dem Dritten wird wegen der nicht abschließenden Formulierung in § 311 Abs. 3 S. 2 BGB nicht nur aus der Inanspruchnahme besonderen Vertrauens, sondern auch aus dessen wirtschaftlichem Eigeninteresse hergeleitet.[243] Da die Dritthaftung eine Ausnahmeerscheinung ist, sind deren Voraussetzungen sehr restriktiv auszulegen.[244] Wegen ihrer Verschiedenartigkeit müssen beide Fallgruppen isoliert betrachtet werden, d.h. dass ein Defizit innerhalb der Voraussetzungen einer Fallgruppe nicht durch Rückgriff auf ein bestehendes Merkmal der anderen Fallgruppe kompensiert werden kann.[245]

---

240 Siehe auch *Krebs,* Sonderverbindung und außerdeliktische Schutzpflichten, S. 41 f. Bei diesem Vorgehen kann man die Argumentation der Rechtsprechung besser nachvollziehen. Bei dieser Trennung ist es nicht notwendig, auf die Verantwortung des Anlagevermittlers abzustellen, da das Vertrauen nur die Aufgabe hat, die Sonderverbindung an sich herzustellen. Das Entstehen der c.i.c. lässt sich mit Vertrauen besser begründen als mit Verantwortung, da dadurch der Blickwinkel auf die zu schützende Person gerichtet ist, auf die es bei der Haftung letztlich ankommt. Der Verantwortungsgedanke kann aber insofern fruchtbar gemacht werden, als es als Grundvoraussetzung der Vertrauenshaftung anzusehen ist, dass der Haftende für sein Handeln verantwortlich, ihm das Verhalten mithin zurechenbar ist. Die Verantwortlichkeit ist demnach zwar notwendig, hat aber keinen eigenständigen Bedeutungsgehalt.

241 *Canaris,* Die Vertrauenshaftung im deutschen Privatrecht, S. 440 sieht die Vertrauenshaftung als Korrelat der Privatautonomie. Privatautonomes Handeln bringe regelmäßig eine erhöhte Gefahrenlage mit sich, was einer gesteigerten Verantwortlichkeit entspreche. Die Risiken, die sich dadurch ergeben, dass sich Personen auf Erklärungsakte ‚verlassen', müssten ausgeglichen werden.

242 Für den Fall der Haftung wegen wirtschaftlichen Eigeninteresses nach § 311 Abs. 3 S. 1 BGB siehe unten Kapitel 1 B.3.b)bb)(2).

243 Die Rechtsprechung spricht von ‚Verpflichtungstatbeständen', z.B. *BGH,* Urteil v. 23.10.1985, NJW 1986, 586 ff (588); *BGH,* Urteil v. 06.06.1994, NJW 1994, 2220 ff (2220 f); siehe auch *Canaris,* JZ 2001, 499 ff (520) und *Wiegand,* Die ‚Sachwalterhaftung' als richterliche Rechtsfortbildung, S. 230.

244 *Emmerich,* Anm. zu *BGH,* Urteil v. 13.06.2002, JuS 2003, 401 f (402).

245 *BGH,* Urteil v. 29.01.1992, NJW-RR 1992, 605 f (606).

(1) Vertrauen in besonderem Maße

Die Dritthaftung wurde anfangs nur auf das wirtschaftliche Eigeninteresse gestützt, vom BGH später aber unter Rückgriff auf die von *Ballerstedt* entwickelte Vertrauensformel erweitert.[246] Für die Fälle der Kapitalanlagevermittlung ist von besonderer Bedeutung, dass der Dritte kein Stellvertreter im Sinne des § 164 BGB zu sein braucht. Seit der Finanzmaklerentscheidung aus dem Jahre 1971 können sich auch Vertragshelfer wie Vermittler oder Anlageberater nach den Grundsätzen der c.i.c. haftbar machen.[247] In dieser Entscheidung sind die bis heute gültigen wesentlichen Kriterien für die Dritthaftung niedergelegt.

Nicht eindeutig geklärt ist das Verhältnis der Sachwalterhaftung zur Vertrauenshaftung. In Teilen der Literatur[248] und der Rechtsprechung[249] wird die Sachwalterhaftung als ein Unterfall der Vertrauenshaftung nach § 311 Abs. 3 S. 2 BGB angesehen. Die Besonderheit der Sachwalterhaftung soll darin liegen, dass der Dritte ein Sachverständiger oder eine andere Person ist, auf deren Äußerungen sich der Vertragspartner wegen ihrer Objektivität oder Neutralität verlässt.[250] Letztlich stimmen diese Anforderungen aber mit der Vertrauenshaftung überein, da die in der Sachwalterentscheidung entwickelten Tatbestandsmerkmale von der Literatur[251] und der Rechtsprechung[252] auf alle Fälle der Vertrauenshaftung angewendet werden. Die einzige hinter dem Begriff Sachwalter stehende Aussage könnte demnach darin zu sehen sein, dass dieser kein Stellvertreter ist.[253] Letztlich kann das Konkurrenzverhältnis offen bleiben, da die haftungsbegründenden Voraussetzungen dieselben sind.[254]

246 *BGH,* Urteil v. 04.12.1958, VersR 1959, 64 ff (66).

247 *BGH,* Urteil v. 05.04.1971, NJW 1971, 1309 ff (1310), Leitentscheidung für die Dritthaftung, auch ‚Sachwalterentscheidung' genannt; siehe auch *Herrmann,* JZ 1983, 422 ff (424 f).

248 *Canaris,* ZHR 163 (1999), 206 ff (224); *Coing,* WM 1980, 206 ff (208); *Gehrlein/Grüneberg/Sutschet,* in: Bamberger/Roth, BGB, § 311 Rdnr. 116.

249 *BGH,* Urteil v. 11.07.1988, NJW 1989, 293 ff (294).

250 Siehe auch BT-Drucks. 14/6040, S. 163, Begründung zu § 311 Abs. 3 S. 2; *Heermann,* in: MüKo, BGB, § 675 Rdnr. 128, der ein generelles Vertrauen in die Sachkunde oder Neutralität für ausreichend hält, nicht notwendig sei ein Vertrauen in die Person an sich; nach a. A. wird Neutralität nicht verlangt, siehe *BGH,* Urteil v. 04.05.1981, NJW 1981, 2810 f (2810); *Wiegand,* Die ‚Sachwalterhaftung' als richterliche Rechtsfortbildung, S. 30 f; siehe aber oben zur Qualifikation des Handelsmaklers Kapitel 1 B.II.2.bb)(3).

251 *Canaris,* ZHR 163 (1999), 206 ff (222 f).

252 Siehe etwa *BGH,* Urteil v. 17.06.1991, NJW 1991, 1241 f (1242) m. w. N.

253 *Larenz,* Lehrbuch des Schuldrechts, II. Band, 1. Halbband, S. 428.

254 *Wittmann,* DB 1980, 1579 ff (1585).

(a) Voraussetzungen

§ 311 Abs. 3 S. 2 BGB erfordert, dass der Dritte Vertrauen *für sich* in besonderem Maße in Anspruch nimmt.[255] Diese Umschreibung soll klarstellen, dass keine besondere personale Beziehung gefordert wird. Vorausgesetzt wird lediglich, dass die Person des Dritten als ‚Vertrauensträger‘[256] eine eigenständige Funktion übernimmt‘[257] und nicht lediglich ‚Vertreter im Vertrauen‘ ist.[258] Gibt er nur Informationen seines Auftraggebers weiter, ergibt sich die Eigenständigkeit seiner Erklärungen erst aus der eigenen Gewährübernahme. Der Dritte nimmt das Vertrauen in besonderem Maße in Anspruch,[259] wenn diese Gewähr ‚im Vorfeld‘ einer echten ‚Garantieerklärung‘ liegt.[260] Das Vertrauen des Anlegers kann sich dabei entweder auf die vom Vermittler gewährte Seriosität und Erfüllung des Geschäfts[261] oder auf die Richtigkeit und Vollständigkeit der Vermittlererklärungen[262] beziehen[263] und muss die Anlegerentscheidung maßgeblich prägen.[264]

Die Zielrichtung des vom Anleger entgegengebrachten Vertrauens hat keine Auswirkung auf das Entstehen der Aufklärungspflichten. Die Anleger richten ihr Vertrauen aber in der Regel nicht auf eine richtige und vollständige Information, sondern prinzipiell auf die ordnungsgemäße Durchführung und die Seriosität des Anlageobjekts als entscheidende Erwerbsgrundlage. Es kann nicht davon ausgegangen werden, dass die Anleger in den Fällen von informationeller Unterlegenheit ihr Vertrauen immer dergestalt beiden Komponenten entgegenbringen, dass mit dem Vertrauen in die Seriosität zwangsläufig ein Vertrauen in die ordnungsgemäße Informationserteilung einhergeht. Zwar wird der Anleger hier regelmäßig in die Richtigkeit der Angaben vertrauen; dass er auch in die Vollständigkeit der Informationen vertraut, wäre aber eine reine Unterstellung, zumal er sein Recht auf vollständige Information gar nicht kennt. Der Vermittler kann sich nämlich für die Seriosität auch verbürgen, ohne sämtliche

---

255 Zum Verhältnis zur Forderung der bisherigen Rechtsprechung nach dem Entgegenbringen eines ‚persönlichen‘ Vertrauens, siehe *Canaris,* ZHR 163 (1999), 206 ff (232 f).

256 *Canaris,* ZHR 163 (1999), 206 ff (232); *Wittmann,* DB 1980, 1579 ff (1584).

257 *Canaris,* JZ 2001, 499 ff (520 f).

258 *Ballerstedt,* AcP 151 (1950/1951), 501 ff (510).

259 *Schmitz,* Dritthaftung aus culpa in contrahendo, S. 64.

260 *Canaris,* ZHR 163 (1999), 206 ff (226); *Emmerich,* Das Recht der Leistungsstörungen, S. 126.

261 *BGH,* Urteil v. 05.04.1971, NJW 1971, 1309 ff (1310); *BGH,* Urteil v. 08.10.1987, NJW-RR 1988, 615 f (616); *BGH,* Urteil v. 17.06.1991, 1241 f (1242).

262 *BGH,* Urteil v. 29.01.1997, NJW 1997, 1233 ff (1234); *BGH,* Urteil v. 29.01.1992, NJW-RR 1992, 605 ff (606).

263 *Canaris,* ZHR 163 (1999), 206 ff (232).

264 *Emmerich,* Das Recht der Leistungsstörungen, S. 125.

Informationen zu liefern und umgekehrt ist es dem Anleger nicht verwehrt, auch ohne vollständige Informationserteilung an die Seriosität des Objekts zu glauben. Nur in besonderen Fällen wird sich das Vertrauen des Anlegers auch auf vollständige Informationserteilung erstrecken.

(b) Konkrete Beispiele für die Entstehung des besonderen Vertrauens in die Seriosität der Anlage

Wenn dem Anleger durch das werbende und anpreisende Auftreten des Anlagevermittlers bewusst ist, dass dieser von der Gegenseite mit dem Vertrieb betraut ist, tritt er diesem regelmäßig mit einem gewissen Maß an Misstrauen gegenüber.[265] § 311 Abs. 3 S. 2 BGB setzt voraus, dass der Vermittler diesen Argwohn beseitigt und in Vertrauen umwandelt. Die folgenden Kriterien dienen dazu, das besondere Vertrauen von normalem Verhandlungsvertrauen abzugrenzen. Es kann entweder für den Einzelfall konkret dargelegt werden oder auf Vertrauen in eine berufliche Rolle beruhen.

(aa) Tatsächlich vertrauensbegründende Merkmale

Die Judikative zu den vertrauensbegründenden Merkmalen ist äußerst mannigfaltig. So sind nach der Rechtsprechung sehr enge persönliche Bindungen vertrauensbegründend,[266] noch nicht dagegen häufiger persönlicher Kontakt.[267] Ebenfalls nicht ausreichend ist eine langjährige Geschäftsbeziehung[268] oder die Zusammenarbeit bei der Abwicklung eines größeren Geschäfts.[269] Besonderes Vertrauen kann aber hervorgerufen werden durch die Berufung auf ungewöhnliche Einflussmöglichkeiten[270] oder durch den Hinweis, als ‚erfahrener und seriöser Partner' alle bedeutenden Vorhaben zur vollen Zufriedenheit seiner Kunden abgewickelt zu haben.[271] Genügend soll auch sein, den Eindruck besonderer Sorgfalt zu erwecken, z. B. dadurch, dass das Objekt von Wirtschaftsprüfern und Steuerfachleuten überprüft worden ist.[272] Auch die außerordentliche Zuverlässigkeit[273], die der Vermittler durch das Auftreten als besonders erfahren und

265 *Wiedemann/Schmitz,* ZGR 1980, 129 ff (135 f).

266 *BGH,* Urteil v. 18.09.1990, NJW-RR 1991, 289 f (290).

267 *BGH,* Urteil v. 29.01.1992, NJW-RR 1992, 605 ff (605); *BGH,* Urteil v. 03.10.1989, NJW 1990, 389 f (390).

268 *BGH,* Urteil v. 29.01.1992, NJW-RR 1992, 605 f (606).

269 *BGH,* Urteil v. 03.10.1989, NJW 1990, 389 f (390).

270 *Wiedemann,* in: Soergel, BGB, vor § 275 Rdnr. 228.

271 *BGH,* Urteil v. 22.03.1979, NJW 1979, 1449 ff (1450).

272 *BGH,* Urteil v. 22.03.1979, NJW 1979, 1449 ff (1450).

273 *BGH,* Urteil v. 05.04.1971, NJW 1971, 1309 ff (1310); *BGH,* Urteil v. 22.03.1979, NJW 1979, 1449 ff (1451).

damit besonders sachkundig kundtut, kann das besondere Vertrauen begründen,[274] ebenso wie die eigene Kapitalbeteiligung des Vermittlers.[275]

Vielfach wird die Dritthaftung im Bereich der Anlagevermittlung mit der eigenen Sachkunde des Anlagevermittlers begründet.[276] Der Hinweis auf besondere Sachkunde[277] oder geschäftliche Erfahrung[278] oder das Auftreten als ausgewiesener Fachmann[279] soll für die Eigenhaftung noch nicht ausreichen[280], da entsprechende Kenntnisse im normalen Geschäftsverkehr erwartet werden.[281] Notwendig sei eine persönliche überdurchschnittliche, ganz außergewöhnliche[282] Sachkunde.[283] Auf Grundlage dieser Sachkunde muss der Anlagevermittler die Seriosität und ordnungsgemäße Abwicklung des Geschäfts gewährleisten. Dies setzt voraus, dass er sich selbst von der Plausibilität des Anlagekonzepts überzeugt hat und dieses weiterempfehlen kann.

Die Rechtsprechung versucht, mit den angeführten Merkmalen die subjektiven Komponenten des Hervorrufens und der Inanspruchnahme von besonderem Vertrauen an objektiven Umständen festzumachen. Bereits der obige kurze Überblick zeigt, dass die Abgrenzungskriterien wegen der graduellen Abstufungen der Anforderungen ungriffig sind und nur schwierig nachvollzogen werden können. Dadurch entsteht der Eindruck, dass sich die Rechtsprechung nicht festlegen und sich eine individuelle Entscheidung für jeden Einzelfall vorbehalten will.

Deshalb sollte man sein Augenmerk nicht in erster Linie auf das Maß an Sachkunde, Zuverlässigkeit, verwandtschaftlicher Beziehung, etc. richten; stattdessen muss entscheidend sein, dass der Vermittler glaubhaft den Anschein erweckt, aufgrund eigener Überprüfung des Anlagekonzepts für die Seriosität einstehen zu können und zu wollen. Bereits dadurch tritt er aus seiner Rolle als bloßer Übermittler fremder Informationen heraus und nimmt für sich Vertrauen

---

274 *Grote,* Die Eigenhaftung Dritter als Anwendungsfall der culpa in contrahendo, S. 216 f; ebenfalls für besondere persönliche Zuverlässigkeit *BGH,* Urteil v. 05.04. 1971, NJW 1971, 1309 ff (1311), siehe auch *BGH,* Urteil v. 22.03.1979, NJW 1979, 1449 ff (1450).

275 *OLG Hamm,* Urteil v. 08.11.2001, NJOZ 2002, 1023 ff (1034).

276 Siehe etwa BT-Drucks. 14/6040, S. 163, Begründung zu § 311 Abs. 3 S. 2.

277 *BGH,* Urteil v. 03.10.1998, NJW 1990, 389 f (389).

278 *BGH,* Urteil v. 04.07.1983, NJW 1983, 2696 f (2697).

279 Streitig ist, ob nur ein Fachmann die besondere Sachkunde haben kann; gegen die Notwendigkeit der Fachmannseigenschaft *Wiegand,* Die ‚Sachwalterhaftung' als richterliche Rechtsfortbildung, S. 32 f; für diese Voraussetzung *Lang,* AcP 201 (2001), 451 ff (472 f).

280 *BGH,* Urteil v. 17.10.1989, NJW 1990, 506 f (506); *Matusche-Beckmann,* NVersZ 2002, 385 ff (386).

281 *BGH,* Urteil v. 29.01.1992, NJW-RR 1992, 605 f (606).

282 *Wiedemann,* in: Soergel, BGB, vor § 275 Rdnr. 228.

283 *BGH,* Urteil v. 18.09.1990, NJW-RR 1991, 289 f (290).

in besonderem Maße in Anspruch. Er teilt nicht mehr nur Aussagen des Anbieters mit; da er nun eigenständige Bedeutung gewinnt, gibt er eine ‚Garantieerklärung' ab.

Da das Vertrauen eine rein subjektive Tatsache ist, ist unerheblich, ob die vertrauensbegründenden Merkmale tatsächlich vorliegen oder lediglich vorgespiegelt werden. Für die Erklärungen des Vermittlers können insoweit die Grundsätze der objektiven Auslegung herangezogen werden.[284] Ob er kraft seiner Sachkenntnis zu einer fachgerechten Prüfung imstande war und diese tatsächlich auch ausgeführt hat, ist demnach also von untergeordneter Bedeutung. Wie oben bereits angedeutet, sollte hier nicht das Herausstellen eines konkreten Maßes an Sachkunde gefordert, sondern der Blickwinkel eher auf die vorgeblich stattgefundene Überprüfung gerichtet werden. Wie der Anlagevermittler den Anschein einer sachgerechten Überprüfung erweckt, ist nicht ausschlaggebend. Es sollten weniger strenge Anforderungen an seine persönliche Sachkunde gestellt werden, wenn er sich die Überprüfung eines anderen zu eigen macht. Hier muss er nur dessen Sachkunde glaubhaft versichern. Obwohl die Dritthaftung eine Ausnahme ist, sollten Zweifel zulasten des Anlagevermittlers gehen, da er die angesprochenen Aussagen bewusst macht, um den Anleger vom Anteilserwerb zu überzeugen. Ihm kommt es also gerade darauf an, mit seinem Verhalten Vertrauen hervorzurufen, das über bloße Werbemaßnahmen hinausgeht.

(bb) Berufshaftung[285]

Tendenziell ist eine Entwicklung weg vom subjektiven und hin zum objektiven Vertrauen zu beobachten.[286] So wird vorgebracht, dass den Vermittlern von Kapitalanlagen überhaupt kein konkretes Vertrauen entgegengebracht werde und dies als Indiz für eine Berufshaftung gewertet.[287] Allein die Stellung als Bank soll bereits normatives qualifiziertes Vertrauen begründen können.[288]

---

284 Siehe *Canaris,* Die Vertrauenshaftung im deutschen Privatrecht, S. 494.

285 Daneben wird insbesondere von *Köndgen,* Selbstbindung ohne Vertrag, S. 358 die ‚Lehre von der Selbstbindung' vertreten. Er begründet die Haftung wegen fehlerhafter Auskunftserteilung mit dem Geltungsanspruch dieses kommunikativen Handelns, der beim Erklärungsempfänger normatives Erwarten (Vertrauen) hervorrufe. Der Auskunftserteilende übernehme die Verantwortung für den Wahrheitsgehalt der Aussage, welcher der (vertragsähnliche) Geltungsanspruch ist. Hierin liegt die Selbstbindung. Daran wird zu Recht kritisiert, dass diese Theorie die Bahnen der überkommenen Zivilrechtsdogmatik verlässt, *Häuser/Welter,* in: Soergel, BGB § 676 Rdnr. 11.

286 *Hopt,* AcP 183 (1983), 608 ff (632).

287 *Benkel/Reusch,* VersR 1992, 1302 ff (1306) Fn. 38 zur Versicherungsvermittlung.

288 *Schwarze,* Vorvertragliche Verständigungspflichten, S. 107 f.

Die Zulässigkeit der Berufshaftung beruht auf der Frage des Schutzumfangs, den man dem Vertragspartner des Auftraggebers des Berufsträgers zukommen lassen will. Das Gesetz liefert keine generelle Antwort bezüglich der Anerkennung der Lehre der Berufshaftung. Die auf typisiertem Vertrauen basierende Expertenhaftung soll aber nach Meinung des Gesetzgebers[289] unter § 311 Abs. 3 S. 2 BGB fallen, so dass nach dessen Auffassung die Berufshaftung nicht generell ausgeschlossen sein soll. Teile des Schrifttums lehnen eine Berufshaftung de lege lata wegen der fehlenden Rechtssicherheit ab,[290] sprechen sich aber für eine Kodifizierung der Berufshaftung aus.[291] Generell mehren sich die Stimmen, die ein objektives, typisiertes Vertrauen in die Berufsrolle[292] als Haftungsgrund ausreichen lassen wollen bzw. sogar eine generelle Berufshaftung befürworten.[293]

α) Konzeption

Der Begriff der Berufshaftung ist nicht einheitlich, er umschreibt vielmehr eine ‚Haftungskonzeption'.[294] Sie kann grundsätzlich der Haftungsbegründung dienen,[295] aber auch nur auf die Modifikation einzelner Tatbestandsmerkmale abzielen. Allen Ansätzen ist gemein, dass die Berufshaftung die Haftung des Berufsausübenden aufgrund der von ihm in einer spezifischen Rolle am Markt abgegebenen Erklärungen ist.[296]

Die haftungsbegründende Berufshaftung ist von vornherein abzulehnen, da es hierfür an einem verallgemeinerbaren Ansatz im Gesetz fehlt. In den herkömmlichen schuldrechtlichen Rechtsverhältnissen ist keine Berufshaftung vorgesehen. So beruht etwa die Haftung des Handelsmaklers gegenüber dem Vertragspartner des Auftraggebers auf der Sonderstellung des Handelsmaklers und ist

---

289 BT-Drucks. 14/6040, S. 163.

290 *Schwarze,* Vorvertragliche Verständigungspflichten, S. 109; a. A. *Larenz,* Lehrbuch des Schuldrechts, II. Band, 1. Halbband, S. 430 m. w. N., der eine ‚Haftung aufgrund Berufsstellung' oder einer ‚berufsspezifischen Haftung' bejaht, da mit Rücksicht auf die berufliche Stellung, also die soziale Rolle, Vertrauen in Anspruch genommen werde.

291 *Henssler,* Risiko als Vertragsgegenstand, S. 180 f.

292 *Herrmann,* JZ 1983, 422 ff (425); *Jost,* Vertragslose Auskunfts- und Beratungshaftung, S. 45.

293 *Jost,* Vertragslose Auskunfts- und Beratungshaftung, S. 45.

294 *Krebs,* Sonderverbindung und außerdeliktische Schutzpflichten, S. 93, 324 Fn. 94. Die Grundsätze der Berufshaftung aufgrund fehlerhafter Auskunft gehen auf *Lammel,* AcP 179 (1979), 337 ff (345 ff) zurück.

295 Nach *v. Bar,* ZGR 1983, 476 ff (507) sollen Berufspflichten zu den Verkehrspflichten gehören, damit leitet er eine deliktische Haftung her; *Krebs,* Sonderverbindung und außerdeliktische Schutzpflichten, S. 93.

296 Nach *Hopt,* AcP 183 (1983), 608 ff (645 ff) sind nicht die tatsächlichen Kenntnisse, sondern die Berufsrolle entscheidend.

nicht auf andere Rechtsverhältnisse übertragbar. Näherliegender erscheint es, die pflichtendifferenzierenden[297] Auswirkungen bestimmter Berufe auf einzelne Tatbestandsmerkmale bestehender Anspruchsgrundlagen zu untersuchen. Im Umfeld der Haftung aus §§ 280 Abs. 1, 311 Abs. 3 S. 2 BGB zeigt sich die Berufshaftung als Sonderform der Vertrauenshaftung, nach deren Konzeption das Auftreten in der Rolle des Berufsträgers typischerweise besonderes Vertrauen hervorruft. Es wird demnach das Merkmal des Vertrauens modifiziert.[298]

Im Folgenden soll der Frage nachgegangen werden, ob die Berufshaftung im Sinne der vertrauensmodifizierenden Ausprägung generell und speziell für den Vermittler von Kapitalanlagen anzuerkennen ist. Hierzu sollen vorweg die den vertrauensbegründenden Berufen gemeinsamen Merkmale herausgearbeitet werden.

β) Gemeinsame Merkmale

Wenn von Berufshaftung die Rede ist, werden klassischerweise die Berufe des Steuerberaters, des Rechtsanwalts, des Wirtschaftsprüfers und des Notars genannt.[299] Die Berufsträger der angeführten Berufe verbindet, dass sie als besonders vertrauenswürdig gelten und ‚soziologisch eine besondere Rolle einnehmen'.[300] Dann soll für die Haftung ausreichend sein, dass sie in dieser sozialen Rolle auftreten.[301]

Vertrauenserweckend soll generell die persönliche und fachliche Eignung wirken. Diese ist bei den angeführten Berufen durch eine durch Spezialausbildung erworbene besondere Sachkunde[302] bzw. durch staatliche Anerkennung im Wege der Berufszulassungspflichtigkeit oder Aufsicht[303] nachgewiesen. Ausschlaggebend für das Entstehen des Vertrauens sei aber letztlich nicht allein die staatlich anerkannte Eignung, sondern die damit einhergehende Pflicht, sich bei widerstreitenden Interessen der Hauptvertragsparteien neutral zu verhalten.[304]

---

297 *Balzer,* ZBB 1997, 260 ff (263); *Schwarze,* Vorvertragliche Verständigungspflichten, S. 109; *Breidenbach,* Die Voraussetzungen von Informationspflichten beim Vertragsschluss, S. 35.

298 Aus der Prospekthaftung im engeren Sinne kann deshalb keine Berufshaftung hergeleitet werden (so aber *Henssler,* Risiko als Vertragsgegenstand, S. 180 f), da diese nicht in erster Linie an die Vertrauenswürdigkeit der Berufs der Hintermänner anknüpft, sondern an die Besonderheiten der Haftung bei Publikumsgesellschaften.

299 *Lammel,* AcP 179 (1979), 337 ff (358 f); *Hopt,* AcP 183 (1983), 608 ff (645); *Krebs,* Sonderverbindung und außerdeliktische Schutzpflichten, S. 324 Fn. 94.

300 *Krebs,* Sonderverbindung und außerdeliktische Schutzpflichten, S. 324 Fn. 94.

301 *Ballerstedt,* AcP 151 (1950/1951), 501 ff (508).

302 Insbesondere die Person des Wirtschaftsprüfers wird im Allgemeinen mit Sachkunde verbunden, *Straßer,* Die Haftung der Wirtschaftsprüfer gegenüber Kapitalanlegern für fehlerhafte Testate, S. 46 f.

303 *Krebs,* Sonderverbindung und außerdeliktische Schutzpflichten, S. 325.

Eine weitere Gemeinsamkeit liegt darin, dass in der Regel ein persönlicher Kontakt zwischen dem Berufsträger und dem Vertragspartner des Auftraggebers fehlt. Das Vertrauen richtet sich auf den Inhalt des vom Berufsträger erstellten Gutachtens. Der Informationsempfänger hat in diesen Fällen von vornherein keine Möglichkeit, konkretes Vertrauen in den Berufsträger zu bilden.

γ) Besonderes Vertrauen als Folge

Aus diesen Merkmalen wird eine typische Vertrauenswürdigkeit[305] im Sinne des Gewährens einer besonderen Garantie hergeleitet, ohne dass diese nochmals konkret nachgewiesen werden müsste. Dies soll aber nur gelten, wenn die genannten Berufsmerkmale auch in das allgemeine Bewusstsein der Gesellschaft eingedrungen sind, sich also ein gewisses Standesbild und eine gewisse Tradition entwickelt haben.[306] In eine ähnliche Richtung weist die Meinung, die das besondere Vertrauen an die Herausbildung berufsbedingter Verkehrssitten knüpft.[307] Auch dies deutet auf eine allgemeine Anerkennung hin. Als Grundlage des Vertrauens müssen konkrete Erklärungen abgegeben werden.[308] Wird darüber hinaus gefordert, dass der Berufsträger mit seiner Stellung im Markt für sich werben muss,[309] handelt es sich nicht mehr um einen echten Fall der Berufshaftung,[310] da ein solcher nur vorliegt, wenn die Rolle selbst bereits besonderes Vertrauen begründet.

Dieses normative[311] Vertrauen soll wegen seiner Vergleichbarkeit mit dem konkreten Vertrauen den strengen Anforderungen des § 311 Abs. 3 S. 2 BGB genügen.[312] Hieran wird kritisiert, dass dies eine ‚Vertrauenshaftung ohne Vertrauen‘ und das ‚Vertrauen entpersonalisiert‘ sei. Erforderlich sei ein Vertrauen in eine konkrete Person.[313] Diese Kritik ist aber unbegründet, da § 311 Abs. 3

---

304 *Krebs,* Sonderverbindung und außerdeliktische Schutzpflichten, S. 325; § 43 Abs. 1 S. 2 WPO (Neutralität des Wirtschaftsprüfers); *Straßer,* Die Haftung der Wirtschaftsprüfer gegenüber Kapitalanlegern für fehlerhafte Testate, S. 43 f; *Jost,* Vertragslose Auskunfts- und Beratungshaftung, S. 127.

305 *BGH,* Urteil v. 08.12.1994, NJW 1995, 1213 ff (1214); *Gehrlein/Grüneberg/Sutschet,* in: Bamberger/Roth, BGB, § 311 Rdnr. 121.

306 *Gehrlein/Grüneberg/Sutschet,* in: Bamberger/Roth, BGB, § 311 Rdnr. 121.

307 *Schwarze,* Vorvertragliche Verständigungspflichten, S. 109.

308 *Schwarze,* Vorvertragliche Verständigungspflichten, S. 107 f.

309 Nach *BGH,* Urteil v. 11.07.1988, NJW 1989, 293 ff (294) ist das Auftreten in der Rolle des Rechtsanwalts nicht ausreichend.

310 *Krebs,* Sonderverbindung und außerdeliktische Schutzpflichten, S. 15 f.

311 *Straßer,* Die Haftung der Wirtschaftsprüfer gegenüber Kapitalanlegern für fehlerhafte Testate, S. 41.

312 *Canaris,* Die Vertrauenshaftung im deutschen Privatrecht, S. 503 f.

313 *Ballerstedt,* AcP 151 (1950/1951), 501 ff (510); *Canaris,* Die Vertrauenshaftung im deutschen Privatrecht, S. 503 f.

S. 2 BGB gerade kein personales Vertrauen verlangt, so dass ein generalisierendes Vertrauen in einen Berufsträger durchaus ausreichen kann. Die Gleichstellung von normativem und konkretem Vertrauen entspricht auch den Gegebenheiten des Geschäftsverkehrs, da dort Vertrauen häufig nur aus den objektiven Eigenschaften des Berufsträgers abgeleitet werden kann, weil eine konkrete Kenntnis der Fähigkeiten des Dritten in der Regel fehlt. So kann auch das Vertrauen in die für die Überprüfung nötige Sachkunde durch die Ausbildung des Berufsträgers ersetzt werden. Nicht möglich erscheint es hingegen, für die nötige Gewährübernahme im Sinne des § 311 Abs. 3 S. 2 BGB die mit der Rolle des Berufsträgers einhergehende Neutralität und Objektivität ausreichen zu lassen. Jene besagt nämlich, dass sich der Dritte als dessen Sachwalter auf die Seite des Informationsempfängers stellen muss. Die neutrale und richtige Auskunftserteilung bzw. die sachgemäße Überprüfung des Konzepts gehört aber zur alltäglichen Aufgabe der angesprochenen Berufsträger. Gerade diese Überprüfung unterscheidet den Anlagevermittler von den anderen exponierten Berufen, da seiner Aufgabe eine solche Überprüfungspflicht gerade nicht generell immanent ist. Wenn er diese betont, kann demnach ein besonderes Vertrauen entstehen. Die generelle und allgemein bekannte Untersuchung durch einen der ausgewählten Berufsträger kann dem in der Vertrauensbegründung nicht gleichgestellt werden, da sich diese Berufsträger allein durch die Fertigung eines Gutachtens offensichtlich nicht auf die Seite des Vertragsgegners stellen. Allein das Auftreten in der Berufsrolle ist also nicht ausreichend.

Bei einem entsprechenden Tätigwerden ohne weitere Anhaltspunkte für eine etwaige Gewährsübernahme darf der Empfänger deshalb nicht berechtigterweise davon ausgehen, dass der von einem anderen beauftragte Berufstätige gerade für ihn die Gewähr für die Seriosität des Geschäfts übernehmen will, da dieser das Interesse seines Auftraggebers wahrnimmt. Es fehlt somit an einem schutzwürdigen Vertrauen, das über ein normales Verhandlungsvertrauen hinausginge. Eine weitergehende Pflichtenstellung beschränkt sich auf das Verhältnis zwischen dem Berufsträger und dessen Auftraggeber. Auch Wertungsgesichtspunkte sprechen gegen eine potentielle Haftung des Berufsträgers gegenüber dem Anleger. Steht als vertrauensbegründendes Merkmal ausschließlich die berufliche Rolle im Raum, ist dies für § 311 Abs. 3 S. 2 BGB also nicht ausreichend. Es ist auch nicht möglich, aus dem Berufsvertrauen ein Schuldverhältnis mit eingeschränktem Pflichtenstandard herzuleiten, da dadurch die engen Voraussetzungen dieser Norm umgangen würden. Überdies fehlen beim Anlagevermittler gegenwärtig die nötigen Voraussetzungen im Sinne des Nachweises der Vertrauenswürdigkeit und der gesellschaftlichen Anerkennung.

(c) Rechtsgründe

Ebenso wie der Gesichtspunkt der Gleichstellung von konkretem und normativem Vertrauen sind auch andere Prinzipien zur Herleitung der Berufshaftung abzulehnen.

(aa) Risikoprinzip

Teilweise wird die Berufshaftung aus dem Risikoprinzip hergeleitet. Wer aufgrund seiner Berufstätigkeit ein erhöhtes Irreführungs-, Missbrauchs- und Richtigkeitsrisiko schaffe, müsse dieses auch tragen.[314] Sicherlich kann die exponierte Stellung der Berufsträger die angeführten Risiken erhöhen. Diese Risikosteigerung kann eine Haftung wegen der gebotenen restriktiven Anwendung des § 311 Abs. 3 S. 2 BGB aber nur rechtfertigen, soweit sie mit der Gefahrverwirklichung vergleichbar ist. Diese Gleichstellung ist aber zu verneinen. Zwar genießen die o. g. Berufsträger kraft ihrer Rolle breites besonderes Vertrauen in der Gesellschaft, ein allgemeiner Erfahrungssatz, wonach die Vertragspartner des Auftraggebers des Berufsträgers zum Vertragsschluss regelmäßig gerade wegen der Information durch den Berufsträger angehalten werden, existiert aber nicht. Dies gilt erst recht für den Anlagevermittler.

(bb) Funktionsfähigkeit des Geschäftsverkehrs

Kein Argument für eine Berufshaftung ist der Schutz der Funktionsfähigkeit des Geschäftsverkehrs. Von den Berufsträgern kann durch die Schaffung eines Haftungsgrundes zwar die Anwendung eines gewissen Sorgfaltsmaßstabes erreicht werden. Allerdings ist dieser Schutzzweck zu weitgehend und unpräzise, als dass man daraus konkrete rechtliche Folgen ziehen könnte. Gleiches gilt für die Berufsethik.

(cc) Angewiesensein und Spezialisierung

Die Haftung aufgrund abstrakten unbewussten Vertrauens wird auch auf das Angewiesensein auf die Information gestützt.[315] Dieser Gesichtspunkt, der auch bei der Herleitung der Aufklärungspflichten wieder zu finden sein wird, begründet zwar eine besondere Schutzwürdigkeit des Anlegers, erklärt aber nicht, warum der Berufstätige als eine am Vertrag unbeteiligte Person haften soll. Die Schutzwürdigkeit des Anlegers führt lediglich zu einem rechtlich irrelevanten ‚wünschenswerten' Vertrauen.[316]

---

314 *Lang,* AcP 201 (2001), 451 ff (468).

315 *Wiedemann,* in: Soergel, BGB, vor § 275 Rdnr. 234.

316 A.A. *Krebs,* Sonderverbindung und außerdeliktische Schutzpflichten, S. 198.

Auch zusammen mit dem Aspekt der Spezialisierung ist das Angewiesensein keine tragfähige Grundlage für eine Berufshaftung. Richtig ist zwar, dass daraus ein Machtgefälle zugunsten des Vermittlers entsteht.[317] Allerdings ist die Spezialisierung eine alltägliche Erscheinung, deren Anerkennung eine Haftung in unüberschaubarem Maße nach sich ziehen würde.

(d) Ergebnis

Die Lehre von der Berufshaftung ist demnach sowohl im Allgemeinen als auch für den Anlagevermittler im Besonderen abzulehnen. Es besteht auch kein Anlass zur Herausbildung einer generellen Berufshaftung, da mit den bestehenden gesetzlichen Regelungen angemessene Lösungen gefunden werden können.[318]

(2) Qualifiziertes Eigeninteresse

Schon seit 1896 mit dem Erlass des BörsenG und der Einführung einer Prospekthaftung ist allgemein anerkannt, dass auch Nichtvertragspartner aufgrund wirtschaftlichen Eigeninteresses über das Deliktsrecht hinaus haften können.[319] Der Grund der Haftung wird zum Teil darin gesehen, dass eine nur deliktische Haftung des Verhandlungsgehilfen unbillig sei, wenn dieser wirtschaftlich gesehen dem Vertragspartner vergleichbar erscheint;[320] andere sehen den Haftungsgrund in dem Verbot, sich durch fremdbezogenes Handeln seiner Schutzpflichten zu entziehen.[321] Einige Stimmen in der Literatur lehnen diese Fallgruppe aber gänzlich ab.[322] Dieses Kriterium habe keine einschränkende Wirkung, da

---

317 *Lang,* AcP 201 (2001), 451 ff (456).

318 *Gehrlein/Grüneberg/Sutschet,* in: Bamberger/Roth, BGB, § 311 Rdnr. 121.

319 Urteil des *RG* v. 01.03.1928, das die Haftung unter der Voraussetzung bejaht, dass der Vertreter ‚der sachlich allein oder im wesentlichen Beteiligte war'; *Grote,* Die Eigenhaftung Dritter als Anwendungsfall der culpa in contrahendo, S. 199. Die Haftung über das Deliktsrecht hinaus wegen des wirtschaftlichen Interesses wird schon angenommen, seit 1896 mit dem BörsenG eine Prospekthaftung eingeführt wurde. Hier sollten nur Personen haften, die wirtschaftlich Herr des Geschehens waren. Ihre Haftung sollte unabhängig davon sein, ob sie nach außen erkennbar in Erscheinung getreten waren oder nur effektiv die Fäden in der Hand hatten. Seit dieser Zeit ist also das Merkmal des Haftungsgrundes des wirtschaftlichen Eigeninteresses anerkannt. Siehe dazu *Wiegand,* Die ‚Sachwalterhaftung' als richterliche Rechtsfortbildung, S. 191 f

320 *Wiedemann,* in: Soergel, BGB, vor § 275 Rdnr. 218; *Wiegand,* Die ‚Sachwalterhaftung' als richterliche Rechtsfortbildung, S. 230.

321 *Grote,* Die Eigenhaftung Dritter als Anwendungsfall der culpa in contrahendo, S. 123.

322 *Ballerstedt,* AcP 151 (1950/1951), 501 ff (524 f) fordert, dass der Dritte nicht nur procurator in rem suam ist, sondern zugleich persönliches Vertrauen in Anspruch nimmt.

für jeden Vertreter immer ein wirtschaftliches Interesse am Vertragsschluss bestehe.[323] Generell ist aber ein Bedürfnis für eine Haftung wegen wirtschaftlichen Eigeninteresses zu bejahen, da der durch das Eigeninteresse entstehenden Missbrauchsgefahr begegnet werden muss und die Fallgruppe des besonderen Vertrauens nicht immer erfüllt ist.[324]

(a) Voraussetzungen

Um dem Kriterium des wirtschaftlichen Eigeninteresses einen eigenständigen Aussagegehalt zu verleihen und eine ungebührlich weite Haftung des Dritten zu vermeiden, ist eine einschränkende Auslegung geboten. So kommt nach Literatur[325] und Rechtsprechung[326] heute eine Haftung nur in Betracht, wenn der Dritte als ‚porcurator in rem suam',[327] mithin als wirtschaftlicher Herr des Geschäfts anzusehen ist.[328] Erforderlich ist also ein ‚qualifiziertes'[329] bzw. ‚überragendes' Eigeninteresse,[330] wofür ein bloß mittelbares wirtschaftliches Interesse an dem Geschäft nicht ausreicht.[331]

---

[323] *Grote,* Die Eigenhaftung Dritter als Anwendungsfall der culpa in contrahendo, S. 170.

[324] *Krebs,* Sonderverbindung und außerdeliktische Schutzpflichten, S. 299 gründet die Haftung bei eigenwirtschaftlichem Interesse auf das erhöhte Präventionsinteresse.

[325] *BGH,* Urteil v. 13.06.2002, NJW-RR 2002, 1309 ff (1310).

[326] Das *RG,* RGZ 120, 249 ff (253) stellte in einer grundlegenden Entscheidung noch hohe Anforderungen an die Eigenhaftung; vorausgesetzt wurde, dass die Vertreterstellung lediglich aus formalen Gründen gewählt worden war, der Dritte also gleichsam als procurator in rem suam aufgetreten war. Der *BGH* ließ es früher zum Teil ausreichen, wenn der Dritte am Abschluss des Vertrags interessiert war und einen persönlichen Nutzen erstrebte, siehe Leitentscheidung des *BGH,* Urteil v. 17.08.1954, BGHZ 14, 313 ff (318); siehe *BGH,* Urteil v. 27.10.1982, NJW 1983, 676 ff (677); auch schon *BGH,* Urteil v. 19.12.1962, WM 1963, 160 f (161) und später *BGH,* Urteil v. 23.10.1985, NJW 1986, 586 ff (587).

[327] *Grote,* Die Eigenhaftung Dritter als Anwendungsfall der culpa in contrahendo, S. 199.

[328] *BGH,* Urteil v. 29.01.1992, NJW-RR 1992, 605 ff (605).

[329] *BGH,* Urteil v. 13.06.2002, NJW-RR 2002, 1309 ff (1310).

[330] *BGH,* Urteil v. 03.10.1989, NJW 1990, 389 f (390); *BGH,* Urteil v. 17.10.1989, NJW 1990, 506 f (506); *Wiedemann,* in: Soergel, BGB, vor § 275 Rdnr. 225; siehe schon die frühere Rspr.: *BGH,* Urteil v. 05.04.1971, NJW 1971, 1309 ff (1310).

[331] *Emmerich,* Anm. zu *BGH,* Urteil v. 13.06.2002, JuS 2003, 401 f (402); *BGH,* Urteil v. 17.10.1989, NJW 1990, 506 f (507). Dies entspricht der früheren engen Auslegung der Rechtsprechung und der früheren Lehre, *Ballerstedt,* AcP 151 (1950/1951), 501 ff (524). Zwischenzeitlich wurde eine Haftung des Anlagevermittlers wegen der Provisionszahlung von der Lehre bejaht, *v. Bar,* ZGR 1983, 476 ff (487). Heute ist die einschränkende Meinung aber unstreitig.

(b) Anwendung auf den Anlagevermittler

Gerade im Bereich der Kapitalanlagevermittlung ist eine restriktive Auslegung des eigenwirtschaftlichen Interesses geboten, da andernfalls wegen der dort üblichen hohen Provisionen die Dritthaftung zur Normalität werden würde.[332] So reicht auch ein sehr großes Provisionsinteresse des Anlagevermittlers in der Regel nicht aus.[333] Der Grenzbereich könnte aber bei einer Aussicht auf Provision in Höhe von 30 % erreicht sein. Wegen der engen Auslegung ist diese Fallgruppe der Eigenhaftung Dritter für den Anlagevermittler von untergeordneter Bedeutung.

Generell ist an der Haftungsvoraussetzung des eigenwirtschaftlichen Interesses problematisch, dass Sonderverbindungen grundsätzlich nicht allein aus wirtschaftlichen Interessen heraus entstehen.[334] Es fehlt die dogmatische Verbindung zur Herleitung der Eigenhaftung aus Vertrauensgrundsätzen, zudem ist die Sonderverbindung für den Partner nicht einmal erkennbar.[335] In den meisten Fällen werden vertragliche bzw. quasivertragliche Sonderverbindungen durch übereinstimmende Willenserklärungen bzw. besondere Vertrauensgewährung und -inanspruchnahme begründet. Dies gilt zwar nicht ausnahmslos, wie etwa die Auslobung gemäß § 657 BGB oder das Testament zeigen. Bloß einseitige wirtschaftliche Interessen sind aber nicht ausreichend. Da der Anleger mit der Haftung des Vermittlers nicht rechnen konnte, wirkt diese faktisch wie ein ‚Geschenk des Himmels'.[336]

Vielleicht auch aus diesem Grund fordern manche Stimmen bei dieser Fallgruppe ebenfalls eine persönliche Vertrauenswerbung.[337] Problematisch an diesem Ansatz ist aber, dass wegen der Vermischung des besonderen Vertrauens und des eigenwirtschaftlichen Interesses letztere Fallgruppe keinen eigenen Anwendungsbereich mehr hätte. Außerdem ist eine Zusammenrechnung der Tatbestandsmerkmale generell abzulehnen.[338]

Es bietet sich auch nicht an, als zusätzliche Haftungsvoraussetzung die Kenntnis des Anlegers von den wirtschaftlichen Interessen des Anlagevermitt-

---

332 *Wiegand,* Die ‚Sachwalterhaftung' als richterliche Rechtsfortbildung, S. 83.

333 *BGH,* Urteil v. 29.01.1992, NJW-RR 1992, 605 ff (605), beispielsweise genügt nicht die Aussicht auf eine Provision in Höhe von DM 200.000,– oder ein Exklusivrecht zum Vertrieb von Wohnungen.

334 *Schmitz,* Dritthaftung aus culpa in contrahendo, S. 61 mit Hinweis auf die mittelbare Stellvertretung.

335 *Schmitz,* Dritthaftung aus culpa in contrahendo, S. 62.

336 Gegen diese Fallgruppe auch *Grote,* Die Eigenhaftung Dritter als Anwendungsfall der culpa in contrahendo S. 143 m.w.N.

337 *Ballerstedt,* AcP 151 (1950/1951), 501 ff (524); *Grote,* Die Eigenhaftung Dritter als Anwendungsfall der culpa in contrahendo, S. 199.

338 Siehe bereits oben Kapitel 1 B.II.3.b)bb).

lers zu fordern. Gerade bei fehlender Kenntnis ist die Missbrauchsgefahr für den Anleger nämlich am höchsten, da dieser dann keine Möglichkeit hat, entsprechende Vorsicht gegenüber dem Dritten walten zu lassen. Durch Offenlegung der Interessen wird die Missbrauchsgefahr gebannt, so dass gerade dann die Haftung unter diesem Aspekt nicht mehr so dringlich erscheint.

Das Kriterium der Missbrauchsgefahr ist aber als weiteres haftungsbegründendes Merkmal zur Eingrenzung der Haftung geeignet, sofern diese Gefahr durch tatsächliche Anhaltspunkte ausreichend konkretisiert ist, also eine konkrete Missbrauchsgefahr durch den Dritten besteht. Wegen der Zurechnung über § 278 BGB ist eine Eigenhaftung des Dritten zwar nicht unerlässlich. Allerdings erscheint bei der Kumulierung einer konkreten Missbrauchsgefahr mit dem wirtschaftlichen Interesse eine für die Eigenhaftung des Dritten ausreichende Grundlage geschaffen.

c) *Bewertung von Auskunftsvertrag und Eigenhaftung Dritter*

Ungeachtet der vorgebrachten Kritikpunkte werden sowohl beim Auskunftsvertrag als auch bei der Dritthaftung die Sachkunde und das wirtschaftliche Interesse als Kriterien herangezogen. Bei beiden Schuldverhältnissen wird also dem Grunde nach auf ähnliche Merkmale zurückgegriffen. Die Rechtsprechung schwankt bei der Haftungsbegründung zwischen den Rechtsinstituten, tendiert aber zum Auskunftsvertrag,[339] die Literatur stützt sich weit überwiegend auf die Eigenhaftung Dritter.[340] Die Haftungsfrage hat durch das SchuldRModG keine grundlegende Änderung erfahren. In der Begründung zu § 311 Abs. 3 S. 2 BGB wird zwar ausdrücklich klargestellt, dass an Stelle des Auskunftsvertrags eher die culpa in contrahendo herangezogen, der Rechtsprechung aber nicht vorgegriffen werden solle.[341]

Eine Abgrenzung beider Rechtsverhältnisse ist nötig, da sie sich trotz ihrer Ähnlichkeiten sowohl bei den Voraussetzungen als auch bei den Rechtsfolgen unterscheiden können. In die Bewertung ist auch die Entscheidung über den Umfang der Vermittlerhaftung einzubeziehen. So ist zu klären, ob zum Schutz seiner wichtigen Funktion als Marktmittler nur eine restriktive Haftung gewollt ist[342] oder ob der Anlegerschutz im Vordergrund stehen soll.

---

[339] Siehe Nachw. bei Kapitel 1 B.II.3.b)bb) zur c.i.c. und bei Kapitel 1 B.II.3.a)bb) zum Auskunftsvertrag. Zur c.i.c. auch *BGH,* Urteil v. 22.03.1979, NJW 1979, 1449 ff (1450).

[340] Siehe *Assmann,* Prospekthaftung, S. 354 m. w. N.

[341] BT-Drucks. 14/6040, S. 163, Begründung zu § 311 Abs. 3 S. 2.

[342] *Wiedemann/Schmitz,* ZGR 1980, 129 ff (140).

aa) Vergleich

(1) Voraussetzungen

Beide Schuldverhältnisse unterscheiden sich in der Funktion, die die tatsächliche Informationserteilung für das Entstehen der Aufklärungspflicht übernimmt. Diese ist unabdingbare Voraussetzung für den konkludenten Auskunftsvertrag, da sie hier als Angebot bzw. Annahme ausgelegt wird. Das besondere Vertrauen der c.i.c. kann aber, wenngleich auch wenig praxisrelevant, unabhängig von jeder Information lediglich durch die Gewähr der Seriosität in Anspruch genommen werden. Nur hier kann die Aufklärungspflicht theoretisch also ohne Angaben zu den wesentlichen Umständen entstehen.

Daneben ähneln sich die haftungsbegründenden Merkmale nur oberflächlich besehen, unterscheiden sich aber im Detail. Für die Entstehung des Auskunftsvertrags können mehrere Indizien für die Auslegung zusammengezogen werden, wenn diese einzeln für einen Vertragsschluss nicht hinreichend ausgeprägt sind. Bei § 311 Abs. 3 BGB dagegen sind die Merkmale der beiden Fallgruppen strikt zu trennen. Somit ist der Auskunftsvertrag anlegerfreundlicher.

Das Kriterium des wirtschaftlichen Eigeninteresses übernimmt überdies bei beiden Rechtsinstituten nicht die gleiche Aufgabe. Bei der c.i.c. führt dieses zur Haftung aufgrund der wirtschaftlichen Gleichstellung des Dritten und der damit einhergehenden Missbrauchsgefahr, beim Auskunftsvertrag kann das Eigeninteresse zur Auslegung des Rechtsbindungswillens herangezogen werden. Deswegen spricht nichts dagegen, dieses Kriterium jeweils anders zu bewerten. Bei der c.i.c. reicht die Aussicht auf Provision für die Begründung des Schuldverhältnisses nicht aus, da diese nicht zu einer wirtschaftlichen Gleichstellung mit dem Vertragspartner führt. Die Entgeltlichkeit ist andererseits aber ein starkes Indiz für das Zustandekommen eines Auskunftsvertrags.[343] Die unterschiedlichen dogmatischen Ansätze können bei ähnlicher Tatsachenlage also zu anderen Ergebnissen führen.

Die Bewertung der Provisionszahlung variiert auch deswegen, weil die Vereinbarung der Provision nicht in beiden Fällen im Rahmen des Informationsschuldverhältnisses selbst stattfindet. Ein Entgelt kann nur Indiz für einen Willen zum Vertragsschluss sein, wenn dieses zwischen den Partnern des Auskunftsvertrags vereinbart wurde. Hier könnte die Entgeltlichkeit allerdings auch einen ausdrücklichen Vertrag begründen. Das Bestehen des wirtschaftlichen Interesses im Sinne des § 311 Abs. 3 BGB dagegen ist grundsätzlich unabhängig davon, von welcher Seite des Hauptvertrags der Vermittler die Provision verlangen kann. Wegen des fehlenden Vertrags zum Anleger besteht dieser Anspruch regelmäßig gegen den Anbieter.

---

[343] Siehe oben Kapitel 1 B.II.3.a)bb).

Die Kritik der Literatur, die den konkludent geschlossenen Auskunftsvertrag als bloße Fiktion ansieht, könnte auf die Gewährung des besonderen Vertrauens übertragen werden. In beiden Konstellationen wird mithilfe ähnlicher objektiver Kriterien auf ein subjektives Element zurückgeschlossen. So könnte auch das besondere Vertrauen in den Anlagevermittler fingiert sein. Es kann nie sicher festgestellt werden, ob der Anleger die Anlage gerade wegen des besonderen Vertrauens in den Vermittler erworben hat. Bei allen subjektiven Merkmalen könnte man den Einwand der Fiktion vorbringen. Deshalb ist der Auskunftsvertrag nicht generell abzulehnen.

Für die grundsätzliche Anerkennung des Auskunftsvertrags spricht, dass der Anlagevermittler seine Augen nicht vor der Haftung verschließen darf. Wenn man den Rechtsbindungswillen hier generell verneinen würde, müsste man diesen bei jedem Gefälligkeitsverhältnis ablehnen.

(2) Rechtsfolgen

Beide Rechtsinstitute führen zwar grundsätzlich zu identischen Aufklärungspflichten, die Rechtsfolgen gleichen sich aber nicht vollkommen.

So ist nur die Auskunft als Hauptleistungspflicht des Auskunftsvertrags selbständig einklagbar[344], die Aufklärung aus c.i.c. dagegen nicht. Im Hinblick auf den Zweck der Aufklärungspflichten, dem Anleger eine privatautonome Entscheidung zu ermöglichen, sollte man dem Vertrag gegenüber der Vertrauenshaftung den Vorrang einräumen. Dadurch kann man theoretisch dem Anlegerschutz und dem Schutz der Funktionsfähigkeit des Kapitalmarkts, dem nur Investitionen in gewinnbringende Anlageobjekte zugute kommen, besser gerecht werden. Die Entscheidung für die Vertragskonstruktion kann den Sinn haben, dem Anleger eine möglichst günstige Rechtsposition zu verleihen. Eine andere Frage ist es, ob sich dies praktisch auswirkt, da ein Anleger sein Recht auf Aufklärung entweder überhaupt nicht kennt oder bei Erkennen der Fehlerhaftigkeit der Aufklärung gleich einen anderen Vermittler aufsuchen wird.

Bejaht man die selbständige Klagbarkeit aus dem Auskunftsvertrag, ist der gegen die Vertragskonstruktion vorgebrachte Einwand, der Vertrag sei nur auf Schadensersatz gerichtet, letztlich nicht haltbar. Wenn man dem Anleger einen möglichst umfassenden Rechtsschutz zukommen lassen will, sollte der Auskunftsvertrag der c.i.c. gegenüber auch bevorzugt werden, um den unten angesprochenen Streitfragen zum Vermögensschaden auszuweichen[345], da nur die Haftung aus dem Auskunftsvertrag unstreitig keinen Vermögensschaden fordert.

---

344 Siehe unten Kapitel 1 C.II.2.

345 Siehe unten Kapitel 1 F.I.2.a).

bb) Konkurrenz

§§ 280 Abs. 1, 311 Abs. 3 BGB und § 675 Abs. 2 BGB können als selbständige, unabhängige Anspruchsgrundlagen nebeneinander stehen.[346] Die gleichzeitige Anwendung einer vertraglichen und einer vorvertraglichen Norm ist nicht in sich widersprüchlich. Die Eigenhaftung Dritter stellt nämlich keine Haftung im Vorfeld des Auskunftsvertrags dar, sondern – ebenso wie der Auskunftsvertrag – eine Haftung im Vorfeld des Beteiligungsvertrags. Deshalb können beide Ansprüche gleichzeitig verwirklicht sein.[347]

4. Beratungsvertrag

Dem Vermittler kann aber auch die Aufgabe eines Beraters zukommen. Wenn sich der Anleger infolge der Beratung zu einem Beteiligungserwerb entschließt, erschöpft sich sein Interesse in der Regel aber nicht in der Beratung, sondern erstreckt sich auf die konkrete Vermittlungstätigkeit. Entsprechend kann sich an den Beratungsvertrag eine Pflicht zur Vermittlung anschließen.

a) Entstehen

Der Anspruch auf Beratung setzt immer eine rechtsgeschäftliche Bindung voraus und begründet gegenüber der Aufklärung ein Mehr an Informationspflicht.[348] Nur wenn der Anleger die strengen privatautonomen Voraussetzungen beweisen kann, steht ihm die Beratung zu, andernfalls hat er unter Umständen einen Anspruch auf Aufklärung.

aa) Unabhängigkeit

Ein Beratungsvertrag kommt zweifellos zustande, wenn unabhängige, auf die individuellen Bedürfnisse des Anlegers zugeschnittene Beratungsleistungen ausdrücklich angeboten und erbracht werden.[349] Die Pflicht zur Beratung kann aber

---

[346] *Schmitz*, Dritthaftung aus culpa in contrahendo, S. 134; *Assmann*, in: Assmann/Schütze, Handbuch des Kapitalanlagerechts, § 7 Rdnr. 127; *BGH*, Urteil v. 22.03.1979, NJW 1979, 1449 ff (1450).

[347] *BGH*, Urteil v. 22.03.1979, NJW 1979, 1449 ff (1450); *Gummert*, in: Münchener Handbuch des Gesellschaftsrechts, § 69 Rdnr. 43 zu gleichzeitiger Haftung aus Auskunfts- oder Beratungsvertrag und aus Prospekthaftung im weiteren Sinne.

[348] *Grundmann*, in: MüKo, BGB, § 276 Rdnr. 118; *Assmann*, ZIP 2002, 637 ff (638) unterscheidet Anlagevermittler und Anlageberater nach dem Auftreten und dem in Anspruch genommenen Vertrauen. Auch wenn dies darauf hindeutet, dass auch die Beratung aus der c.i.c. hergeleitet werden könnte, ist dies aber richtigerweise abzulehnen.

[349] *Wolf*, NVersZ 2001, 392 ff (393); *BGH*, Urteil v. 06.07.1993, NJW 1993, 2433 f (2433).

auch konkludent vereinbart werden. Neben den bereits oben angesprochenen Kriterien zum Auskunftsvertrag kommt dann grundsätzlich als ein weiteres entscheidendes Merkmal hinzu, dass der Vermittler unabhängig ist oder sich so geriert, er also bei der Beratung erkennbar nicht lediglich die Interessen eines anderen Auftraggebers vertritt. Dann darf der Anlageinteressent erwarten, dass sich der Vermittler auf seine Seite stellen und ihn unabhängig und individuell beraten wird, wenn er deutlich macht, eine auf seine persönlichen Verhältnisse zugeschnittene Beratung zu wünschen, und der Berater hiermit beginnt. Der Anleger macht seinen Wunsch nach einer Beratung deutlich, indem er den Vermittler erkennbar gerade deswegen heranzieht, weil er selbst keinen ausreichenden Überblick über wirtschaftliche Zusammenhänge hat und auch nicht in der Lage ist, sich selbst Beurteilungsunterlagen zu verschaffen und diese richtig einzuordnen. Das Erstellen eines persönlichen Berechnungsbeispiels kann ebenso wie ein auf Befragung erteilter Rat zum Abschluss eines Beratungsvertrags führen.[350] Hier besteht erkennbar nicht nur ein Interesse an der Informationserteilung, sondern auch an deren Bewertung.[351] Dass der Anleger bereits einen eigenen Berater hat[352] und der Vermittler dies weiß,[353] ist ein Indiz gegen einen weiteren Beratungsvertrag.

Anders zu bewerten ist die Variante, in der der Anlagevermittler erkennbar im Interesse des Kapitalsuchenden und der zu erwartenden Provision tätig wird.[354] Dies gilt etwa dann, wenn sich der Vermittler mit einem Rundschreiben an ein breites Publikum wendet und nicht speziell einen Anlageinteressenten als Einzelperson zu individuellen Beratungszwecken anspricht.[355] In diesem Fall muss dem Anleger bewusst sein, dass der Vermittler ähnlich einem Handelsvertreter oder Verkäufer auftritt,[356] so dass bei seinen Aussagen der werbende und anpreisende Charakter im Vordergrund steht. Hier tritt der Anleger dem Vermittler selbständiger gegenüber.[357] Ein unter diesen Umständen zustande gekommener Vertrag zielt lediglich auf Auskunftserteilung ab.[358]

---

[350] *BGH,* Urteil v. 31.10.2003, NJW 2004, 64 ff (65); *BGH,* Urteil v. 27.11.1998, NJW 1999, 638 f (639); *BGH,* Urteil v. 14.03.2003, NJW 2003, 1811 ff (1812).

[351] *BGH,* Urteil v. 25.11.1981, NJW 1982, 1095 ff (1096); *BGH,* Urteil v. 13.05. 1993, NJW-RR 1993, 1114 f (1114). Für den Abschluss des Vermittlungsvertrags ist aber kein besonderes Vertrauen nötig, dieses Kriterium gewinnt nur für § 311 Abs. 3 S. 2 BGB an Bedeutung, a. A. *Wolf,* NVersZ 2001, 392 ff (394).

[352] *BGH,* Urteil v. 13.02.1992, NJW 1992, 2080 ff (2082).

[353] *Wolf,* NVersZ 2001, 392 ff (394).

[354] *BGH,* Urteil v. 13.05.1993, NJW-RR 1993, 1114 ff (1115); *BGH,* Urteil v. 25.11.1981, NJW 1982, 1095 ff (1096).

[355] *LG München I,* Urteil v. 02.05.2003, NJOZ 2003, 1970 ff (1974).

[356] *Hoegen,* Einzelfragen zur Haftung bei Anlagevermittlung und Anlageberatung, in: FS für Walter Stimpel, S. 247 ff (249).

[357] *BGH,* Urteil v. 13.05.1993, NJW-RR 1993, 1114 ff (1115); *BGH,* Urteil v. 25.11.1981, NJW 1982, 1095 ff (1096).

Dies bedeutet nicht, dass mit einem durch einen anderen Anbieter beauftragten Vermittler ein Beratungsvertrag nicht zustande kommen kann.[359] Da diese meist Mehrfachvertreter sind und ihre Auswahl auf die Produkte ihrer Auftraggeber beschränken, sind sie im Normalfall nicht völlig unabhängig. Folgt man der hier verwendeten Definition der Beratung[360], steht dieser Sachverhalt einer ordnungsgemäßen Beratung aber nicht entgegen. Diese erfordert nämlich nur, dass der Vergleich auf eine ausreichende Anzahl im Markt vorhandener Angebote gestützt wird; realistischerweise kann nicht verlangt werden, dass der Berater sämtliche auf dem Markt erhältlichen Produkte miteinander vergleicht. Unterhält der Berater also rechtliche Beziehungen zu einer derart großen Anzahl von Auftraggebern, die ihm eine ausgewogene Untersuchung ermöglicht, kann er unter Umständen dennoch die Anforderungen an eine unabhängige Beratung erfüllen.

Wenn diese Voraussetzungen nicht gegeben sind, kann der Vermittler seine Unabhängigkeit dadurch erreichen, dass er Objekte fremder Anbieter in den Vergleich einbezieht. Unabhängigkeit bedeutet nämlich in erster Linie die Bereitschaft und die tatsächliche Möglichkeit, das geeignetste Objekt für den Anleger auszuwählen, die Erlaubnis hierzu ist eine Frage der Doppeltätigkeit.[361] Alternativ verbleibt dem Vermittler die Möglichkeit, den Beratungsumfang durch Offenlegung seiner begrenzten Auswahlgrundlage einzuschränken.

bb) Sonderfall Kreditinstitut

Bei der Frage der Verbindlichkeit der Beratungsleistung wird häufig auch danach differenziert, ob diese durch eine Bank oder außerhalb eines solchen Verhältnisses erbracht wird.

So wird generell vertreten, dass der Anleger, der gegenüber einer Bank die Bitte zur Beratung äußert, generell vom Entstehen eines verbindlichen Beratungsvertrags ausgehen darf, wenn diese die Beratung beginnt. Da die Banken mit ihren kompetenten Dienstleistungen werben und im Anschluss an ihre Beratungen eine große Anzahl von Beteiligungsverträgen abgeschlossen wird, könnten sie sich nicht auf die Behauptung der Unverbindlichkeit zurückziehen.[362] Gerade wenn sie im klassischen Bank- und Finanzdienstleistungsrecht im Sinne

---

[358] *BGH,* Urteil v. 13.05.1993, NJW-RR 1993, 1114 ff (1115); *BGH,* Urteil v. 25.11.1981, NJW 1982, 1095 ff (1096); nach *Blankenstein,* NZM 2002, 145 ff (147) soll die fehlende Provisionszahlungspflicht gegen eine unabhängige Beratung sprechen; nach *BGH,* Urteil v. 04.03.1987, NJW 1987, 1815 ff (1816) ist die Provisionszahlungspflicht von untergeordneter Bedeutung.

[359] *BGH,* Urteil v. 13.02.1992, NJW 1992, 2080 ff (2082).

[360] Siehe oben Kapitel 1 A.II.2.

[361] Siehe unten Kapitel 1 H.

[362] *Lang,* AcP 201 (2001), 451 ff (548).

des Kreditwesengesetzes bzw. Wertpapierhandelsgesetzes tätig werden, entstünden strenge Pflichtenstandards, die sich von anderen Vertriebsbereichen abhöben und einer Unverbindlichkeit entgegenstünden.[363] Die gleichen Grundsätze müssten auch für den Ungeregelten Kapitalmarkt gelten, da in diesem Bereich gleichermaßen geworben wird. Damit entstünde ein pflichtenbegründendes bzw. -verschärfendes Verhältnis, das außerhalb des Bankwesens erst geschaffen werden muss. Diese Überlegungen deuten auf eine Berufshaftung hin; richtigerweise sind die Anpreisungen für jedes Schuldverhältnis zu prüfen.

cc) Initiative

Die Rechtsprechung und Teile der Literatur sehen es als unerheblich an, welche Person an die andere herantritt, solange sich die Verhandlungen auf eine konkrete Anlageentscheidung beziehen.[364] Wichtig sei nur die Aufnahme des Beratungsgesprächs.[365] Einige Stimmen in der Literatur verlangen für einen konkludenten Beratungsvertrag dagegen, dass die Initiative vom Anleger ausgeht.[366]

Um die Unabhängigkeit des Vermittlers feststellen zu können, ist durchaus bedeutsam, welche Person von sich aus auf die andere zugegangen ist. Gerade bei einem Dreiecksverhältnis wie der Anlagevermittlung ist dem zeitlichen Ablauf eine größere Bedeutung für den Vertragsinhalt zuzumessen als in anderen Bereichen. Aus diesem lassen sich Rückschlüsse auf die rechtliche Beziehung des Intermediärs zu der anderen potentiellen Hauptvertragspartei ziehen, welche wiederum Aufschluss über die Intention und den Rechtsbindungswillen des Vermittlers zur Informationserteilung geben können.

Auch wenn ein bereits beauftragter Vermittler die Initiative ergreift, ist ein Beratungsvertrag richtigerweise nicht generell ausgeschlossen, da die Doppeltätigkeit zwischen Vermittlung und Beratung dem Kapitalanlagevermittler durchaus erlaubt sein kann.[367] Auch sachlich ist eine Beratung durch einen bereits beauftragten Vermittler denkbar, wenn er entsprechend viele Auftraggeber hat oder die Beratung auf den bestehenden Fundus beschränkt. Die Zulässigkeit der Anlageberatung stellt sich rein objektiv gesehen genauso dar, wie wenn die Initiative vom Anleger ausgeht. Dennoch kann es als starkes Indiz gegen einen Beratungsvertrag gewertet werden, wenn der Vermittler die Initiative ergreift. Wenn dieser von sich aus ohne Anfrage dem Anleger eine konkrete Anlage anbietet, ist für diesen nämlich das werbende Auftreten des Vermittlers und der

---

363 *Wolf,* NVersZ 2001, 392 ff (393) zu Versicherungsvertrieb.

364 *v. Heymann,* BB 2000, 1149 ff (1150).

365 *Wolf,* NVersZ 2001, 392 ff (393).

366 *Lang,* AcP 201 (2001), 451 ff (555); *Wolf,* NJW 1994, 24 ff (24).

367 Siehe unten Kapitel 1 H.

Wille, ausschließlich eigene Interessen zu verfolgen, erkennbar. Dies spricht gegen den Rechtsbindungswillen des Vermittlers.

b) Umfang der Beratung

Wie bereits angedeutet, definiert sich die Beratung nicht über einen Vergleich aller überhaupt in Betracht kommenden Anlagemöglichkeiten, sondern über die Auswahl einer ausreichenden Anzahl von Objekten. Die Angemessenheit der Anzahl der Anlagen variiert nach der Art des Vertragsschlusses. Ob eine unabhängige oder eine abhängige Beratung geschuldet ist, folgt wiederum aus dem Auftreten des Beraters. Stellt er sich dem Anleger gegenüber als Vermittler verschiedener Anbieter vor, dann muss sich daraus für den Anleger ergeben, dass sich die Beratung auf die Anlagen dieser Anbieter beschränkt, wohingegen der Anleger ohne einschränkende Anhaltspunkte von einer unabhängigen Beratung ausgehen darf. Ebenso wenig wie unentgeltliches Handeln des Vermittlers ein Indiz gegen einen Auskunfts- oder Beratungsvertrag ist,[368] spricht es für eine Pflichtenbeschränkung im Sinne einer nur eingeschränkten Objektauswahl, da diese Differenzierung von den Anlegern nicht erwartet werden kann. Zahlt der Anleger dagegen ein Entgelt bzw. eine Provision, kann dies ein Anzeichen für eine unabhängige Beratung sein.

c) Rechtsgrundlage: Vertrauenshaftung oder Vertragshaftung

Wie bei der Aufklärung muss auch bei der Beratung zwischen der c.i.c. und dem Vertrag als Rechtsgrundlage unterschieden werden. Anders als dort steht hier aber in Frage, ob der Pflicht zur Beratung überhaupt die Vertrauenshaftung zugrunde liegen kann oder ob jene zwingend ein rechtsgeschäftliches Schuldverhältnis voraussetzt. Grundsätzlich erscheint es denkbar, dass mit zunehmendem Vertrauen die Nebenpflicht im Sinne des § 311 Abs. 3 i. V. m. § 241 Abs. 2 BGB von einer Aufklärungspflicht in eine Beratungspflicht umschlägt.[369] So werden für die Begründung des Umfangs der Prüfpflicht bei der Beratung auch Formulierungen wie ein ‚besonderes Vertrauensverhältnis' herangezogen,[370] was als Hinweis gesehen werden könnte, dass aus einer c.i.c. eine Beratungspflicht folgen kann. Die Herleitung der Beratungspflicht aus einem besonders weitreichenden Vertrauen würde bedeuten, dass beide Informationsarten in einem Verhältnis des ‚Mehr' zum ‚Weniger', nicht in einem ‚Aliud-Verhältnis' stehen würden. Inhaltlich gesehen wäre eine solche Abstufung möglich. Die Beratung kann grundsätzlich nämlich als ein ‚Mehr' gegenüber der Aufklärung betrachtet

---

368 Siehe oben Kapitel 1 B.II.3.a)bb).

369 Siehe auch *Wolf,* NVersZ 2001, 392 ff (393) zu einem aus auf Beratung gerichtetem Vertrauen hergeleiteten Beratungsvertrag.

370 *Schwark,* BB 1979, 897 ff (899); *Schirp/Mosgo,* BKR 2002, 354 ff (360).

werden, da sie einen die Elemente der Aufklärung einbeziehenden umfassenderen Anforderungskatalog enthält.[371]

Diese Einordnung, wonach sich Aufklärung und Beratung nur durch das Maß an Pflichtenintensität und Vertrauen unterscheiden, ist aber aufgrund der unterschiedlichen Schutzrichtungen der Informationen nicht haltbar. Die aus der c.i.c. hergeleiteten Aufklärungspflichten sind gesetzliche Nebenpflichten aus § 242 BGB, die vorwiegend zur Wiederherstellung der Privatautonomie im Hinblick auf eine eigenständige Entscheidung beitragen sollen.[372] Die Beratungspflichten dagegen sollen dem Anleger diese Entscheidung nicht ermöglichen, sondern ihm diese abnehmen. Es soll also keine strukturelle Schlechterstellung des Anlegers ausgeglichen, sondern eine Besserstellung erreicht werden. Die Herbeiführung dieses Zieles obliegt aber dem Willen jeder Einzelperson und muss ihr zu ihrem Schutz nicht kraft Gesetzes auferlegt werden. Deshalb kann die Beratungspflicht nicht per se als gesetzliche Nebenpflicht entstehen.[373] Nimmt der Vermittler ein über das Normalmaß hinausgehendes Vertrauen in Anspruch, kann dies lediglich eine pflichtenintensivierende Wirkung in Bezug auf die Aufklärung haben und zu einer Ausweitung der Aufklärungspflichten und einer Erhöhung des Sorgfaltsmaßstabes führen. Ein Anspruch auf Beratung kann auf diese Weise nicht begründet werden, dies erfordert den Abschluss eines Vertrags.

d) Kritik am schlüssigen Vertragsschluss

Der konkludent geschlossene Beratungsvertrag ist der Kritik durch die Literatur nicht in demselben Umfang wie der konkludente Auskunftsvertrag ausgesetzt.[374] Ein Grund hierfür könnte darin zu sehen sein, dass keine alternative Rechtsgrundlage zur Verfügung steht. Der Berater kann überdies, anders als bei bloßer Aufklärung, gegen einen Rechtsbindungswillen nicht anführen, dass er mit der Beratung lediglich die Verpflichtung des Anbieters erfüllen oder seine eigene Vermittlungsleistung erbringen wollte. Deshalb kann die Beratung aus Sicht des Anlegers keinem anderen rechtlichen Zweck dienen. Wenn der Vermittler sich lediglich als Berater geriert, um seine Verkaufschancen zu erhöhen, muss er sich an seinem äußeren Verhalten festhalten lassen. Dies bedeutet zugleich, dass der Anleger von der Tätigkeit der ordnungsgemäßen Beratung auf den Vertrag zurückschließen kann.

---

371 Siehe unten Kapitel 1 D.II.1.

372 Siehe unten Kapitel 1 C.II.1.a)aa).

373 Aus § 242 BGB könnte sich nur dann die gesetzliche Nebenpflicht zur Beratung ableiten lassen, wenn die Aufklärung für den Schutz des Anlageinteressenten nicht ausreichend wäre.

374 *Lang*, AcP 201 (2001), 451 ff (556).

e) Beratungs- und Vermittlungsvertrag

Wenn der Anleger die Initiative zum Abschluss des Beratungsvertrags ergreift, kann er ein Interesse an der Vermittlung der ausgewählten Anlage haben, wenn nicht bereits ein Vermittlungsvertrag zwischen dem Vermittler und dem Anbieter besteht. Ein derartiger Vertrag wird zum Teil ‚Vermittlungs- und Beratungsvertrag' genannt. Die Rechtsprechung lässt die genauere Qualifikation in der Regel offen, da diese für die Frage der Informationspflichtverletzung nicht relevant ist.[375] Bedeutsam für die Qualifikation ist, dass der Anleger nur bei einem positiven Beratungsergebnis und bei einem fehlenden Vermittlungsverhältnis zwischen Vermittler und Anbieter bezüglich der ausgewählten Anlage ein Interesse an einem Vermittlungsvertrag hat. Deshalb kann den Interessen des Anlegers nicht mit einem Maklerdienstvertrag mit der Vereinbarung der Beratungspflicht als Nebenpflicht Genüge getan werden. Dieser Vertrag stellt zwar die Pflicht zur Beratung sicher, ein Vertrag mit einer unbedingten Vermittlungspflicht ist aber nicht unbedingt zielführend. Entscheidet sich der Anleger aufgrund der Beratung gegen jegliche Beteiligung, macht die Pflicht zur Vermittlung keinen Sinn mehr, insbesondere wenn für die Vermittlungstätigkeit selbst ein Entgelt geschuldet ist. Deshalb entspricht ein gemischter Vertrag mit zwei Hauptpflichten nicht den Interessen des Anlegers.[376] Die Beratung und die Vermittlung sollten vielmehr in einem Stufenverhältnis stehen.

Dies kann durch den Abschluss zweier getrennter Verträge erreicht werden. Zuerst könnte ein Beratungsvertrag abgeschlossen werden, der je nach Entgeltvereinbarung ein Geschäftsbesorgungswerkvertrag oder ein Auftrag ist, und dann ggf. ein Vermittlungsvertrag mit Tätigkeitspflicht, bei dem es sich um einen Maklerdienstvertrag oder bei Unentgeltlichkeit um einen Auftrag handelt. Stattdessen ist auch ein Typenkombinationsvertrag zu erwägen, bei dem beide Pflichten durch die Potestativbedingung der erfolgreichen Beratung und positiven Entscheidung für ein konkretes Objekt verbunden sind. Durch die vorgeschaltete Beratung entfällt die aus dem Maklervertrag hervorgehende Nebenpflicht zur Aufklärung wegen des Wegfalls des Informationsbedürfnisses, da diese bereits in der Beratung enthalten ist. Dies ändert nichts am Charakter des Vertrags als Maklervertrag.

---

[375] *BGH,* Urteil v. 25.11.1981, NJW 1982, 1095 ff (1095).

[376] Nach *Reiner,* in: Ebenroth/Boujong/Joost, HGB, § 98 Rdnr. 40 sind Handelsmakler in der Regel nicht zur Beratung verpflichtet. Hierfür ist neben dem Maklervertrag ein spezieller Beratungsvertrag erforderlich; a. A. *Hopt,* in: Baumbach/Hopt, HGB, § 93 Rdnr. 27, wonach der Handelsmakler zur Aufklärung und Beratung verpflichtet ist.

III. Zusammenfassung

Die nähere Beleuchtung der rechtlichen Beziehungen des Anlagevermittlers hat folgendes Ergebnis hervorgebracht: Der Anlagevermittler, der im Auftrag der Anbieterseite geschlossene Immobilienfonds vertreibt, handelt in der Regel nicht als Handelsvertreter, sondern in der Rechtsform des Maklers. Der Klassifizierung als Handelsmakler, die in der Literatur vielfach vorgenommen wird, sollte nicht gefolgt werden. Die Wandlung des Anlagevermittlers vom Zivilmakler als einseitiger Interessenvertreter zum Handelsmakler mit der ihm immanenten Stellung als neutraler Mittler zwischen den Parteien konnte in der Gesellschaft bislang noch nicht nachvollzogen werden, da eine Vertrauensgrundlage etwa in Form einer gefestigten BGH-Rechtsprechung fehlt. Auch wenn der Anlagevermittler die objektiven Kriterien des § 93 HGB erfüllen sollte, sollten diejenigen Folgerungen des Handelsmaklerrechts, die auf typischem Vertrauen beruhen, noch keine Anwendung finden.

Bei der Rechtsbeziehung zum Anleger steht die Problematik der Ambivalenz des Vermittlerhandelns im Mittelpunkt. Grundsätzlich kann seine Tätigkeit, also die Aufklärung des Anlegers oder die unmittelbare Vermittlungstätigkeit, als im Verhältnis zum Anleger vertragsbegründend oder im Verhältnis zum Anbieter vertragserfüllend angesehen werden. Wegen dieser Unklarheiten kommt ein zweiter Maklervertrag durch das Handeln eines vorbeauftragten Vermittlers bei einem ausdrücklichen Provisionsverlangen nur zustande, wenn der Anleger diesem einen Suchauftrag erteilt. Nur bei diesem Ansinnen ist ausreichend erkennbar, dass der Intermediär nicht lediglich einen anderen Vertrag erfüllen, sondern zugunsten des Anlegers tätig werden will.

Wenn man den Anlagevermittler als Handelsmakler ansieht, kann subsidiär zum rechtsgeschäftlichen Abschluss eines Maklervertrags und im Falle eines bestehenden Maklervertrags zwischen Anbieter und Vermittler ein Schuldverhältnis über § 98 HGB zustande kommen. Dieses Rechtsverhältnis beruht generell auf Vertrauen, das sich allerdings nicht auf eine Interessenwahrung durch den Makler, sondern nur auf dessen neutrale Haltung beziehen kann. Für ein weitergehendes Vertrauen fehlt die Grundlage. Dieses Rechtsverhältnis ist deshalb kein Fall des § 311 Abs. 3 S. 2 BGB, da hierfür weder ein typisiertes Vertrauen noch ein Vertrauen in die Neutralität ausreichen kann. Diese nur geringe Vertrauensintensität zieht eine Reduzierung des Sorgfaltsmaßstabes gegenüber dem § 311 Abs. 3 BGB nach sich. Für eine analoge Anwendung des § 98 HGB fehlt die Regelungslücke.

Eine Pflicht zur umfassenden Information entsteht deshalb primär aus einem in der Regel konkludent geschlossenen Auskunftsvertrag oder aus dem vorvertraglichen Schuldverhältnis des § 311 Abs. 3 BGB.

Entgegen der Kritik der herrschenden Lehre steht der Auskunftsvertrag im Grundsatz gleichrangig neben der Vertrauenshaftung. Der Rückgriff auf objektive Kriterien zur Auslegung von schlüssigem Handeln entspricht allgemeinem Vertragsrecht. Es stellt eine andere Frage dar, dass das Handeln des Anlagevermittlers häufig die Anforderungen an eine Willenserklärung nicht erfüllt, da Zielrichtung seines Handelns nicht die Unterstützung des Anlegers ist. Der Anwendungsbereich des Auskunftsvertrags ist insgesamt eng bemessen und wird sich auf den Fall beschränken, dass der Anleger von sich aus auf den Anlagevermittler zugeht und sich nach Objekten aus dessen Bestand erkundigt; im häufigen Fall der Initiative des Anlagevermittlers sind die Voraussetzungen des Auskunftsvertrags in der Regel nicht gegeben, beim Suchauftrag liegt ein Maklervertrag näher.

Aus diesen Gründen gewinnt die c.i.c. nach § 311 Abs. 3 BGB maßgeblich an Bedeutung. Die Fallgruppe des eigenwirtschaftlichen Interesses sollte durch das zusätzliche Merkmal der konkreten Missbrauchsgefahr erweitert werden, da allein die einschränkende Auslegung des eigenwirtschaftlichen Interesses für die Herleitung eines Schuldverhältnisses nicht ausreicht. Insgesamt wirkt sich dies wegen der geringen Bedeutung der Fallgruppe bei der Anlagevermittlung nicht aus, da in der Regel nur die Haftung nach §§ 280 Abs. 1, 311 Abs. 3 S. 2 BGB wegen der Inanspruchnahme und des Gewährens besonderen Vertrauens erfolgreich ist. Das besondere Vertrauen des Anlegers kann entweder auf die Seriosität der Anlage oder auf die ordnungsgemäße Aufklärung gerichtet sein. Es gibt aber keinen Automatismus, wonach das Vertrauen generell auch Aufklärungspflichten nach sich ziehen würde. Den vertrauensbegründenden Merkmalen der Rechtsprechung fehlt wegen der schwierig zu bestimmenden Intensität oftmals die Eindeutigkeit, so dass es vorzugswürdig erscheint, die geforderte Vertrauensinanspruchnahme von der erkennbaren eigenen Nachprüfung durch den Anlagevermittler bzw. dem Zueigenmachen einer fremden Nachprüfung und den daran anknüpfenden Anschein, sich für das Konzept verbürgen zu wollen, abhängig zu machen. Diese eigene Überzeugung von der Richtigkeit der Angaben ist nämlich Grundvoraussetzung für jegliche Gewährsübernahme.

Nach dem Grundsatz der Berufshaftung muss der Anlagevermittler in der Regel nicht einstehen. Ganz generell kann diesem Rechtsinstitut der Einwand entgegengehalten werden, dass allein eine neutrale Stellung bzw. eine neutrale Überprüfung den Anforderungen des § 311 Abs. 3 S. 2 BGB nicht entsprechen kann, da dieser voraussetzt, dass sich der Dritte auf die Seite des Auftraggebers schlägt und dessen Interessen wahrnimmt. Die Verifizierung der Angaben durch den Berufsträger kann demnach nur ausreichen, wenn sie zugunsten des Vertragsgegners erfolgt, nicht genügend ist dagegen eine Überprüfung für den Auftraggeber des Berufsträgers. Im Gegensatz zu den typischen Berufen der Berufshaftung liegt die geforderte Einseitigkeit zugunsten des Vertragsgegners bei der Anlagevermittlung zwar näher, da der Vermittler keine Veranlassung hat, für den Anbieter dessen Objekt zu überprüfen; ihm fehlt aber eine in die Gesellschaft Eingang gefundene Vertrauenswürdigkeit bezüglich der sachkundigen Überprüfung. Ein einzelfallbezogener Nachweis bleibt also erforderlich.

Die Pflicht zur Beratung setzt als Rechtsgrundlage einen privatrechtlichen Vertrag voraus, da diese Art der Informationsleistung nicht Inhalt einer gesetzlichen Nebenpflicht sein kann. Entsprechend der Definition des Begriffs Beratung kann sich die vertragliche Vereinbarung auf eine unbegrenzte oder eine begrenzte Auswahlgrundlage richten. Dieselben Grundsätze müssen auch für die Beratungsleistung einer Bank gelten. Auch hier ist nämlich jede Modifizierung durch die Grundsätze der Berufshaftung abzulehnen.

C. Aufklärungspflichten

I. Grundsatz

Gesetzliche Aufklärungspflichten bedürfen einer besonderen Legitimation. Die Privatautonomie als eines der Grundprinzipien des Privatrechts[377] eröffnet die Möglichkeit, freiverantwortlich Verträge abzuschließen und die Leistungen selbst bestimmen zu können,[378] und gewährleistet dadurch ‚die Selbstbestimmung des Einzelnen im Rechtsleben'.[379] Daraus folgt aber auch, dass eine Partei nicht ‚Hüterin der Belange' der anderen Partei ist,[380] sondern dass jede Partei für ihre Vertragsabschlüsse selbst verantwortlich ist,[381] wozu auch die Wissensverschaffung im Rahmen der Vertragsvorbereitung zählt.[382] Die umfassende Selbstverantwortung im Rechtsleben korreliert also mit der Privatautonomie des Einzelnen nach Art. 2 Abs. 1, 1 Abs. 1 GG.[383] Das bedeutet aber auch, dass jede Partei grundsätzlich Wissensvorsprünge für sich ausnutzen darf. Da dieses Recht jeder Partei zusteht und jede Partei naturgemäß egoistisch ihre Ziele verfolgt,[384] kommt es zu einem natürlichen Interessenwiderstreit,[385] aufgrund des-

---

377 *Lorenz,* Der Schutz vor dem unerwünschten Vertrag, S. 319; *Larenz/Wolf,* Allgemeiner Teil des Bürgerlichen Rechts, § 1 Rdnr. 2.

378 *Flume,* Allgemeiner Teil des Bürgerlichen Rechts, S. 12.

379 St. Rspr. des *BVerfG,* Beschluss v. 19.10.1993, NJW 1994, 36 ff (38).

380 *Lang,* AcP 201 (2001), 451 ff (493).

381 *Rehm,* Aufklärungspflichten im Vertragsrecht, S. 128 m.w.N.; auch § 2 BGB drückt aus, dass jeder Volljährige für sich selbst verantwortlich ist, da diese Norm das Recht zum Vertragsschluss an keine zusätzlichen Voraussetzungen knüpft.

382 *Lang,* Einmal mehr – Berufsrecht, Berufspflichten und Berufshaftung, AcP 201 (2001), 451 ff (493).

383 *Lang,* Einmal mehr – Berufsrecht, Berufspflichten und Berufshaftung, AcP 201 (2001), 451 ff (493).

384 *BVerfG,* Urteil v. 06.02.2001, NJW 2001, 957 ff (958).

385 *Lorenz,* Der Schutz vor dem unerwünschten Vertrag, S. 319.

sen die Chance eines angemessenen Interessenausgleichs[386] besteht, der in der Regel zu einem ausgeglichenen, gerechten Vertrag führt.[387] Auch wenn die widerstreitenden Interessen keine generelle Richtigkeitsgewähr zulassen, heißt das nicht, dass die Privatautonomie nicht gewährleistet wäre. Es kann nämlich niemals sichergestellt werden, dass die Vertragsverhandlungen zu einem Vertrag mit äquivalenten Leistungspflichten führen.[388] Die Verhandlungsfreiheit erfordert keinen gerechten Vertragsschluss, sondern lediglich Umstände, die gerechte Vertragsverhandlungen ermöglichen. Diese Möglichkeit ist nach der grundsätzlichen Aussage des BGB, das von einem Modell formal gleicher Teilnehmer im Privatrechtsverkehr ausgeht,[389] gegeben.

Dieser Entscheidung des Gesetzgebers gegen eine allgemeine Aufklärungspflicht ist auch heute noch im Grundsatz beizupflichten. Denn einem tieferen Einblick des Verkäufers in die Zusammenhänge der Preisgestaltung aufgrund der größeren Nähe zu den Produkten und der Spezialisierung steht die Auswahlmöglichkeit des Kunden unter mehreren Verkäufern gegenüber. Beide Vertragspartner stehen also grundsätzlich auf gleicher Stufe.[390] Deshalb trägt das Informationsrisiko grundsätzlich jede Partei selbst, unabhängig davon, auf welcher Vertragsseite sie steht.

Schließt eine Partei einen für sie negativen Vertrag ab, verdient sie keinen Schutz und kann in der Regel keine Ansprüche geltend machen. Im amerikanischen Kapitalmarkt etwa gilt der Grundsatz des ‚sacred right of everybody to make a fool of oneself'.[391] Für die geschlossenen Immobilienfonds als Anlagen des Grauen Kapitalmarkts gibt es auch keine gesetzlich explizit geregelten Informationspflichten.[392] Deshalb müssen die Parteien nur die Wahrheitspflicht beachten.[393]

---

[386] *BVerfG,* Urteil v. 06.02.2001, NJW 2001, 957 ff (958); *Riehm,* JuS 2000, 241 ff (242).

[387] *Rehm,* Aufklärungspflichten im Vertragsrecht, S. 117; siehe *BVerfG,* Beschluss v. 07.02.1990, NJW 1990, 1469 ff (1470).

[388] *Rehm,* Aufklärungspflichten im Vertragsrecht, S. 110 m.w.N.

[389] *BVerfG,* Beschluss v. 19.10.1993, NJW 1994, 36 ff (38); siehe auch *BVerfG,* Beschluss v. 05.08.1994, NJW 1994, 2749 f (2750).

[390] Die Verfasser des BGB haben noch nicht erkannt, dass die Verhandlungsgleichheit nur bei zwei wirtschaftlichen annähernd gleich starken Verhandlungspartnern gilt, siehe *Larenz/Wolf,* Allgemeiner Teil des Bürgerlichen Rechts, § 42 Rdnr. 6. Die Vertragsfreiheit ist aber nur im Falle eines ausgewogenen Kräfteverhältnisses taugliches Mittel zur Herstellung eines angemessenen Interessenausgleichs, *BVerfG,* Beschluss v. 19.10.1993, NJW 1994, 36 ff (38).

[391] Siehe *Lang,* AcP 201 (2001), 451 ff (497).

[392] Das WpHG ist nicht anwendbar. Auch das Anlegerschutzverbesserungsgesetz, welches mit Wirkung zum 01.07.2005 eine Prospektpflicht für geschlossene Fonds einführte, normiert keine Informationspflichten des Anlagevermittlers.

[393] Siehe oben Kapitel 1 A.II.4.a).

II. Aufklärungspflicht als Ausnahmetatbestand

1. Entstehen und Umfang der Aufklärungspflichten

Wegen der Ablehnung einer generellen Aufklärungspflicht entsteht diese nur bei Vorliegen von engen Voraussetzungen. Der Begründungsmaßstab richtet sich nach der Art des zugrunde liegenden Schuldverhältnisses und variiert danach, inwieweit sich die Interessen der Parteien widersprechen. Die Anforderungen sind bei einem Austauschvertrag, der durch einen Interessengegensatz gekennzeichnet ist, am größten. Geringer sind die Voraussetzungen bei den Interessenwahrungsverträgen, bei denen die bessere Informationsmöglichkeit und Sachkenntnis des Vertragspartners genutzt werden soll. Bei Personengesellschaftsverträgen, die als Kooperationsverträge durch Interessengleichrichtung geprägt sind, verfolgen alle Vertragspartner ein gemeinsames Ziel, was grundsätzlich eine Aufklärungspflicht zur Folge haben kann.[394] Demnach ändern sich die Voraussetzungen der Aufklärungspflichten entsprechend dem Inhalt des Schuldverhältnisses. Es muss aber betont werden, dass es nicht Zweck der Aufklärungspflichten ist, den Anleger vor sich selbst zu schützen.[395] Die Entscheidung obliegt allein dem Anleger, so dass er auch eine objektiv unvernünftige Anlage auswählen darf.[396] Beruht sein Verhalten auf einer ausgewogenen Informationsbasis, hat er das Risiko einer Fehlentscheidung selbst zu tragen.[397]

a) Austauschverträge

Bei Austauschverträgen muss jede Aufklärungspflicht besonders begründet werden, da nach dem Inhalt dieser Vertragsart keine Partei Verantwortung für die andere übernimmt. Hierzu werden verschiedene Begründungsansätze vertreten.

aa) Wiederherstellung der Privatautonomie

Da die Ablehnung einer generellen Aufklärungspflicht mit der aus der Privatautonomie abzuleitenden Eigenverantwortung begründet wird, liegt es nahe, eine Aufklärungspflicht dann anzunehmen, wenn die Gleichheit der am Rechtsverkehr Beteiligten nicht gegeben ist.[398] Der Grundsatz der Eigenverantwortung

---

394 *Leisch,* Informationspflichten nach § 31 WpHG, S. 114 f.

395 Zu § 31 Abs. 2 Nr. 2 WpHG, *BGH,* Urteil v. 05.10.1999, NJW 2000, 359 ff (361).

396 Siehe *BGH,* Urteil v. 08.05.2001, NJW 2002, 62 ff (63).

397 *BGH,* Urteil v. 11.11.2003, NJW-RR 2004, 484 ff (485) zu § 31 Abs. 2 WpHG (auch Interessenwahrungspflicht); *v. Livonius,* BKR 2005, 12 ff (16) zu § 31 Abs. 1 WpHG.

398 *BVerfG,* Beschluss v. 19.10.1993, NJW 1994, 36 ff (39).

kann nicht mehr schrankenlos gelten, wenn der übermächtige Verhandlungspartner durch Einflussnahme auf den anderen faktisch einseitig bestimmen kann. Der Grund für die Überlegenheit einer Partei kann eine unausgewogene Informationsbasis sein,[399] die dadurch entsteht, dass eine Seite keinen freien Informationszugang hat. Dann wandelt sich die Eigenbestimmung in Fremdbestimmung.[400] Ein Mittel zur Herstellung der privatautonomen Entscheidungsmöglichkeit ist die Verpflichtung der überlegenen Seite zur Aufklärung. Erforderlich ist aber nicht die Parität zwischen den Parteien;[401] ausreichend ist das Maß an Information, das notwendig ist, um den Anleger in die Lage zu versetzen, die Risiken eigenständig abschätzen[402] und eine sachgerechte Entscheidung treffen zu können.[403]

Die Aufklärungspflicht kann auf die Schutzpflichtenlehre[404] gestützt werden. Der Schutz der Handlungsfreiheit des informationell Unterlegenen unterliegt der Schrankentrias des Art. 2 Abs. 1 GG und der Beschränkung durch andere Verfassungsnormen.[405] Mittels der praktischen Konkordanz muss ein angemessener Interessenausgleich zwischen den kollidierenden Grundrechtspositionen herbeigeführt werden. Überwiegen die Interessen des Unterlegenen gegenüber denen des informationell Überlegenen, so können Aufklärungspflichten entstehen.

Einem angemessenen Handeln des Anlegers auch bei an sich ausreichender Informationsgrundlage stehen die sich aus der Risikoforschung hervorgebrachten Erkenntnisse entgegen (begrenzte Kognition, short term perspective, etc.). Danach entscheidet der Anleger nicht immer vernünftig und rational, sondern lässt sich von Emotionen leiten.[406] Somit ist es dem Anleger auch bei vollständiger Aufklärung unter Umständen nicht möglich, die Anlagen objektiv zu bewerten und die geeignetste auszuwählen. Das Risiko einer hierauf beruhenden Fehlentscheidung liegt aber in der Natur eines jeden Menschen und ist jedem Vertragsschluss immanent, so dass es grundsätzlich nicht auf den Vertragspartner übergewälzt werden darf. Würde man dieses Risiko dem Anlagevermittler

---

[399] *BVerfG,* Urteil v. 06.02.2001, NJW 2001, 957 ff (958).

[400] *BVerfG,* Beschluss v. 19.10.1993, NJW 1994, 36 ff (38). Deshalb muss auf die Wahrung der Grundrechtspositionen hingewirkt werden, siehe *BVerfG,* Urteil v. 06.02.2001, NJW 2001, 957 ff (958); *BVerfG,* Beschluss v. 19.10.1993, NJW 1994, 36 ff (38); siehe auch *BVerfG,* Beschluss v. 05.08.1994, NJW 1994, 2749 f (2750).

[401] Siehe *v. Heymann,* BB 2000, 1149 ff (1150 f) m.w.N.; a.A. *Lorenz,* Der Schutz vor dem unerwünschten Vertrag, S. 424.

[402] *Henssler,* Risiko als Vertragsgegenstand, S. 139; *BGH,* Urteil v. 16.02.1981, NJW 1981, 1266 f (1266); *BGH,* Urteil v. 05.11.1984, NJW 1986, 123 f (124); *Wagner,* Anm. zu *OLG Stuttgart,* Urteil v. 09.03.1999, NZG 1999, 612 ff (614).

[403] *Wagner,* BB 2002, 172 ff (177).

[404] *Canaris,* Grundrechte und Privatrecht, S. 37 ff m.w.N.

[405] *BVerfG,* Beschluss v. 19.10.1993, NJW 1994, 36 ff (38); *Jarass,* NJW 1989, 857 ff (862).

[406] *Roth,* in: MüKo, BGB, § 241 Rdnrn. 129 f.

übertragen, würden die Folgen einer Fehlentscheidung des Anlegers auf ihm lasten, obwohl er alles ihm Mögliche und Zumutbare getan hat. Einer irrationalen Entscheidung kann aber durch Warnungen entgegengewirkt werden. Nur wenn der Vermittler diesen Effekt durch werbende Aussagen verstärkt, könnte dies ggf. eine Aufklärungspflicht aus Ingerenz nach sich ziehen.

bb) Rechtsprechung des BVerfG und des BGH zur Inhaltskontrolle

Das BVerfG stützt die Inhaltskontrolle von Bürgschaften in seiner Bürgschaftsentscheidung auf die Verletzung der Privatautonomie (Art. 2 Abs. 1 GG) und des Sozialstaatsprinzips (Art. 20 Abs. 1, 28 Abs. 1 GG).[407] Ausgehend von diesen Prinzipien fordert das BVerfG in ständiger Rechtsprechung von der Zivilrechtsordnung einen Ausgleich für die gestörte Vertragsparität bei einer typisierten Fallgestaltung, die eine strukturelle Unterlegenheit[408] erkennen lässt und deren Folgen für den unterlegenen Vertragsteil ungewöhnlich belastend sind.[409] Andernfalls kann der Vertrag sittenwidrig sein. Ein strukturelles Ungleichgewicht ist erforderlich, da aus Gründen der Rechtssicherheit nicht für alle Situationen Vorsorge getroffen werden kann.[410] Ein klassischer Fall eines strukturellen Ungleichgewichts ist gegeben, wenn einer Partei Insiderinformationen vorliegen, die der anderen nicht zugänglich sind.[411] Die ungewöhnliche Belastung kann sich nach der Rechtsprechung aus dem Vertragsschluss selbst oder aus dessen Folgen, etwa einem ungewöhnlich hohen Schaden, ergeben.[412] Die strukturelle Unterlegenheit des Anlageinteressenten zeigt sich im Kapitalanlagebereich in einem strukturellen Wissensdefizit, da die Anlageobjekte häufig hoch komplex sind.[413]

Die Bürgschaftsentscheidung des BVerfG ist verallgemeinerbar[414] auf alle Fälle, bei denen aufgrund struktureller Unterlegenheit einer Partei in Verbin-

---

407 *BVerfG,* Beschluss v. 19.10.1993, NJW 1994, 36 ff (38).

408 Siehe auch *Lang,* AcP 201 (2001), 451 ff (494).

409 *BVerfG,* Urteil v. 06.02.2001, NJW 2001, 957 ff (959) zu der richterlichen Inhaltskontrolle von Unterhaltsvereinbarungen; *BAG,* Urteil v. 23.09.2003, NZA 2004, 440 ff (443) zu der Unwirksamkeit einer Ausschlussklausel eines arbeitsrechtlichen Aufhebungsvertrags; *Rehm,* Aufklärungspflichten im Vertragsrecht, S. 130 m. w. N.

410 *BVerfG,* Beschluss v. 19.10.1993, NJW 1994, 36 ff (38) zu der Inhaltskontrolle von Bürgschaften Familienangehöriger.

411 *Fleischer,* Informationsasymmetrie im Vertragsrecht, S. 303.

412 Nach *Rehm,* Aufklärungspflichten im Vertragsrecht, S. 136 ist ausschließlich auf den Vertragsschluss abzustellen; deckt der Vertrag kein zwingendes ökonomisches Bedürfnis der unterlegenen Partei, könne auf den Abschluss verzichtet werden, weshalb eine ungewöhnliche Belastung ausscheide (streitig).

413 *Wagner,* NZG 2003, 897 ff (898); siehe etwa auch *BGH,* Urteil v. 13.06.2002, NJW 2002, 2641 f (2642).

414 Siehe allgemein *BVerfG,* Beschluss v. 05.08.1994, NJW 1994, 2749 f (2750).

dung mit unzumutbaren Rechtsfolgen ein Verstoß gegen Art. 2 Abs. 1 GG in Betracht kommt.[415] Die notwendige Reaktion der Rechtsordnung zum Schutz des (informationell) Unterlegenen liegt nicht einzig darin, Verträge für sittenwidrig zu erklären, vielmehr werden auch Aufklärungspflichten als taugliches Mittel anerkannt.[416]

cc) Kritik an der Rechtsprechung des BVerfG

Das Ziel, privatautonomes Handeln zu ermöglichen, ist grundsätzlich der richtige Ansatzpunkt für die Herleitung der Aufklärungspflichten, da eine allgemeine Aufklärungspflicht gerade wegen des grundsätzlich bestehenden informationellen Kräftegleichgewichts verneint wird. Die Herstellung der Verhandlungsfreiheit sollte aber nur als Begründung dienen, wenn das Informationsdefizit durch eine typisierbare Fallgestaltung und nicht durch ein konkretes Handeln des Anlagevermittlers verursacht wurde. Die Umstände des Einzelfalls sind sachnäher und sollten deshalb vorrangig herangezogen werden. In diesen Fällen ist die Privatautonomie zwar auch verletzt, eigentliche Ursache des informationellen Ungleichgewichts ist aber das Verhalten des Vermittlers.[417]

Das Sozialstaatsprinzip[418] hilft im Bereich von Kapitalanlagen zur Begründung von Aufklärungspflichten nicht weiter. Auch wenn man eine Einschränkung der Privatautonomie durch das Sozialstaatsprinzip nicht bereits deshalb ablehnt, weil dieses wegen seiner allgemeinen Bedeutung einer Konkretisierung durch den Gesetzgeber bedarf,[419] bestehen Bedenken. Grundsätzlich kann das Sozialstaatsprinzip zwar auch informationelle Leistungspflichten begründen,[420] wenn die Einzelnen infolge ihrer wirtschaftlichen Unterlegenheit oder mangelnden Geschäftserfahrung typischerweise nicht in der Lage sind, ihre Interessen selbst hinreichend wahrzunehmen, aber auf den Abschluss eines Vertrags ange-

---

415 *Kiethe/Groeschke,* BB 1994, 2291 ff (2292).

416 *Kiethe/Groeschke,* BB 1994, 2291 ff (2292).

417 Siehe unten Kapitel 1 C.III.2.f)cc)(3).

418 Das Sozialstaatsprinzip ist neben der Privatautonomie und der Vertrauenshaftung ein weiteres Prinzip, siehe *Larenz/Wolf,* Allgemeiner Teil des Bürgerlichen Rechts, § 2 Rdnr. 41. Streitig ist, ob aus dem Sozialstaatsprinzip Rechte hergeleitet werden können. Obwohl es sich um einen allgemeinen Grundsatz handelt, können daraus grundsätzlich Aufklärungspflichten hergeleitet werden, da die Zivilgerichte gehalten sind, bei der Anwendung der Generalklauseln den verfassungsrechtlichen Wertungen zum Ausdruck zu verhelfen, *BVerfG,* Urteil v. 15.01.1958, NJW 1958, 257 ff (257).

419 Das Sozialstaatsprinzip ist an den Gesetzgeber adressiert und enthält einen Gestaltungsauftrag, *Gröschner,* in: Dreier, GG, Art. 20 (Sozialstaat) Rdnr. 32; *Rehm,* Aufklärungspflichten im Vertragsrecht, S. 141.

420 Zur Herleitung informationeller Leistungsrechte aus den sozialen Menschenrechten, *Neuner,* Privatrecht und Sozialstaat, S. 100.

wiesen sind.[421] Allerdings bedeutet das Sozialstaatsprinzip in erster Linie die soziale Absicherung durch die Sozialversicherungen und die Schaffung eines menschenwürdiges Daseins. Es greift also nur bei Verträgen, auf deren Abschluss der Bedürftige zur Sicherung des Existenzminimums angewiesen ist, demgemäß nur in Extremsituationen.[422] Ein entsprechendes Schutzbedürfnis fehlt aber beim Erwerb von Kapitalanlagen. Eine unterlassene Beteiligung zieht keine dringende soziale Bedürftigkeit oder ungewöhnliche Belastung nach sich. Wenn man die hohen Investitionssummen betrachtet, kann man nicht davon ausgehen, dass die Anleger damit lediglich ihr Existenzminimum sicherstellen wollen. Das Risiko des Anlegers, seine gesamte Einlage zu verlieren, bleibt unberücksichtigt, da es nur auf den Vertragsschluss, nicht auf mögliche Rechtsfolgen, ankommen kann. Es gehört zu den Obliegenheiten der Anleger, auf gesteigerte Gefahren mit erhöhtem Verantwortungsbewusstsein zu reagieren.

dd) Weitere Rechtsgedanken

Aufklärungspflichten werden auch aus dem Bedürfnis nach dem Schutz des Anlegers und dem eng damit zusammenhängenden Schutz der Funktionsfähigkeit des Kapitalmarkts hergeleitet. Der Anlegerschutz ist heute als eigenständiges kapitalmarktrechtliches Prinzip anerkannt.[423] Er spiegelt sich in den Publizitäts-, Vertriebs- und Verhaltensregeln des Verkaufsprospektgesetzes und des WpHG wider.[424] Die Anlegerschutzbestimmungen rechtfertigen sich mit dem hohen Maß an Informationsbedürfnis wegen der kapitalmarktrechtlichen Besonderheiten der Güter. Bei diesen handelt es sich um keine Erzeugnisse zum Anfassen, sondern um ‚Vertrauensgüter'. Daneben wird der hohe Anlegerschutz aus den Interessenskonflikten der Marktteilnehmer, die sich aus der Spezialisierung und Ausdifferenzierung kapitalmarktrechtlicher Funktionen ergeben, abgeleitet.[425] Bei den Publikumsgesellschaften kann der Anlegerschutz ganz speziell auch auf die Besonderheiten dieser Gesellschaftsart zurückgeführt werden.[426] Beide Ziele sollten wegen der großenteils fehlenden Kodifikation im Grauen Kapitalmarkt nur restriktiv Anwendung finden und können für sich keine Aufklärungspflicht begründen. Die für den Anlegerschutz genannten Gründe können aber eine strukturelle Unterlegenheit und somit eine Aufklärungspflicht nach allgemeinen Grundsätzen begründen.

---

421 Siehe allgemein *Larenz/Wolf,* Allgemeiner Teil des Bürgerlichen Rechts, § 2 Rdnrn. 41 f.

422 *Rehm,* Aufklärungspflichten im Vertragsrecht, S. 141, zu denken ist etwa an Wohnungsmietverträge oder Arbeitsverträge.

423 *Fleischer,* Gutachten F, Verhandlungen des 64. deutschen Juristentags, F 20.

424 *Fleischer,* Gutachten F, Verhandlungen des 64. deutschen Juristentags, F 20.

425 *Fleischer,* Gutachten F, Verhandlungen des 64. deutschen Juristentags, F 23 f.

426 *Gummert,* in: Münchener Handbuch des Gesellschaftsrechts, § 65 Rdnr. 1.

In eine ähnliche Richtung geht die ökonomische Effizienz des Kapitalmarkts. Jede Informationserteilung durch den Anlagevermittler vereinfacht und verbilligt die Erwerbsentscheidung des Anlegers, da ihm hierdurch erspart wird, eine unabhängige Person hinzuzuziehen. Dieser reduzierte Aufwand dient im Ergebnis dem ökonomischen Effizienzziel, auch wenn der Einsparung auf Seiten des Anlegers ein erheblicher Kostenfaktor beim Vermittler gegenübersteht.[427] Die ökonomische Analyse des Rechts kann aber keine Aufklärungspflichten begründen. Wegen ihrer umfassenden Wirkung in allen Rechtsgebieten bedarf die Anwendung der Theorie der Konkretisierung durch den Gesetzgeber. Es handelt sich um eine ‚Gesetzgebungstheorie', nicht um eine ‚Rechtsprechungstheorie'.[428] In Ermangelung eines entsprechenden Gesetzes ist die Anwendung dieser Theorie abzulehnen.

Eine Einschränkung der Vertragsfreiheit durch Auferlegung von Pflichten wird auch aus dem Solidaritätsgedanken abgeleitet.[429] Kernelement dieses Gedankens ist, dass jede Partei freiwillig bei entsprechendem Bedürfnis dem Partner Unterstützung zukommen lässt. Dieses Prinzip ist als Widerspruch gegen die Rechtswirklichkeit im Wirtschaftsleben, nach der jeder egoistisch ausschließlich seine eigenen Interessen verfolgt und Informationsvorsprünge zum eigenen geldwerten Vorteil ausnutzt, abzulehnen.

Zum Teil wird der eigentliche Zweck der Aufklärungspflichten in der Haftungsverlagerung zulasten des informationell Überlegenen gesehen. So werden die Aufklärungspflichten erst in der Haftung praktisch bedeutsam.[430] Die Haftungsverlagerung selbst ist aber keine ausreichende Begründung, sondern ein ggf. gewolltes, anderweitig zu begründendes Ergebnis.

ee) Eigener Vorschlag

Unter den soeben angeführten Begründungsvarianten ist demnach allein die Herleitung über das Ziel der Herstellung der Privatautonomie anzuerkennen. Diese sollte aber leicht abgewandelt werden. Wie bereits erwähnt, ist die Beeinträchtigung der Privatautonomie durch ein informationelles Defizit zwar Voraussetzung, aber nicht hinreichender Grund für eine Aufklärungspflicht. Ent-

---

427 *Horn,* ZBB 1997, 139 ff (140).

428 Siehe *Breidenbach,* Die Voraussetzungen von Informationspflichten beim Vertragsschluss, S. 42 f; *Eidenmüller,* Effizienz als Rechtsprinzip, S. 395 (streitig); siehe allgemein zur Ökonomischen Analyse des Rechts auch, *Schäfer/Ott,* Lehrbuch der ökonomischen Analyse des Zivilrechts.

429 *Rehm,* Aufklärungspflichten im Vertragsrecht, S. 118 m. w. N.; *Köndgen,* Selbstbindung ohne Vertrag, S. 123 f sieht einen generellen Umschwung von der Wettbewerbsgesellschaft zu einer Gesellschaft, in der die solidarische Verantwortung der Parteien vorherrschend ist, wozu auch die Aufklärungspflicht zählen.

430 *Horn,* ZBB 1997, 139 ff (140).

scheidend für das Entstehen der Aufklärungspflichten ist, dass dem Anlagevermittler das Risiko der unterbliebenen Aufklärung zugewiesen ist.[431] Unter zwei Bedingungen wird dieses Risiko, das grundsätzlich der Anleger trägt, auf den Anlagevermittler übertragen: Zum einen, wenn das Informationsdefizit des Anlegers auf einem typisierten Vorgang beruht, und zum anderen, wenn der informationell Überlegene im Einzelfall die Verantwortung übernimmt (Ingerenz).

(1) Typisierbare Fallgestaltung

Ähnlich der Rechtsprechung des BVerfG[432] zur Inhaltskontrolle bei typisierten Fallgestaltungen ist die Aufklärungspflicht des Anlagevermittlers auf den Grundsatz der Privatautonomie zu stützen, wenn das (strukturelle) Informationsdefizit des Anlegers Ursache eines typisierten Vorgangs ist. Typischerweise hat der Vermittler Zugang zu den relevanten Informationen, der dem Anleger verwehrt ist. Der Anlagevermittler kann nicht allein aus dem Gedanken des Schutzes der Privatautonomie des Anlegers heraus als Aufklärungsschuldner bestimmt werden, da dieser nur einseitig die Schutzbedürftigkeit des Anlegers aufzeigen, aber keine konkrete Person verpflichten kann. Allerdings ist die dem Vermittler ebenfalls gewährte Vertragsfreiheit mit einer sozialen Verantwortung gegenüber den Personen verbunden, die in dessen Einflussbereich geraten und damit einem erhöhten Schadensrisiko ausgesetzt sind. ‚Die Privatautonomie ist kein individualistisches Prinzip, sondern birgt in sich die Versöhnung von Individualinteressen und Sozialinteressen.‘[433]

Letztlich folgt die Herleitung der Aufklärungspflichten damit aus der Dogmatik des § 241 Abs. 2 BGB. Das bedeutet im Umkehrschluss, dass eine Aufklärungspflicht ausscheidet, solange das Produkt lediglich in den Verkehr gebracht, aber noch kein Vertrag angebahnt wird.[434]

Da die Eigeninformation nach der Gesamtkonzeption des BGB in der Verantwortung des Einzelnen liegt, kann der Vermittler nur in engen Grenzen zur Information verpflichtet sein, weshalb an die Aufklärungspflicht hohe Anforderungen zu stellen sind.

---

[431] Siehe auch *Rehm*, Aufklärungspflichten im Vertragsrecht, S. 128.

[432] *BVerfG*, Beschluss v. 19.10.1993, NJW 1994, 36 ff.

[433] *Frotz*, Verkehrsschutz im Vertretungsrecht, S. 231.

[434] Daraus folgt zugleich, dass es sich bei Aufklärungspflichten nicht um Verkehrssicherungspflichten handeln kann, da diese auf die in § 823 Abs. 1 BGB geschützten Rechtsgüter beschränkt sind, wohingegen die vertraglichen bzw. vorvertraglichen Pflichten i. S. d. § 241 Abs. 2 BGB grundsätzlich umfassend sein können.

(2) Ingerenz

In der eben dargestellten Konstellation entsteht die Aufklärungspflicht unabhängig vom Verhalten des Anlagevermittlers. Daneben kann sie sich auch aus den Besonderheiten des konkreten Einzelfalls ergeben. Zwar stellt das BVerfG für die Inhaltskontrolle im Bürgschaftsurteil ausschließlich auf typisierte Ungleichgewichtslagen ab,[435] dies kann aber nur für die Inhaltskontrolle und nachträgliche Unwirksamkeit bedeutsam sein. Bei einem von der überlegenen Partei herbeigeführten informationellen Ungleichgewicht kann es darauf nicht mehr ankommen. Wenn Grundlage des Ungleichgewichts der Parteien das Handeln des Vermittlers ist, ist die Aufklärungspflicht konsequenterweise auch hierauf zu stützen.[436] Folglich ist auch die Person des Pflichtigen anhand des pflichtwidrigen Vorverhaltens zu bestimmen.

Voraussetzung für die Aufklärungspflicht ist, dass das Verhalten des Vermittlers eine erhöhte Gefahrenlage schafft, die dazu führt, dass der Anleger von der ansonsten faktisch bestehenden Möglichkeit zur Informationsverschaffung ausgeschlossen wird, und dies dem Vermittler vorwerfbar ist. Letzteres ist zu bejahen, wenn er die schlechtere Situation des Anlegers nicht nur ausnutzt, sondern sogar selbst herbeiführt.

Der Anlagevermittler kann den Anleger von der Information faktisch ausschließen, indem er diesem gegenüber den Eindruck erweckt, ihm alle relevanten Informationen mitgeteilt zu haben, auch soweit der Anleger diese sich selbst verschaffen könnte oder die Recherche für den Vermittler eigentlich einen unzumutbaren Aufwand darstellt. Der Vermittler muss also den Eindruck der Vollständigkeit der Information hervorrufen, da er intensivere Anstrengungen als grundsätzlich geschuldet unternehmen will, so dass aus Sicht des Anlegers eine eigene Recherche überflüssig ist.[437] Hierdurch übernimmt jener freiwillig die Pflicht zur Aufklärung und Nachforschung oder intensiviert das besondere Vertrauensverhältnis im Sinne des § 311 Abs. 3 S. 2 BGB.

Die Erhöhung der Pflichtenstellung kann sich auch aus Überrumpelung ergeben. Kommt der Vermittler ungefragt auf den Anleger zu und drängt ihn zum Abschluss eines Beteiligungsvertrags, erhöht sich die Gefahr der Fehleinschätzung von Chancen und Risiken, die durch die Redegewandtheit und Überzeu-

---

[435] *BVerfG,* Beschluss v. 19.10.1993, NJW 1994, 36 ff (38).

[436] Zur Ingerenz siehe auch *Lorenz,* Der Schutz vor dem unerwünschten Vertrag, S. 431. Die Verletzung der Wahrheitspflicht durch Unvollständigkeit kann eine arglistige Täuschung im Sinne des § 123 Abs. 1, Abs. 2 BGB begründen. Die Anfechtung führt aber nicht zur Aufhebung des Beitrittsvertrags zur Publikumsgesellschaft oder des Treuhandvertrags ex tunc, sondern gibt dem Anleger wegen der Beachtung der Grundsätze der fehlerhaften Gesellschaft ein ex nunc wirkendes Austrittsrecht, siehe etwa *BGH,* Urteil v. 02.07.2001, NJW 2001, 2718 ff (2720).

[437] *Fleischer,* Informationsasymmetrie im Vertragsrecht, S. 452 f.

gungskraft vieler Vermittler noch verstärkt wird. Dass der Anleger hier keine Gelegenheit hat, sich Gedanken über die vollständige Information zu machen, bewirkt ein tatsächliches Zugangshindernis. Als Kompensation für die Risikoerhöhung[438] entsteht eine die Überrumpelung ausgleichende Aufklärungspflicht, die die Gefahr des unüberlegten Erwerbs unterbindet.[439] Dagegen kann das Ausnutzen der besonderen Redegewandtheit allein nicht pflichtenerhöhend wirken, solange diese nicht in eine Täuschung umschlägt, da dies kein zu missbilligendes Verhalten ist und vom Vermittler in der Rolle als ‚Verkäufer' auch zu erwarten ist.

Zwischen dem Vermittler und dem Anleger kommt in der Regel aber kein Austauschvertrag, sondern ein Vermittlungsvertrag oder ein gesetzliches Schuldverhältnis nach § 311 Abs. 3 BGB zustande.

b) Interessenwahrungsverträge

Interessenwahrungsverträge wie Geschäftsbesorgungsverträge sind durch die Unterordnung des Geschäftsbesorgers unter das Interesse des Geschäftsherrn geprägt. Sinn solcher Verträge ist es, die besseren Möglichkeiten des Beauftragten auszunutzen. Aus der Fremdnützigkeit können als Nebenpflichten Aufklärungspflichten folgen, da der Geschäftsbesorger das Geschäft wie der Geschäftsherr zu führen hat.[440] Die Tatsache, dass damit eine zusätzliche Pflicht begründet wird,[441] schließt deren Entstehung nicht aus, da die Aufklärungspflicht eine typische Nebenpflicht eines Geschäftsbesorgungsvertrags ist.[442] Sie basiert nicht auf ergänzender Vertragsauslegung, sondern als gesetzliche Nebenpflicht des Treueverhältnisses auf § 242 BGB, da sich die Parteien regelmäßig keine Gedanken über eine Aufklärung machen und ihnen deswegen eine entsprechende hypothetische Vereinbarung nicht unterstellt werden kann.[443]

---

438 Siehe auch *Fleischer,* Informationsasymmetrie im Vertragsrecht, S. 452 f.

439 *Lorenz,* Der Schutz vor dem unerwünschten Vertrag, S. 122 f: Diese Vertriebsmethode eröffnet den Anwendungsbereich der Vorschriften des ehemaligen HaustürWG nach §§ 312 ff BGB; Grund des Erlasses des HaustürWG war gerade die Bekämpfung dieser Methoden; zur Anwendbarkeit der §§ 312 ff BGB bei einem Beitritt zu einem geschlossenen Immobilienfonds siehe näher *BGH,* Urteil v. 18.10.2004, NJW-RR 2005, 180 ff. Entsprechend richtlinienkonformer Auslegung des § 1 HaustürWG muss sich ein Verhandlungspartner, der nicht selbst die Vertragsverhandlungen führt, die in der Person des Verhandlungsführers bestehende Haustürsituation zurechnen lassen, wenn diese objektiv bestanden hat. Auf Kenntnis oder fahrlässige Unkenntnis kommt es nicht an, Rechtsprechungsänderung durch *BGH,* Urteil v. 12.12. 2005, BB 2006, 346 ff und *BGH,* Urteil v. 14.02.2006, BB 2006, 853 f.

440 *Leisch,* Informationspflichten nach § 31 WpHG, S. 114 f.

441 *Lange,* Informationspflichten von Finanzdienstleistern, S. 78.

442 Siehe *Büdenbender,* JuS 2001, 625 ff (627).

443 Nach *Lange,* Informationspflichten von Finanzdienstleistern, S. 78 führt eine ergänzende Auslegung der Umstände nicht zu einer Aufklärungspflicht, da sich der Parteiwille lediglich auf die Vermittlungstätigkeit richtet.

Der echte Maklervertrag ist kein Geschäftsbesorgungsvertrag, da ein solcher eine Tätigkeitspflicht voraussetzt. Bei tatsächlichem Tätigwerden entsteht aber ein Treueverhältnis, aufgrund dessen der Makler die Interessen des Auftraggebers zu wahren, mithin die für die Geschäftsbesorgung charakteristischen Nebenpflichten zu beachten hat.[444] *Reuter* qualifiziert den Maklervertrag gemäß seiner Pflichtenstruktur als einen kaufvertragsähnlichen Vertrag mit vorangehendem geschäftlichen Kontakt.[445] Die Tätigkeit sei ein eigenes Geschäft des Maklers, erst mit Annahme des Hauptvertragsangebots und Nutzung soll aus dem geschäftlichen Kontakt ein auf Leistung gerichtetes Schuldverhältnis werden. Vorher existiere nur die Aufforderung des Auftraggebers, eine Vertragsgelegenheit anzubieten.[446] Aus diesem Grund spricht sich *Reuter* ganz entschieden gegen ein Treueverhältnis und eine Fürsorgepflicht des Maklers aus. Daneben scheitere diese seiner Meinung nach auch schon an der fehlenden Tätigkeitspflicht, da die Fürsorgepflicht gerade ‚eine intensive und qualifizierte Pflicht zum Tätigwerden zugunsten des Auftraggebers' sei. Bei Tätigwerden des Maklers schließt er sich im Ergebnis aber der herrschenden Meinung an, leitet dies aber nicht aus dem Maklervertrag selbst her, sondern aus der Vertrauenswerbung, die der Makler durch sein Bemühen in Richtung auf den Vertragsschluss entfaltet.[447] Der Meinung *Reuters* ist nicht zu folgen, da der Typus des Kaufvertrags mit seinen Gewährleistungsrechten im Widerspruch zu den Regelungen des Maklerrechts steht. Der Provisionsanspruch ist nach ständiger Rechtsprechung nämlich nur vom Abschluss eines wirksamen Hauptvertrags abhängig, wird aber durch die mangelhafte Durchführung des Hauptvertrags als ‚Kaufobjekt' nicht berührt.[448] Die sachgemäße Interessenwahrung gebietet regelmäßig eine Aufklärung nicht nur über die unerlässlich zur Schadensabwendung notwendigen Umstände, sondern über alle entscheidungsrelevanten Umstände, soweit diese dem Makler bekannt sind.[449]

---

[444] Siehe etwa *BGH,* Urteil v. 18.12.1981, NJW 1982, 1145 ff (1146); *BGH,* Urteil v. 28.09.2000, NJW 2000, 3642 f (3642); *OLG Schleswig,* Urteil v. 02.06.2000, NJW-RR 2002, 419 f (419); *Weishaupt,* JuS 2003, 1166 ff (1173); *Roth,* in: MüKo, BGB, § 242 Rdnr. 62.

[445] Seiner Meinung nach muss die Aufklärungspflicht im Einzelfall vereinbart werden, wie etwa beim Alleinauftrag, NJW 1990, 1321 ff (1326).

[446] *Reuter,* in: Staudinger, BGB, vor §§ 652 ff Rdnr. 4.

[447] *Reuter,* NJW 1990, 1321 ff (1326).

[448] Siehe etwa *BGH,* Urteil v. 14.07.2005, NJW-RR 2005, 1506 f (1506).

[449] *BGH,* Urteil v. 28.09.2000, NJW 2000, 3642 f (3642); *BGH,* Urteil v. 08.07.1981, NJW 1981, 2685 f (2685 f); *Schwerdtner,* Maklerrecht, Rdnr. 301. Zu den vorbereitenden Pflichten siehe unten Kapitel 1 C.IV.

c) *Eigenhaftung Dritter aus § 311 Abs. 3 S. 2 BGB*

Auch bei der c.i.c. entstehen die Aufklärungspflichten rechtlich unabhängig vom Schuldverhältnis, so dass jene einer eigenständigen Begründung bedürfen. Es ist nicht möglich, die c.i.c. nach § 311 Abs. 3 S. 2 BGB als quasivertragliches Schuldverhältnis zum Zwecke der Bestimmung des Begründungsaufwands in die oben angesprochene Dreiteilung der Vertragstypen einzuordnen. Allerdings ist die Vertrauenshaftung im Hinblick auf die Nebenpflichten den Interessenwahrungsverträgen vergleichbar, da sich der Dritte quasi als Sachwalter auf die Seite des Anlegers stellt, um dessen Interessen zu vertreten. Mit dem Vertrauen des Anlegers ist seine Erwartung verbunden, der Vermittler werde seine Interessen wie bei einem Treueverhältnis wahren. Deshalb ähneln sich die Begründungswege für die Aufklärungspflichten.

Im Einzelnen ist danach zu differenzieren, ob die c.i.c. durch das Vertrauen in die Seriosität der Kapitalanlage oder in die ordnungsgemäße Aufklärung entstanden ist.

aa) Vertrauen des Anlegers in die Seriosität der Kapitalanlage

Basiert die Eigenhaftung Dritter auf dem Vertrauen in die Seriosität der Kapitalanlage, folgt die Aufklärungspflicht ebenso wie bei Austauschverträgen aus der Notwendigkeit der Herstellung der Privatautonomie einerseits und der sozialen Verantwortung des Vermittlers andererseits. Die aus der c.i.c. nach § 311 Abs. 3 BGB folgende Pflicht zur Interessenwahrung verringert lediglich die Begründungsanforderungen gegenüber einem Austauschvertrag.

Der Umfang der Aufklärungspflichten durch den Dritten richtet sich nach § 242 BGB und bedarf einer näheren Konkretisierung.[450] Allgemein kann hier festgehalten werden, dass sich deren Umfang im Grundsatz an die Aufklärungspflichten des Vertragspartners anlehnt. Der Dritte haftet zwar aus einem eigenen unabhängigen Schuldverhältnis, so dass seine Pflichten selbständig zu begründen sind. Allerdings lehnt sich seine Aufklärungspflicht gegenständlich an den Hauptvertrag an, da die c.i.c. ein Schuldverhältnis im Vorfeld des Beteiligungsvertrags ist. Die Frage der Wesentlichkeit der Information richtet sich deshalb nach der Art des Beteiligungsvertrags. Für den Pflichtengleichlauf spricht die Haftungsgleichstellung des Dritten mit dem Vertragspartner.[451] In personeller Hinsicht dagegen, also im Hinblick auf den Sorgfaltsmaßstab und die Informationsverschaffungs- und Prüfpflichten, ist die Person des Anlagevermittlers maßgebend. Die Pflicht des Vertragspartners zur Aufklärung schränkt die Pflicht des Vermittlers nicht ein, da eine Verpflichtung allein das Aufklärungs-

---

450 Siehe unten Kapitel 1 C.III.

451 *Schwarze*, Vorvertragliche Verständigungspflichten, S. 94 f.

bedürfnis des Anlegers nicht verringert. Nur soweit der Vertragspartner die Aufklärung tatsächlich erbringt, entfällt das Informationsbedürfnis und damit die Aufklärungspflicht des Vermittlers.

bb) Vertrauen des Anlegers in eine ordnungsgemäße Aufklärung

Beruht die c.i.c. dagegen auf einem konkret auf die ordnungsgemäße Aufklärung gerichteten Vertrauen, bildet dieses zugleich die Grundlage für das Entstehen der Aufklärungspflichten. Der Ursprung für das Entstehen des Schuldverhältnisses und der Aufklärung ist also identisch. Die Frage der Privatautonomie tritt dahinter zurück.

Da der Anleger seine Rechte gegen den Anlagevermittler typischerweise nicht kennt und er sich deswegen mit diesem auch nicht über den konkreten Inhalt der Aufklärung verständigen kann, entwickelt der Anleger in der Regel kein konkretes Vertrauen in die Aufklärung. Eine Ausnahme besteht, wenn der Anlagevermittler mit der Information beginnt und den Anschein der Vollständigkeit erweckt. Grundsätzlich kann sich das Vertrauen des Anlegers aber nur auf die generelle Redlichkeit des Vermittlers beziehen. Insoweit besteht also ein abstraktes Vertrauen dahingehend, dass sich dieser der Rechtsordnung gemäß verhalten und seine Pflichten erfüllen werde. Hierbei sind für Entstehen und Umfang des Vertrauens die Regeln für die Auslegung von Willenserklärungen entsprechend anwendbar.[452] Ein Zirkelschluss (petitio principii) ist in dieser Argumentation nicht zu sehen,[453] wenn man zur Ausfüllung des Vertrauens nicht auf die bestehenden Regelungen zurückgreift, sondern losgelöst von Rechtsprechung und Literatur beurteilt, welche Aufklärung der Anleger nach Treu und Glauben mit Rücksicht auf die Verkehrssitte erwarten darf. Da dies aber wiederum durch allgemeine Rechtsgrundsätze zu konkretisieren ist, ist dieser Ansatz im Ergebnis für die Begründung der Aufklärungspflichten nicht zielführend.

d) Auskunftsvertrag

Auch wenn der Auskunftsvertrag kein Geschäftsbesorgungsvertrag[454] ist, wenn sich der Anlageinteressent an den Anlagevermittler in dem Bewusstsein wendet, dass der werbende und anpreisende Charakter dessen Aussage im Vor-

---

452 *Canaris,* Die Vertrauenshaftung im deutschen Privatrecht, S. 492 ff.

453 A. A. *Singer,* Das Verbot widersprüchlichen Verhaltens, S. 105.

454 Nach *Rehm,* Aufklärungspflichten im Vertragsrecht, S. 130 ist der Auskunftsvertrag ein Geschäftsbesorgungsvertrag, da dieser Vertrag gerade dazu dient, dem Vertragspartner die Selbstverantwortung abzunehmen und ihm die Information zu verschaffen; ohne Differenzierung einen Geschäftsbesorgungsvertrag befürwortend *Martinek,* in: Staudinger, BGB, § 675 Rdnr. B 26.

dergrund steht, weil er für die kapitalsuchende Seite handelt und vornehmlich deren und sein eigenes Interesse im Auge hat, handelt es sich um einen Interessenwahrungsvertrag, da der Vertragsinhalt gerade auf die Auskunftserteilung gerichtet ist. Beim Auskunftsvertrag erübrigt sich eine weitere über den Vertragsschluss hinausgehende Begründung, da hier die Informationspflicht als Hauptpflicht entsteht.[455] Der Umfang ergibt sich aus der Auslegung des Vertrags.

Der Umfang der Aufklärungspflichten muss sich bei allen Schuldverhältnissen entsprechen, da sie alle das gleiche Ziel verfolgen.

2. Dogmatische Einordnung der Aufklärungspflicht

Nur wenn sie Folge eines Auskunftsvertrags sind, sind die Aufklärungspflichten Hauptleistungspflichten. In allen anderen Fällen handelt es sich um Nebenpflichten. Aus der Herleitung der Aufklärungspflichten aus der Privatautonomie folgt, dass diese nicht auf die Erfüllung des Äquivalenzinteresses gerichtet sind, sondern die Erhaltung des Integritätsinteresses,[456] also des status quo, intendieren. Sie dienen der Kompensation der sonderverbindungsspezifischen Einwirkungsmöglichkeiten und verfolgen das Ziel, die Voraussetzungen für den Abschluss eines freiverantwortlichen Vertrags zu schaffen.[457] Da zum Zeitpunkt ihres Entstehens der Beteiligungsvertrag noch nicht existiert, kann es sich mangels Leistungspflichten nur um leistungsunabhängige Schutzpflichten handeln.[458] Wegen der Tätigkeitspflicht werden sie auch aktive Schutzpflichten[459] oder (soziale) Leistungspflichten[460] genannt.[461]

Dieses Ergebnis hat Auswirkungen auf die Einklagbarkeit der Aufklärungspflichten. Leistungsbezogene Nebenpflichten sind ebenso wie Leistungspflichten unstreitig selbständig klagbar.[462] Die Klagbarkeit von aktiven Schutzpflichten wird im Gegensatz zu früher zwar nicht mehr generell abgelehnt, sondern vereinzelt auch bejaht. Die herrschende Meinung betrachtet die Aufklärungspflichten weiterhin aber aus der Retroperspektive und fragt danach, ob der Anleger sein früheres Verhalten an den Informationen ausgerichtet hätte, wenn er

---

455 *Martinek,* in: Staudinger, BGB, § 675 Rdnr. B 26.

456 *Roth,* in: MüKo, BGB, § 241 Rdnr. 90.

457 *Krebs,* Sonderverbindung und außerdeliktische Schutzpflichten, S. 468 f.

458 Siehe *Roth,* in: MüKo, BGB, § 241 Rdnr. 38.

459 *Krebs,* Sonderverbindung und außerdeliktische Schutzpflichten, S. 548.

460 *Neuner,* Privatrecht und Sozialstaat, S. 246.

461 Gegen Schutzpflicht bei Auskunfts- und Beratungspflichten, *Kramer,* in: MüKo, BGB, § 241 Rdnrn. 18 f.

462 Siehe etwa *Krebs,* Sonderverbindung und außerdeliktische Schutzpflichten, S. 547.

sie gehabt hätte,[463] und verweist diesen auf die nachträgliche Geltendmachung von Schadensersatz. Es kommt zu einer Risikoabwälzung auf den Anlagevermittler ex post.[464]

Von Teilen der Literatur wird heute aber das Interesse des informationell Unterlegenen an einem effektiven und lückenlosen Rechtsschutz höher bewertet. Schutzpflichten sollen grundsätzlich selbständig einklagbar sein, wenn sich die Pflichten hinreichend konkretisieren lassen und ein effektiver Gläubigerschutz nicht auf andere Weise realisiert werden kann.[465] Dies erscheint für einen durchgreifenden Schutz der Dispositionsfreiheit auch sachgerecht. Ohne vorherige Klagemöglichkeit erreicht man lediglich eine Zuordnung von Schadensrisiken bzw. die nachträgliche Überwälzung des verwirklichten Risikos,[466] nicht dagegen die rechtzeitige Erfüllung der Aufklärungspflichten. Hierdurch kann das eigentliche Ziel der Herstellung der Privatautonomie nicht erreicht werden. Ohne ausreichenden Schutz der Dispositionsfreiheit sind die Aufklärungspflichten sinnentleert. Deshalb bilden die Dispositionsfreiheit und die vorherige Klagbarkeit einerseits bzw. der Vermögensschutz und die fehlende Klagbarkeit andererseits jeweils eine Einheit.

3. Abgrenzung zur Warnpflicht

Wie bereits gesehen, ist die Aufklärungspflicht von der Warnpflicht zu unterscheiden. Schutzobjekt der Warnpflicht ist ebenfalls das Integritätsinteresse des Anlegers.[467] Sie dient der Gefahrenabwehr. Um wegen der Überschneidungen mit der Aufklärungspflicht eine Aushebelung ihrer strengen Voraussetzungen zu vermeiden, muss auch das Entstehen der Warnpflicht hohen Anforderungen genügen. So kommt sie als eigenständige Pflicht nur in Betracht, wenn der Vermittler die konkrete Gefahrensituation des Anlegers erkennt.[468] Er muss also präsente Kenntnisse über erhebliche Zweifel an der erfolgreichen Vertragsdurchführung haben. Dies kann auf Mängeln im Anlagekonzept beruhen, die zu hohen Risiken führen. Eine Warnpflicht kann sich aber auch aus den schlechten finanziellen Verhältnissen des Anlegers ergeben. Lassen diese es nicht zu, dass er neben der Ratenzahlung gleichzeitig seinen Lebensunterhalt bestreiten kann oder droht wegen Fremdfinanzierung bei Scheitern der Anlage ein Zusammen-

---

[463] *Roth,* in: MüKo, BGB, § 241 Rdnr. 114.

[464] *Roth,* in: MüKo, BGB, § 241 Rdnr. 40.

[465] *Krebs,* Sonderverbindung und außerdeliktische Schutzpflichten, S. 548 m. w. N.

[466] *Roth,* in: MüKo, BGB, § 241 Rdnr. 42.

[467] Siehe *Lang,* Informationspflichten bei Wertpapierdienstleistungen, S. 393 f Fn. 290, 296 m. w. N.

[468] *Lang,* Informationspflichten bei Wertpapierdienstleistungen, S. 393 speziell zur Bank, als Teil der Beratung; siehe zur Warnung auch unten Kapitel 1 C.IV.1.c).

bruch seiner Existenzgrundlagen, entsteht eine Warnpflicht. Anders als bei Aufklärungspflichten existiert aber keine Erkundigungspflicht des Vermittlers.

4. Zusammenfassung

Im Privatrechtsverkehr besteht keine generelle Aufklärungspflicht. Diese ist für jeden Einzelfall zu begründen und wird durch die Art des Schuldverhältnisses beeinflusst.

Bei den durch widerstreitende Interessen gekennzeichneten Austauschverträgen werden die Aufklärungspflichten primär mit der notwendigen Angleichung der Kenntnisse als Voraussetzung für privatautonomes Handeln begründet. Schließt der Anlagevermittler den Anleger durch sein individuelles Verhalten, sei es durch Vorspiegelung der Vollständigkeit der Informationserteilung oder durch Überrumpelung, von der eigenen informationellen Vorbereitung aus, tritt der Rechtsgrund der Privatautonomie hinter die Ingerenz zurück. Dies wird besonders deutlich, wenn dem Anleger die Eigeninformation grundsätzlich möglich gewesen wäre. Das Sozialstaatsprinzip ist für den Bereich der Kapitalanlagen nicht weiterführend, da es den Anlegern bei Abschluss des Beteiligungsvertrags in der Regel an sozialer Bedürftigkeit fehlt. Der Anlegerschutz und die Funktionsfähigkeit des Kapitalmarkts erlangen im Grauen Kapitalmarkt zunehmend an Bedeutung, wie etwa das Anlegerschutzverbesserungsgesetz zeigt.

Bei dem Maklervertrag, der zumindest bei Tätigwerden nach allgemeiner Meinung eine Pflicht zur Interessenwahrung enthält, entsteht die Aufklärungspflicht als gesetzliche Nebenpflicht des Treueverhältnisses nach § 242 BGB.

Die Herleitung der Aufklärungspflichten aus der c.i.c. nach § 311 Abs. 3 S. 2 BGB variiert danach, ob das schuldrechtsbegründende Vertrauen auf Vertrauen in die Seriosität des Objekts oder auf Vertrauen in die Vollständigkeit der Informationserteilung beruht. Im ersten Fall folgen die Aufklärungspflichten aus dem Grundsatz der Herstellung der Privatautonomie und der damit verbundenen sozialen Verantwortung, im zweiten Fall aus dem konkret gebildeten und in Anspruch genommenen Vertrauen.

Die Aufklärungspflichten sind aktive Schutzpflichten, deren selbständige Klagbarkeit zum Zwecke der Vervollständigung des Schutzes bejaht werden sollte.

III. Konkretisierung der Aufklärungspflichten

Nachdem das Zustandekommen der Aufklärungspflichten dargelegt ist, gilt es nun, deren Umfang näher zu konkretisieren. Hierzu gibt es mehrere grundsätzliche Möglichkeiten, die von der Einzelfallbewertung bis zur Tatbestandslösung reichen. Erstere sollte abgelehnt werden, da es dem deutschen Rechtssystem generell fremd ist, eine Rechtsfolge ausschließlich vom Einzelfall abhängig zu machen.[469] Auch eine tatbestandsmäßige Erfassung[470] der Aufklärungspflichten ist trotz der damit einhergehenden Rechtssicherheit wegen der praktischen Schwierigkeiten des Aufstellens eines umfassenden Pflichtenkatalogs und der mangelnden Flexibilität abzulehnen. Es gilt also, einen Mittelweg zu finden.

1. Rechtsprechung

Die ständige Rechtsprechung verfolgt mit dem vertragsgegenstandsbezogenen System einen Kompromiss zwischen Rechtssicherheit und Flexibilität, indem sie von einer abstrakten Formel ausgeht und anhand dieser eine Einzelfallabwägung durchführt.[471] Laut Rechtsprechung besteht eine Aufklärungspflicht, wenn die Information erkennbar von wesentlicher Bedeutung ist, insbesondere einen den Vertragszweck gefährdenden Umstand[472] betrifft bzw. zur Vereitelung des Vertragszwecks[473] geeignet ist, und der Vertragspartner nach Treu und Glauben unter Berücksichtigung der Verkehrssitte Aufklärung erwarten darf.[474] Die gefährdenden bzw. vereitelnden Umstände sind diejenigen, die der wirtschaftlichen Durchführbarkeit des Vertrags von vornherein aus rechtlichen oder tatsächlichen Gründen entgegenstehen.[475]

2. Literatur

Diese Generalklausel der Rechtsprechung wird durch die Literatur als wenig praktikabel abgelehnt.[476] Im Schrifttum finden sich zahlreiche Ansätze zur Systematisierung der Nebenpflichten,[477] wobei einhellig die Meinung vertreten wird, dass eine vollständige Erfassung der Aufklärungspflichten ausgeschlossen ist.

---

[469] Siehe *Fleischer,* Informationsasymmetrie im Vertragsrecht, S. 267.

[470] Siehe *Grundmann,* in: MüKo, BGB, § 276 Rdnr. 119.

[471] Siehe dazu *Grundmann,* in: MüKo, BGB, § 276 Rdnr. 119; *Henssler,* Risiko als Vertragsgegenstand, S. 143.

[472] *BGH,* Urteil v. 06.10.1980, NJW 1981, 1449 ff (1451).

[473] *BGH,* Urteil v. 16.01.1985, NJW 1985, 1769 ff (1771); *BGH,* Urteil v. 26.01. 1996, NJW-RR 1996, 690 f (690); *BGH,* Urteil v. 08.12.1988, NJW 1989, 1793 ff (1794).

[474] Siehe etwa *BGH,* Urteil v. 08.12.1988, NJW 1989, 1793 ff (1794); *Grigoleit,* Vorvertragliche Informationshaftung, S. 6; nach *Krebs,* Sonderverbindung und außerdeliktische Schutzpflichten, S. 508 f entstehen Aufklärungspflichten daneben auch bei erhöhter sonderverbindungsspezifischer Gefährdung, die auf risikoerhöhendem Handeln beruht, oder wenn der Schutzpflichtige die sonderverbindungsspezifischen Gefahren leichter oder billiger als der zu Schützende abwehren kann.

[475] *Fleischer,* Informationsasymmetrie im Vertragsrecht, S. 314 f, 321.

[476] *Teichmann,* in: Soergel, BGB, § 242 Rdnr. 136; *Fleischer,* Informationsasymmetrie im Vertragsrecht, S. 266.

[477] *Fleischer,* Informationsasymmetrie im Vertragsrecht, S. 273.

a) Das bewegliche System

Die wohl bekannteste Methode zur Systematisierung von Nebenpflichten ist das durch *Bydlinsky* angeregte und von *Wilburg*[478] entwickelte ‚bewegliche System'. *Breidenbach*[479] hat dieses System im Anschluss an *Schumacher*[480] speziell für die Aufklärungspflichten fortgeführt. Beim ‚beweglichen System' von *Breidenbach* werden drei Elemente (Informationsbedarf, Möglichkeit der Information und Funktionskreis)[481] zur Bestimmung des Umfangs der Aufklärungspflichten herangezogen; diese müssen nicht kumulativ vorliegen, sondern können sich gegenseitig in ihrer Intensität kompensieren. Das Merkmal des ‚Informationsbedarfs' betrifft die Frage, ob die Information für den Anleger wesentlich ist.[482] Bei dem Element ‚Möglichkeit der Information' geht es um die Unterscheidung zwischen Aufklärungspflichten und Nachforschungspflichten, ob also der Pflichtige lediglich über ihm präsente Informationen aufklären oder sich auch fehlende Informationen verschaffen muss.[483] Das letzte Merkmal des ‚Funktionskreises' behandelt Vertrauensgesichtspunkte. Hier wird berücksichtigt, dass durch den Verzicht auf eine selbständige Informationsverschaffung im Vertrauen auf die Übernahme der Angelegenheit durch einen anderen Schutzbedarf entsteht.[484]

Ein Vorteil dieses Systems liegt darin, dass es von einer starren Interessenabwägung befreit. Da das Element ‚Informationsbedarf' nicht vor die Klammer gestellt ist, kann das Maß an Bedarf bei der Konkretisierung Berücksichtigung finden. Dieses System trennt nicht ausdrücklich zwischen Aufklärungs- und Nachforschungspflichten, sondern berücksichtigt das präsente Wissen über die Umstände inzident als Teil der Abwägung. Auch bei nicht vorhandenem oder überobligationsmäßig erworbenem Wissen kann somit eine Aufklärungspflicht bestehen, wenn nur die anderen Positionen entsprechend stark ausgeprägt sind.

---

[478] *Wilburg,* Die Entwicklung eines beweglichen Systems im Bürgerlichen Recht; *Bydlinski,* JBl 1980, 393 ff (397).

[479] *Breidenbach,* Die Voraussetzungen von Informationspflichten beim Vertragsschluss.

[480] *Schumacher,* Vertragsaufhebung wegen fahrlässiger Irreführung unerfahrener Vertragspartner.

[481] *Breidenbach,* Die Voraussetzungen von Informationspflichten beim Vertragsschluss, S. 63.

[482] Die Typisierung ist nur für das Verschulden relevant, siehe *Breidenbach,* Die Voraussetzungen von Informationspflichten beim Vertragsschluss, S. 65, 70; siehe auch *Fleischer,* Informationsasymmetrie im Vertragsrecht, S. 274.

[483] *Breidenbach,* Die Voraussetzungen von Informationspflichten beim Vertragsschluss, S. 70.

[484] *Breidenbach,* Die Voraussetzungen von Informationspflichten beim Vertragsschluss, S. 73.

Generell ist die Konstruktion des ‚beweglichen Systems' zu befürworten, die Einzelbereiche könnten aber modifiziert werden.

b) Fleischers Ansicht

Fleischer setzt für die Aufklärungspflicht einen ungleichen Informationszugang voraus[485] und stützt sie auf einen angeblichen gesellschaftlichen Konsens, wonach der Fachkundige, der die Information aufgrund seiner Spezialisierung kostengünstiger erhalten könne, die Information zu erteilen habe. Hierdurch soll eine Verdoppelung der Anstrengungen vermieden werden. Ungleicher Informationszugang liege u.a. auch bei fachlichem, geschäftlichem oder organisatorischem Vorteil vor,[486] nicht aber bei allgemein zugänglichen Quellen, bei denen ein strukturelles Informationsdefizit fehle.[487] Ein derartiger Konsens ist aber durchaus fraglich. Aufgrund der übergreifenden und allumfassenden Spezialisierung würde dieser entgegen der Grundaussage des BGB letztlich doch eine generelle Aufklärungspflicht begründen. Deshalb muss ein solcher Konsens für jedes einzelne Schuldverhältnis durch Vereinbarung herbeigeführt werden.

c) Langes Ansicht

In seinem für Aufklärungspflichten bei Finanzdienstleistungen entwickelten vertragsgegenstandsbezogenen System[488] knüpft *Lange* an das Vorliegen entscheidungserheblicher Umstände und eines Informationsgefälles[489] an. In diesem System ist das Informationsgefälle Folge eines qualifizierten Informationsstatus des Anlagevermittlers durch die Nähe zur Erkenntnisquelle[490] im Gegensatz zu einem geringeren Informationsstatus beim Anleger.[491] Aufklärungspflichten entstehen nur bei Kenntnis oder vermuteter Kenntnis durch den Anlagevermittler.[492]

Durch die Konstruktion der vermuteten Kenntnis erübrigt sich ein Rückgriff auf eine Informationsverschaffungspflicht des Vermittlers. Demgemäß nimmt dieser die Informationsverschaffung bzw. Nachforschung im eigenen Interesse und nicht als eine eigenständige Rechtspflicht vor. Der Umweg über die Vermutung der Kenntnis ist aber nicht erforderlich, wenn man eine Aufklärungs-

---

485 *Fleischer,* Informationsasymmetrie im Vertragsrecht, S. 297–300.

486 *Fleischer,* Informationsasymmetrie im Vertragsrecht, S. 304–306.

487 *Fleischer,* Informationsasymmetrie im Vertragsrecht, S. 303.

488 *Lange,* Informationspflichten von Finanzdienstleistern, S. 118 f.

489 Auch *Pohlmann,* Die Haftung wegen Verletzung von Aufklärungspflichten, S. 104 f verlangt ein Informationsgefälle.

490 *Lange,* Informationspflichten von Finanzdienstleistern, S. 128.

491 *Lange,* Informationspflichten von Finanzdienstleistern, S. 128, 152 f.

492 *Lange,* Informationspflichten von Finanzdienstleistern, S. 144 f.

pflicht auch bei nicht präsentem Wissen zulässt. Es kommt nämlich vorrangig auf die schutzwürdige Erwartungshaltung des Anlegers an. Aus dem gleichen Grund ist der Forderung nach einem Informationsgefälle auch das Element des ungleichen Informationszugangs vorzuziehen.

d) Lorenz' Ansicht

Lorenz verfolgt ein System der Fallbildung (u. a. ‚Vereitelung des Vertragszwecks', ‚besonderes Vertragsrisiko' oder ‚Ingerenz').[493] Zum objektiven Tatbestand sollen die Wesentlichkeit der Information[494] und ein Informationsbedarf[495] gehören.

Es sei dagegen eine Frage des Verschuldens, ob der Pflichtige über präsentes Wissen verfügt oder sich erst selbst über die Umstände informieren muss, da dieser Umstand nicht erklären könne, warum auch bei präsentem Wissen eine Aufklärungspflicht ausscheiden kann.[496] Da der Aufklärungsbedürftige das Informationsrisiko trage, könne die Aufklärungspflicht nicht von der Kenntnis des Aufklärungspflichtigen abhängen.[497] Im subjektiven Tatbestand wird außerdem die Erkennbarkeit der Aufklärungsbedürftigkeit geprüft.

An *Lorenz* ist zu kritisieren, dass er die Frage der Kenntnis des aufklärungspflichtigen Vermittlers erst im subjektiven Tatbestand prüft. Damit berücksichtigt er im objektiven Tatbestand ausschließlich die Interessen des Anlegers und lässt diejenigen des Vermittlers außer Betracht. Die dogmatische Trennung der Elemente verbietet zudem jegliche Interessenabwägung. Diese ist angesichts der Herleitung der Aufklärungspflichten aus den widerstreitenden Grundrechten im Sinne der praktischen Konkordanz und der Ausnahmestellung der Aufklärungspflichten aber unumgänglich. Die Tatsache, dass sich die entscheidenden Merkmale auf den gesamten Anspruchsaufbau verteilen, könnte auch ein Anzeichen dafür sein, dass *Lorenz* die Aufklärungspflichten nicht als eigenständige Pflichten anerkennt, sondern in ihnen lediglich die Grundlage für einen Schadensersatzanspruch sieht. Da klarzustellen ist, dass Aufklärungspflichten echte Rechtspflichten sind, sollten alle Voraussetzungen im objektiven Tatbestand vollständig geprüft werden.

---

493 *Lorenz,* Der Schutz vor dem unerwünschten Vertrag, S. 417 ff; *Pohlmann,* Die Haftung wegen Verletzung von Aufklärungspflichten, S. 103 zieht ähnliche Kriterien für die Wesentlichkeit der Information heran (Tatsachen, die gegen die Wirksamkeit oder Durchführbarkeit des Vertrags sprechen; Umstände, die geeignet sind, den Vertragszweck zu vereiteln; Gefahren für die Vertragsdurchführung, Vertrag für eine Partei erkennbar sinnlos).

494 *Lorenz,* Der Schutz vor dem unerwünschten Vertrag, S. 419.

495 *Lorenz,* Der Schutz vor dem unerwünschten Vertrag, S. 424.

496 *Lorenz,* Der Schutz vor dem unerwünschten Vertrag, S. 420.

497 *Lorenz,* Der Schutz vor dem unerwünschten Vertrag, S. 421 f.

e) Hensslers Ansicht

Auch *Henssler* nimmt eine Abwägung der Interessen vor.[498] Im Gegensatz zu den bereits angeführten Meinungen trennt er klar zwischen Aufklärungs- und Nachforschungspflichten. Nach der Konzeption *Hensslers* unterscheiden sich beide Pflichten grundlegend nach dem Wissensstand des Aufklärungspflichtigen und den unterschiedlichen Schuldvorwürfen. Die Aufklärungspflichtverletzung soll auf dem unterlassenen Hinweis, die Verletzung der Informationsverschaffungspflicht auf der unterlassenen Recherche beruhen. Die Voraussetzungen der Nachforschungspflicht seien erheblich strenger,[499] da diese eine umfassendere und kostenintensivere Tätigkeit verlange als die bloße Aufklärung.[500] Nicht jede Aufklärungspflicht führe demnach zu einer Nachforschungspflicht.[501]

Die starke Betonung des Wissensstandes führt zur Trennung von Aufklärungs- und Nachforschungspflichten. Diese Aufteilung ist aber abzulehnen, da es sich bei der Informationsverschaffungspflicht um keine echte Rechtspflicht handelt,[502] sondern um eine rein interne, tatsächliche Maßnahme ohne eigenständigen Charakter.[503] Die Informationsverschaffung ist lediglich eine notwendige vorbereitende Maßnahme, die es dem Vermittler ermöglicht, seiner Aufklärungspflicht nachzukommen. Entscheidend für die Schutzwürdigkeit des Anlegers ist auch nicht der Kenntnisstand des Vermittlers, sondern dessen Auftreten und die berechtigte Erwartungshaltung des Anlegers. Die Informationsverschaffungspflicht allein bringt dem Anleger keine Vorteile, da es ihr an Außenwirkung mangelt. Ihre Verletzung könnte deshalb auch nie einen kausalen Schaden verursachen, dieser würde regelmäßig auf der nicht ordnungsgemäßen Aufklärung beruhen.

f) Eigener Ansatz

Die Konkretisierungsmethoden unterscheiden sich nicht in erster Linie in den verwendeten Elementen, sondern in deren dogmatischer Anordnung. Mithilfe der Präzisierung der Pflichten wird die Grenze zwischen Eigenverantwortung und Aufklärungspflicht gezogen und damit die Risikoverteilung bestimmt. So ist zwar die Handlungsfreiheit des Anlegers herzustellen, dies darf aber nicht dazu führen, dass die gesetzliche Risikoverteilung aus den Angeln gehoben[504]

---

498 *Henssler,* Risiko als Vertragsgegenstand, S. 142.

499 *Henssler,* Risiko als Vertragsgegenstand, S. 138.

500 *Henssler,* Risiko als Vertragsgegenstand, S. 139.

501 *Henssler,* Risiko als Vertragsgegenstand, S. 154.

502 A.A. *Henssler,* S. 138.

503 *Breidenbach,* Die Voraussetzungen von Informationspflichten beim Vertragsschluss, S. 83 f.

504 *Henssler,* Risiko als Vertragsgegenstand, S. 139.

oder der Anleger gar von allen Risiken befreit wird.[505] Diese Zäsur macht die Eigenart und Schwierigkeit des gesamten Rechtsgebietes aus.[506] Neben den dargestellten Methoden kann die konkrete Bestimmung der Aufklärungspflichten auch anhand der Risikoverteilung vorgenommen werden. Wenn das Risiko der Nichtinformation des Anlegers auf den Anlagevermittler übergeht, entsteht die Aufklärungspflicht. Dies sollte anhand dreier Schritte geprüft werden, nämlich der Wesentlichkeit der Information, des Informationsdefizits seitens des Anlegers und der Verantwortlichkeit des Pflichtigen. Die ersten beiden Elemente sind nicht abstufbar, auf der dritten Stufe findet unter Umständen eine Abwägung statt. Alle genannten Voraussetzungen muss der Anleger darlegen und ggf. beweisen, ansonsten verbleibt es bei dem Grundsatz der Selbstverantwortung.

aa) Wesentlichkeit

Nur Umstände, die für die Anlegerentscheidung wesentlich sind oder sein können, können Gegenstand einer gesetzlichen Aufklärungspflicht sein. Die Wesentlichkeit ist objektiv zu bestimmen, weshalb keine Abstufung nach deren Grad erfolgt.[507] Dies ist Folge des Zwecks der gesetzlichen Aufklärungspflichten, jedem Anleger die Grundlage für eine eigenverantwortliche Entscheidung zu liefern. Auch ein besonders weitgehendes Vertrauen kann also eine Pflicht zur Aufklärung über unwesentliche, also nebensächliche Umstände, nicht begründen. Deshalb ist die Wesentlichkeit auch kein Element der Abwägung auf der dritten Stufe, sondern vorab festzustellen.

bb) Informationsdefizit

Neben der Wesentlichkeit der Information ist das Informationsdefizit auf Seiten des Anlegers die zweite nicht variable Voraussetzung. Dieses verursacht das nötige Aufklärungsbedürfnis. Ein Informationsdefizit liegt vor, wenn dem Anleger eine Erkenntnismöglichkeit fehlt, weil ihm der Zugang zur Information versperrt ist. Dieses Defizit fehlt, wenn der Anleger selbst mit der in Frage stehenden Kapitalanlage vertraut ist.[508] Generell kann das Informationsdefizit auf einem absoluten Ausschluss von den Erkenntnismöglichkeiten oder auf einem individuellen Ausschluss beruhen. Ein absolutes Defizit folgt aus der alle Anlageinteressenten treffenden Unmöglichkeit, sich Informationen zu verschaffen,

---

505 Siehe *v. Heymann,* BB 2000, 1149 ff (1150 f) m.w.N.

506 *Horn,* ZBB 1997, 139 ff (142).

507 A.A. *Breidenbach,* Die Voraussetzungen von Informationspflichten beim Vertragsschluss, S. 63 f, 67, wonach die Gewichtung der Wesentlichkeit eines Umstandes abstufbar ist und für jeden einzelnen Vertragspartner gesondert festgestellt werden muss.

508 *BGH,* Urteil v. 07.11.1991, NJW-RR 1992, 531 ff (532) zur Aufklärungsbedürftigkeit.

wenn deren Veröffentlichung unterblieben ist. Wegen der regelmäßigen und verpflichtenden Prospektveröffentlichung beruht die Unkenntnis meist nicht auf einem objektiven Defizit; ein solches besteht nur in den Fällen der Herausgabe eines nicht ordnungsgemäßen Anlageprospekts. Ein individuelles Hindernis liegt vor, wenn einem konkreten Anleger der Zugang wegen subjektiver Defizite, etwa wegen fehlender Fachkunde, Erfahrung oder mangelnder Organisation, oder auch wegen des Vermittlerverhaltens, verwehrt ist. Dieses kann entweder strukturell bedingt sein oder in der Verantwortung des Vermittlers liegen. Basiert das Defizit auf fehlender Sachkunde, ist es in der Regel als strukturelles Defizit zu qualifizieren, da den Anlegern typischerweise die für den Erwerb von Kapitalanlagen erforderliche Sachkunde fehlt. Für die Frage des Informationsmangels ist maßgeblich, dass irgendein Defizit verwirklicht ist, dessen genaue Bestimmung erlangt erst auf der dritten Stufe des Übergangs des Informationsrisikos an Bedeutung. Auch das Bestehen eines Informationsgefälles ist erst bei der Abwägung zu beachten, da es primär nicht auf das tatsächliche Wissen des Vermittlers im Vergleich zum Anleger ankommt, sondern auf die unterschiedliche Nähe zum Objekt.

Die restriktive Literaturmeinung, nach der der Vermittler zur Informationsverschaffung grundsätzlich nur verpflichtet ist, wenn sich der Anleger in spezifischer Informationsnot befindet, sich die Information also weder selbst noch durch einen Fachmann verschaffen kann, ist abzulehnen.[509]

cc) Übergang des Informationsrisikos

Dieses Anlegerdefizit muss der Vermittler nur ausgleichen, wenn er das grundsätzlich beim Anleger liegende Informationsrisiko ausnahmsweise zu tragen hat. In dem Maße, in dem das Informationsrisiko auf den Anlagevermittler übergeht, wird der Anleger von der Obliegenheit, sich auf den Vertragsabschluss informationell vorzubereiten, befreit.

Entscheidend für den Übergang des Informationsrisikos ist zunächst die größere Nähe zum Anlageobjekt. Die weiteren Voraussetzungen richten sich nach dem tatsächlich vorhandenen Wissen und den Besonderheiten des Einzelfalls.

(1) Größere Nähe zum Objekt

Generell steht der Vermittler der Information näher, wenn er einen *ungleich* besseren Zugang zu ihr hat, dagegen nicht, wenn sich der Anleger die Information leichter oder ähnlich leicht verschaffen kann.[510] Größere Nähe zu der In-

---

[509] *Fleischer,* Informationsasymmetrie im Vertragsrecht, S. 452 f.

[510] *Grundmann,* in: MüKo, BGB, § 276 Rdnr. 120, ungleich besserer Zugang besteht etwa im Bereich der Bankexpertise.

formation hat der Vermittler immer in den Fällen des tatsächlichen Informationsgefälles, wenn also der Vermittler im Gegensatz zum Anleger aktuelle Kenntnis über die relevanten Umstände hat und somit auch keine Kosten der Informationsverschaffung mehr aufbringen muss.[511] Deshalb ist in erster Linie danach zu unterscheiden, ob der Vermittler aktuelle positive Kenntnis hat.[512] Bei fehlender Kenntnis kann sich die Nähebeziehung des Vermittlers auch aus seiner Erfahrung oder organisatorischen Ausstattung ergeben, die dadurch entstehen, dass der Vermittler sich beruflich mit den Kapitalanlagen befasst und sich ununterbrochen umfangreich informieren muss und die wichtigen Erkenntnisquellen kennt. Demnach kann er auch bei an sich allgemein zugänglichen Quellen eine größere Nähe zum Objekt haben als der Anleger.

(2) Präsentes Wissen des Vermittlers

Bei präsentem Wissen muss der Anlagevermittler in jedem Fall aufklären. Dies gilt unabhängig von der Art und Weise der Kenntniserlangung. Der Anleger darf nämlich vom Vermittler erwarten, dass er ihn über alle ihm bekannten Umstände in Kenntnis setzt. Auch in den Fällen, in denen der Vermittler wegen Unzumutbarkeit der Aufwendungen nicht zur Informationsverschaffung verpflichtet gewesen wäre, er also das Wissen überobligationsmäßig erlangt hat, hat er kein Recht, wesentliche Umstände für sich zu behalten. Im Augenblick der Kenntniserlangung fällt nämlich der Grund für die Ablehnung der Aufklärungspflicht gerade weg.

Die Aufklärungspflicht besteht also über das gesamte entscheidungsrelevante aktuelle Wissen des Vermittlers. Etwas anderes kann sich aber bei nicht präsentem Wissen ergeben.

(3) Kein präsentes Wissen des Vermittlers

Fehlen dem Anlagevermittler die konkreten Kenntnisse, kann er zur Aufklärung verpflichtet sein, wenn er sich die Information verschaffen muss. Hierfür wird die Herkunft des Wissensdefizits als ein strukturelles oder vom Vermittler hervorgerufenes Defizit relevant.

Einem strukturellen Informationsdefizit liegt kein Verursachungsbeitrag des Vermittlers zugrunde, weshalb eine Aufklärungspflicht nur aus einer Interessenabwägung heraus entstehen kann. Hier sind der Aufwand, den die eine oder andere Seite für die Wissensverschaffung aufbringen müsste, die Besonderheiten des Schuldverhältnisses und die Umstände des Einzelfalls zu beachten. Die

---

511 *Grundmann,* in: MüKo, BGB, § 276 Rdnr. 121.

512 Zur Unterscheidung zwischen präsentem und nicht präsentem Wissen siehe auch *Grundmann,* in: MüKo, BGB, § 276 Rdnrn. 121 f.

Elemente sind im Rahmen eines beweglichen Systems gegeneinander abzuwägen. Dabei darf nicht außer Acht gelassen werden, dass der Anleger auf die die Anlage beschreibenden Umstände als Beschaffenheitsangaben angewiesen ist,[513] da das Anlagekonzept aus dem Anlageobjekt selbst, welches oftmals noch nicht einmal erstellt ist, nicht ersichtlich wird. Wenn sich der Anleger die Informationen wegen eines objektiven Defizits nicht verschaffen kann, muss der Vermittler demnach einen sehr hohen Aufwand betreiben, bevor die Zumutbarkeitsgrenze erreicht ist. Generell gilt aber, dass die Anforderungen an die Aufklärungspflicht bei fehlendem Wissen höher sind als bei präsentem. Die Aufklärungspflicht kann also weniger weitgehend sein als bei präsentem Wissen.[514]

Das Informationsdefizit kann auch Folge des Vermittlerverhaltens sein. Hat dieser durch sein Auftreten eine erhöhte sonderverbindungsspezifische Gefährdung verursacht, indem er den Anleger durch sein Auftreten von der an sich möglichen Eigeninformation abhält,[515] entsteht zur Kompensation ohne weitere Voraussetzung und unabhängig von der Kenntnis des Vermittlers eine Aufklärungspflicht. In diesen Fällen der Ingerenz geht das Interesse des Anlegers stets dem Interesse des Vermittlers vor, weshalb er auch bei Unzumutbarkeit der Informationsverschaffung Aufklärung erwarten darf. Das risikoerhöhende Handeln begründet also die Schutzpflicht.[516]

3. Zusammenfassung

Die Herausarbeitung einer eigenen Theorie der Konkretisierung der Aufklärungspflichten anhand der Risikoverteilung kommt zu dem Ergebnis, dass der Pflichtenumfang anhand der Elemente der Wesentlichkeit der Information, des Informationsdefizits seitens des Berechtigten und der Verantwortung des Pflichtigen zu bestimmen ist. Die ersten beiden Elemente müssen immer erfüllt sein und sind nicht variabel. Die Wesentlichkeit richtet sich ungeachtet der Umstände des Einzelfalls ausschließlich nach dem Objekt. Das Informationsdefizit ist im Sinne eines fehlenden Informationszugangs zu verstehen. Auf der dritten Stufe erfolgt die Prüfung des Übergangs des Informationsrisikos, wozu unter Umständen eine Abwägung erforderlich sein kann.

Grundvoraussetzung ist die größere Nähe des Pflichtigen zum Objekt. Zeigt sich diese in positiver Kenntnis, muss der Pflichtige immer aufklären. Begründet sich seine größere Nähe aus anderen Kriterien, wie etwa aus seiner Erfahrung, hängt das Entstehen von Aufklärungspflichten davon ab, ob das Wissensdefizit des Berechtigten strukturell bedingt ist oder durch den Pflichtigen selbst

[513] *Fleischer,* Informationsasymmetrie im Vertragsrecht, S. 299 f.

[514] Siehe *Fleischer,* Informationsasymmetrie im Vertragsrecht, S. 451.

[515] *Krebs,* Sonderverbindung und außerdeliktische Schutzpflichten, S. 507 f.

[516] *Krebs,* Sonderverbindung und außerdeliktische Schutzpflichten, S. 507 f.

veranlasst wurde. Im ersten Fall muss eine Interessenabwägung stattfinden, im zweiten Fall ist stets aufzuklären.

IV. Vorbereitende Pflichten des Anlagevermittlers

Wie gesehen, kann der Anlagevermittler im Vorfeld der eigentlichen Aufklärung zu weiterem Handeln verpflichtet sein, welches ihm die eigene ordnungsgemäße Informationserteilung erst ermöglicht. Hierzu gehören die Informationsverschaffungspflicht und die Prüfpflicht. Gerade bei der Aufklärung durch eine dritte mit dem Vertragspartner nicht identische Person erlangen diese Pflichten besondere Bedeutung, da jene das Objekt weder initiiert hat noch selbst Inhaber ist und mithin auch Außenstehende ist. Der Begriff ‚Pflichten' ist in einem untechnischen Sinn zu verstehen, der lediglich das Erfordernis des Tätigwerdens verdeutlichen soll.

1. Informationsverschaffungspflicht[517]

a) Herleitung der Informationsverschaffungspflicht

In die Interessenabwägung zur Bestimmung des Umfangs sind auch die Besonderheiten des jeweiligen Schuldverhältnisses zwischen Anlagevermittler und Anleger einzubeziehen.

aa) Zivilmaklervertrag zwischen Anleger und Anlagevermittler

Der echte Maklervertrag begründet ein besonderes Treueverhältnis im Sinne einer Interessenwahrung. Da wegen der maklerspezifischen Besonderheiten[518] das Entstehen des Provisionsanspruchs unsicher ist, ist dem Vermittler eine Aufklärungspflicht nur bei tatsächlichem Tätigwerden und mit der Einschränkung zumutbar,[519] dass ihm die Umstände selbst bekannt sind.[520] Der Makler hat grundsätzlich keine Nachforschungspflichten;[521] diese entstehen nur bei vertraglicher Übernahme, etwa durch Zusicherungen.[522] Mit dieser Auslegung lässt

---

[517] Siehe bereits Kapitel 1 A.II.

[518] Fehlende Tätigkeitspflicht des Maklers, Erfolgsabhängigkeit der Provision und Entscheidungsfreiheit des Anlegers, siehe dazu näher unten Kapitel 3 A.

[519] Siehe *Reuter,* in: Staudinger, BGB, §§ 652, 653 Rdnr. 204.

[520] *Roth,* in: MüKo, BGB, § 241 Rdnr. 183.

[521] *Schwerdtner,* Maklerrecht, Rdnr. 317; *Roth,* in: MüKo, BGB, § 652 Rdnr. 258; *OLG Hamm,* Urteil v. 07.06.2001, NJW-RR 2002, 780 ff (780); *OLG Hamm,* Urteil v. 06.07.1995, NJW-RR 1996, 1081 f (1081 f).

[522] *OLG Hamm,* Urteil v. 06.07.1995, NJW-RR 1996, 1081 f (1081 f); siehe *BGH,* Urteil v. 17.10.1990, NJW-RR 1991, 627 ff (628).

sich auch ein Spannungsverhältnis zwischen der Aufklärungspflicht und der Lockerheit der Vertragsbeziehung vermeiden. Beim Alleinauftrag dagegen, bei dem sich der Makler zum Tätigwerden verpflichtet[523] und der Anleger für eine bestimmte Zeit darauf verzichtet, die Dienste anderer Makler in Anspruch zu nehmen,[524] übernimmt der Makler konkludent die Pflicht zur Nachforschung und Nachprüfung. Diese Pflichten sind keine Folge der hier ausnahmsweise bestehenden Tätigkeitspflicht, da diese die Ungewissheit des Abschlusses des Hauptvertrags und der Provisionsentstehung nicht beseitigen kann, sondern entstehen als Ausgleich dafür, dass der Anleger auf die Chancen eines Wettbewerbs mehrerer Makler verzichtet, § 157 BGB.[525]

Der Anlagevermittler unterscheidet sich aber dadurch vom klassischen Makler ohne Tätigkeitspflicht im Sinne des § 652 BGB, dass jenem weitergehende Pflichten auferlegt werden. Diese Ungleichbehandlung rechtfertigt sich daraus, dass der Kunde eines klassischen Zivilmaklers grundsätzlich die Möglichkeit hat, die gemachten Angaben durch eigene Nachforschungen zu verifizieren. Dies ist dem Kapitalanleger wegen der Komplexität der Materie und dem regelmäßig fehlenden Wissen nicht möglich. Deshalb wird hier auch vertreten, dass eine Informationsverschaffungspflicht grundsätzlich besteht, wenn der Anleger im Einzelfall schutzwürdig ist.[526] Für die Pflichtenerweiterung darf die Schutzbedürftigkeit des Anlegers aber nicht pauschal als ausreichend angesehen werden. Notwendig ist vielmehr auch hier, wie im Falle des klassischen Maklers, eine vertragliche Pflichtenübernahme durch den Anlagevermittler. Allerdings ist der obigen Meinung zuzugestehen, dass dies zumindest konkludent häufig der Fall sein wird. Die unterschiedliche Pflichtenstellung hängt also mit dem Auftreten des Vermittlers zusammen. Nur wenn das Auftreten des Anlagevermittlers geeignet wäre, einen isolierten Auskunftsvertrag zu begründen, entstehen zu diesem identische Informationspflichten. Verhält sich der Anlagevermittler wie ein klassischer Makler, führt dies deshalb zu einer Pflichtenübereinstimmung, d.h. jener wird nicht in weiterem Umfang als dieser zur Aufklärung verpflichtet. Somit bestehen keine Wertungswidersprüche.

bb) Handelsmaklervertrag zwischen Anbieter und Anlagevermittler

Ordnet man die Vermittlungstätigkeit als Handelsmaklertätigkeit ein und besteht der Maklervertrag zwischen dem Anbieter und dem Anlagevermittler, schuldet dieser dem Anleger bei Tätigwerden Neutralität und die Erfüllung der

---

523 *Schwerdtner,* Maklerrecht, Rdnr. 952.

524 *Schwerdtner,* Maklerrecht, Rdnr. 950.

525 *Reuter,* NJW 1990, 1321 ff (1326).

526 *v. Heymann,* BB 2000, 1149 ff (1150 f).

Pflichten aus §§ 94 ff HGB.[527] Damit entsteht ein Schuldverhältnis, das automatisch Schutzpflichten nach § 242 BGB und damit ggf. auch Aufklärungspflichten nach sich zieht. Allerdings handelt es sich um ein sehr eingeschränktes gesetzliches Verhältnis mit dem vorrangigen Zweck, eine Grundlage für die Pflichten des Handelsmaklers aus dem HGB zu liefern. Deshalb sollte die Pflicht des Handelsmaklers gegenüber dem Dritten auf Aufklärung über präsentes Wissen beschränkt werden. Außerdem würden ohne weitere Anhaltspunkte auch dann keine Nachforschungspflichten entstehen, wenn der Handelsmaklervertrag zum Anleger selbst bestünde. Aus Wertungsgesichtspunkten können die Pflichten hier also nicht weiterreichen.[528]

cc) Schuldverhältnis nach § 311 Abs. 3 BGB

Im Rahmen der c.i.c. darf der Anleger erwarten, dass der Vermittler Nachforschungen anstellt. Dies folgt schon daraus, dass dieser selbst die Kenntnis aller relevanten Umstände benötigt, um überhaupt die Seriosität der Anlage bzw. die ordnungsgemäße Informationserteilung glaubwürdig behaupten zu können. Hierbei kann sich die Erwartungshaltung des Anlegers gegenüber dem Vermittler durch dessen unmittelbare Nähe zum Anbieter, aus der sich für diesen bessere Informationsmöglichkeiten ergeben, sogar erhöhen. Umgekehrt kann gerade diese Nähe für das Entstehen eines Vertrauens aber auch hinderlich sein. Die Aufklärungspflicht aus der Eigenhaftung Dritter nach § 311 Abs. 3 BGB entsteht aus eigener Verantwortung heraus,[529] sie lehnt sich also nicht an die Aufklärungspflicht der Hauptvertragspartei an, sondern folgt eigenen Regeln. Demnach bildet der Aufklärungsumfang des Vertragspartners auch keine pflichtenbeschränkende Grenze.[530]

Auch hier existiert kein Wertungswiderspruch dergestalt, dass ein gesetzliches Schuldverhältnis eine weiter reichende Pflicht nach sich ziehen würde als ein vertragliches Schuldverhältnis. Die unterschiedliche Pflichtenstellung entsteht nämlich nicht per se, sondern folgt aus dem vertrauensbegründenden Auftreten des Anlagevermittlers dem Anleger gegenüber.

---

527 Siehe oben Kapitel 1 B.II.2.a)bb)(3).

528 Für dieselbe Aufklärungspflicht bei Zivilmakler und Handelsmakler *Reiner,* in: Ebenroth/Boujong/Joost, HGB, § 98 Rdnr. 35.

529 Siehe daneben die Aufklärungspflicht in der Eigenschaft als Erfüllungsgehilfe der Gesellschafter.

530 Nach einer Literaturmeinung zur Versicherungsvermittlung soll der Vermittler nicht strenger haften als der Versicherer, *Matuscke-Beckmann,* NVersZ 2002, 385 ff (386 ff).

dd) Auskunftsvertrag

Beim Auskunftsvertrag bestimmt sich der Umfang der Aufklärung und somit der Informationsverschaffung nach der Auslegung des Vertrags. Die Auslegung führt, aus ähnlichen Gründen wie bei der c.i.c., regelmäßig zu einer Erkundigungspflicht. Der Anleger darf nämlich auch hier davon ausgehen, dass der Vermittler über die nötigen Kenntnisse verfügt[531] und diese weitergibt. Deshalb besteht hier generell eine Informationsverschaffungspflicht.[532]

b) Dogmatische Einordnung

Die dogmatische Einordnung der Informationsverschaffungspflicht hängt untrennbar mit der Konkretisierung der Aufklärungspflichten zusammen. Die Rechtsprechung ordnet die Informationsverschaffungspflicht den Sorgfaltspflichten zu,[533] denkbar ist auch eine Qualifizierung als eigenständige Rechtspflicht, als Obliegenheit oder als rechtlich bedeutungsloses Internum.

Soweit aus den beschriebenen Konkretisierungsmethoden ersichtlich, erblickt nur *Henssler* in der Informationsverschaffungspflicht eine selbständige Rechtspflicht.[534] Eine solche Pflicht ist aber redundant, da sie dem Anleger nie einen über die Aufklärung hinausgehenden Vorteil bringen wird. Im Gegensatz zu subjektiven Rechten begründet deren Verletzung nämlich keine Abwehr- und Schadensersatzansprüche[535]. Die anderen Literaturmeinungen, die die Informationsverschaffungspflicht erwähnen, erblicken darin nach ihrer jeweiligen Gesamtkonzeption keine Rechtspflicht, sondern sprechen mit diesem Begriff lediglich die Frage des Umfangs der Nachforschungs- und Untersuchungspflichten an;[536] dieser wird inzident von der Frage des präsenten Wissens seitens des Vermittlers abhängig gemacht.

Die Vorbereitungsmaßnahmen sind auch keine Obliegenheiten. Der Vermittler folgt diesen Verhaltensanforderungen zwar durchaus auch im eigenen Interesse, dies trifft aber auf jede der Erfüllung vorangehende Maßnahme zu. Die Besonderheit von Obliegenheiten liegt aber nicht im Bestehen eines irgendwie gearteten eigenen Interesses, sondern darin, dass deren Verletzung zum Verlust einer

---

[531] *BGH,* Urteil v. 13.05.1993, NJW-RR 1993, 1114 ff (1115); *Wolf,* NVersZ 2001, 392 ff (396).

[532] *BGH,* Urteil v. 13.05.1993, NJW-RR 1993, 1114 ff (1115); *Schwark,* BB 1979, 897 ff (899).

[533] *BGH,* Urteil v. 13.05.1993, NJW-RR 1993, 1114 ff (1115); *BGH,* Urteil v. 13.01.2000, NJW-RR 2000, 998 ff (999).

[534] Siehe oben Kapitel 1 C.III.2.e).

[535] *Larenz/Wolf,* Allgemeiner Teil des Bürgerlichen Rechts, § 13 Rdnr. 24.

[536] *Breidenbach,* Die Voraussetzungen von Informationspflichten beim Vertragsschluss, S. 83 ff; *Loritz,* NZG 2002, 889 ff (896); *Fleischer,* Informationsasymmetrie im deutschen Vertragsrecht, S. 451.

eigenen günstigen Rechtsposition führt.[537] Dies setzt die Möglichkeit voraus, bei Erfüllung der Obliegenheit einen Vorteil irgendeiner Art zu erlangen oder sich ein Recht oder einen Anspruch zu erhalten. Eine ordnungsgemäße Vorbereitung der Aufklärung bewahrt den Vermittler aber lediglich vor Schadensersatzforderungen, bringt ihm aber keinen Nutzen.

Deshalb handelt es sich um eine ‚vorgeschaltete Hilfspflicht' ohne eigenständigen Charakter,[538] auf deren Erfüllung kein Rechtsanspruch besteht. Inhaltlich sind die Aufklärung und die Informationsverschaffung aneinander gekoppelt. Der Fragenkomplex der Informationsverschaffung wird bei der Konkretisierung der Aufklärungspflicht im objektiven Tatbestand wegen der inzidenten Prüfung nicht außen vorgelassen.[539] Eine dogmatisch eigenständige Bedeutung erlangt die Informationsverschaffung aber erst bei der Prüfung des Verschuldens im Rahmen von Schadensersatzforderungen, wo zu fragen ist, ob sich der Vermittler das Wissen vorsätzlich oder fahrlässig nicht angeeignet hat. Insgesamt ist die Frage der Informationsverschaffung bei nicht präsentem Wissen sowohl in objektiver als auch in subjektiver Hinsicht maßgeblich.

c) Umfang

Der Umfang der Nachforschungspflicht hängt von mehreren Faktoren ab. Darunter fällt das Auftreten des Vermittlers (etwa auch die Organisation und Strukturierung seines Unternehmens) und die Gefährlichkeit der Anlage. Je eher eine Nachforschung vom Vermittler erwartet werden kann, desto umfassender ist die Aufklärungspflicht. Die Warnpflicht kann keine Verschaffungspflicht begründen, sondern besteht nur bei präsentem Wissen, da diese Pflicht gerade von der Aufklärungspflicht abzugrenzen ist.[540] Nur wenn der Vermittler erkennt, dass die Ziele mit der angestrebten Anlage nicht in Einklang zu bringen sind, muss er eine diesbezügliche Warnung aussprechen.

2. Prüfpflicht

Die andere vorbereitende Tätigkeit des Vermittlers ist die Überprüfung der Richtigkeit seiner Erkenntnisse vor deren Weitergabe an den Anleger.

---

[537] *Larenz/Wolf,* Allgemeiner Teil des Bürgerlichen Rechts, § 13 Rdnr. 36.

[538] *Breidenbach,* Die Voraussetzungen von Informationspflichten beim Vertragsschluss, S. 83 f.

[539] Auch beim Gattungskaufvertrag ist der Verkäufer nicht zur Beschaffung verpflichtet, sondern zur Erfüllung seiner Pflichten aus § 433 BGB. Erfüllt er seine Beschaffungsschuld nicht, handelt er schuldhaft, § 276 BGB.

[540] Im Anwendungsbereich des WpHG bezieht sich die Erkundigungspflicht auch auf die Ziele und finanziellen Verhältnisse des Anlegers. Damit wird die Möglichkeit zur Warnung gewährleistet.

a) Herleitung der Prüfpflicht

Die Herleitung der Prüfpflicht ist ebenfalls vom zugrunde liegenden Schuldverhältnis abhängig und entspricht den oben gemachten Ausführungen. Der Makler ist Wissensvertreter und muss für die Richtigkeit der Informationen nach der Verkehrsauffassung grundsätzlich nicht einstehen. Weist er darauf hin, dass er für die Richtigkeit keine Haftung übernimmt, ist dies demnach nur als Hinweis auf die bestehende Rechtslage zu verstehen.[541] So bejaht die Rechtsprechung eine Prüfpflicht nur in Ausnahmefällen, etwa bei besonders intensiver Werbung mit dem Hinweis, dass er das Objekt auf seine Eignung und Solidität überprüft hat,[542] wenn er sich die Angaben zu eigen macht oder für die Richtigkeit persönlich einsteht,[543] also eine Gewähr vertraglich übernimmt. Daneben bejaht die Rechtsprechung bei besonders riskanten Kapitalanlagen eine Prüfpflicht, wenn der Auftraggeber offensichtlich geschäftlich unerfahren ist,[544] da nur bei diesen ein Bedürfnis nach Nachprüfung bestehe. Bei den zu den Standardprodukten zählenden geschlossenen Immobilienfonds könne demnach grundsätzlich eine Überprüfung unterbleiben.[545]

Der Anlagevermittler, der als Zivilmakler des Anlegers auftritt, ist im Gegensatz zum klassischen Makler häufig zur Überprüfung verpflichtet, da dem Anleger diese regelmäßig selbst nicht möglich ist und häufig obige Merkmale, also die Voraussetzungen eines Auskunftsvertrags, im Grunde vorliegen.[546] Die aus § 98 HGB folgende Rechtsbeziehung zwischen dem Handelsmakler und dem Anleger ist nicht ausreichend zur Begründung einer Prüfpflicht.[547]

Bei der Vertrauenshaftung entsteht ebenso wie beim Auskunftsvertrag[548] eine Prüfpflicht, da der Vermittler die eigene Gewähr für die Seriosität der Anlage nur bei eigener Nachprüfung der wesentlichen Umstände übernehmen kann.[549] Einschränkende Literaturstimmen begrenzen die generelle Prüfpflicht dahingehend, dass der Anlagevermittler, der auf der Seite des Initiators steht, von die-

---

541 *BGH,* Urteil v. 16.09.1981, NJW 1982, 1147 (1147).

542 *OLG Hamm,* Urteil v. 06.07.1995, NJW-RR 1996, 1081 f (1081 f) (‚geprüfte Objekte').

543 *Sprau,* in: Palandt, BGB, § 652 Rdnr. 14.

544 *OLG Hamm,* Urteil v. 06.07.1995, NJW-RR 1996, 1081 f (1081 f).

545 Rechtsprechung zur Qualitätsprüfung des Anlageberaters kann auf Anlagevermittler übertragen werden, *Wolf,* NVersZ 2001, 392 ff (396).

546 Siehe unten Kapitel 1 C.V.2.

547 Siehe oben Kapitel 1 B.II.2.a)cc).

548 *BGH,* Urteil v. 12.05.2005, NJW-RR 2005, 1120 ff (1121).

549 *BGH,* Urteil v. 25.11.1981, NJW 1982, 1095 ff (1095); siehe *BGH,* Urteil v. 22.03.1979, NJW 1979, 1449 ff (1451); siehe *BGH,* Urteil v. 13.01.2000, NJW-RR 2000, 998 ff (998); *OLG Frankfurt a. M.,* Urteil v. 19.03.2002, NJW-RR 2003, 414 ff (415).

sem überlassenes Material ungeprüft weitergeben dürfe,[550] da er sich in diesem Fall auf die Richtigkeit der Informationen verlassen könne. Nach richtiger Meinung muss er die Richtigkeit aber selbst nachprüfen und darf sich nicht auf die Angaben des nicht unparteiischen Initiators verlassen, sobald er eine eigene Pflicht übernimmt.[551]

b) Dogmatische Einordnung

Die dogmatische Herleitung der Prüfpflicht gestaltet sich anders als die der Informationsverschaffungspflicht. Im Gegensatz zu letzterer hat jene keine Auswirkungen auf den Umfang der Aufklärungspflicht, da sie lediglich auf die Ermittlung des Wahrheitsgehalts bereits bekannter Umstände zielt. Unabhängig davon, ob eine Prüfpflicht besteht, ist der Vermittler immer zu objektiv korrekter Aufklärung verpflichtet. Die Frage der Prüfpflicht wirkt sich deshalb ausschließlich im Rahmen der Verschuldensprüfung aus. Dort ist die Frage zu klären, welche Sorgfalt der Anlagevermittler bei der Nachprüfung an den Tag legen muss.

c) Umfang und Intensität der Überprüfung

Die Prüfpflicht geht so weit, wie sie dem Vermittler unter zumutbarem Aufwand möglich ist.[552] Naturgemäß kann sich das Nachprüfungserfordernis vor Beendigung der Durchführung des Objekts nicht auf die endgültige Wirtschaftlichkeit beziehen, sondern nur auf die Plausibilität des Anlagekonzepts im Sinne einer vorläufigen Bewertung und Analyse. Deshalb muss der Vermittler das Konzept lediglich dahingehend überprüfen, ob es in sich schlüssig wirtschaftlich tragfähig[553] erscheint und ob die Angaben sachlich richtig und vollständig sind.[554] Hierzu muss der Vermittler den Anlageprospekt und sonstige Unterlagen wie beispielsweise Geschäftsberichte heranziehen.[555] Der Vermittler muss nur diejenigen Aspekte einer Prüfung unterziehen, bei denen sich ihm vernünftigerweise Zweifel an der Richtigkeit offenbaren müssen.[556] Es wäre unzumutbar, wenn er sämtliche Angaben auf ihre inhaltliche Richtigkeit überprüfen

---

550 Siehe *Lutter,* Zur Haftung des Emissionsgehilfen im grauen Kapitalmarkt, in: FS für Johannes Bärmann, S. 605 ff (618) m.w.N.

551 *Machunsky,* Immobilienfonds und Erwerbermodelle, S. 97.

552 *BGH,* Urteil v. 12.02.2004, NJW 2004, 1732 ff (1733).

553 *Edelmann,* BKR 2003, 438 ff (439).

554 *BGH,* Urteil v. 12.02.2004, NJW 2004, 1732 ff (1733).

555 *Edelmann,* BKR 2003, 438 ff (439).

556 Eine Überprüfung kann unter Umständen so geschehen, dass sich der Anlagevermittler bei vernünftigen Zweifeln im Hinblick auf die Angaben im Prospekt über Mietgarantien Mietverträge vorlegen lässt. Die Meinung, die die Prüfpflicht ablehnt, verpflichtet den Anlagevermittler dazu, den Zweifel nicht zu untersuchen, sondern zu

müsste.[557] Er haftet also für eine unterlassene Überprüfung, wenn er bei gebotener Sorgfalt die Unzulänglichkeit des Prospekts hätte erkennen können.[558] Kann der Vermittler trotz ordnungsgemäßer Prüfung seine Zweifel nicht ausräumen oder bestätigen, muss er diese Unsicherheit selbst als wesentlichen Umstand offenbaren. Bei der Abwägung, welches Maß an Sachkunde vom Vermittler vernünftigerweise erwartet werden darf, sollte im Zweifel beachtet werden, dass der Anlagevermittler im Grauen Kapitalmarkt keiner von seiner Fachkunde abhängigen Erlaubnis bedarf und keiner staatlichen Kontrolle unterliegt und dass auch fachlich gut ausgebildete Anlagevermittler in die Regel nicht in der Lage sind, das Konzept eigenständig zu überprüfen.[559]

Die Prüfpflicht kann entfallen, wenn die Anlage bereits anderweitig inhaltlich gleich gelagert untersucht worden ist.[560] Die seit Änderung des VerkProspG auch für den Grauen Kapitalmarkt vorgeschriebene Prüfung durch die BAFin kann die eigene Überprüfung durch den Anlagevermittler nicht überflüssig machen, da diese den Prospekt nur auf formelle Vollständigkeit, nicht auf materielle Richtigkeit hin überprüft.[561] Ein Prospektprüfungsgutachten eines Wirtschaftsprüfers kann die inhaltliche Plausibilitätsprüfung nur bei gleicher Schwerpunktsetzung entbehrlich machen.[562] In Betracht kommt etwa die Erstellung eines Wirtschaftsprüfer-Prospektgutachtens nach IDW-Standard.[563] Trifft die Prüfung des Wirtschaftsprüfers dagegen keine Aussage über die wirtschaftliche Tragfähigkeit des Anlagekonzepts, ist dies nicht ausreichend.[564] Im ersten Fall darf der Vermittler auf den richtigen Inhalt vertrauen, so dass er von einer

offenbaren. Der Verdacht ist das entscheidende präsente Wissen, *Breidenbach,* Die Voraussetzungen von Informationspflichten beim Vertragsschluss, S. 86 f.

557 *Fleischer,* Informationsasymmetrie im deutschen Vertragsrecht, S. 455.

558 *OLG Hamm,* Urteil v. 08.11.2001, NJOZ 2002, 1023 ff (1033).

559 http://www.direkteranlegerschutz.de/kolumne_hg_performance_03_11.htm; http://www.frankfurterfinance.de/archiv/2002/gerlach.htm.

560 *BGH,* Urteil v. 13.01.2000, NJW-RR 2000, 998 ff (998 f).

561 *Spindler,* NJW 2004, 3449 ff (3455). Diese wird für entbehrlich gehalten, da die Prospekte der geschlossenen Fonds meist durch einen Wirtschaftsprüfer auf der Grundlage des IDW S4 (vom Institut der Wirtschaftsprüfer herausgegebene ‚Grundsätze ordnungsmäßiger Beurteilung von Prospekten über öffentlich angebotene Kapitalanlagen') überprüft werden, siehe *Hasenkamp,* DStR 2004, 2154 ff (2159).

562 *Wagner,* DStR 2004, 1883 ff (1884).

563 Der Prospektherausgeber kann den Prospekt durch einen Wirtschaftsprüfer prüfen lassen, der sich wiederum aus berufs- und versicherungsrechtlichen Gründen bei dieser Prospektprüfung an den Grundsätzen des Institutes der Wirtschaftsprüfer orientiert. Banken vertreiben regelmäßig nur Fonds mit entsprechendem Gutachten, *Wagner,* BB 2002, 172 ff (177). Der Anlageberater darf sich auf den Prospektprüfungsbericht des Wirtschaftsprüfers stützen, *LG Tübingen,* Urteil v. 17.09.2003, WM 2004, 641 ff (646).

564 *BGH,* Urteil v. 13.01.2000, NJW-RR 2000, 998 ff (999).

weiteren Prüfpflicht befreit ist.[565] Die erloschene Prüfpflicht lebt aber in dem Moment wieder auf, in dem dem Vermittler Umstände bekannt werden, die sein Vertrauen in die wirtschaftliche Plausibilität erschüttern und Anlass zu einer erneuten Prüfung geben.[566]

Nicht geklärt ist, ob der Anlagevermittler, dem selbst die nötige Prospektprüfungskompetenz fehlt und der auf kein Prospektgutachten verweisen kann, von seiner Vermittlungstätigkeit Abstand nehmen muss oder ob die bloße Mitteilung der unterlassenen Prüfung ausreicht.[567] Grundsätzlich sollte hier das Recht des Anlagevermittlers an einer weiteren Tätigkeit vom privatautonomen Willen des Anlegers abhängig gemacht werden.

3. Zusammenfassung

Die Frage der Informationsverschaffungspflicht ist dogmatisch auf der dritten Stufe der eben beschriebenen Konkretisierungstheorie, nach der bei nicht präsentem Wissen grundsätzlich eine Abwägung erforderlich ist, anzusiedeln. Ebenso wie bei der Aufklärungspflicht selbst ist deshalb auch bei der Informationsverschaffung u. a. die Art des Schuldverhältnisses maßgeblich. Der klassische Zivilmakler ist wegen der ungewissen Provisionsforderung grundsätzlich nicht zur Nachforschung verpflichtet. Hiervon unterscheidet sich der Anlagevermittler in erheblicher Weise, da bei diesem infolge der Komplexität des Vermittlungsobjekts häufig zugleich die Voraussetzungen eines Auskunftsvertrags erfüllt sind und dementsprechend umfassende Pflichten entstehen. Bei diesem Vertrag ergibt sich die Nachforschungspflicht nämlich ähnlich wie bei der c.i.c. schon aus der Notwendigkeit, die Plausibilität des Anlagekonzepts zu überprüfen. Aus dem Rechtsverhältnis zum Anlagevermittler, das infolge des zwischen Anbieter und Anlagevermittler geschlossenen Handelsmaklervertrags entsteht, kann der Anleger keine Informationsverschaffungspflicht herleiten. Die Informationsverschaffungspflicht ist keine eigenständige Rechtspflicht oder Obliegenheit, sondern eine der Aufklärungspflicht vorgeschaltete Hilfspflicht. Daneben wird der Komplex der Informationsverschaffung auch bei Schadensersatzforderungen im Bereich des Verschuldens relevant. Die Prüfpflicht entsteht unter ähnlichen Voraussetzungen wie die Informationsverschaffungspflicht, ist aber im Gegensatz zu dieser ausschließlich eine Verschuldensfrage. Kann der Vermittler durch die Nachprüfung seine Zweifel nicht beseitigen, muss er dem Anleger diese Unsicherheit als wesentlichen Umstand mitteilen.

---

565 *Gallandi,* WM 2000, 279 ff (286).

566 *LG München I,* Urteil v. 02.05.2003, NJOZ 2003, 1970 ff (1975 f).

567 *Loritz,* NZG 2002, 889 ff (898).

V. Umfang der Aufklärungspflichten

Im Folgenden soll der Umfang der Aufklärungspflichten dargestellt werden. Rechtsprechung und Literatur ziehen den Umfang der Aufklärungspflichten generell sehr weit. Dies kann, ebenso wie bei den vorbereitenden Pflichten, u. a. mit den fehlenden eigenen Nachforschungs- und Überprüfungsmöglichkeiten des Anlegers gerechtfertigt werden.[568]

1. Aufklärung über die wesentlichen Umstände

Der Vermittler muss über die *wesentlichen* Umstände aufklären. Wegen der Herleitung der Aufklärungspflicht aus dem Grundsatz der Privatautonomie besteht ein grundsätzlicher Pflichtengleichlauf unabhängig vom zugrunde liegenden Schuldverhältnis und von der Einordnung als Haupt- oder Nebenpflicht. Dieselbe Wertung findet Eingang sowohl in die Auslegung der Pflichten nach §§ 133, 157 BGB bei konkludenter vertraglicher Vereinbarung als auch in die Bestimmung der Aufklärungspflichten bei gesetzlicher Herleitung aus § 242 BGB. Unterschiede im Einzelfall beziehen sich in der Regel nicht auf die Frage der Wesentlichkeit, sondern auf die Informationsverschaffungs- und Prüfpflichten.

a) Richtige und vollständige Aufklärung

Diese entscheidungserheblichen Umstände müssen vom Anlagevermittler richtig und vollständig dargelegt werden.[569] Die Forderung nach einer richtigen, also wahrheitsgemäßen, Aufklärung[570] folgt bereits aus der Wahrheitspflicht. Beide Kriterien sind nicht immer leicht voneinander abzugrenzen, da eine nicht vollständige Aufklärung auch unrichtig sein kann. Allein das Weglassen von Fakten kann einen falschen Eindruck vermitteln.[571] Die Unvollständigkeit ist demnach ein Unterfall der Unrichtigkeit. Wegen der großen Bedeutung der Unrichtigkeit ist es aber gerechtfertigt, diese gesondert aufzuführen. Ist der Vermittler über einen Umstand nicht aufklärungspflichtig, weil er sich nicht erkundigen musste, muss er über die Unvollständigkeit der Aufklärung informieren.[572] Von der tatsächlichen Falschaufklärung ist das werbende Anpreisen der

---

[568] *HansOLG Hamburg,* Urteil v. 14.07.1999, NZG 2000, 536 ff (537).

[569] St. Rspr., siehe etwa *BGH,* Urteil v. 31.05.1990, NJW 1990, 2461 ff (2461); *BGH,* Urteil v. 08.07.1981, NJW 1981, 2685 f (2685 f) für Maklervertrag.

[570] *BGH,* Urteil v. 22.03.1979, NJW 1979, 1449 ff (1450); *Wagner,* Anm. zu *OLG Stuttgart,* Urteil v. 19.02.1999, NZG 1999, 612 ff (614).

[571] Z.B. Nennung einer Gesamtsumme aller Kosten, obwohl ein Teil der Kosten nicht enthalten ist. Die Gesamtsumme entfaltet den Eindruck der Vollständigkeit.

[572] *Wagner,* BB 2002, 172 ff (177).

Anlage mittels Übertreibungen abzugrenzen.[573] Solange dies wie insbesondere bei Werturteilen und offensichtlichen Übertreibungen als Werbung verstanden werden kann, liegt kein Verstoß gegen die Wahrheitspflicht vor. In diesem Fall ist die Stellung des Anlagevermittlers ‚als Verkäufer' zu berücksichtigen.

Die wesentlichen Umstände sind dem Anleger konkret, objektiv und individuell darzulegen:

b) Konkrete Aufklärung

Der Vermittler muss sich auf das konkret in Frage stehende Anlageobjekt beziehen und dessen spezielle Problemkreise ansprechen. Für den geschlossenen Immobilienfonds sind u. a. folgende Informationen wesentlich: Lage, Größe und Ausstattung des Objekts, Kosten der Einrichtung, bestehende und geplante Mietverhältnisse, Mietgarantien, kalkulierte Renditen, handelnde Personen und deren eventuelle Verflechtungen[574] sowie die Bonität der kapitalsuchenden Gesellschaft.[575]

c) Objektive Aufklärung

Aus der Zielsetzung der Aufklärung, nämlich der Vorbereitung einer eigenverantwortlichen Entscheidung, folgert die herrschende Meinung, dass der Anlagevermittler gehalten ist, objektiv aufzuklären.[576] Er muss sämtliche entscheidungserhebliche Umstände mitteilen und darf sich grundsätzlich nicht auf die Ziele des einzelnen Anlegers beschränken. Die Rechtsprechung drückt dies dadurch aus, dass sie Aufklärung über diejenigen Umstände verlangt, die entscheidungserheblich sind oder sein können.[577] Erst das umfassende Wissen hieraus ermöglicht dem Anleger eine persönliche Risikoeinschätzung.[578] Dies gilt auch für spekulative Geschäfte.[579] Objektiv wesentliche Umstände für Kapitalanlagen

---

573 *BGH,* Urteil v. 25.11.1981, NJW 1982, 1095 ff (1097), dies kann in Zweifelsfällen schwierig sein, siehe etwa ‚bisher nur Erfolg gehabt', ‚Branchenführer', ‚Verkehrswert von einer Million'.

574 *OLG Hamm,* Urteil v. 26.03.2003, BKR 2003, 807 ff (808 f).

575 *BGH,* Urteil v. 16.11.1993, NJW 1994, 512 ff (513); *BGH,* Urteil v. 13.01.2000, NJW-RR 2000, 998 ff (998); weitere Beispiele für aufklärungspflichtige Umstände, siehe *Arendts,* DStR 1997, 1649 ff (1650 ff).

576 *v. Westphalen,* BB 1994, 85 ff (86 f) zu anlageberatender Bank und Emission; auch *Lange,* Informationspflichten von Finanzdienstleistern, S. 117 fordert einen objektiven Maßstab.

577 *BGH,* Urteil v. 16.01.1985, NJW 1985, 1769 ff (1771); *BGH,* Urteil v. 26.01. 1996, NJW-RR 1996, 690 f (690); *BGH,* Urteil v. 08.12.1988, NJW 1989, 1793 ff (1794).

578 *Fleischer,* Informationsasymmetrie im Vertragsrecht, S. 319.

579 *Fleischer,* Informationsasymmetrie im Vertragsrecht, S. 320.

sind insbesondere diejenigen, die zur Einschätzung der drei klassischen Anlageziele Rendite, Sicherheit und Liquidität nötig sind.[580] Diese Zielrichtungen stehen in einem Spannungsverhältnis und können nicht alle gleichzeitig verwirklicht werden. Sie kommen in der Anlage in unterschiedlicher Ausprägung im Hinblick auf Altersvorsorge, Vermögensaufbau, Teilnahme an Marktchancen, Risikostreuung und Spekulation zum Vorschein.[581] Der Gesichtspunkt der Steuervorteile verliert durch den Abbau von Abschreibungsmöglichkeiten dagegen immer mehr an Bedeutung.[582]

Im Mittelpunkt der Aufklärung stehen aber die Risiken. Der Anleger ist über die allgemeinen und die spezifischen Risiken des Objekts aufzuklären und immer auf die schlechtmöglichste Entwicklung hinzuweisen. Generelle Risiken sind etwa Konjunktur- und Währungsschwankungen sowie Änderungen der steuerlichen und rechtlichen Rahmenbedingungen.[583] Die besonderen Risiken geschlossener Immobilienfonds liegen u. a. begründet in den Faktoren Standort, Infrastruktur, Mieterstruktur, Mietausfall, Fertigstellungs-/Plazierungsrisiko, Kaufpreis- bzw. Mietpreisentwicklung, Anschlussfinanzierung, Instandhaltungskosten, Fungibilität und Schlüsselpersonen.[584]

Soweit ersichtlich, fordert nur *Assmann* im Bereich des Grauen Kapitalmarkts eine Ausrichtung der Aufklärung an den Zielen des konkreten Anlegers. Die seiner Meinung nach geschuldete ‚anlegergerechte Information‘ umfasst neben objektiven auch einzelne subjektive Elemente. Die Anlage dürfe danach nicht deutlich den Anlegerzielen widersprechen und müsse vom Anleger finanziell auch getragen werden können.[585] Durch die Berücksichtigung der finanziellen Verhältnisse und der Anlageziele verlässt *Assmann* die rein objektive Definition der Aufklärung und lässt Elemente der Warnung einfließen. Da aber Warnung und Aufklärung verschiedenartige Pflichten sind, ist dies abzulehnen.

Nach einer noch weitergehenden und nur sehr vereinzelt vertretenen Meinung ist die Aufklärung, angelehnt an die Anlageberatung[586], in ‚anlage- und anlegergerechte Aufklärung‘ zu unterteilen.[587] Dieser Ansicht liegt wohl die Gleich-

---

[580] *Fleischer,* Informationsasymmetrie im Vertragsrecht, S. 319; Vgl. *v. Heymann,* in: Assmann/Schütze, Handbuch des Kapitalanlagerechts, § 5 Rdnr. 22; *Lange,* Informationspflichten von Finanzdienstleistern, S. 118.

[581] Siehe *Thiel,* Die Haftung der Anlageberater und Versicherungsvermittler, S. 97.

[582] Nach § 15b EStG n.F. gilt, dass die Verrechnung von Verlusten eines Beteiligungsmodels nur noch mit Einkünften aus derselben Einkunftsquelle möglich ist. Die Anfangsverluste dieser Fonds könnten nicht mehr mit anderen Einkünften verrechnet werden.

[583] *Thiel,* Die Haftung der Anlageberater und Versicherungsvermittler, S. 37.

[584] *Thiel,* Die Haftung der Anlageberater und Versicherungsvermittler, S. 37.

[585] *Assmann,* Prospekthaftung, S. 356 f.

[586] Siehe unten Kapitel 1 D.

[587] Siehe etwa *LG München I,* Urteil v. 02.05.2003, NJOZ 2003, 1970 ff (1975).

stellung von Aufklärung und Beratung zugrunde.[588] Versteht man unter der anlegergerechten Aufklärung die Pflicht des Vermittlers, den Anleger über alle für diesen persönlich entscheidungserheblichen Umstände aufzuklären, dann ist diese neben der anlagegerechten Aufklärung, nach der über sämtliche entscheidungserhebliche Umstände aufzuklären ist, überflüssig. Die anlegergerechte Aufklärung allein würde dagegen das Ziel der Herstellung der Privatautonomie nicht erreichen können, da nicht jedem Anleger immer alle möglichen Ziele bekannt sind.

Demnach muss die Aufklärung auf die Mitteilung aller Umstände, die objektiv wesentlich sein können, gerichtet sein.

d) Individuelle Aufklärung

Die individuelle Aufklärung umschreibt die Pflicht, auf die Vorkenntnisse und Erfahrungen des jeweiligen Anlegers einzugehen. Sie ist das Instrument, um die Information dem einzelnen Anleger verständlich[589] nahe zu bringen. Hier stellt sich die Frage, ob der Vermittler grundsätzlich individuell aufklären muss oder ob eine generelle Aufklärung, ausgerichtet an durchschnittlichen Kenntnissen, ausreichend ist. Dies entspricht der Frage, ob sich der Anleger die ihm zum Verständnis fehlenden Kenntnisse selbst, evtl. durch Hinzuziehung eines Fachmanns, aneignen muss.

aa) Notwendigkeit der individuellen Aufklärung

Die Rechtsprechung bejaht grundsätzlich die Pflicht zur individuellen, auf den jeweiligen Wissens- und Kenntnisstand zugeschnittene Aufklärung. Denn bei einem Auskunftsvertrag erwartet der Anleger nicht nur die Vorlage von Material zur Durchsicht, sondern die erschöpfende und umfassende Erläuterung der Einzelheiten, um das Anlagerisiko einschätzen zu können. Die Aufklärungspflicht wird durch den persönlichen Kontakt zum Anlagevermittler individualisiert. Nur in den Fällen, in denen davon auszugehen ist, dass der Anleger selbst über hinreichende Kenntnisse und Erfahrungen verfügt oder sich der Hilfe von Fachleuten bedient, müsse sich dieser grundsätzlich auch selbst, ggf. unter Zuziehung von Fachleuten, informieren.[590] Dies ist aber nicht der Fall, wenn sich der Anlagevermittler gezielt an geschäftlich unerfahrene Anleger wendet, die die Anlagerisiken nicht ohne gezielte Aufklärung überschauen können.[591] Hier ist nämlich grundsätzlich nur die individuelle Aufklärung geeignet, die Informa-

---

588 Siehe *Wolf,* NJW 1994, 24 ff (25).

589 *BGH,* Urteil v. 13.10.1992, NJW 1993, 257 ff (258).

590 *OLG München,* Urteil v. 20.04.1999, WM 1999, 1818 ff (1820) zu steuersparenden Immobilienobjekten.

tionsdefizite auszugleichen. Die bloße Übergabe eines an ein durchschnittliches Publikum gerichteten Prospekts ist nicht ausreichend.

Die Pflicht zur individuellen Aufklärung hängt nach der Rechtsprechung deshalb davon ab, ob der Vermittler im Einzelfall damit rechnen darf, dass sich der Anleger selbst die Information, die für sein individuelles Verständnis notwendig ist, verschaffen wird, ob also eine entsprechende Bedürftigkeit besteht. Fehlt die Bedürftigkeit, da sich der Anleger selbst helfen kann, verringert sich die Aufklärungspflicht in entsprechendem Maße. Dies macht die Rechtsprechung u. a. von den beteiligten Bevölkerungsschichten abhängig. Der Anlagevermittler kann seine Aufklärung auch selbst auf einen standardisierten Umfang beschränken, wenn er bei Aufnahme der Geschäftsbeziehung erklärt, sich nur an gut informierte und erfahrene Anleger zu wenden und zur Informationsmitteilung nur über Broschüren bereit zu sein.[592]

Bei der Bedürftigkeit ist zu beachten, dass es *den* Anleger nicht gibt, sondern dass es aufgrund der ‚heterogenen Struktur der Anlegerschaft' eines differenzierten Anlegerschutzes bedarf.[593] Hierbei ist die in letzter Zeit zu erkennende Veränderung in der Anlegerstruktur zu beachten. Nicht nur Anleger aus der Oberschicht beteiligen sich heutzutage an Kapitalanlagen, sondern in zunehmendem Maße auch Anleger aus unteren Bevölkerungsschichten,[594] da man sich auch mit kleineren Beträgen ab € 5.000,– beteiligen kann. Diese neuen Anleger bedienen sich, im Gegensatz zur Oberschicht, regelmäßig nicht der Hilfe von Fachleuten.[595] Früher konnte davon ausgegangen werden, dass die Anleger zumindest bei steuersparenden Bauherrenmodellen entweder selbst über die notwendigen Kenntnisse verfügen oder Fachleute für die Überprüfung des Vertragswerks und die Beurteilung der Werthaltigkeit des Objekts hinzuziehen.[596] Da sich die geschäftlich unerfahrenen Kleinanleger nicht mehr der Hilfe Dritter bedienen, besteht in zunehmendem Maße die Gefahr, dass sie sich von den ‚verlockend gestalteten' Prospekten zur Beteiligung ermutigen lassen und die darin enthaltenen Warnhinweise wegen der zurückhaltenden Gestaltung

---

591 *HansOLG Hamburg,* Urteil v. 14.07.1999, NZG 2000, 536 ff (537); es soll auch der Anlegerschutz hinzukommen, *Gummert,* in: Münchener Handbuch des Gesellschaftsrechts, § 65 Rdnr. 1.

592 *BGH,* Urteil v. 05.10.1999, NJW 2000, 359 ff (361 f); *BGH,* Urteil v. 11.11. 2003, NJW-RR 2004, 484 ff (484 f).

593 *Fleischer,* Gutachten F, Verhandlungen des 64. deutschen Juristentags, F 21 f.

594 *Köndgen,* NJW 2000, 468 ff (472).

595 *Köndgen,* NJW 2000, 468 ff (472) zu Immobilienerwerbermodellen. *BGH,* Urteil v. 16.11.1993, NJW 1994, 512 ff (513): Bei Terminoptionsgeschäften waren Kenntnisse oder Erfahrungen bei den Interessenten typischerweise seit je her nicht vorhanden.

596 So *BGH,* Urteil v. 16.11.1993, NJW 1994, 512 ff (513); *BGH,* Urteil v. 31.03. 1992, NJW-RR 1992, 879 ff (880).

übersehen.[597] Dem Anlagevermittler kommt die Aufgabe zu, diese Missverständnisse zu beheben.

Aufgrund der beschriebenen Veränderungen darf der Vermittler nicht mehr davon ausgehen, dass der Anleger sich die für sein individuelles Verständnis notwendigen Informationen selbst verschaffen wird. Insofern haben sich die Aufklärungspflichten in letzter Zeit bezüglich der Individualität erhöht. Diese Entwicklung hat den Anschein, dass sie zu einer Verschiebung der Verantwortlichkeit vom Anleger zum Anlagevermittler führt. Dies birgt die Gefahr, dass die Eigeninitiative der Anleger immer mehr zurückgedrängt wird, da diese von der Einschaltung eigener Fachleute abgehalten werden. Mit der Pflichtenerweitung geht aber eine Erweiterung des Kreises an potentiellen Kunden für den Anlagevermittler einher.

bb) Maß an individueller Aufklärung

Grundsätzlich sollte die Pflicht zur Individualisierung nur insoweit bestehen, als diese für den Anlagevermittler *ungleich* einfacher herbeizuführen ist. Zusätzlich ist für die Entstehung der Aufklärungspflicht auch die Art der Information zu berücksichtigen, d.h. ob es sich um spezifisch das konkrete Anlageobjekt oder nur generell die Anlageform betreffende Informationen oder gar um Allgemeinwissen handelt. Je genereller die Information ist, desto höher ist das Maß an Eigenverantwortung, so dass vom Anleger ein größerer Aufwand bei der Informationsverschaffung erwartet werden kann. Deshalb muss über Umstände, die Teil des Allgemeinwissens sind, nicht aufgeklärt werden. Je konkreter die Umstände auf die in Frage stehenden Objekte bezogen sind, desto geringer ist das Maß an Nachforschung, das dem Anleger zugemutet werden kann. Auswirkungen auf den Pflichtenumfang hat auch die Gefährlichkeit der Anlage. Bei besonders gefährlichen Objekten ist die Darstellung der allgemeinen Risikostruktur nicht ausreichend, hier ist eine tiefergehende Erläuterung nötig.[598]

Im Unterschied zur Entstehung der Aufklärungspflichten an sich kann auch bei präsentem Wissen des Anlagevermittlers die weitere Individualisierung ausgeschlossen sein, wenn der Anleger diese selbst ohne großen Aufwand erreichen kann.

---

[597] *Gummert,* in: Münchener Handbuch des Gesellschaftsrechts, § 61 Rdnr. 8.

[598] Bei Terminoptionsgeschäften ist demnach der Aufklärungsumfang höher als bei Bauherrenmodellen, siehe *BGH,* Urteil v. 16.11.1993, NJW 1994, 512 ff (513). Nur bei klassischen Investmentfondsprodukten genügen allgemeine Hinweise über die Risikostruktur des Fonds, *Wolf,* NVersZ 2001, 392 ff (395 f).

2. Abgrenzung zwischen den Pflichten des Maklers und den Pflichten des Anlagevermittlers

Der Anlagevermittler unterscheidet sich vom Makler in tatsächlicher Hinsicht darin, dass er nicht die Objekte im Ganzen vermittelt, sondern lediglich anteilsmäßig. Die Nutzung des vermittelten Gegenstands zur Vermögensbildung ist kein taugliches Abgrenzungsmerkmal, da dieser Zweck auf beide Fälle zutreffen kann.[599]

a) Unterschied

Im Grunde stimmen die Pflichten dieser Intermediäre überein, da beide rechtlich grundsätzlich als Makler einzuordnen sind. Im Gegensatz zum klassischen Makler nimmt aber nur der Anlagevermittler häufig besonderes, weiter gehenderes Vertrauen für sich in Anspruch bzw. übernimmt besondere Pflichten, indem er erklärt, die Angaben selbst verifiziert zu haben. Somit wird gerade im Bereich der Anlagevermittlung die besondere Sachkunde des Vermittlers relevant. Die Kompliziertheit der Objekte liefert überhaupt erst den Anlass für die umfassende Information und eine damit einhergehende Behauptung der besonderen Sachkunde. Der klassische Makler dagegen konzentriert sich in der Regel in erster Linie auf die Vermittlung bzw. den Nachweis, seine Sachkunde steht aufgrund der regelmäßig überschaubareren Materie nicht im Mittelpunkt. Er ist demnach in der Regel bloß Wissensvertreter und nicht zur Nachforschung und Überprüfung verpflichtet, so dass das Kennzeichnen der Angaben Dritter als solche genügt.[600] Die Pflichten des Anlagevermittlers sind also in zweifacher Hinsicht weiter als die des Maklers: Bei den vorbereitenden Pflichten und beim Umfang der Aufklärungspflichten.

Der weite Umfang der gesetzlichen Aufklärungspflichten erklärt sich aus der Spezialisierung und den Besonderheiten des Vermittlungsobjekts. Kapitalanlagen sind im Unterschied zu Ge- und Verbrauchsartikeln[601] besonders komplex. Im Gegensatz zu diesen erklärt sich das Anlageobjekt nicht aus sich selbst heraus, sondern bedarf einer eingehenden Beschreibung. Es handelt sich um ein für die Zukunft geplantes Projekt, dem ein abstraktes Anlagekonzept zugrunde liegt. Die Anleger haben in der Regel keine eigenen Überprüfungsmöglichkeiten und sind auf die umfassende Aufklärung angewiesen. Der Maklerkunde hingegen hat häufig selbst Gelegenheit, die gemachten Angaben zu verifizieren und ggf. eigene Nachforschungen anzustellen, so dass er die Richtigkeit der

---

599 A. A. *Blankenstein,* NZM 2002, 145 ff (147), der der Ansicht ist, dass nur bei der Anlagevermittlung das zu vermittelnde Objekt der Vermögensbildung dient.

600 *Herrmann,* in: Heymann, HGB, § 93 Rdnr. 10.

601 Siehe auch *Fleischer,* Gutachten F, Verhandlungen des 64. deutschen Juristentags, F 23.

Angaben selbst feststellen kann.[602] Die weiten Aufklärungspflichten des Anlagevermittlers rechtfertigen sich erst recht dann, wenn er sich gezielt gerade an unkundige Anleger wendet, die wahrscheinlich die Tragweite und Risiken der Beteiligung ohne Aufklärung nicht überschauen können. Hinzu kommt die wirtschaftliche Bedeutung und das Verlustrisiko des Beitrittsentschlusses.[603] Die umfassende Aufklärungspflicht ist demnach vorrangig Folge des zu vermittelnden Objekts oder teilweise auch eines besonderen Anlegerschutzes. Es würde aber zu weit führen, von einem Sonderrecht des Kapitalmarkts zu sprechen.[604]

b) Neuere Tendenzen im Maklerrecht

Es bestehen Tendenzen, wonach die Pflichtenstellung des klassischen Immobilienmaklers gegenüber unerfahrenen Auftraggebern intensiviert und immer mehr in die Nähe des Anlagevermittlers mit seinen umfassenden Aufklärungspflichten gerückt wird. Dies soll zu einer Änderung des Berufsbilds vom reinen Vermittler zum Dienstleister mit der damit einhergehenden Entstehung von Berufspflichten führen.[605] Der Makler soll gegenüber seinem Auftraggeber so gestellt werden wie der Anlagevermittler im Rahmen eines stillschweigend geschlossenen Auskunftsvertrags.

Nach dieser Rechtsprechung ergibt sich eine Erweiterung der Pflichtenstellung des Maklers gegenüber der jetzigen Rechtslage aber nur dergestalt, dass er auch verpflichtet sein soll offenzulegen, wenn ihm eine Information nicht zur Verfügung steht oder er sie sich nicht verschaffen kann.[606] Die Pflicht zur Aufklärung über die bekannten wesentlichen Umstände ergibt sich nämlich bereits aus der Treuepflicht und eine Informationsverschaffung wird vom Makler auch nach neuerer Rechtsprechung nicht verlangt. Überdies sollte der konkrete Nachweis der haftungsverschärfenden Voraussetzungen wegen der Ablehnung des Grundsatzes der Berufshaftung auch hier gefordert werden.

3. Zusammenfassung

Der Anlagevermittler muss den Anleger über sämtliche wesentlichen Umstände konkret, objektiv und individuell aufklären. Die Objektivität der Aufklärung erklärt sich aus dem Zweck, den Anleger so umfassend zu unterrichten, dass er in die Lage versetzt wird, in Kenntnis aller generell zu beachtenden Ziele zu entscheiden.

---

[602] *Hiller,* Anm. zu *BGH,* Urteil v. 28.09.2000, ZMR 2001, 203 f (203).

[603] *BGH,* Urteil v. 25.11.1981, NJW 1982, 1095 ff (1095) zum Anlageberater.

[604] A. A. *Gummert,* in: Münchener Handbuch des Gesellschaftsrechts, § 65 Rdnr. 1.

[605] Grundlegend *BGH,* Urteil v. 28.09.2000, NJW 2000, 3642 f (3642); kritisch *Hiller,* Anm. zu *BGH,* Urteil v. 28.09.2000, ZMR 2001, 203 f (203).

[606] Wie bei *BGH,* Urteil v. 13.05.1993, NJW-RR 1993, 1114 ff.

Die individuelle Aufklärung umschreibt die Pflicht, dem Anleger die Informationen in verständlicher Weise nahe zu bringen. Diese ist bei persönlichem Kontakt geschuldet, da durch diesen die Aufklärungspflicht individualisiert wird. Im Einzelnen hängt sie von der erkennbaren Bedürftigkeit des Anlegers ab, die sich ihrerseits nach den beteiligten Bevölkerungsschichten richtet. So ziehen Anleger der Oberschicht eher Fachleute heran als Anleger der Unterschicht. Wegen der Verschiebung der beteiligten Anlegerkreise dürfen Anlagevermittler nun nicht mehr mit Vorkenntnissen rechnen, so dass sich die Anforderungen hinsichtlich der Individualisierung erhöht haben. Damit geht auch eine Verlagerung der Verantwortlichkeit vom Anleger zum Anlagevermittler einher. Das Maß an Individualisierung wird bestimmt durch die Art des jeweiligen Umstandes. Je genereller dieser ist, desto geringer sind die Anforderungen an die Individualisierung. Aus diesem Grund kann bei präsentem Wissen des Vermittlers zwar nicht die Aufklärung über den Umstand an sich, unter Umständen aber dessen detaillierte Darstellung unterbleiben.

VI. Verwendung eines Anlageprospekts

Um eine vollständige Aufklärung zu gewährleisten, zieht der Anlagevermittler in der Regel den Anlageprospekt des Emittenten heran und ergänzt diesen ggf. durch eigenes Informationsmaterial.[607] Der Prospekt hat eine Doppelrolle inne. Er wird Bestandteil oder Geschäftsgrundlage des Beteiligungs- bzw. Treuhändervertrags und dient in dieser Funktion der konkreten Anlegerinformation.[608] Er wird aber auch als Werbemittel zur Marktinformation eingesetzt[609] und richtet sich dann an einen unbestimmten Personenkreis.[610] Die Rechtsprechung sieht den Werbeprospekt jedoch ausschließlich als Mittel zur Erfüllung vorvertraglicher Aufklärungspflichten zur Einebnung des Informationsgefälles an.[611]

1. Inhalt

Der Inhalt des Anlageprospekts wird durch § 8g VerkProspG näher geregelt, der wiederum durch die VerkProspV konkretisiert wird. Da VerkProspG und VerkProspV nicht auf der Prospektrichtlinie[612] beruhen, sondern nur aus Anlass deren Umsetzung ins deutsche Recht geändert wurden, muss der Anlagepros-

---

607 *Assmann,* Prospekthaftung, S. 352.

608 *Lang,* AcP 201 (2001), 451 ff (561).

609 *Lang,* AcP 201 (2001), 451 ff (561).

610 *Schwark,* BB 1979, 897 ff (897).

611 *Assmann,* in: Assmann/Schütze, Handbuch des Kapitalanlagerechts, § 7 Rdnr. 12.

612 Richtlinie 2003/71/EG v. 04.11.2003.

pekt inhaltlich nicht den Vorgaben dieser Richtlinie entsprechen. Deshalb kann auf die bisherige Rechtsprechung zurückgegriffen werden.[613] Anhaltspunkte für den Prospektinhalt liefert auch der IDW-Standard ‚Grundsätze ordnungsgemäßer Beurteilung von Prospekten über öffentlich angebotene Kapitalanlagen'.

2. Verständnishorizont

Der Anlageprospekt bezweckt als standardisierte Informationsschrift eine objektiv-generelle Aufklärung aller potentieller Marktteilnehmer und wendet sich nicht an den individuellen Anlageinteressenten.[614] Welcher Verständnishorizont dieser Zielgruppe zugrunde gelegt werden soll, ist umstritten.[615] Der BGH zieht als Maßstab die Durchschnittserwartungen und Durchschnittserkenntnismöglichkeiten der mit dem Prospekt angesprochenen Anleger heran,[616] die zwar eine Bilanz lesen können, aber nicht unbedingt mit der in eingeweihten Kreisen verwendeten Spezialsprache vertraut sind.[617] Diese Rechtsprechung wird von der Literatur und den Untergerichten als nicht frei von Widersprüchen abgelehnt.[618] Deren[619] Meinungen zum richtigen Verständnishorizont reichen vom Maßstab eines unbewanderten Laien[620] über den eines Durchschnittsanlegers bis zu demjenigen eines Fachmanns.

Richtigerweise sind die Prospekte nicht an Spezialisten gewandt, da diese Personengruppe gerade nicht durch das Gesetz geschützt werden soll, wie sich aus § 8f Abs. 2 Nr. 4 VerkProspG ergibt. Hiernach ist bei einem Angebot an diesen Personenkreis eine Prospektpflicht überhaupt nicht vorgesehen.[621] Für den Verständnishorizont eines Durchschnittsanlegers und gegen den des unerfahrenen Anlegers spricht die Erwartungshaltung, die der Anleger aus dem Prospekt herleiten darf, § 242 BGB. Da den Anlegern wegen des fehlenden persönlichen Kontakts erkennbar sein muss, dass ein standardisierter Prospekt sich nicht an ihre persönlichen Bedürfnisse richten kann, müssen sie daraus schließen, dass der Inhalt auf den Durchschnitt der angesprochenen Anleger abstellt. Auch in den IDW-Standards wird auf die Sicht des verständigen und durchschnittlichen vorsichtigen Anlegers abgestellt, der über ein Grundverständnis an

---

613 Siehe auch *Moritz/Grimm,* BB 2005, 337 ff (337).

614 *Wagner,* BB 2002, 172 ff (176 f).

615 *OLG Stuttgart,* Urteil v. 09.03.1999, NZG 1999, 612 ff (613).

616 *BGH,* Urteil v. 16.11.1993, NJW 1994, 512 ff (513); *BGH,* Urteil v. 05.07.1993, NJW 1993, 2865 ff (2865); *BGH,* Urteil v. 12.07.2007, NJW-RR 2007, 1692 f (1693).

617 *BGH,* Urteil v. 12.07.1982, NJW 1982, 2823 ff (2824).

618 *Fleischer,* BKR 2004, 339 ff (343).

619 *OLG Stuttgart,* Urteil v. 09.03.1999, NZG 1999, 612 ff (613).

620 *Wunderlich,* DStR 1975, 688 ff (690).

621 Siehe ähnlich *Fleischer,* BKR 2004, 339 ff (343).

wirtschaftlichen Gegebenheiten verfügt.[622] Ein Vergleich mit AGB von Versicherern führt zu einem ähnlichen Ergebnis, da diese so auszulegen sind, ‚wie ein durchschnittlicher Versicherungsnehmer sie bei verständiger Würdigung, aufmerksamer Durchsicht und Berücksichtigung des erkennbaren Sinnzusammenhangs verstehen muss'.[623] Schon aus Praktikabilitätsgründen erfordert der Prospekt ein gewisses Basiswissen des Anlegers, da ein Eingehen auf alle Details nicht möglich ist.[624] Somit ist der Rechtsprechung des BGH zuzustimmen. Dieser wollte mit seinem Hinweis, dass davon auszugehen ist, dass der Anleger eine Bilanz lesen kann, im Ergebnis wohl nur ausdrücken, dass dieser über ein gewisses Grundwissen verfügen muss. Deshalb ist dem Prospekt der Horizont eines durchschnittlichen und verständigen Interessenten des in Frage stehenden Objekts mit gewissen Grundkenntnissen im Bezug auf die offerierte Kapitalanlage zugrunde zu legen. Da geschlossene Immobilienfonds in der Regel allen Bevölkerungsgruppen angeboten werden, ist als Verständnishorizont der Kenntnisstand des Durchschnitts der Bevölkerung heranzuziehen.

In keinem sinnvollen Zusammenhang mit dem allgemein geforderten weiten Umfang der Anlageprospekte steht die Erkenntnis, dass die Anleger die Prospekte häufig nicht bzw. nicht vollständig durchlesen.[625] Grund dafür könnte sein, dass die Prospekte gerade aufgrund der zwingenden Angaben sehr umfangreich und unübersichtlich werden, dass es am vorausgesetzten Wissen mangelt oder schlicht fehlendes Interesse. So besteht die Möglichkeit, dass sich der durchschnittliche Anleger nicht für jedes Merkmal interessiert, sondern nur für die daraus abzuleitenden Prognosen. Meist kann der Anleger selbst aus den Zahlen keine eigenen Schlussfolgerungen für die Erreichbarkeit seiner Ziele ziehen. Der wahre Grund für die lückenhafte Kenntnisnahme könnte deshalb darin liegen, dass der Anleger zu vielen Informationen ausgesetzt ist, ohne dass ihm eine Hilfestellung bei der Verwertung zur Verfügung gestellt wird. Da die umfassende Aufklärung aber gerade den Schutz des Anlegers bezweckt, darf sie sich nicht in das Gegenteil verkehren.

---

622 *Gummert,* in: Münchener Handbuch des Gesellschaftsrechts, § 69 Rdnr. 17.

623 *BGH,* Urteil v. 03.04.1996, NJW-RR 1996, 856 f (857); *OLG Stuttgart,* Urteil v. 23.10.1998, NJW-RR 1999, 1576 f (1576). Unterstützend für diese These kann das europarechtliche Verbraucherleitbild herangezogen werden. Der *EuGH* geht von einem durchschnittlich informierten und verständigen Durchschnittsverbraucher aus, *Piper,* in: *Piper,* UWG, § 3 Rdnr. 20. Auch der *BGH* stellt in letzter Zeit im Rahmen des UWG immer wieder auf den durchschnittlich informierten und verständigen Verbraucher ab, der der Werbung die der Situation angemessene Aufmerksamkeit entgegenbringt, *BGH,* Urteil v. 15.01.2004, GRUR 2004, 435 ff (436); *BGH,* Urteil v. 20.10. 1999, GRUR 2000, 619 ff (621).

624 Siehe *Fleischer,* BKR 2004, 339 ff (343); *Fleischer,* Gutachten F, Verhandlungen des 64. deutschen Juristentags, F 44 f.

625 *Fleischer,* Gutachten F, Verhandlungen des 64. deutschen Juristentags, F 43. Dies widerspricht der allgemein anerkannten Vermutung des aufklärungsrichtigen Verhaltens und sollte deshalb beschränkt werden.

Deshalb bietet es sich an, Zusammenfassungen der wichtigsten Erkenntnisse zwingend vorzuschreiben. Da sie die wichtigsten und aussagekräftigsten Teile des Prospekts sind, sollten sie auch für den Laien verständlich formuliert sein. Es wäre also sinnvoll, die Verpflichtung der verständlichen Zusammenfassungen aus der Prospektrichtlinie,[626] die für den Geregelten Kapitalmarkt Gültigkeit besitzt, auf den Grauen Kapitalmarkt zu übertragen. Dies könnte gewährleisten, dass die Anleger bei den zahlreichen Details die zentralen Aussagen nicht aus den Augen verlieren.

3. Haftung

Wird bei der Aufklärung ein Anlageprospekt herangezogen, kann dies die Prospekthaftung nach sich ziehen. Diese setzt sich aus den drei Komponenten der Haftung nach dem VerkProspG, der Prospekthaftung im weiteren Sinne[627] und der deliktischen Haftung nach § 823 Abs. 2 BGB i.V.m. § 264a StGB zusammen. Die deliktische Haftung soll wegen ihrer geringen Praxisrelevanz nicht näher erörtert werden.

a) Haftung nach dem Verkaufsprospektgesetz

Durch die Ergänzung des Verkaufsprospektgesetzes durch Art. 2 des Anlegerschutzverbesserungsgesetzes vom 28.10.2004[628] wurde mit Wirkung zum 01.07. 2005 erstmals eine gesetzliche Prospektpflicht (§ 8f VerkProspG) und eine spezialgesetzliche Prospekthaftung für nicht wertpapiermäßig verbriefte Vermögensanlagen (§§ 13, 13a VerkProspG) kodifiziert.[629] Die Haftung nach dem VerkProspG ersetzt die bürgerlichrechtliche Prospekthaftung im engeren Sinne. Sanktioniert wird die Erstellung eines unvollständigen oder unrichtigen Prospekts, § 13 VerkProspG, bzw. die Nichtveröffentlichung eines Prospekts, § 13a

---

[626] Art. 5 Abs. 2 der Richtlinie 2003/71/EG (Prospektrichtlinie); § 5 Abs. 2 des Entwurfes eines Gesetzes zur Umsetzung der Richtlinie 2003/71/EG.

[627] Einige Stimmen in der Literatur fassen unter den Begriff der Prospekthaftung im weiteren Sinne auch die Fälle, in denen sich der Vermittler bei einem Auskunftsvertrag mangelhafter Prospekte bedient, *Rössner/Worms,* in: Assmann/Schütze, Handbuch des Kapitalanlagerechts, § 7 Rdnrn. 15, 100.

[628] Verabschiedet am 01.07.2004; BGBl I 2004, 2630. Das Anlegerschutzverbesserungsgesetz soll durch die Änderung des WpHG die europäische Marktmissbrauchsrichtlinie umsetzen und durch Ergänzung des VerkProspG eine Prospektpflicht für Anlagen auf dem Grauen Kapitalmarkt einführen. Dieses Gesetz ist das Ende einer fast 30jährigen Debatte um eine gesetzliche Regulierung des nicht organisierten Kapitalmarktes, siehe *Ziegler,* DStR 2005, 30 ff (30).

[629] Schon der 51. deutsche Juristentag 1976 in Stuttgart hatte dem Gesetzgeber empfohlen, ein Anlegerschutzgesetz für alle Arten von Anteilen an Publikumsgesellschaften zu erlassen, *Fleischer,* BKR 2004, 339 ff (339 f).

VerkProspG. Haftungsschuldner ist der Prospektverantwortliche, siehe § 13a Abs. 1 S. 1 VerkProspG und § 44 Abs. 1 S. 1 BörsenG.

Die Prospektpflicht wird voraussichtlich ohne größere Auswirkungen in der Praxis bleiben,[630] da auch ohne gesetzliche Regelung bereits eine richterrechtliche Prospektpflicht besteht. Schon bisher wurden die Anleger mit schriftlichem Werbematerial geworben[631] und bei besonders komplizierten Anlagen war dies bereits verpflichtend.[632] Außerdem ist es ohnehin üblich, die Prospekte der geschlossenen Fonds zur Sicherheit durch einen Wirtschaftsprüfer auf der Grundlage des IDW S4[633] testieren zu lassen.[634]

aa) Entwicklung von der Prospekthaftung im engeren Sinne zum Verkaufsprospektgesetz

Die späte Kodifizierung einer Aufklärungspflicht liegt daran, dass ‚kein Grund für einen besonderen Anlegerschutz von Ärzten und Apothekern gesehen wurde', die vorrangig in den Grauen Kapitalmarkt investierten. Darum wurde ein Gesetz von 1978, das die Prospektpflicht regeln sollte, abgelehnt.[635] Bislang wurde diese Lücke durch die Haftung des Prospektverantwortlichen nach dem richterrechtlich entwickelten Institut der Prospekthaftung im engeren Sinne geschlossen.[636] An die Zielrichtung des Anlageprospekts anknüpfend basiert sie auf typisiertem Vertrauen, d.h. dass an die Stelle des konkreten besonderen Vertrauens und des Nachweises der Kausalität typischerweise bestehendes Vertrauen tritt.[637]

Der Hintergrund der Entwicklung dieses Rechtsinstituts war der Kapitalanlegerschutz vor Kapitalverlust und der Schutz des Vertrauens in die Funktionsfähigkeit des Kapitalmarkts.[638] Ohne die Prospekthaftung wäre der Anlegerschutz unvollständig, da durch allgemeine Rechtsprinzipien nicht alle Verantwortlichen

---

[630] *Heisterhagen,* DStR 2004, 1089 ff (1093).

[631] *Ziegler,* DStR 2005, 30 ff (30); neue Impulse ergab erst wieder 1999 ein Bericht der Bundesregierung zum Grauen Kapitalmarkt, siehe dazu *Fleischer,* BKR 2004, 339 ff (340).

[632] *BGH,* Urteil v. 01.02.1994, NJW 1994, 997 ff (997) zu Terminoptionsgeschäften; *Kuschka,* MDR 2005, 906 ff (907); siehe aber *BGH,* Beschluss v. 25.10.1994, NJW 1995, 321 ff (322 f).

[633] Vom Institut der Wirtschaftsprüfer herausgegebene ‚Grundsätze ordnungsmäßiger Beurteilung von Prospekten über öffentlich angebotene Kapitalanlagen', siehe *Fleischer,* BKR 2004, 339 ff (343).

[634] *Hasenkamp,* DStR 2004, 2154 ff (2159).

[635] *Hösch,* GewArch 1999, 135 ff (139).

[636] Die Prospekthaftung bei der Publikums-KG liegt im Schnittpunkt zweier großer richterlicher Rechtsfortbildungen, nämlich der Fortbildung der c.i.c. und des Rechts der KG, *v. Bar,* ZGR 1983, 476 ff (479).

[637] *v. Bar,* ZGR 1983, 476 ff (480).

erfasst werden können. Die Haftung der Anlagegesellschaft scheitert in der Regel daran, dass sie nicht selbst beteiligt ist, der Haftung der nach Gründung der Gesellschaft beigetretenen Mitgesellschafter steht in der Regel entgegen, dass diese selbst getäuscht wurden.[639] Die Hintermänner der Anlagegesellschaft haften nach allgemeinen Regeln grundsätzlich nicht, weil sie nicht in Erscheinung treten und deshalb kein persönliches Vertrauen zu diesen entstehen kann.

Typischerweise bringen die Anleger aber diesen hinter der Gesellschaft stehenden Personen Vertrauen entgegen, d.h. vor allem den Gründern und Initiatoren, die das Management bilden und beherrschen,[640] und den Personen, die besonderen Einfluss auf die Gesellschaft ausüben. Die Anleger dürfen davon ausgehen, dass diese aufgrund ihres Einflusses wesentliche Unrichtigkeiten und Unvollständigkeiten verhindern werden.[641] Die Prospekthaftung im engeren Sinne sanktioniert den Umstand, dass der Prospektverantwortliche den Anleger nicht richtig oder nicht vollständig informiert hat, obwohl er wusste, dass der Prospekt regelmäßig die einzige Informationsquelle ist.[642]

Die Rechtsprechung entwickelte die zivilrechtliche bzw. bürgerlichrechtliche[643] Prospekthaftung[644] in einer Reihe von Urteilen seit 1978.[645] Der BGH sieht die Prospekthaftung als Weiterentwicklung der c.i.c. an, bei der das Vertrauen Folge einer Garantenstellung ist, die kraft Amtes oder Berufes entsteht, oder auf einer besonderen Fachkunde oder einer allgemein anerkannten und hervorgehobenen beruflichen und wirtschaftlichen Stellung beruht.[646] Die Literatur fand keine einheitliche Begründungslinie. Ihre Herleitung der bürgerlichen Prospekthaftung im engeren Sinne ähnelt aber in weiten Zügen der Begründung der spezialgesetzlichen Prospekthaftung für den Geregelten Kapitalmarkt. Durch die Verweisung des § 13 VerkProspG auf §§ 44 ff BörsenG haben die Haftungssysteme beider Kapitalmärkte nun die gleiche Rechtsnatur.[647] Deshalb ist die zur Prospekthaftung im engeren Sinne vertretene Herleitung über eine Gesamt-

---

638 *Pleyer,* Zur Grundlage des Schadensersatzanspruchs wegen fehlerhafter Prospekte, in: FS für Walter Stimpel, S. 335 ff (336 f).

639 *BGH,* Urteil v. 14.12.1972, NJW 1973, 1604 ff (1605); *Emmerich,* Das Recht der Leistungsstörungen, S. 115; siehe auch *Gummert,* in: Münchener Handbuch des Gesellschaftsrechts, § 69 Rdnr. 32 f.

640 *BGH,* Urteil v. 24.04.1978, NJW 1978, 1625 f (1625).

641 *Wittmann,* DB 1980, 1579 ff (1586).

642 *Lang,* AcP 201 (2001), 451 ff (560).

643 *Assmann,* in: Assmann/Schütze, Handbuch des Kapitalanlagerechts, § 7 Rdnr. 3.

644 Als Gegensatz zur börsengesetzlichen Prospekthaftung (Zweigleisigkeit der Prospekthaftung).

645 Seit *BGH,* Urteil v. 24.04.1978, NJW 1978, 1625 f; siehe etwa *BGH,* Urteil v. 06.10.1980, NJW 1981, 1449 ff; *BGH,* Urteil v. 31.05.1990, NJW 1990, 2461 ff; siehe aber auch schon *BGH,* Urteil v. 14.12.1972, NJW 1973, 1604 ff.

646 *BGH,* Urteil v. 24.04.1978, NJW 1978, 1625 f (1625).

647 *Hamann,* in: Kohlhammer, §§ 45, 46 BörsG a.F., Rdnrn. 15 ff (18).

analogie zur Prospekthaftung nach §§ 45, 46 BörsenG, § 20 KAGG, § 12 AuslInvestmG[648] nun nicht mehr nötig; nun kann unmittelbar auf die herkömmlichen Begründungsansätze der börsengesetzlichen Prospekthaftung zurückgegriffen werden. Nach der Theorie der rechtsgeschäftlichen Erklärung wird die Prospektherausgabe als rechtsgeschäftliche Willenserklärung angesehen, durch die der Herausgeber ein bindendes Qualitätsversprechen abgebe.[649] *v. Bar* dagegen leitet die Haftung deliktsrechtlich her und begründet sie damit, dass auch unabhängig von einer vertraglichen Beziehung aufgrund einer exponierten Rolle im Gefüge des Wirtschafts- und Berufslebens (Verkehrs-)Pflichten entstünden.[650]

Die Herleitung auf dem Wege der Vertrauenshaftung[651] liegt am nächsten. Auch wenn die Rechtsprechung die Haftung u. a. auf die berufliche Rolle zurückführt, liegt kein Fall der klassischen Berufshaftung vor, da der Anleger wegen der Anonymität der Hintermänner deren Beruf in der Regel nicht kennt[652] und die Haftung nicht an den Vertragsschluss mit einem bestimmten Dritten anknüpft.[653] Die Prospekthaftung ist also nicht in erster Linie Folge des Auftretens in einer beruflichen Rolle, die per se eine besondere Vertrauenswürdigkeit verkörpert, das standardisierte Vertrauen richtet sich vielmehr auf die Einflussmöglichkeit der Prospektverantwortlichen unabhängig vom konkreten Beruf. Es wird demnach kein Vertrauen in eine berufliche Rolle vermutet, sondern in eine Einflussmöglichkeit. Wegen der Abweichungen von den Voraussetzungen der c.i.c. beruht die Prospekthaftung auf einer Weiterentwicklung der c.i.c.[654] Die

---

[648] *Coing* stützt die Haftung auf eine Rechtsanalogie der Normen der gesetzlich geregelten Prospekthaftung, da es sich auch bei dieser um ein Institut der Vertrauenshaftung handele. Der Vorteil dieser Lösung sei, dass die gesetzliche Prospekthaftung genau den Personenkreis umfasse, der auch nach dem *BGH* einer Haftung unterliegen soll, WM 1980, 206 ff (211 f). Für eine analoge Anwendung spricht auch die mittelbare Prospektpflicht wegen der Komplexität der Anlagen, siehe dazu *Grumann,* BKR 2002, 310 ff (314).

[649] Siehe bei *Pleyer/Hegel,* ZIP 1986, 681 ff (684); dagegen spricht, dass die Prospektangaben nur Wissenserklärungen sind; der Prospekt ist nur als Aufforderung zur Abgabe eines Angebots anzusehen und bedeutet keine Garantieerklärung, *v. Bar,* ZGR 1983, 476 ff (505). Da die Anleger noch nicht mal bestimmbar sind, kann dies keine konkludente Willenserklärung sein. Nach dem objektiven Empfängerhorizont stellt die Prospekterstellung keine Willenserklärung dar, da für den Anleger ersichtlich ist, dass der Verantwortliche sich dadurch nicht gegenüber einer unbestimmten, nicht vorhersehbaren Anzahl von potentiellen Anlegern rechtlich binden will.

[650] *v. Bar,* ZGR 1983, 476 ff (507); siehe etwa auch *Assmann,* Prospekthaftung, S. 248 f.

[651] *Grote,* Die Eigenhaftung Dritter als Anwendungsfall der culpa in contrahendo, S. 213.

[652] Siehe *Larenz,* Lehrbuch des Schuldrechts, II. Band, 1. Halbband, S. 434.

[653] *Wiedemann,* in: Soergel, BGB, vor § 275 Rdnr. 233.

[654] Für die Subsumtion der Prospekthaftung im engeren Sinne a.F. unter § 311 Abs. 3 BGB *Emmerich,* in: MüKo, BGB, § 311 Rdnr. 164; *Wittmann,* DB 1980, 1579 ff (1580); dagegen *Grumann,* BKR 2002, 310 ff (310 f).

Prospekthaftung wird auch als Teil des Sonderrechts für Publikums-KGs bezeichnet.[655]

bb) Haftung des Anlagevermittlers nach dem Verkaufsprospektgesetz

Bei der Wahrnehmung der originären Aufgaben als Vermittler fällt der Anlagevermittler nicht unter die Verantwortlichen im Sinne des § 13 VerkProspG i. V. m. § 44 BörsenG.[656] Der Kreis der haftenden Personen ist durch die Gesetzesänderung im Grunde unverändert geblieben. Die bisher nach der Prospekthaftung im engeren Sinne Verantwortlichen können unter die Verantwortlichen im Sinne des § 44 Abs. 1 S. 1 BörsenG subsumiert werden.[657]

Prospektverantwortliche sind diejenigen, die für die Geschicke des Unternehmens und damit für die Herausgabe des Prospekts verantwortlich sind. Namentlich sind das neben den Initiatoren, Gründern und Gestaltern der Gesellschaft, soweit sie das Management bilden oder beherrschen,[658] auch die Personen, die hinter der Gesellschaft stehen und neben der Geschäftsleitung besonderen Einfluss ausüben und deshalb Mitverantwortung tragen,[659] und die Personen, die aufgrund ihrer beruflichen oder wirtschaftlichen Stellung oder aufgrund ihrer Fachkunde eine Art Garantenstellung einnehmen und durch ihre Mitwirkung an der Prospektgestaltung nach außen hin in Erscheinung getreten sind.[660]

Wenn der Anlagevermittler Mitherausgeber des Prospekts ist, kann er nach § 13 VerkProspG haftbar sein.[661] Im Normalfall übt er keinen besonderen Einfluss aus, da hierfür nicht genügt, den Prospekt zu planen, zu konzipieren oder zu begutachten.[662] Auch die Übernahme des Vertriebs[663] oder gar des Exklusivvertriebs zusammen mit der Erstellung einer Werbekonzeption und die Durchführung von Seminaren und Verkaufsschulungen kann typisiertes Vertrauen nicht hervorrufen.[664]

---

655 *v. Bar,* ZGR 1983, 476 ff (477).

656 Siehe dazu *BGH,* Urteil v. 14.04.1986, WM 1986, 904 ff (906).

657 *Fleischer,* BKR 2004, 339 ff (343 f).

658 *BGH,* Urteil v. 24.04.1978, NJW 1978, 1625 f (1626).

659 *BGH,* Urteil v. 16.11.1978, NJW 1979, 718 f (718); *BGH,* Urteil v. 01.12.1994, NJW 1995, 1025 ff (1025).

660 *BGH,* Urteil v. 12.02.2004, NJW 2004, 1732 ff (1733).

661 *BGH,* Urteil v. 12.02.2004, NJW 2004, 1732 ff (1733).

662 *BGH,* Urteil v. 14.04.1986, WM 1986, 904 ff (906).

663 *BGH,* Urteil v. 12.02.2004, NJW 2004, 1732 ff (1733).

664 A. A. *KG,* Urteil v. 27.04.2001, NZG 2001, 1098 ff (1099), wonach sich aus der daraus folgenden herausgehobenen Position das typische Vertrauen ergebe. Die Übernahme dieser Aufgaben dokumentiere die zentrale Bedeutung des Vermittlers für den Erfolg des Konzepts und das Vertrauen, das das Management ihm entgegenbringt. Dieses sei Grundlage des typisierten Vertrauens der Anleger in den Vermittler, kritisch *Schulenburg,* Anm. zu *KG,* Urteil v. 27.04.2001, NZG 2001, 1104 (1104).

b) Prospekthaftung im weiteren Sinne[665]

Gleichzeitig mit der Entwicklung der Prospekthaftung im engeren Sinne entwickelte sich auch die Vertreterhaftung nach den Grundsätzen der c.i.c. fort, die bis dahin nur geringe Bedeutung erlangt hatte.[666] Die Prospekthaftung im weiteren Sinne folgt den Regeln der c.i.c. nach § 311 Abs. 3 BGB mit der Besonderheit, dass die haftende Person einen Anlageprospekt verwendet.

Die Prospekthaftung im weiteren Sinne kommt neben der Haftung nach dem VerkProspG zur Anwendung, da diese auf einem vorvertraglichen Kontakt beruht, § 47 Abs. 2 BörsenG i. V. m. § 13 Abs. 1 VerkProspG.[667] Die Herleitung beider Haftungsnormen aus dem Rechtsinstitut der c.i.c. steht einer gleichzeitigen Anwendung nicht entgegen.[668]

aa) Unterschiede zwischen der Haftung nach dem Verkaufsprospektgesetz und nach der Prospekthaftung im weiteren Sinne

Da sowohl die Haftung nach dem VerkProspG als auch die Haftung nach den Grundsätzen der Prospekthaftung im weiteren Sinne auf der Information durch einen fehlerhaften Prospekt beruht, bietet sich eine Gegenüberstellung beider Rechtsinstitute an. Bei der haftungsbegründenden Kausalität ergeben sich keine erheblichen Unterschiede. Nach § 13 Abs. 1 Nr. 1 VerkProspG i. V. m. § 45 Abs. 2 Nr. 1 BörsenG trägt der Prospektverantwortliche die Darlegungs- und Beweislast für die fehlende Kausalität zwischen den Prospektangaben und dem Anteilserwerb.[669] Dies entspricht der Vermutung aufklärungsrichtigen Verhaltens bei der c.i.c.[670] Folgt man der Ansicht, die für den Schadensersatz aus c.i.c. einen Vermögensschaden fordert,[671] dann kommt es zu einer Übereinstimmung mit § 13 Abs. 1 Nr. 3 VerkProspG i. V. m. § 45 Abs. 2 Nr. 2 BörsenG, der dem Prospektverantwortlichen den Nachweis eröffnet, dass die unrichtige Prospektangabe nicht zu einer Minderung des Erwerbspreises der Vermögensanlage beigetragen hat.

---

665 Auch uneigentliche Prospekthaftung genannt, siehe *Assmann,* in: Assmann/Schütze, Handbuch des Kapitalanlagerechts, § 7 Rdnr. 15.

666 *Tewes,* Praxishandbuch Immobilienkapitalanlagen, Teil 5/4.3, S. 2.

667 Begr. des RegE, BT-Drucks 15/3174, S. 44; *Spindler,* NJW 2004, 3449 ff (3455); *Heisterhagen,* DStR 2004, 1089 ff (1091); *Hamann,* in: Kohlhammer, § 48 n. F. BörsenG, Rdnr. 4.

668 *BGH,* Urteil v. 01.10.1984, NJW 1985, 380 f (381) zur Prospekthaftung im engeren Sinne; *Gummert,* in: Münchener Handbuch des Gesellschaftsrechts, § 69 Rdnr. 31.

669 *Ziegler,* DStR 2005, 30 ff (31); *Fleischer,* BKR 2004, 339 ff (344).

670 Siehe dazu unten Kapitel 1 F.I.3.b)cc).

671 Siehe unten Kapitel 1 F.I.2.a).

Unterschiede ergeben sich allerdings beim Haftungsmaßstab. Gemäß § 13 VerkProspG haftet der Prospektverantwortliche nur für Vorsatz und grobe Fahrlässigkeit, der Anlagevermittler dagegen auch für einfache Fahrlässigkeit.[672] Die Milderung des Haftungsmaßstabes gleicht den Umstand aus, dass im Bereich der Prospekthaftung auf das Erfordernis eines rechtsgeschäftlichen Kontakts verzichtet wird. Die an den Emittenten zu stellenden inhaltlichen Anforderungen sind strenger als die, die an den Emissionsbegleiter gestellt werden, da er über die breiteste Informationsbasis verfügt und selbst das Objekt erstellt. Dagegen sind dem Anlagevermittler ausschließlich die ihm vom Emittenten und von dritter Seite zur Verfügung gestellten Informationen zugänglich; seine Verpflichtung beschränkt sich primär auf die Überprüfung und Weitergabe dieser vorgelegten Daten.[673] Wegen der ungleichen Ansatzpunkte für das Verschulden ist der unterschiedliche Haftungsmaßstab gerechtfertigt. Überdies würde die Haftung des Prospekterlassers auch für einfache Fahrlässigkeit an die Grenze einer Garantiehaftung stoßen.[674] Ansprüche gegen den Anlagevermittler sind also unter Umständen vor Gericht leichter durchzusetzen.

Der Haftungsumfang nach § 13 Abs. 1 Nr. 3 VerkProspG i. V. m. § 44 Abs. 1 S. 1 BörsenG erstreckt sich außerdem im Gegensatz zur c.i.c. nicht auf den Ersatz des entgangenen Gewinns, da diese Norm eine abschließende Schadensregelung ist.[675]

bb) Entstehen der Haftung nach den Grundsätzen der Prospekthaftung im weiteren Sinne

Da die Prospekthaftung im weiteren Sinne eine spezielle Ausprägung der c.i.c. ist, entsteht die Haftung, wenn die Voraussetzungen der c.i.c. erfüllt sind und der Vermittler sich den Prospektinhalt zu eigen macht.[676]

Das Zueigenmachen des Prospektinhalts erfordert, dass der Vermittler diesen nicht nur als fremde Erklärung weitergeben, sondern selbst für die Richtigkeit einstehen will. D.h. dass der Vermittler besonderes Vertrauen in Anspruch nehmen und dieses Vertrauen sich gerade auch auf den Prospekt beziehen muss. Wenn die Voraussetzungen der c.i.c. vorliegen, genügt für dessen Einbeziehung ein Hinweis auf den Prospekt.[677] Der Vermittler macht sich den Inhalt auch dann zu eigen, wenn er als Ausgeber des Prospekts auftritt, indem er diesen mit

---

672 *Spindler,* NJW 2004, 3449 ff (3455); *Fleischer,* BKR 2004, 339 ff (345).

673 Begr. des RegE, BT-Drucks. 13/8933, S. 80.

674 *Heisterhagen,* DStR 2004, 1089 ff (1092).

675 *Fleischer,* BKR 2004, 339 ff (346).

676 A.A. *BGH,* Urteil v. 26.01.1971, WM 1971, 498 f (499), wonach das Zueigenmachen nicht ausreicht, wenn der Anleger lediglich dem Prospekt Glauben schenkt.

677 Siehe *Heisterhagen/Kleinert,* DStR 2004, 507 ff (512).

eigenen Anmerkungen versieht.[678] Wiederholt der Vermittler den Prospektinhalt ohne weitere Erklärungen, reicht dies allein aber nicht zur Begründung eines besonderen Vertrauens im Sinne des § 311 Abs. 3 S. 2 BGB aus, da er dann keine eigene Erklärung abgibt[679] und dadurch nicht automatisch die Gewähr für die Richtigkeit und Vollständigkeit des Prospekts übernimmt.[680]

Wenn der Anlagevermittler sich zur Erfüllung einer bestehenden Aufklärungspflicht den Anlageprospekt nicht zu eigen macht, muss er seine mündliche Aufklärung durch eigene schriftliche Unterlagen vervollständigen, da bei Immobilienfonds eine ordnungsgemäße Aufklärung in der Regel nur schriftlich erfolgen kann. Handelt es sich bei den zugezogenen Dokumenten ebenfalls um einen Prospekt, haftet der Vermittler bei Fehlerhaftigkeit auch hier nach den Grundsätzen der Prospekthaftung im weiteren Sinne.[681] Der Anlageprospekt des Anbieters kommt dem Anlagevermittler also einerseits für die eigene Pflichterfüllung entgegen, kann andererseits bei Mängeln aber auch belastend wirken. Das Zusammenspiel zwischen der Haftung des Vermittlers und des Anbieters aufgrund eines fehlerhaften Prospektes wird für die Frage des Ausgleichs der Haftung unter Gesamtschuldnern relevant.[682]

Liegt die Pflichtverletzung nicht im fehlerhaften Prospekt, sondern im Fehlverhalten des Vermittlers selbst, indem er etwa im Prospekt ordnungsgemäß aufgeführte Risikohinweise wegen seines Provisionsinteresses herunterspielt,[683] beruht die Haftung nicht auf der Prospekthaftung im weiteren Sinne, sondern auf der klassischen c.i.c. Prospekthaftung bedeutet nämlich Haftung für die Vollständigkeit und Richtigkeit des Prospekts.[684]

cc) Pflichten des Anlagevermittlers

(1) Übergabepflicht

Durch die Änderung des VerkProspG besteht zwar auch im Grauen Kapitalmarkt eine gesetzliche Pflicht zur Erstellung eines Anlageprospekts, eine gesetzliche Pflicht zu dessen Übergabe existiert aber weiterhin nicht. Eine dahin-

---

[678] Siehe *Lutter,* Zur Haftung des Emissionsgehilfen im grauen Kapitalmarkt, in: FS für Johannes Bärmann, S. 605 ff (617); siehe auch *Wiedemann/Schmitz,* ZGR 1980, 129 ff (141).

[679] *Wiedemann/Schmitz,* ZGR 1980, 129 ff (141).

[680] *BGH,* Urteil v. 27.09.1988, NJW-RR 1989, 150 ff (150).

[681] *Assmann,* in: Assmann/Schütze, Handbuch des Kapitalanlagerechts, § 7 Rdnr. 72.

[682] Siehe dazu unten Kapitel 1 J.II.4.b).

[683] *Gummert,* in: Münchener Handbuch des Gesellschaftsrechts, § 69 Rdnr. 24.

[684] *Heinrichs,* in: Palandt, BGB, § 280 Rdnr. 54; a. A. Haftung aufgrund der Prospekthaftung im weiteren Sinne, *Gummert,* in: Münchener Handbuch des Gesellschaftsrechts, § 69 Rdnr. 25.

gehende gesetzliche Regelung ist zum Schutz des Anlegers auch nicht unbedingt notwendig. Bei komplexen Anlageprodukten wie den geschlossenen Immobilienfonds fordert die Rechtsprechung eine Prospektübergabe, da eine sachgerechte Information wegen deren Fülle nur in Form einer geordneten schriftlichen Zusammenstellung gewährleistet ist.[685] Eine mündliche Aufklärung ist hier unzureichend, wenn nicht gar unmöglich,[686] da auf mündlichem Wege die erforderliche Übersichtlichkeit nicht erreicht werden kann und dem Anleger die Gelegenheit vorenthalten wird, sich den Inhalt nochmals in Ruhe vor Augen zu führen.

Im Gegensatz zu der üblichen Beweislastverteilung muss der Vermittler die Übergabe des Prospekts beweisen. Begründet wird dies damit, dass der Beweis für ihn einfacher zu führen ist, da er sich die Übergabe eines körperlichen Gegenstands quittieren lassen kann.[687] Die Quittierung in der Beitrittserklärung ist nicht ausreichend, da dies einer Beweislastveränderung zum Nachteil des Anlegers gleichkommen würde, § 309 Nr. 12 BGB.[688]

Mit der Übergabepflicht geht die Obliegenheit des Anlegers einher, den Prospekt aufmerksam und sorgfältig durchzulesen.[689] Ähnlich wie im UWG sollte dem Anleger auch im Kapitalanlagerecht eine situationsgemäße Aufmerksamkeit[690] bei der Lektüre abverlangt werden. Da die Entscheidung zur Beteiligung an einem geschlossenen Immobilienfonds eine breite Informationsgrundlage erfordert und risikoreich ist, kann vom Anleger ein großes Maß an Aufmerksamkeit erwartet werden. Um dem Anleger auch die Gelegenheit einzuräumen, seiner Obliegenheit nachzukommen, muss ihm ausreichend Zeit gelassen werden, den Prospekt in Ruhe zur Kenntnis zu nehmen.[691] Dies erfordert im Regelfall einige Tage Bedenkzeit. Diese Zeitspanne zwischen der Prospektübergabe, der mündlichen Aufklärung und dem eventuellen Vertragsschluss hat den positiven Nebeneffekt, dass der Anleger unter Umständen vor einer überstürzten Entscheidung bewahrt wird.[692]

---

685 *OLG Hamm,* Urteil v. 26.03.2003, BKR 2003, 807 ff (808); siehe dazu *Heisterhagen/Kleinert,* DStR 2004, 507 ff (512 f); nach *Thiel,* Die Haftung der Anlageberater und Versicherungsvermittler, S. 36 besteht bei Standardprodukten dieses Erfordernis nicht.

686 *OLG Hamm,* Urteil v. 26.03.2003, BKR 2003, 807 ff (808); *Renner,* DStR 2001, 1706 ff (1706).

687 *OLG Hamm,* Urteil v. 26.03.2003, BKR 2003, 807 ff (809); nach *BGH,* Urteil v. 11.05.2006, NJW-RR 2006, 1345 f (1346) trifft den Anleger die Beweislast für die Behauptung, keinen Prospekt erhalten zu haben.

688 *OLG Hamm,* Urteil v. 26.03.2003, BKR 2003, 807 ff (809); *Heisterhagen/Kleinert,* DStR 2004, 507 ff (512).

689 *BGH,* Urteil v. 31.03.1992, NJW-RR 1992, 879 ff (881).

690 *OLG Stuttgart,* Urteil v. 23.10.1998, NJW-RR 1999, 1576 f (1576).

691 *OLG Hamm,* Urteil v. 26.03.2003, BKR 2003, 807 ff (809).

692 *OLG Hamm,* Urteil v. 26.03.2003, BKR 2003, 807 ff (809).

(2) Erläuterung und Richtigstellung durch Vermittler

Eine vollständige Aufklärung erfordert nicht, dass der Anlagevermittler den Prospekt nochmals vorliest.[693] Soweit die Fakten richtig dargestellt sind[694] und der Anleger sich durch die Lektüre des Prospekts die Informationen selbst erschließen kann[695], schuldet der Vermittler grundsätzlich auch keine zusätzlichen Angaben. Der Vermittler muss also den Prospekt nicht nochmals erläutern.[696]

Gerade sehr umfangreichen Anlageprospekten mangelt es aber häufig an Übersichtlichkeit. Der Anleger läuft Gefahr, den Blick auf das Wesentliche zu verlieren, weshalb er unter Umständen auch die Risikohinweise nicht richtig einordnen kann. In diesen Fällen ist eine erläuternde mündliche Aufklärung vonnöten.[697] Der Anlagevermittler muss Unklarheiten richtig stellen[698] und Widersprüche aufdecken[699], um der individuellen Aufklärung gerecht zu werden,[700] und die Fakten nochmals eigenständig gewichten und benennen.[701]

Neben der Länge des Prospekts ergibt sich eine zusätzliche Aufklärungspflicht grundsätzlich in der Regel auch daraus, dass die Prospekte naturgemäß allgemein dahin ausgerichtet sind, die Anlagen als besonders werthaltig und rentabel herauszustellen. Sie verschleiern die Risiken und stellen die Chancen in den Vordergrund. Der Grund für die mangelnde Neutralitätsgewähr liegt darin, dass die Prospekte nicht von einer objektiven Instanz, sondern aus dem Lager des Anbieters stammen. Dies ist für den Anleger oft nicht erkennbar, da der Anlageprospekt oft die einzige maßgebliche Entscheidungsgrundlage ist.[702] Der Ausgleich dieser Einseitigkeit obliegt dem Anlagevermittler als eine dritte nicht am Hauptvertrag beteiligte Person. In welchem Maße der Vermittler diese berichtigen muss, folgt aus seinem Auftreten und der Erwartungshaltung, die er dadurch hervorruft. Tritt er werbend als ‚Verkäufer‘ auf, kann der Anleger nicht

---

693 *Wagner,* DStR 2003, 1757 ff (1759).

694 *Schirp/Mosgo,* BKR 2002, 354 ff (359) zu Innenprovisionen.

695 *BGH,* Urteil v. 31.03.1992, NJW-RR 1992, 879 ff (881).

696 *Wagner,* DStR 2004, 1883 ff (1884).

697 *Thiel,* Die Haftung der Anlageberater und Versicherungsvermittler, S. 38; siehe *OLG Stuttgart,* Urteil v. 09.03.1999, NZG 1999, 612 ff (613).

698 *Gehrlein/Grüneberg/Sutschet,* in: Bamberger/Roth, BGB, § 311 Rdnr. 98; *Wagner,* BB 2002, 172 ff (176 f).

699 *BGH,* Urteil v. 02.02.1983, NJW 1983, 1730 f (1731).

700 *BGH,* Urteil v. 02.02.1983, NJW 1983, 1730 f (1731); a. A. *v. Heymann,* BB 2000, 1149 ff (1150 f), nach dessen Meinung das übergebene Material nur bei entsprechender Nachfrage zusätzlich erläutert werden muss. Für diese Meinung spricht, dass der Vermittler ohne Nachfrage nicht weiß, ob der Anleger den Prospekt richtig verstanden hat.

701 *OLG Celle,* Urteil v. 15.08.2002, BKR 2002, 841 ff (842 f); *LG Stuttgart,* Urteil v. 28.02.2003, BKR 2003, 386 ff (388).

702 *BGH,* Urteil v. 12.02.2004, NJW 2004, 1732 ff (1734).

die gleiche Neutralität verlangen wie bei einem unabhängig auftretenden Vermittler.

Erfordert die individuelle Aufklärung ergänzende mündliche Erklärungen, wird der Anlagevermittler generell für verpflichtet gehalten, die Unterlagen in allen Einzelheiten zu erläutern.[703] Da Ziel der mündlichen Aufklärung aber gerade ist, das Kapitalanlageprodukt verständlich darzustellen, kann es in einigen Situationen unter Umständen zweckdienlicher sein, die Informationen zu vereinfachen und zusammenzufassen, in anderen Fällen kann es sinnvoller sein, die Informationen detaillierter darzustellen; dies hängt davon ab, welche Art der Aufklärung im Einzelfall die Verständlichkeit erhöht. Die mündliche Erläuterung muss sich gerade auch auf die Risiken beziehen, auch wenn diese im Prospekt ausführlich dargestellt sind.[704] Insbesondere wenn die Risiken im Prospekt nicht im Zusammenhang und gewichtet dargestellt sind, muss der Vermittler diese in zusammengefasster und leicht verständlicher Form vortragen.[705]

4. Zusammenfassung

Die Anlageprospekte sind standardisiert und haben einen unbestimmten Adressatenkreis. Als Verständnishorizont ist ihnen in der Regel derjenige eines Durchschnittsbürgers mit gewissen Vorkenntnissen zugrunde zu legen. Ein fehlerhafter Anlageprospekt kann die Haftung der Prospektverantwortlichen nach § 13 VerkProspG i. V. m. §§ 44 ff BörsenG nach sich ziehen. Der Anlagevermittler ist in der Regel aber nur von der Prospekthaftung im weiteren Sinne betroffen. Diese erfordert als Haftung für die Richtigkeit und Vollständigkeit des Anlageprospekts, dass die Voraussetzungen der c.i.c. nach § 311 Abs. 3 BGB vorliegen und der Anlagevermittler sich den Prospektinhalt zu eigen macht. Ist dagegen der hinzugezogene Prospekt fehlerfrei und nur die Aussagen des Anlagevermittlers nicht ordnungsgemäß, beruht seine Haftung auf §§ 280 Abs. 1, 311 Abs. 3 BGB in seiner Grundform. Der Anlagevermittler ist zur Übergabe und zur Klarstellung von Unstimmigkeiten, die aus der Länge des Prospekts und dessen Einseitigkeit herrühren, verpflichtet.

VII. Details

Aus der Vielzahl der aufklärungspflichtigen Umstände sollen exemplarisch die Innenprovisionen, deren Behandlung jüngst durch ein höchstrichterliches

---

[703] *BGH,* Urteil v. 02.02.1983, NJW 1983, 1730 f (1731).

[704] Siehe *OLG Stuttgart,* Urteil v. 09.03.1999, NZG 1999, 612 ff (613); *Thiel,* Die Haftung der Anlageberater und Versicherungsvermittler. Risikoerkennung. Risikomanagement, S. 38.

[705] Siehe *OLG Celle,* Urteil v. 15.08.2002, BKR 2002, 841 ff (843) zum Anlageberater.

Urteil geklärt wurde[706], und der weiterhin umstrittene Bereich der negativen Presseberichterstattungen beleuchtet werden.

1. Innenprovision

a) Begriffsbestimmung

Auch wenn beide Seiten des Beteiligungsvertrags eine Provisionszahlung schulden, wird häufig nur ein Teil offen als Provision bezeichnet. Der andere Teil wird in der Regel nicht als solche ausgewiesen, sondern als ‚Werbungskostenzuschuss‘, ‚Gebühr‘, ‚Marketingentgelt‘ oder ‚Dienstleistungspauschale‘ getarnt.[707] Diese Aufspaltung soll die im Kapitalanlagebereich oft beträchtliche und deshalb vertriebsschädliche Provisionshöhe verschleiern.[708] Der unter Umständen getarnte Teil wird als Innenprovision bzw. interne Provision[709] bezeichnet und vom Initiator an den von ihm beauftragten Vermittler gezahlt.[710] Der offen gelegte Teil wird als Außenprovision bezeichnet und beim Doppelauftrag vom Kunden zusätzlich entrichtet.[711]

b) Aufklärungspflicht

aa) Bisherige Rechtslage

In Rechtsprechung und Literatur wurden kontroverse Meinungen zur Aufklärungspflicht über Innenprovisionen vertreten.[712] Lange Zeit musste der BGH nicht entscheiden, ob nach den Grundsätzen der Prospekthaftung im engeren Sinne eine derartige Aufklärungspflicht im Prospekt selbst besteht[713] und konnte sich auf die Aufklärungspflichtverletzung im persönlichen Gespräch beschränken. Diese hat der BGH in einem Urteil zu einem Immobilienkauf grundsätzlich verneint, und zwar auch für den Fall, dass die Provision dazu führt, dass der Kaufpreis den Wert der Immobilie erheblich übersteigt. Der Käufer einer Immobilie als Kapitalanlage habe nämlich keinen Anspruch auf einen Er-

---

706 *BGH,* Urteil v. 12.02.2004, NJW 2004, 1732 ff.

707 *Gallandi,* WM 2000, 279 ff (279, 281); siehe dazu auch bereits oben Kapitel 1 A.I.

708 *Schirp/Mosgo,* BKR 2002, 354 ff (355).

709 *Schirp/Mosgo,* BKR 2002, 354 ff (355); *Gallandi,* WM 2000, 279 ff (282).

710 *BGH,* Urteil v. 14.03.2003, NJW 2003, 1811 ff (1811 f).

711 *Emmerich,* Anm. zu *BGH,* Urteil v. 12.02.2004, JuS 2004, 722 ff (723).

712 Siehe *BGH,* Urteil v. 12.02.2004, NJW 2004, 1732 ff (1734) m.w.N.

713 *BGH,* Urteil v. 14.03.2003, NJW 2003, 1811 ff (1811 f); diese neue Rechtsprechung ist nicht auf die finanzierenden Banken übertragbar, *BGH,* Urteil v. 23.03.2004, NJW 2004, 2378 ff (2380).

werb zum Verkehrswert, nur die Grenzen der Sittenwidrigkeit und des Wuchers seien einzuhalten. Eine Aufklärungspflichtverletzung könne sich aber indirekt aus dem Verschweigen der Innenprovision ergeben, wenn dieses eine fehlerhafte Renditeerwartung nach sich zieht.[714] Auch bei besonderen Gefahrenlagen sollte nach Ansicht des BGH eine Aufklärungspflicht bestehen. Eine solche wurde etwa bejaht, wenn eine Bank an den Vermögensverwalter ihres Kunden dafür eine Provision zahlt, dass er ihr den Kunden zugeführt hat. Diese Zahlungen gefährden das Kundeninteresse, da sie einen Anreiz schaffen, nicht ausschließlich deren Interesse zu wahren, sondern das eigene Provisionsinteresse in den Vordergrund zu stellen. Die Beauftragung lediglich mit der Vermittlung schaffe dagegen keine ähnliche Gefährdungslage.

Die OLG-Rechtsprechung lehnt eine generelle Aufklärungspflicht in der Regel ab.[715] Das Schrifttum verfolgt keine einheitliche Linie, bejaht sie überwiegend aber nur nach Maßgabe der Umstände des Einzelfalls,[716] aufgrund derer besondere Gefahren für den Anleger zu befürchten sind.[717] Gegen die Offenbarungspflicht wird angeführt, dass die Verpflichtung zur Offenlegung eines Teils der Preiskalkulation die Privatautonomie des Anbieters verletze[718] und es Sache des Erwerbers sei, sich um einen angemessenen Preis zu kümmern.[719] Dem wird entgegengehalten, dass die Kalkulation nur zu einem Teil offenbart werden müsse.[720] Ein wichtiges Argument ist darin zu sehen, dass es sich nicht um ein Konsumgut, sondern um ein Anlageprodukt handelt, bei dem die Wirtschaftlichkeit eine besondere Rolle spielt. Diese ist abhängig von der Preiszusammensetzung[721] und damit auch von den Vertriebskosten, die den Substanzwert nicht erhöhen[722].

Diejenigen Stimmen, die die Offenbarungspflicht grundsätzlich bejahen, machen die Aufklärungspflicht im Einzelfall davon abhängig, ob der Anleger mit einer Innenprovision zu rechnen brauchte. Hierbei wird danach unterschieden, ob der Anleger selbst zahlungspflichtig ist.[723] Ist der Anleger selbst zur Zahlung einer offen ausgewiesenen Außenprovision verpflichtet, dürfe er davon

---

714 *BGH,* Urteil v. 14.03.2003, NJW 2003, 1811 ff (1812).

715 *OLG Köln,* Urteil v. 21.03.2001, NJW-RR 2002, 1573 f (1573) m. w. N.

716 *Kiethe,* NZG 2001, 107 ff (108); *Schirp/Mosgo,* BKR 2002, 354 ff (356).

717 *Schirp/Mosgo,* BKR 2002, 354 ff (355).

718 *Kiethe,* NZG 2001, 107 ff (108); siehe hierzu auch *Emmerich,* in: MüKo, BGB, § 311 Rdnr. 170.

719 *Hopt,* ZGR 2004, 1 ff (28 f).

720 *Gallandi,* WM 2000, 279 ff (283 f).

721 *Schirp/Mosgo,* BKR 2002, 354 ff (356).

722 *Gallandi,* WM 2000, 279 ff (279, 281 f).

723 *Schirp/Mosgo,* BKR 2002, 354 ff (360); *Gallandi,* WM 2000, 279 ff (286); *Kiethe,* NZG 2001, 107 ff (108); *Wagner,* WM 1998, 694 ff (696): Zahlt der Anleger selbst keine Provision, kann er davon ausgehen, dass der Anbieter diese bezahlt.

ausgehen, dass dies die gesamten Vertriebskosten sind[724] und müsse nicht mit der Existenz einer weiteren Provision rechnen.[725] Ist allerdings eine Doppelmaklerschaft vereinbart oder wurde über eine zulässige Doppelmaklerschaft aufgeklärt, bestehe keine Offenbarungspflicht.[726] Hier müsse dem Anleger die Zahlungspflicht auch des Anbieters und die Abwälzung dieser Kosten auf ihn bewusst sein. Bei erlaubter Doppeltätigkeit, über die nicht aufgeklärt wurde, bestehe dagegen eine Pflicht zur Aufklärung über die Existenz von Innenprovisionen.[727]

Wird der Aufklärung ein Prospekt zugrunde gelegt, wird eine Aufklärungspflicht teilweise dann bejaht, wenn dessen Angaben so detailliert sind, dass diese eine vollständige Auflistung erwarten lassen,[728] andere pflichten einer generellen Bekanntgabe der Innenprovisionen im Prospekt bei.[729]

bb) Neuere Entwicklung des BGH

Im Jahre 2004 hat der BGH erstmals speziell für die Frage der Offenbarungspflicht in einem Anlageprospekt eines Immobilienfonds Stellung genommen.[730] Der BGH bestätigt in diesem Urteil seine bisherige Rechtsprechung, soweit es um das persönliche Aufklärungsgespräch geht.[731]

Es enthält aber auch eine entscheidende Neuerung in Bezug auf die Offenbarungspflicht bei der Verwendung von Anlageprospekten. Diese stellen die Anlagen generell als besonders werthaltig und rentabel dar und erwecken damit den Anschein, dass Leistung und Gegenleistung in einem angemessenen Verhältnis stehen. In Verbindung mit der Tatsache, dass der Anlageprospekt die einzige oder zumindest wichtigste Informationsquelle für den Anleger ist und diesem eine nähere Prüfung der Werthaltigkeit wegen der Komplexität nicht möglich ist, begründet dies eine besondere Schutzbedürftigkeit des Anlegers. Hieraus folgert der BGH nun die Aufklärungspflichtigkeit über erheblich überdurchschnittliche Innenprovisionen.[732] In einem weiteren zu den Pflichten eines Ge-

---

[724] *Schirp/Mosgo,* BKR 2002, 354 ff (360).

[725] *Blankenstein,* NZM 2002, 145 ff (147).

[726] *Kiethe,* NZG 2001, 107 ff (108).

[727] *Loritz,* WM 2000, 1831 ff (1835).

[728] *Gallandi,* WM 2000, 279 ff (285).

[729] *Schirp/Mosgo,* BKR 2002, 354 ff (359).

[730] *BGH,* Urteil v. 12.02.2004, NJW 2004, 1732 ff (1734); *BGH,* Urteil v. 08.10.2004, NJW 2005, 820 ff (822); *BGH,* Urteil v. 26.10.2004, NJW 2005, 664 ff (665).

[731] *BGH,* Urteil v. 12.02.2004, NJW 2004, 1732 ff (1734); siehe *BGH,* Urteil v. 22.03.2007, NJW-RR 2007, 925 ff (925) zur Pflicht des Anlagevermittlers, die Zahlung einer Innenprovision offen zu legen, falls diese im Prospekt nicht aufgeführt ist.

[732] *BGH,* Urteil v. 12.02.2004, NJW 2004, 1732 ff (1734).

schäftsbesorgers ergangenen Urteil führt der BGH diese Rechtsprechungslinie fort.[733]

Das OLG Oldenburg schließt sich in seinem Urteil bezüglich des Verkaufs einer Eigentumswohnung durch die Vermittlung eines Dritten dieser Ausdehnung zwar im Grundsatz an und erstreckt diese auch auf die persönliche Beratung.[734] Es kritisiert aber die Unterscheidung zwischen mündlicher Information und Information durch den Anlageprospekt. Insbesondere lehnt es das Argument des BGH ab, dass der Anleger sich bei einem persönlichen Gespräch selbst durch Nachfrage Klarheit über die Innenprovisionen verschaffen könne, ihm dies bei der Aufklärung durch Prospekt aber verwehrt sei und er deshalb auf die Vollständigkeit des Prospekts vertrauen dürfe. Der BGH lasse unberücksichtigt, dass diese Nachfrage unerfahrenen Käufern, die kein entsprechendes Problembewusstsein haben bzw. die Vertriebsinstrumente nicht kennen, gar nicht möglich ist. Gerade die unerfahrenen Käuferschichten laufen demnach Gefahr, die (zusätzliche) Innenprovision zu übersehen, da sie davon ausgehen, dass der Vermittler durch Zahlung der Außenprovision ausreichend entlohnt ist. Die Zahlung der Innenprovision ist auch keinesfalls allgemein üblich. Gerade bei einem individuellen Beratungsgespräch mit Berechnungsbogen werde dem Anleger nämlich suggeriert, dass er einen vollständigen Überblick über die maßgeblichen Faktoren habe, so dass er sich über eine Innenprovision nicht extra informieren werde. Aus diesen Gründen lehnt das OLG Oldenburg die Differenzierung zwischen mündlicher und schriftlicher Aufklärung ab und bejaht die Aufklärungspflicht auch im Rahmen eines persönlichen Beratungsgesprächs. Nur dadurch sei ein ausreichender Anlegerschutz gewährleistet.[735]

cc) Eigene Meinung

Der BGH-Entscheidung ist insofern zu folgen, als eine grundsätzliche Trennung zwischen dem Prospekt und dem persönlichen Gespräch vorgenommen wird. Die unterschiedlichen Zielrichtungen wirken sich auf das Aufklärungsbedürfnis aus.

Der Prospekt kann Umstände des konkreten Einzelfalls, die eine Innenprovision erwarten lassen, wie etwa eine Doppelmaklerschaft, nicht berücksichtigen. Da der Prospekt aus sich heraus vollständig sein muss, sind existierende Innenprovisionen regelmäßig anzuführen. Diese müssen nicht explizit als solche be-

---

733 *BGH,* Versäumnisurteil v. 28.07.2005, NJW 2005, 3208 ff (3210); etwas allgemeiner auch *BGH,* Versäumnisurteil v. 06.02.2006, BB 2006, 1075 ff (1076), wonach es einen wesentlichen Umstand eines Prospekts darstellt, in welchem Umfang die Einlagemittel nicht in das Anlageobjekt fließen, sondern für Aufwendungen außerhalb der Anschaffungs- und Herstellungskosten verwendet werden.

734 *OLG Oldenburg,* Urteil v. 19.07.2005, OLGR Oldenburg 2005, 676 ff.

735 *OLG Oldenburg,* Urteil v. 19.07.2005, OLGR Oldenburg 2005, 676 ff.

zeichnet werden. Maßgeblich ist, dass der Anleger erkennen kann, dass diese Aufwendungen den Ertragswert nicht erhöhen. Mehrere Posten mit ähnlichen Auswirkungen können auch zusammengefasst werden.

Im Hinblick auf die Aufklärung durch ein persönliches Gespräch ist der Kritik des OLG Oldenburg im Ergebnis zuzustimmen. Wenn man die Offenbarungspflicht mit dem Argument ablehnt, dass sich der Anleger bei einem persönlichen Gespräch durch Nachfrage selbst Klarheit über die Vertriebskosten verschaffen kann, stellt man sich in Widerspruch zum Entstehungsgrund der Aufklärungspflichten. Diese beruhen nämlich gerade auf dem Wissensdefizit des Anlegers und dem damit einhergehenden fehlenden Problembewusstsein, weshalb dem Anleger eine konkrete Nachfrage über einzelne Umstände wie die Innenprovisionen gar nicht möglich ist. Würde man die Argumentation des BGH konsequent zu Ende führen, müsste man jegliche Aufklärungspflicht verneinen und dürfte diese immer nur bei konkreter Nachfrage bejahen. Deswegen sollte eine Offenbarungspflicht nicht generell abgelehnt, sondern vom Einzelfall abhängig gemacht werden.

So muss konkret überprüft werden, ob der Anleger von der Kenntnis des Bestehens einer Doppelmaklerschaft oder von der Tatsache, dass er selbst nicht provisionspflichtig ist, auch auf das Bestehen einer Innenprovision schließen kann.[736] Es kann nicht vorausgesetzt werden, dass jeder Anleger generell zu diesem Ergebnis kommt,[737] und selbst wenn dies der Fall sein sollte, ist es möglich, dass er davon ausgeht, dass diese Zahlungen bereits einberechnet sind. Um Fehlvorstellungen zu vermeiden, muss bei unerwarteter Höhe[738] oder mangelnder Erkennbarkeit eine klarstellende Aufklärung über die Innenprovisionen erfolgen.

2. Negative Presseberichterstattungen

a) Meinungsstand

Die äußerst streitige Frage der Offenlegungspflicht von negativen Presseberichten wird weitgehend nicht unter dem Stichwort der Aufklärungspflicht, sondern unter dem der Nachforschungspflicht erörtert. Das bedeutet aber nicht,

---

[736] Bei einer Doppelmaklerschaft kann das Verschweigen der Innenprovision zur Provisionsverwirkung führen, wenn der Anleger keine Kenntnis von der Innenprovision hat oder von dieser nicht auf die Doppelmaklerschaft zurückschließen kann, *Blankenstein,* NZM 2002, 145 ff (147); die Fragen der Doppelmaklerschaft, der Innenprovision und der Verwirkung gehören also zusammen.

[737] *Blankenstein,* NZM 2002, 145 ff (147), siehe auch *Gallandi,* WM 2000, 279 ff (286); *Kiethe,* NZG 2001, 107 ff (108).

[738] Siehe hierzu generell *Gallandi,* WM 2000, 279 ff (285); *BGH,* Urteil v. 14.03. 2003, NJW 2003, 1811 ff (1812).

dass diese vorbereitende Pflicht als eigenständige Rechtspflicht anerkannt wird. Der BGH nimmt zu dieser Problematik nur in einem obiter dictum im Bond-Urteil Stellung,[739] das die Beratungspflicht der Bank bezüglich ausländischer Anleihen behandelt. Danach sei der Anlageberater verpflichtet, Veröffentlichungen in dort namentlich benannten Magazinen der Wirtschaftspresse auszuwerten.[740] Ein entsprechendes Urteil zur Aufklärungspflicht im Grauen Kapitalmarkt wurde bislang nicht gefällt. Das Bond-Urteil wird teilweise aber auf die Aufklärungspflicht des Anlagevermittlers im Grauen Kapitalmarkt übertragen, da es allgemeine Gültigkeit erlangt und auch in diesem Segment Maßstäbe gesetzt habe.[741] Richtigerweise aber sollte das Bond-Urteil insoweit nicht auf den Grauen Kapitalmarkt übertragen werden, da sich Presseberichte nach Art der Kapitalanlagen unterschiedlich auswirken können und die Recherchepflicht überdies nur in einem obiter dictum angesprochen wurde.[742]

Eine Pflicht zur allgemeinen[743] Recherche wird von der wohl überwiegenden Meinung in der Literatur[744] und von der Rechtsprechung der Instanzgerichte[745] abgelehnt. So soll es dem Anlagevermittler nicht zumutbar sein, alle Brancheninformationsdienste und alle Datenbanken auch nur zu kennen, geschweige denn zu lesen und den Anleger über die darin enthaltenen Negativberichte zu informieren.[746] Nach wohl vorherrschender Ansicht müssen vereinzelte Medienberichte ausgewertet werden.[747] Hier gehen die Meinungen aber auseinander, ob dem Anlagevermittler die Auswahl der Informationsquellen überlassen bleibt,[748]

---

739 *BGH,* Urteil v. 06.07.1993, NJW 1993, 2433 f (2434).

740 *Edelmann,* BKR 2003, 438 ff (440).

741 Siehe auch *Edelmann,* BKR 2003, 438 ff (444); a.A. *LG München I,* Urteil v. 02.05.2003, NJOZ 2003, 1970 ff (1975 f), wonach das Bond-Urteil nur für die Anlageberatung der Banken bezüglich ausländischer Anleihen gilt und nicht auf den Freien Kapitalmarkt übertragbar ist.

742 Zur Frage der Anwendbarkeit des Bond-Urteils, siehe *Assmann,* ZIP 2002, 637 ff (637).

743 *Arendts,* DStR 1997, 1649 ff (1649) fordert, dass der Vermittler alle allgemein zugänglichen Publikationen der einschlägigen Wirtschaftspresse auswertet.

744 Siehe allgemein zur Aufklärungspflicht über negative Presseberichterstattung: *Edelmann,* BKR 2003, 438 ff (438); *v. Westphalen,* BB 1994, 85 ff (86); *Assmann,* ZIP 2002, 637 ff (644); *Wagner,* WM 2002, 1037 ff (1044).

745 *OLG Frankfurt a.M.,* Urteil v. 30.08.2000, NJW-RR 2001, 479 ff (480); *LG Stuttgart,* Urteil v. 28.02.2003, BKR 2003, 386 ff (388).

746 *OLG Frankfurt a.M.,* Urteil v. 30.08.2000, NJW-RR 2001, 479 ff (481); *Edelmann,* BKR 2003, 438 ff (440); *Assmann,* ZIP 2002, 637 ff (640); nach *OLG Braunschweig,* Urteil v. 27.01.1992, WM 1993, 190 f (190) muss ein Anlass zur Nachforschung bestehen.

747 Vgl. nur *Assmann,* ZIP 2002, 637 ff (644); teilweise werden die einzelnen Presseerzeugnisse, die auszuwerten sind, nur durch allgemeine Umschreibungen umrissen (‚einschlägige‘ oder ‚verbreitete‘ Wirtschaftspresse), *Edelmann,* BKR 2003, 438 ff (441), oder es wird die Auswertung der gängigsten Informationsquellen gefordert.

748 *Lange,* Informationspflichten von Finanzdienstleistern, S. 148.

und so die Etablierung eines Zwangsabonnements verhindert wird,[749] oder ob die Pflichtlektüre einiger konkret bestimmter Presseerzeugnisse vorgeschrieben werden soll.[750]

b) Lösungsvorschlag

Eine Aufklärungspflicht setzt die Wesentlichkeit der Information, die Bedürftigkeit und den Übergang des Informationsrisikos voraus. Bei den negativen Berichterstattungen steht, im Gegensatz zu den Innenprovisionen, die Recherchepflicht im Vordergrund, so dass das Informationsrisiko nur auf den Anlagevermittler übergeht, wenn diesem der Rechercheaufwand zumutbar ist.[751]

aa) Wesentlichkeit und Pflichtenumfang bei präsentem Wissen

Bei Presseberichten kommt grundsätzlich als für den Anleger entscheidungsrelevant die Veröffentlichung an sich oder der Inhalt der Veröffentlichung, also deren Tatsachen und Wertungen, in Betracht.

Allein die Tatsache, dass über ein Anlageobjekt wie den geschlossenen Immobilienfonds in der Öffentlichkeit diskutiert wird, stellt für sich gesehen noch keinen aufklärungspflichtigen Umstand dar, da langfristig angelegte Anlageobjekte durch diese Berichte im Wert nicht beeinträchtigt werden.[752] Die negativen Schlagzeilen können auch nicht aus der Erwägung heraus als wesentlich angesehen werden, dass nach der Rechtsprechung des BGH ein Schaden bereits daraus entsteht, dass der Anleger eine so nicht gewollte Anlage erwirbt.[753] Ein Anleger kann demnach nicht vorbringen, dass er ein Objekt nicht erwerben wollte, das Gegenstand von Presseberichten ist. Diese Möglichkeit würde den Anlegerschutz überspannen und den Journalisten die Möglichkeit eröffnen,

---

749 *Assmann,* ZIP 2002, 637 ff (645).

750 *Renner,* DStR 2001, 1706 ff (1707): DFI gerlach-report, Kapitalmarkt-Intern, Manager-Magazin, Capital, Financial Times, FAZ, Börsenzeitung und Geld-ABC; nach a. A. wird jegliche Pflichtlektüre abgelehnt, da ansonsten Meinungsmacher die Anlegerprozesse beeinflussen könnten, siehe *Edelmann,* BKR 2003, 438 ff (440); siehe auch *Wagner,* WM 2002, 1037 ff (1046).

751 Siehe oben Kapitel 1 C.III.2.f)cc).

752 Bei den Wertpapieren des WpHG handelt es sich um kurzfristig fungible Wertpapiere. Bei solchen Wertpapieren ist eine kurzfristige Kursbeeinflussung durch die Veröffentlichung unwahrer positiver bzw. negativer Tatsachen unmittelbar möglich. Diese zeichnen sich weniger durch ihren inneren Beteiligungswert als durch ihren durch Angebot und Nachfrage bestimmten Kurs aus. Die Veröffentlichung unwahrer Tatsachen kann den Kurs von börsennotierten Wertpapieren unmittelbar beeinflussen, den Wert von geschlossenen Immobilienfonds dagegen nicht, *Wagner,* NZG 2003, 897 ff (902).

753 Siehe unten Kapitel 1 F.I.2.a).

durch bloße Veröffentlichungen eine Grundlage für Schadensersatzansprüche zu schaffen.[754]

Demgemäß kann nur der Inhalt der Berichte wesentlich sein. Enthalten diese Tatsacheninformationen, die entscheidungsrelevant sind oder sein können, werden diese generell als wesentlich angesehen. Zur Einschränkung sollte gefordert werden, dass die Tatsachen verifiziert sind,[755] um der Gefahr entgegenzuwirken, dass der Vermittler zur Weiterleitung unwahrer Tatsachen verpflichtet wird.[756]

Die Meinungen gehen aber bei der Frage auseinander, ob in den Berichten enthaltene Wertungen wie Zukunftsprognosen oder Analysen entscheidungserheblich sein können. Für eine Aufklärungspflicht über die Wertungen Dritter wird angeführt, dass diese als Gegenpol zu den werbenden Anpreisungen des Anlagevermittlers fungieren.[757] Diese Aufgabe können die Meinungsäußerungen aber nur erfüllen, wenn sie nicht selbst auch einseitig gefärbt sind. Deshalb wird eine Aufklärungspflicht über Wertungen, wenn sie überhaupt bejaht wird,[758] meist nur unter Einschränkungen befürwortet.

So wird etwa vertreten, dass sich die Wertungen zu einer Tatsache verdichtet haben müssen.[759] Weit verbreitet ist die Ansicht, die im Anschluss an das Bond-Urteil die Aufklärungspflicht von der Seriosität der Information abhängig macht. Diese sei bei durch Tatsachen untermauerten Expertenmeinungen[760] zu bejahen, nicht dagegen bei Gerüchten.[761] Andere wollen die Seriosität durch das Erfordernis einer gewissen Anzahl von inhaltsgleichen Berichterstattungen herstellen[762] bzw. davon abhängig machen, ob die Seriosität im Nachhinein festgestellt werden kann. Auch erstere Vorgehensweise führt nicht unbedingt zu verlässlichen Quellen.[763] Die Nachprüfung ex post ist wegen der Rechtsunsi-

---

754 Siehe ähnlich *Wagner,* DStR 2004, 1883 ff (1885).

755 *Loritz,* NZG 2002, 889 ff (896).

756 *Loritz,* NZG 2002, 889 ff (895); Presseberichterstattern wird häufig vorgeworfen, schlecht recherchiert zu haben, siehe etwa *Wagner,* WM 2002, 1037 ff (1040), *Loritz,* NZG 2002, 889 ff (898).

757 *LG Stuttgart,* Urteil v. 28.02.2003, BKR 2003, 386 ff (389 f).

758 Nach a. A. besteht eine Aufklärungspflicht des Anlagevermittlers nur über das Anlageobjekt selbst, nicht aber über Wertungen Dritter, *Thiel,* Die Haftung der Anlageberater und Versicherungsvermittler, S. 41; *Assmann,* ZIP 2002, 637 ff (649); siehe auch *Loritz,* NZG 2002, 889 ff (896).

759 *v. Westphalen,* BB 1994, 85 ff (85 f); *Loritz,* NZG 2002, 889 ff (894). Nach § 45 Abs. 1 S. 1 BörsenG ist streitig, ob unter diese Norm auch Meinungen zu subsumieren sind. Dafür spricht, dass der Prospekt alle wesentlichen Angaben enthalten muss.

760 Siehe auch *Edelmann,* BKR 2003, 438 ff (444).

761 *Loritz,* NZG 2002, 889 ff (890).

762 *LG Stuttgart,* Urteil v. 28.02.2003, BKR 2003, 386 ff (389 f); *Thiel,* Die Haftung der Anlageberater und Versicherungsvermittler, S. 42 f.

763 Siehe *Wagner,* DStR 2004, 1883 ff (1885).

cherheit nicht praktikabel.[764] Außerdem sind Meinungsäußerungen kraft ihrer Natur nicht objektiv nachprüfbar, sondern stellen persönliche Ansichten dar, die lediglich auf Plausibilität überprüfbar sind. Dies wird insbesondere bei Zukunftsprognosen bezüglich Renditeerwartungen augenfällig. Wieder andere Stimmen im Schrifttum differenzieren nach der Seriosität des Informationsmediums, nicht des einzelnen Artikels, indem sie zwischen der sog. ‚Wirtschaftspresse'[765] und den Brancheninformationsblättern/-diensten[766] unterscheiden. Zum Teil wird nur letzteren fehlende Objektivität wegen einseitiger Interessenwahrnehmung unterstellt;[767] andere vertreten die Meinung, dass es keinerlei anerkannte unumstrittene Informationsquelle gibt.[768]

Neben der Erkenntnis, dass die Wesentlichkeit der Meinungsäußerungen zweifelhaft ist, kann die Aufklärungspflicht auch am Pflichtenumfang scheitern. Zwar nimmt der von der Gegenseite beauftragte Anlagevermittler besonderes persönliches Vertrauen des Anlegers nach § 311 Abs. 3 BGB in Anspruch, was für eine umfangreiche Aufklärungspflicht spricht, die sich grundsätzlich auch auf die Offenbarung von negativen Meinungsäußerungen erstrecken kann. Andererseits muss dem Anleger wegen des werbenden und anpreisenden Auftretens des Vermittlers als ‚Verkäufer' bewusst sein, dass die Aufklärungspflicht nicht schrankenlos gilt und der Anlagevermittler zur Interessenwahrung gegenüber dem Anbieter verpflichtet ist. Dies wirkt einer zu weiten Pflichtenausweitung entgegen.

Da der Vermittler im Gegensatz zum Anbieter der Anlage nur ein mittelbares Interesse am Vertragsschluss hat, kann ihm die Weitergabe von Wertungen Dritter insgesamt aber eher zugemutet werden als dem Vertragspartner. Von diesem kann nicht verlangt werden, Bewertungen Dritter über das von ihm selbst konzipierte Objekt weiterzugeben. Für einen Dritten hingegen ist das Objekt ein fremdes, so dass eine entsprechende Erwartungshaltung des Anlegers aus diesem Gesichtspunkt nicht generell ausgeschlossen ist.

Dennoch sollte die Kenntnis des Vermittlers von Wertungen Dritter nicht vorrangig zu einer Aufklärungspflicht führen. Der Erwartungshaltung des Anlegers ist nämlich bereits damit Genüge getan, dass der Anlagevermittler bei vertrauenserschütternden Hinweisen aus der Presse[769] die Anlage selbst auf Plausibilität hin überprüft und hierbei alle relevanten Hinweise berücksichtigt.[770] Die Veröffentlichung von Wertungen Dritter sollte demnach eine Prüfpflicht des An-

---

764 *Renner,* DStR 2001, 1706 ff (1708).

765 Wie z. B. Handelsblatt, Manager-Magazin, Capital, Börsenzeitung.

766 Kapitalmarkt-Intern, Platow-Brief und Finanztip und DFI gerlach-report.

767 *Arendts,* DStR 1997, 1649 ff (1651).

768 *Thiel,* Die Haftung der Anlageberater und Versicherungsvermittler, S. 42 f.

769 Siehe ähnlich *Wagner,* DStR 2004, 1883 ff (1884).

770 So auch *Arendts,* DStR 1997, 1649 ff (1651).

lagevermittlers zur Folge haben, wenn diese einen zwingenden Anlass zur Überprüfung der Abweichung darstellen. Kann der Vermittler die Wertung des Dritten widerlegen und die Angaben des Anbieters verifizieren, kann er nicht verpflichtet sein, die aus seiner Sicht falschen Meinungen Dritter weiterzugeben. Gelingt es ihm nicht, die Wertung des Dritten als unseriös bzw. nicht plausibel zu verwerfen, muss er die Angabe des Anbieters entsprechend berichtigen.[771] Nicht zwingend nötig erscheint es aber, dass der Vermittler auch den Pressebericht selbst an den Anleger weitergibt. Maßgeblich ist nur, dass der Anleger von der revidierten Prognose und den zugrunde liegenden Tatsachen erfährt. Kommt der Anlagevermittler seiner Prüfpflicht nicht nach, handelt er schuldhaft, falls er den abweichenden Bericht gekannt hat oder hätte kennen müssen und trotzdem eine Nachprüfung unterlassen hat.

bb) Recherchepflicht[772]

Wegen der Vertrauensinanspruchnahme des Intermediärs als beruflicher Mittler darf der Anleger eine kompetente Aufklärung auf dem neuesten Kenntnisstand erwarten. Die Auswertung der aktuellen Presseerzeugnisse entspricht zudem dem eigenen Interesse des Vermittlers, da erst diese ihm ein sachkundiges Auftreten ermöglicht.[773]

Es wäre zwar ein Schritt in Richtung Rechtssicherheit, würde die Sorgfaltsanforderungen aber bei Weitem überspannen, wenn man eine umfassende Nachforschungspflicht über alle allgemein zugänglichen Quellen fordern würde. Auch im Hinblick auf die Berufsfreiheit sollte dem Vermittler ein Ermessen bei der Art und Weise seiner Recherche belassen bleiben. Von einem sorgfältigen Anlagevermittler kann aber wohl erwartet werden, zumindest eine geringe Anzahl von allgemein anerkannten Fachmedien regelmäßig durchzuarbeiten, um sich einen repräsentativen Überblick zu verschaffen.[774] Dies sollte genügen, um die wichtigsten Strömungen wahrzunehmen. Der Anlagevermittler darf aber nicht allein seinen persönlichen Präferenzen folgen, sondern muss sich seiner Verantwortung für den Anleger bewusst sein. Demnach darf er sich nicht ausschließlich auf generell als unseriös eingestufte Zeitungen verlassen. Die konkrete Nachforschungspflicht richtet sich nach den Umständen des Einzelfalls,

[771] Auch *Arendts,* DStR 1997, 1649 ff (1652).

[772] Die Recherchepflicht des Vermittlers hinsichtlich von Presseberichten ist mit der Pflicht des Rechtsanwalts, die Rechtsprechung zu kennen, nicht vergleichbar. Hier handelt es sich nämlich um Rechtsmeinungen. Die Erfolgsaussichten des Mandanten in einem Prozess richten sich nach der Rechtsprechung, Wertungen in Presseberichten sind dagegen ohne Einfluss auf Anlagen des Grauen Kapitalmarkts.

[773] *Lange,* Informationspflichten von Finanzdienstleistern, S. 147.

[774] *Assmann,* ZIP 2002, 637 ff (646).

etwa nach seinem Auftreten und der Größe des Betriebs des Vermittlers, wovon die Zumutbarkeit der Recherche abhängt.[775]

3. Zusammenfassung

Bislang musste sich der BGH nur zu der Pflicht zur Aufklärung über Innenprovisionen im Rahmen des Anlagegesprächs äußern und hat sie grundsätzlich abgelehnt. Diese Frage konnte er für den Anlageprospekt offen lassen. Nun hat er über die Pflicht zur Aufklärung im Anlageprospekt erstmals entschieden und diese ab einer gewissen Größenordnung bejaht. Angesichts der unterschiedlichen Zielrichtungen von Prospekt und mündlicher Aufklärung erscheint die getrennte Begründung durchaus begrüßenswert. Dem Argument, dass der Anleger bei mündlicher Aufklärung die ihm jederzeit offen stehende Möglichkeit der Nachfrage wahrnehmen könnte, ist aber nicht zu folgen, da Aufklärungspflichten als Offenbarungspflichten ohne Aufforderung definiert sind und der Anleger die Möglichkeit der Nachfrage gerade nicht hat. Deshalb muss im Gespräch auf die Innenprovisionen bei unerwarteter Höhe oder mangelnder Erkennbarkeit hingewiesen werden.

Was die Aufklärungspflicht über negative Presseberichterstattungen anbelangt, sollte das Bond-Urteil des BGH nicht auf den Grauen Kapitalmarkt übertragen werden. In der Veröffentlichung enthaltene und auf ihre Wahrheit überprüfte Tatsacheninformationen sind als wesentliche Umstände anzusehen. Die Aufklärungspflicht über die in Publikationen erscheinenden Wertungen sollte dagegen nur sehr restriktiv befürwortet werden, da nicht nur deren Entscheidungserheblichkeit zweifelhaft ist, sondern überdies, ob Wertungen Dritter überhaupt von der Aufklärungspflicht erfasst sein können. Entsprechende Berichte sollten demnach vorrangig die Verpflichtung des Anlagevermittlers zur Prüfung dieser Äußerungen und der eventuellen Berichtigung seiner eigenen Aussagen zur Folge haben, nicht aber eine Aufklärung über die Wertungen an sich. Bei der Auswahl der Literatur sollte ihm ein Ermessen eingeräumt werden.

VIII. Bewertung der Aufklärungspflichten

1. Kritik an den Aufklärungspflichten

Problematisch an der Pflicht zur Aufklärung über alle wesentlichen Umstände ist die Fülle an Informationen.

Auch bei ordnungsgemäßer Mitteilung aller Umstände kann nicht gewährleistet werden, dass die Anleger diese in rationaler Weise in ihre Entscheidung einfließen lassen. Es ist möglich, dass sich die Anleger von subjektiven Einflüssen

---

775 Siehe *LG München I*, Urteil v. 02.05.2003, NJOZ 2003, 1970 ff (1975).

jeglicher Art leiten lassen, die die Tatsachenlage in den Hintergrund drängen. Die weite Ausdehnung der Aufklärungspflichten kann sogar kontraproduktiv sein, da Informationen unter Umständen eher verwirrend als klärend wirken. Deshalb könnte es am Nutzen und folglich am Informationsbedarf fehlen. Dies könnte ein Indiz dafür sein, dass die umfassende Aufklärungspflicht letztendlich doch nur den Zweck verfolgt, das Risiko einer Fehlentscheidung auf den Anlagevermittler zu übertragen. Richtigerweise sollten die Aufklärungspflichten aber gerade nicht dazu dienen, dem enttäuschten Anleger eine Möglichkeit an die Hand zu geben, sich von der nicht gewollten Anlage zu trennen, sondern sollten helfen, eine richtige Anlageentscheidung zu treffen. Durch die auch mit der Ausweitung der Anlagebeteiligungen auf alle Bevölkerungsebenen begründete fortschreitende Tendenz der Rechtsprechung, die Aufklärungspflichten immer mehr auszudehnen, besteht zudem die Gefahr, dass die Eigenverantwortung des Anlegers als ‚mündiger Bürger' immer mehr zurückgedrängt wird. Dieser Begriff könnte deshalb in Zukunft seine Bedeutung verlieren.[776] Das Hauptaugenmerk muss auf Streitvermeidung und Rechtssicherheit liegen.

Auch die gesetzlichen Widerrufsrechte[777] sind nur bedingt geeignet, diesem Problem abzuhelfen. Sie ermöglichen es dem Anleger zwar, sich vom Beteiligungsvertrag ohne Begründung zu trennen, und schaffen auf diese Weise indirekt eine Überlegungsphase[778]. Einschränkend gilt aber, dass diese Wirkung auf bestimmte verbraucherschützende Verträge beschränkt ist und die eigentlichen Probleme des Informationsdefizits und der Informationsverarbeitung nicht zu beseitigen vermag.

Aus diesen Gründen stellt sich die Frage, ob die Pflichtenstellung des Anlagevermittlers verändert werden sollte. Aber auch wenn der Befund zutrifft, dass viele Anleger die Informationen nicht vollständig durcharbeiten, kann dies den Umfang der Aufklärungspflicht nicht einschränken. Hieraus kann nicht generell auf einen gesunkenen Bedarf oder einen Verzicht geschlossen werden, da nicht allgemein festgehalten werden kann, welche Informationen unbeachtet bleiben. Es kann erst recht keine Auswirkungen auf die Aufklärungspflicht haben, wenn sich die Anleger von unvernünftigen Erwägungen leiten lassen, da diese Freiheit die Kehrseite der ihnen gewährten Privatautonomie ist. Ebenso ist es zu

---

776 Siehe dazu bereits Kapitel 1 C.V.1.d)aa).

777 Siehe zum Widerruf nach § 312 i.V.m. § 355 BGB bereits oben Kapitel 1 C.II.1.a)ee)(2). Daneben kommt ein Widerrufsrecht nach § 312d i.V.m. § 355 BGB in Betracht; bei geschlossenen Immobilienfonds greift die Ausschlussnorm des § 312d Abs. 4 Nr. 6 BGB nicht ein, da diese nur wenigen kurzfristigen Schwankungen unterliegen, siehe *Rott,* BB 2005, 53 ff (60 Fn. 104). Im Falle eines verbundenen Geschäfts schließt der Widerruf eines Verbraucherdarlehensvertrags auch die Gebundenheit an den Beteiligungsvertrag aus und umgekehrt, § 358 BGB. Der Ausschluss des § 491 Abs. 3 Nr. 2 BGB gilt nur für Wertpapiere im Sinne des § 2 Abs. 1 WpHG, nicht aber für sonstige Kapitalanlagen, siehe *Ulmer,* in: MüKo, BGB, § 491 Rdnr. 109.

778 Siehe oben Kapitel 1 C.VI.3.b)cc)(1).

bewerten, wenn ein Anleger die Informationen nicht in eine folgerichtige Anlageentscheidung umsetzen kann, da ihm die für einen Vergleich der Objekte notwendigen Kenntnisse fehlen. Auch wenn die Verarbeitung der gebotenen Information durch den einzelnen Anleger somit ungewiss ist, muss trotzdem über sämtliche Umstände, die für die Anlageentscheidung wesentlich sind oder sein können, aufgeklärt werden. Eine Pflichtenreduzierung kommt nicht in Betracht.

2. Beratung als besserer Anlegerschutz

Man könnte die benannten Problemkreise mindern, indem man dem Vermittler eine generelle Beratungspflicht auferlegt.[779] Dies würde die Gefahr von Fehlentscheidungen minimieren. Eine derart weitgehende Pflicht kann dem Vermittler aber nur übertragen werden, wenn sein Verantwortungsbereich kraft Gesetzes so weit zu ziehen ist, dass auch die Herbeiführung der richtigen Entscheidung dazugehört. Dies setzt voraus, dass das Aufzeigen der folgerichtigen Handlung unabdingbare Voraussetzung für die Herstellung der Privatautonomie ist, mithin privatautonomes Handeln nur durch eine Beratung herbeigeführt werden kann. Würde man die Beratungspflicht auf diese Weise begründen, könnte als Gegenargument auch nicht eingewendet werden, dass die Beratungspflicht nur durch Vertrag begründet werden kann.[780] Allerdings ist das Herstellen der Privatautonomie nicht mit dem Abschluss des günstigsten Vertrags gleichzusetzen, sondern beschränkt sich auf die Herbeiführung einer annähernd gleichen Verhandlungsposition. Die Entgegennahme und Verarbeitung der Information liegt ausschließlich im Verantwortungsbereich des Anlegers. Es gehört insbesondere auch nicht in den Pflichtenkreis des Vermittlers, dem Anleger die Informationen zur Verfügung zu stellen, die er für einen Vergleich mehrerer Anlagen und mehrerer Anbieter benötigt. Generell gehört es nicht zu den Aufgaben des Vermittlers, spezifisch mit der Position des Anlegers zusammenhängende Faktoren auszugleichen, die über die Einebnung des Wissensvorsprungs hinausgehen. Wenn sich der Anleger demnach aus subjektiven Gründen fehlerhaft entscheidet, hat er die Folgen selbst zu tragen.

Grundlage einer Beratungspflicht können deshalb nur andere Schutzgüter, wie etwa die Funktionsfähigkeit des Kapitalmarkts und das Effizienzprinzip der ökonomischen Analyse des Rechts sein. Wenn die Anleger aufgrund einer Empfehlung in seriöse und leistungsfähige Unternehmen investieren, stärkt dies das Vertrauen in den Kapitalmarkt, erhöht dessen Effizienz und verbessert dessen Funktionsfähigkeit. Wie bereits oben[781] dargelegt, sind diese Rechtsgüter aber keine ausreichende Grundlage zur Statuierung von Rechtspflichten.

---

[779] Siehe dazu Versicherungsvermittlungsrichtlinie 2002/93/EG.

[780] Siehe oben Kapitel 1 B.II.4.c).

[781] Siehe oben Kapitel 1 C.II.1.a)dd).

Deshalb ist die bisherige Rechtsprechung zu den Aufklärungspflichten beizubehalten. Durch die Warnpflicht, die stärker betont werden sollte, sind die Anleger auch ohne Beratungspflicht ausreichend geschützt. Die Warnpflicht sollte allerdings auf die Fälle der positiven Kenntnis beschränkt bleiben.

In Anlehnung an den Versicherungsvermittler sollte aber wegen der ähnlichen Schutzbedürftigkeit der Kunden eine gesetzliche Kodifizierung einer Beratungspflicht angedacht werden. Dies hätte allerdings zur Folge, dass die gesamte Last auf den Intermediär abgewälzt würde.

3. Einschränkung der Vermutung aufklärungsrichtigen Verhaltens

Da die Anleger die Informationen häufig nicht vollständig durcharbeiten, bietet sich eine Einschränkung der Vermutung des aufklärungsrichtigen Verhaltens[782] an. Wenn bereits Zweifel bestehen, ob die Anleger die Informationen überhaupt wahrnehmen, kann erst recht keine Vermutung aufgestellt werden, dass sämtliche mitgeteilte potentiell wesentliche Umstände kausal für die Entscheidung sind. Die Vermutung aufklärungsrichtigen Verhaltens sollte deshalb auf die Zusammenfassungen begrenzt werden, da es wahrscheinlicher ist, dass die Anleger diesen Teil der Aufklärung tatsächlich zur Kenntnis nehmen. Dies würde den Anlegerschutz erheblich einschränken, da die Anleger nicht bei jedem wesentlichen Detail der Kapitalanlage die Vermutung aufklärungsrichtigen Verhaltens anführen könnten. Zumindest sollte man aber höhere Anforderungen an die Substantiierungspflicht im Rahmen des Anscheinsbeweises stellen, so dass die Anleger plausibel machen müssen, den betreffenden Teil des Prospekts auch gelesen zu haben.

4. Vorrang des präventiven Rechtsschutzes

Neben der Erweiterung der Informationspflichten ist zu eruieren, ob ein wirksamer Anlegerschutz nicht auf andere Weise erreicht werden kann. Der Anlegerschutz ist im größten Maße verwirklicht, wenn die Voraussetzungen dafür geschaffen werden, dass der Anleger sogleich die richtige Entscheidung treffen kann und nicht auf ein nachträgliches Schadensersatzverlangen verwiesen wird. Ein Schwerpunkt des Anlegerschutzes sollte daher im Vorgehen gegen unseriöse Vermittler liegen. Eine staatliche Überwachung und Sanktionen bei falscher Aufklärung sind hierfür taugliche Maßnahmen. Überdies sollte die Sachkunde der Vermittler durch das Erfordernis einer Erlaubnis zur Berufsausübung wie in anderen Bereichen garantiert werden.

Schon heute existieren einige anlegerschützende Maßnahmen, wie etwa die materiellrechtliche Prüfung des Prospekts vor der Veröffentlichung; daneben be-

---

782 Siehe unten Kapitel 1 F.I.3.b)cc).

steht bereits die richterrechtliche Pflicht des Vermittlers zur Aushändigung des Prospekts.[783] Ein vollständiger präventiver Rechtsschutz des Anlegers verlangt zudem, dass die Informationen einklagbar sind, weshalb der Auskunftsvertrag gegenüber der c.i.c. bevorzugt werden sollte.

5. Zusammenfassung

Aus den zahlreichen Fehlinvestitionen wird ersichtlich, dass die Aufklärungspflicht den notwendigen Schutz des Anlegers nur teilweise umsetzen kann. Eine generelle Beratungspflicht wäre demnach effektiver. Zur Verwirklichung eines vollständigen präventiven Anlegerschutzes sollten überdies Vorkehrungen getroffen werden, um unseriösen Anlagevermittlern die Berufsausübung zu verwehren. Diese Überlegungen dürfen aber den Blick nicht insofern versperren, dass der Schutz der Anleger auch nicht ungebührlich weit ausgedehnt werden sollte. Deshalb ist daran zu denken, die Vermutung aufklärungsrichtigen Verhaltens einzuschränken und von dem plausiblen Nachweis der tatsächlichen Kenntnisnahme des in Frage stehenden Umstandes abhängig zu machen.

D. Beratungspflichten

Der Umfang der Beratungspflichten hängt von der Art der geschuldeten Beratung ab, also der Vereinbarung einer unabhängigen oder einer abhängigen Beratung. Eine unabhängige Beratung muss sich auf eine repräsentative Auswahl aller Anlageobjekte erstrecken, ist ausnahmsweise eine abhängige Beratung geschuldet, darf diese auf die Objekte beschränkt werden, die der Intermediär für seine Anbieter vermittelt.[784]

I. Pflichten im Vorfeld der Beratung

Ebenso wie der Anlagevermittler muss auch der Anlageberater seine Tätigkeit in Form einer Informationsverschaffung und -prüfung vorbereiten.[785] Die Pflichten der als Anlageberater auftretenden Banken sind dabei grundsätzlich nur unwesentlich höher als die der freien Anlageberater.[786] Dies liegt wohl daran, dass den Banken zwar generell eine größere Erwartungshaltung entge-

---

783 Siehe oben Kapitel 1 C.VI.3.b)cc)(1).

784 Zur Abgrenzung siehe oben Kapitel 1 A.II.2. und *Wagner,* DStR 2004, 1883 ff (1883).

785 Es wirkt sich aber auf die vorbereitenden Maßnahmen aus, dass die Pflichten des Anlageberaters weitreichender sind als diejenigen des Anlagevermittlers. Dies gilt in besonderem Maße für die unabhängigen Berater, die ausschließlich im Interesse des Anlegers tätig sind.

786 *Assmann,* ZIP 2002, 637 ff (639).

gengebracht wird, an den Abschluss eines Beratungsvertrags mit einem freien Berater als Ausgleich aber höhere Anforderungen gestellt werden.

Die gegenüber dem Anlagevermittler an den Berater zusätzlich gestellte Anforderung, auf die individuellen Bedürfnisse des Anlegers einzugehen, setzt sich bei der Informationsverschaffungspflicht fort. So muss der Berater über die Person des Anlegers sowie dessen Vorstellungen und Ziele Erkundigungen einholen.[787] Bei der Prüfpflicht ergeben sich grundsätzlich keine beratungsspezifischen Besonderheiten. Ebenso wie der Anlagevermittler ist auch der Berater zur Prüfung der wirtschaftlichen Plausibilität sowie der Richtigkeit und Vollständigkeit der Unterlagen[788] verpflichtet.[789] Ein Unterschied wird aber ersichtlich, wenn trotz ausreichender Sorgfalt nicht auszuräumende Zweifel an der Plausibilität auftreten. Der Anlagevermittler kann sich hier auf einen entsprechenden Hinweis bei der Informationserteilung zurückziehen, ohne eine Pflichtverletzung zu begehen oder sich einem Verschuldensvorwurf auszusetzen. Der Berater dagegen benötigt für seine eigene Bewertung gefestigte Grundlagen, die ihm bei zweifelhaften Angaben aber fehlen. Aus diesem Grund kann er bei Zweifeln keine Beratung erbringen.

II. Inhalt der Beratungspflichten

Nach dem wegweisenden Bond-Urteil[790] muss die Anlageberatung anleger- und anlagegerecht[791] erfolgen, d.h. die Beratung muss sowohl an der Person des Anlegers als auch am Objekt ausgerichtet sein.[792] Dieses Urteil gilt unmittelbar nur für den Bereich des Geregelten Kapitelmarkts. Die dort hervorgebrachte Zweiteilung der Beratung wird generell aber für den Grauen Kapitalmarkt übernommen.[793] Die Formel der anlage- und anlegergerechten Beratung umschreibt nämlich lediglich in allgemeingültiger Form die Beratung als individuelle Bewertung und Beurteilung von Objekten[794] und beruht nicht auf Besonderheiten des Geregelten Kapitalmarkts.

---

787 *BGH,* Urteil v. 06.07.1993, NJW 1993, 2433 f (2433).

788 Siehe *v. Heymann,* BB 2002, 1149 ff (1150 f); siehe *Schwark,* BB 1979, 897 ff (899).

789 *BGH,* Urteil v. 13.01.2000, NJW-RR 2000, 998 ff (998).

790 *BGH,* Urteil v. 06.07.1993, NJW 1993, 2433 f.

791 Auch ‚anleger- und objektgerecht'.

792 *BGH,* Urteil v. 06.07.1993, NJW 1993, 2433 f (2433).

793 *OLG Koblenz,* Urteil v. 08.12.2003, NJOZ 2004, 1019 ff (1019) zur Bankenhaftung bei fehlerhafter Beratung über eine Kapitalanlage in geschlossene Immobilienfonds; *OLG Celle,* Urteil v. 15.08.2002, BKR 2002, 841 ff (842) zu den Pflichten des Anlageberaters beim Erwerb eines Anteils an einem geschlossenen Immobilienfonds (n. rk.); a. A. *LG München I,* Urteil v. 02.05.2003, NJOZ 2003, 1970 ff (1975 f).

794 Siehe ähnlich *Kieninger,* AcP 199 (1999), 190 ff (218).

1. Aufklärung

Im Bond-Urteil beschreibt der BGH die zweigeteilte Beratung, äußert sich aber nicht zur Aufklärungspflicht. Die objektgerechte Anlageberatung beschränkt sich auf die Weitergabe der für die konkrete Anlageentscheidung erheblichen Faktoren und liefert keine Informationen über alle potentiell entscheidungserheblichen Umstände.[795] Die Mitteilung dieser Fakten ist aber auch bei der Anlageberatung nötig.[796] Zwar ist Zweck der Beratung in erster Linie, dem Anleger ein geeignetes Objekt mit dem Ziel, die eigene Entscheidung zu ersetzen, zu präsentieren; der Anleger soll aber nicht auf diesen Rat angewiesen sein, sondern sich eine eigene Schlussfolgerung vorbehalten können. Dies erfordert aber eine vollständige Kenntnis der wesentlichen Umstände. Dementsprechend wird teilweise auch nicht von ‚anlage- und anlegergerechter Beratung' gesprochen, sondern das Begriffspaar ‚anlagegerechte Information' und ‚anlegergerechte Beratung' herangezogen;[797] diese Formulierung macht deutlich, dass die Beratung sich aus der wertungsfreien Informationserteilung, die sich nicht am individuellen Anleger orientiert, sondern konkret-generell ist, und der Beratung im engeren Sinne zusammensetzt. Folglich ist die Beratung kein ‚Aliud', sondern ein ‚Mehr' im Verhältnis zur Aufklärung. Diese letztgenannte Definition der Beratung ist aber nicht vollständig, da diese nicht nur anlegergerecht, sondern auch anlagegerecht erfolgen muss, da die Bewertung anhand konkreter Objekte erfolgen muss.

Zu der Aufklärung über alle generell entscheidungserheblichen Umstände im Hinblick auf die in Frage stehenden Objekte tritt demnach die anlage- und anlegergerechte Beratung hinzu. Der Anlageberater muss demnach einerseits die Anlageprodukte (anlagebezogene Beratung), andererseits die wirtschaftliche Situation des Anlegers (anlegerbezogene Beratung) bedenken[798] und die Anlageobjekte anhand einer bewertenden Beurteilung vergleichen und analysieren. Sodann hat er eine Empfehlung auszusprechen.

2. Anleger- und anlagegerechte Beratung

Die Beratung lässt sich nur theoretisch, nicht aber im praktischen Beratungsgespräch in seine zwei Bestandteile der anleger- und anlagegerechten Beratung zerlegen.

Inhalt der anlegergerechten Beratung – ‚know your customer' – ist es, eine den Vorstellungen und Wünschen des Anlegers entsprechende Anlage auszu-

---

[795] *BGH,* Urteil v. 06.07.1993, NJW 1993, 2433 f (2433).

[796] Im Ergebnis ebenso *v. Heymann,* DStR 1993, 1147 ff (1148).

[797] *v. Heymann,* BB 2000, 1149 ff (1150).

[798] *Wagner,* DStR 2004, 1883 ff (1884).

wählen.[799] Die Auswahl hat der Berater anhand der durch den Anleger geäußerten Ziele zu treffen; sie muss sich also etwa danach richten, ob der Anleger eine spekulative oder eine sichere Anlageform bevorzugt.[800] Nicht zur anlegergerechten Beratung, sondern zur individuellen Aufklärung gehört die Beachtung des Kenntnisstandes und der Erfahrung des Anlegers.[801] Die Bedeutung der zweiten Komponente der anlagegerechten Beratung – ‚know your merchandise' – liegt in der Analyse derjenigen Eigenschaften der Anlage, die für die konkrete Anlageentscheidung relevant sind.[802] Hier liegt die Aufgabe des Beraters darin, die vom Anleger erwünschten Merkmale mit den in Betracht kommenden Objekten abzugleichen. Inhalt der anlagegerechten Beratung ist es also zu überprüfen, welche Anlage dem Ziel des Anlegers am ehesten entspricht.

Hier zeigt sich deutlich die subjektive Ausprägung der Anlageberatung, durch die sie sich von der Aufklärung absetzt. Hingegen ergeben sich bezüglich der individuellen und konkreten Information keine Abweichungen zwischen beiden Informationsarten.[803]

3. Details

Ein abhängiger Anlageberater darf sich bei erlaubter Doppeltätigkeit eine Innenprovision versprechen lassen.[804] Ihn trifft diesbezüglich dann die gleiche Aufklärungspflicht wie den Anlagevermittler. Eine Nennung der Innenprovision, wenn auch nicht im Wortlaut, so doch bezüglich der Auswirkungen, ist bei der Anlageberatung zudem unerlässlich, weil der Berater diese bei der Erwerbsempfehlung berücksichtigen muss. Er muss schon allein deswegen zumindest dann über eine Innenprovision aufklären, wenn diese ein erhebliches Maß erreicht. Bei einem unabhängigen Berater stellt sich die Frage nach der Innen-

---

799 *Wolf,* NVersZ 2001, 392 ff (394 f) m.w.N.

800 *BGH,* Urteil v. 06.07.1993, NJW 1993, 2433 f (2433); *Lenenbach,* NZG 2001, 481 ff (493).

801 A.A. *BGH,* Urteil v. 06.07.1993, NJW 1993, 2433 f (2433); *Lenenbach,* NZG 2001, 481 ff (493).

802 *BGH,* Urteil v. 06.07.1993, NJW 1993, 2433 f (2433); *Wagner,* BB 2002, 172 ff (177). Bei Immobilien können dabei u.a. von Bedeutung sein die fristgerechte Herstellung des Gebäudes, der Kostenrahmen, die steuerlichen Belastungen bzw. Abzugs- und Gestaltungsmöglichkeiten, das Verhältnis von Eigen- zu Fremdkapital bzw. betreutem Anlagevolumen sowie die Wiederverkäuflichkeit, z.B. von Immobilienfonds-Anteilen, siehe *v. Heymann,* BB 2000, 1149 ff (1150 f).

803 Es kann aber nicht *Wagner,* BB 2002, 172 ff (177) gefolgt werden, nach dessen Ansicht die ‚anlagegerechte Information' mittels Prospekt, die ‚anlegergerechte Beratung' durch den Anlagevermittler bzw. Anlageberater vorgenommen wird. Die ‚anlagegerechte Information' bezeichnet in diesem Kontext die individuelle Beratung, die der Anlageprospekt nicht leisten kann, bei der ‚anlegergerechten Beratung' ist deutlicher zwischen dem Anlagevermittler und dem Anlagerberater zu differenzieren.

804 Siehe zur Doppeltätigkeit des Anlageberaters unten Kapitel 1 H.II.2.a).

provision wegen dessen einseitiger Verpflichtung von vornherein nicht. Eine Innenprovision würde nämlich der Unabhängigkeit entgegenstehen, da der Berater sich nicht nur von sachlichen Gesichtspunkten leiten ließe. Wegen der Verquickung der Vertrauensstellung mit der heimlichen Annahme von Vorteilen wäre die Provision sittenwidrig.[805]

Im Hinblick auf die Pflicht zur Auswertung von Presseerzeugnissen schuldet der Anlageberater keine weiter reichendere Recherche als der Anlagevermittler, so dass sich hier keine Besonderheiten ergeben. Auch hier wird die Pflicht zur Auswertung der Wirtschaftspresse nach überwiegender Ansicht bejaht, es besteht aber keine klare Linie im Hinblick darauf, welche Publikationen hierunter fallen.[806] So ist auch der Berater nicht zur Recherche aller Fachartikel verpflichtet.[807] Aus dem Auftreten des Beraters im Einzelfall oder aus einem erkennbaren besonderen Sicherheitsbedürfnis des Anlegers kann sich aber eine Pflicht zu einer umfassenderen Recherche ergeben.[808]

III. Zusammenfassung

Der Anlageberater muss sich ebenso wie der Anlagevermittler die nötigen Angaben verschaffen und diese prüfen. Gelingt es ihm nicht, etwaige Zweifel auszuräumen, kann er keine Empfehlung aussprechen, eine Beratung ist ihm somit verwehrt. Die Beratung umfasst sowohl die Aufklärung über alle wesentlichen Umstände, also auch die anleger- und anlagegerechte Beratung. Nur durch das Zusammenspiel dieser drei Komponenten kann erreicht werden, dass der Anleger nicht nur eine Empfehlung erlangt, sondern ggf. eine eigene Entscheidung treffen kann. Auch wegen der strengen und die Aufklärungspflicht überragenden Voraussetzungen der Beratungspflicht darf die Beratungsleistung in keinem seiner Elemente hinter die Aufklärung zurückfallen.

E. Obliegenheiten des Anlegers

Den Aufklärungspflichten des Intermediärs können grundsätzlich Obliegenheiten des Anlegers gegenüberstehen. Diese können darin bestehen, Informationen nicht ungeprüft zu übernehmen, sondern selbst zu hinterfragen.

Die ständige Rechtsprechung des BGH[809] und die herrschende Meinung in der Literatur[810] lehnen es aber grundsätzlich ab, den Einwand des Mitverschul-

[805] *BGH,* Urteil v. 25.06.1986, NJW-RR 1987, 42 (42).

[806] *Assmann,* ZIP 2002, 637 ff (642).

[807] *Thiel,* Die Haftung der Anlageberater und Versicherungsvermittler, S. 41 f.

[808] *OLG Düsseldorf,* Urteil v. 24.08.1995, WM 1996, 1082 ff (1085 f).

[809] *BGH,* Urteil v. 06.02.2003, NJW-RR 2003, 1064 ff (1067); *BGH,* Urteil v. 21.11. 1996, NJW 1997, 661 ff (664); *BGH,* Urteil v. 25.05.1977, NJW 1977, 1536 ff (1537).

dens nach § 254 BGB darauf zu stützen, dass sich der Anleger auf die ordnungsgemäße Auskunft verlassen hat. Er habe dadurch keinen Mangel an Sorgfalt gezeigt. Da die Aufklärungspflicht gerade aus der Bedürftigkeit und dem Angewiesensein des informationell unterlegenen Anlegers heraus entsteht, müsse es grundsätzlich ausgeschlossen sein, dem Anleger eine Nachprüfungspflicht aufzuerlegen, so dass eine Kürzung des Schadensersatzanspruchs nach § 242 BGB unbillig wäre.[811]

Nach Sinn und Zweck der Aufklärungspflichten kann im Eigeninteresse des Anlegers von diesem aber trotzdem eine sorgfältige und eingehende Lektüre der Unterlagen verlangt werden.[812] Auch wenn die Nacharbeitung der eigenen Entscheidungsfindung dient und ihre Grundlage nicht im Misstrauen gegenüber der Information liegt, kann sie Ansatzpunkt für ein Mitverschulden nach § 254 BGB sein.

Dieser Einwand des Mitverschuldens ist dem Vermittler in den Ausnahmefällen zuzugestehen, in denen seine volle Haftung ungerechtfertigt wäre.[813] Dies ist immer dann der Fall, wenn durch vertrauenserschütternde Umstände, die auch aus Unklarheiten im Anlageprospekt herrühren können, das ursprünglich regelmäßig bestehende Misstrauen gegen den Vermittler wiederkehrt und sich dem Anleger Zweifel an der Richtigkeit aufdrängen[814] und für ihn Anlass sein müssen, erhöhte Sorgfalt walten zu lassen.[815] Zu nennen sind etwa Warnungen Dritter[816], das Versprechen einer erkennbar außerordentlich hohen Rendite oder einfache, dem Anleger ins Auge springende[817] (Rechen)Fehler oder offensicht-

---

[810] Siehe allgemein *Hoegen,* Einzelfragen zur Haftung bei Anlagevermittlung und Anlageberatung, in: FS für Walter Stimpel, S. 247 ff (260 ff); a. A. *Wagner,* NZG 2003, 897 ff (898), wonach der Anleger regelmäßig und nicht nur im Ausnahmefall zur eigenen Nachprüfung verpflichtet sein soll, da er über die notwendigen Kenntnisse und Erfahrungen verfüge oder sich der Hilfe von Fachleuten bediene. Dem ist nicht zu folgen, wenn der Vermittler wissentlich auf unerfahrene Anleger zugeht, die offensichtlich keinen eigenen Berater einschalten. Dann geht nämlich das Aufklärungsschuldverhältnis dahin, dass der Anlagevermittler den Anleger individuell aufklären muss und dieser auf die Ordnungsmäßigkeit vertrauen darf.

[811] *KG,* Urteil v. 27.07.1998, NZG 1999, 199 ff (202).

[812] *BGH,* Urteil v. 31.03.1992, NJW-RR 1992, 879 ff (881).

[813] *BGH,* Urteil v. 25.11.1981, NJW 1982, 1095 ff (1097); *BGH,* Urteil v. 13.05.1993, NJW-RR 1993, 1114 ff (1115); in älteren Urteilen wird die Frage des Einwands des Mitverschuldens offen gelassen, *BGH,* Urteil v. 08.02.1978, NJW 1978, 997 ff (999); zum Vertrauensgesichtspunkt siehe *Straßer,* Die Haftung der Wirtschaftsprüfer gegenüber Kapitalanlegern für fehlerhafte Testate, S. 111.

[814] *Straßer,* Die Haftung der Wirtschaftsprüfer gegenüber Kapitalanlegern für fehlerhafte Testate, S. 112.

[815] Nach *Renner,* DStR 2001, 1706 ff (1710) soll der Mitverschuldenseinwand bei einem unerfahrenen Anleger generell ausgeschlossen sein.

[816] *BGH,* Urteil v. 13.05.1993, NJW-RR 1993, 1114 ff (1115).

[817] *Straßer,* Die Haftung der Wirtschaftsprüfer gegenüber Kapitalanlegern für fehlerhafte Testate, S. 112 f.

liche Ungereimtheiten im Prospekt. Vertraut der Anleger hier blindlings auf die Richtigkeit der Information, trifft ihn ein Verschulden gegen sich selbst.[818] Je deutlicher und übersichtlicher der Prospekt gestaltet ist, desto leichter sind potentielle Fehler zu erkennen, so dass der Mitverschuldensvorwurf eher im Raume steht. Das werbende Auftreten des Anlagevermittlers für den Anbieter allein ist noch nicht ausreichend, Zweifel zu begründen und eine Prüf- oder Nachforschungspflicht des Anlegers auszulösen.[819] Dies würde die Rechte des Anlegers zum einen in vielen Fällen einschränken, da der Vermittler häufig auf diese Weise auftritt, zudem setzt die Begründung der Aufklärungspflicht gerade voraus, dass das natürliche Misstrauen gegenüber dem Vermittler beseitigt ist. Der Schutz des Anlegers aus dem Aufklärungsschuldverhältnis ist also grundsätzlich unabhängig von der Stellung des Vermittlers. Enthält die Aufklärung werbende Elemente, muss dem Anleger zwar bewusst sein, dass der Vermittler im Zweifel eher die positiven Informationen in den Vordergrund stellt, und dies bei der Informationsverwertung beachten. Dies ändert aber nichts daran, dass er mit richtigen und vollständigen Angaben rechnen darf.

Handelt der Anlagevermittler selbst unredlich, etwa in Täuschungsabsicht oder durch Ausnutzen einer Überrumpelungssituation, dann sollte dies ein etwaiges Mitverschulden des Anlegers als unbeachtlich in den Hintergrund drängen.

Gegenüber einem Anlageberater reicht das Vertrauen weiter.[820] Da der Rat im Idealfall die eigene Entscheidung des Anlegers ersetzt, verstößt der Anleger nicht gegen die Sorgfalt in eigenen Angelegenheiten, wenn er die Unterlagen nicht selbst nochmals durchliest. Eine eigene Überprüfung bzw. Nachfrage ist daher lediglich in den Fällen angebracht, in denen sich die Zweifel unmittelbar aus der Raterteilung selbst ergeben.

Es lässt sich die generelle Feststellung treffen, dass die Überprüfungspflicht des Anlegers umso geringer ist, je weitgehender die Informationspflicht des Anlagevermittlers ist und vice versa. In dem Maße, in dem der Anleger auf die Korrektheit der Angaben vertrauen darf, besteht keine Pflicht zur eigenen Nachprüfung.

Zusammenfassend ist festzuhalten, dass der Einwand des Mitverschuldens dann Geltung erlangen sollte, wenn andernfalls der Anleger unbillig entlastet würde. Der Anleger muss die Unterlagen im Eigeninteresse für seine informationelle Vorbereitung redlicherweise nochmals durchgehen, wobei von ihm ein gewisses Maß an Aufmerksamkeit erwartet werden kann. Übersieht er hier of-

---

818 *Müssig*, NJW 1989, 1697 ff (1702).

819 A. A. *BGH*, Urteil v. 25.11.1981, NJW 1982, 1095 ff (1097).

820 *BGH*, Urteil v. 25.11.1981, NJW 1982, 1095 ff (1097).

fensichtliche Fehler, die ihm ins Auge springen müssten, ist eine Reduktion des Schadensersatzes angebracht.

F. Vertraglicher bzw. quasivertraglicher Schadensersatz

Eine fehlerhafte Aufklärung kann neben vertraglichen und quasivertraglichen Schadensersatzansprüchen auch einen deliktischen Schadensersatzanspruch nach § 823 Abs. 2 BGB i.V.m. §§ 263, 264a, 266 StGB begründen. Dieser spielt aber ebenso wie § 826 BGB wegen des Vorsatzerfordernisses neben den außerdeliktischen Schadensersatznormen nur eine untergeordnete Rolle.[821] § 823 Abs. 1 BGB hilft in der Regel nicht, da keines der dort genannten Rechtsgüter verletzt ist. Deshalb beschränken sich die Ausführungen zum Schadensersatz auf die außerdeliktischen Ansprüche.[822]

Der Umfang des Schadensersatzanspruchs nach § 280 Abs. 1 BGB folgt unabhängig von der Art des Schuldverhältnisses aus §§ 249 ff BGB. Danach ist der Anleger so zu stellen, wie er ohne das schädigende Ereignis, also bei ordnungsgemäßer Aufklärung, stünde. Bei der Haftung aus c.i.c. ist der Schadensersatz zwar vorwiegend auf das negative Interesse gerichtet,[823] ebenso zulässig ist aber der Ersatz des positiven Interesses. Der Anspruch ist auch nicht auf die Höhe des Erfüllungsinteresses beschränkt.[824] Im Schadensfall ist grundlegend danach zu unterscheiden, ob der Anleger an der Kapitalanlage festhalten oder sich von dieser lösen will. Wenn er sie behalten will, kann er seinen Schaden im Wege der schadensrechtlichen Minderung geltend machen. Andernfalls steht ihm die Möglichkeit der Rückabwicklung der Beteiligung offen.

Im Folgenden sollen die möglichen Vorgehensweisen des Anlegers im Schadensfall dargestellt werden.

---

821 *Grigoleit,* NJW 1999, 900 ff (904).

822 Gegen die analoge Anwendung des § 37a WpHG auf Unternehmen des Grauen Kapitalmarkts, *Leisch,* in: KK, WpHG, § 37a Rdnr. 41.

823 *BGH,* Urteil v. 02.03.1988, NJW 1988, 2234 ff (2236).

824 *Lorenz,* NJW 1999, 1001 f (1001); *BGH,* Urteil v. 02.03.1988, NJW 1988, 2234 ff (2236); *BGH,* Urteil v. 25.05.1977, NJW 1977, 1536 ff (1537); *Nirk,* Culpa in contrahendo, in: FS für Philipp Möhring, S. 385 ff (397); a.A. *Geibel,* Der Kapitalanlegerschaden, S. 227, wonach der falsch Beratene nur das negative Interesse verlangen könne.

I. Rückabwicklung der Beteiligung[825]

1. Inhalt des Schadensersatzanspruchs

Macht der Anleger geltend, dass er bei ordnungsgemäßer Aufklärung den Beteiligungsvertrag nicht abgeschlossen hätte, kann er durch Rückabwicklung der Beteiligung den Zustand herstellen, der bestehen würde, wenn er die Beteiligung nie erworben hätte. Der Anspruch geht auf Befreiung von dem abgeschlossenen Vertrag, d.h. auf Rückerstattung der geleisteten Einlage und Ersatz sonstiger Aufwendungen,[826] Zug um Zug gegen Abtretung der (werthaltigen) Beteiligung.[827] Hierbei handelt es sich um eine Naturalrestitution im Sinne des § 249 Abs. 1 BGB.[828]

a) Vertragsabwicklung unter Einbeziehung eines Dritten

Die Besonderheit der Rückabwicklung zwischen dem Anleger und dem Anlagevermittler liegt darin, dass der Schädiger ein nicht am Hauptvertrag beteiligter Dritter ist. Eine Mindermeinung in der Literatur lehnt eine Vertragsabwicklung mittels Naturalrestitution unter Einbeziehung eines Dritten als unzulässig ab. Eine Naturalrestitution wäre nur zulässig, wenn die Beteiligung des Anlegers wieder in die ursprünglichen Hände des Vertragspartners zurückgeht, da nur dann der Zustand, der ohne das schädigende Ereignis bestehen würde, wiederhergestellt wäre. Ein Dritter, der ursprünglich nicht Inhaber der Beteiligung war, könne diesen Zustand durch Übernahme der Beteiligung nicht herbeiführen.[829] Da dies keine Art von Naturalrestitution darstelle, könne der Dritte auch nicht zur Übernahme verpflichtet werden. Der Anleger trage also das Verwertungsrisiko.[830]

---

[825] *Wagner,* NZG 2003, 897 ff (902).

[826] Siehe *BGH,* Urteil v. 05.07.1993, NJW 1993, 2865 ff (2866). Die Provisionen fallen grundsätzlich nicht unter diesen Begriff, da bei Falschinformation eine Pflicht zur Provisionszahlung in der Regel nicht besteht. Vorsätzliche Falschinformation bewirkt eine Verwirkung des Anspruchs auf Provisionszahlung nach § 654 BGB, bei Fahrlässigkeit entsteht der Provisionsanspruch bereits nicht wegen der fehlenden Gleichwertigkeit des zustande gekommenen Hauptvertrags mit dem im Maklervertrag vorausgesetzten Vertrag, *OLG Hamm,* Urteil v. 13.09.1990, NJW-RR 1991, 249 f (250), bzw. entfällt bei Rückabwicklung, da der Hauptvertrag wegen einer im Vertragsschluss selbst liegenden Unvollkommenheit vernichtet wird, *BGH,* Urteil v. 14.12.2000, NJW 2001, 966 f (967); *Sprau,* in: Palandt, BGB, § 652 Rdnr. 34. Deswegen stellen nur bereits geleistete Provisionen einen Schaden dar, ein Anspruch auf Freistellung erübrigt sich.

[827] *BGH,* Urteil v. 26.09.1991, NJW 1992, 228 ff (230); *BGH,* Urteil v. 06.10.1980, NJW 1981, 1449 ff (1451).

[828] *Grigoleit,* NJW 1999, 900 ff (901).

[829] *Geibel,* Der Kapitalanlegerschaden, S. 110 ff; siehe dazu auch *Fuchs/Dühn,* BKR 2002, 1063 ff (1068).

Richtigerweise muss der Herstellungsbegriff im Interesse des geschädigten Anlegers aber in einem weiteren Sinne verstanden werden. Da die Naturalrestitution Teil des Schadensersatzrechts ist, bezweckt sie den Schutz des Geschädigten. Aus dieser Intention heraus kann die Naturalrestitution auch zulässig sein, wenn sie zwar nicht exakt den früheren Zustand wiederherstellt, aber dennoch den Geschädigten von seinem Schaden befreit. Es ist demnach ausreichend, wenn ein Zustand geschaffen wird, ‚der dem schadensfreien möglichst nahe kommt'. Dies wird erreicht, indem der Anlagevermittler die Beteiligung des Anlegers übernimmt und dessen Aufwendungen ersetzt.[831]

b) Beachtung gesellschaftsrechtlicher Grundsätze

Beim Ausscheiden eines einzelnen Gesellschafters aufgrund fehlerhaften Beitritts sind zur Sicherung des Bestandsschutzes und des Verkehrsschutzes prinzipiell ebenso wie bei der Auflösung der Gesellschaft die Grundsätze der fehlerhaften Gesellschaft zu beachten.[832] Wird die Beteiligung aber wie hier an einen Dritten abgetreten, bleibt diese existent, so dass der Drittschutz keine Einschränkung der Rückabwicklung nach den Grundsätzen des fehlerhaften Beitritts verlangt.[833] Wegen der Entpersonalisierung der Publikumsgesellschaft stehen dem Neueintritt des Vermittlers ohne Zustimmung der Mitgesellschafter auch keine gesellschaftsrechtlichen Grundsätze entgegen.[834]

2. Spezialprobleme bei der c. i. c.

a) Abgrenzung zwischen der c. i. c. nach § 311 Abs. 2 BGB und der Anfechtung wegen arglistiger Täuschung nach § 123 BGB

Grundsätzlich steht dem Geschädigten bei vorvertraglicher Falschinformation Naturalrestitution aus c.i.c. ebenso zu wie aus einem Auskunftsvertrag. Aus dem Nebeneinander der c.i.c. nach § 311 Abs. 2 BGB und der Anfechtung nach § 123 BGB ergeben sich aber Konkurrenzprobleme, die dadurch entstehen, dass die strengeren Anfechtungsvoraussetzungen durch den Rückgriff auf

---

830 *Geibel,* Der Kapitalanlegerschaden, S. 114.

831 *Möllers/Leisch,* in: Möllers/Rotter, Ad-hoc-Publizität, § 14 Rdnr. 108; *Möllers,* ZBB 2003, 390 ff (400).

832 *Wagner,* in: Assmann/Schütze, Handbuch des Kapitalanlagerechts, § 23 Rdnr. 70.

833 A. A. *HansOLG Hamburg,* Urteil v. 14.07.1999, NZG 2000, 536 ff (538).

834 A. A. *Wagner,* NZG 2003, 897 ff (902). Bei der Anfechtung des Beteiligungsvertrags gegenüber dem Vertragspartner sind die Grundsätze der fehlerhaften Gesellschaft dagegen anzuwenden. Die Beteiligung erlischt nicht ex tunc, sondern dem Anleger wird die Möglichkeit zur fristlosen Kündigung eingeräumt, *ders.,* in: Assmann/Schütze, Handbuch des Kapitalanlagerechts, § 23 Rdnr. 71.

die schadensrechtliche Rückabwicklung umgangen werden können. Hierzu werden im Grunde zwei Meinungen vertreten. Einerseits werden die Anfechtungsregeln der §§ 123 ff BGB als abschließende Spezialvorschriften für die Vertragsauflösung wegen vorvertraglicher Falschinformation angesehen; andererseits wird die Lösung vom Vertrag auch nach den Grundsätzen der c.i.c. zugelassen,[835] wobei aber in der Regel einschränkende Ansätze vertreten werden.[836]

Für die Fälle der Anlagevermittlung ist die Befürchtung der Umgehung der strengeren Voraussetzungen aber nicht so offensichtlich, da wegen der Anwendung des § 311 Abs. 3 BGB die Haftungsgegner bei der c.i.c. und der Anfechtung personenverschieden sind.[837] Deshalb stellt sich das klassische Konkurrenzproblem hier nicht unmittelbar. Wegen einer möglichen Ausstrahlungswirkung auf die Fälle des § 311 Abs. 3 BGB soll die Problematik des Erfordernisses eines Vermögensschadens als Abgrenzungsmerkmal dennoch kurz skizziert werden.

Der BGH hat in neuerer Zeit erstmals ausdrücklich einen Vermögensschaden für die Rückabwicklung gefordert, um die Unterschiede zwischen beiden Rechtsinstituten nicht zu verwischen.[838] Damit nähert er sich dem Wortlaut nach der Ansicht an, die eine strikte Trennung der geschützten Rechtsgüter propagiert. Ob man diese Entscheidung gutheißt, ist in erster Linie eine Frage des Schutzzwecks der c.i.c. Erkennt man als einziges Schutzgut der c.i.c. das Vermögen an und sieht das Selbstbestimmungsrecht abschließend durch die Anfechtungsregeln geschützt, ist eine Lösung vom Vertrag aufgrund bloßer Falschinformation auf die Anfechtung beschränkt.[839] Richtigerweise sollte das Schutzgut der c.i.c. aber nicht in Abgrenzung zur Täuschungsanfechtung, sondern in

---

[835] St. gefestigte Rspr., *BGH,* Urteil v. 31.01.1962, NJW 1962, 1196 ff (1198); *BGH,* Urteil v. 11.05.1979, NJW 1979, 1983 f (1983); ähnlich *BGH,* Urteil v. 24.10. 1996, NJW 1997, 254 f (254); *Grigoleit,* Vorvertragliche Informationshaftung, S. 12 ff.

[836] Es wird zum Teil vorgeschlagen, die strengeren Voraussetzungen der §§ 123 ff BGB, beispielsweise die Frist des § 124 BGB auf § 311 Abs. 2 BGB zu übertragen (für die Übertragung Teile der Literatur, etwa *Fleischer,* AcP 200 (2000), 91 ff (119); gegen Übertragung die Rechtsprechung, *BGH,* Urteil v. 11.05.1979, NJW 1979, 1983 f (1984). *Grigoleit,* Vorvertragliche Informationshaftung, S. 33 folgert aus einem Gesamtumkehrschluss aus dem BGB, dass keine Haftung für fahrlässige Irreführung bestehe (informationelles Vorsatzdogma); hierzu zieht er die Einzelvorschriften der §§ 123 Abs. 1, § 463 S. 2 a.F. und § 826 BGB heran, a.a.O., S. 37. Hieran wird kritisiert, dass das Gesetz dieses Vorsatzdogma selbst nicht einhält, siehe *Fleischer,* Informationsasymmetrie im Vertragsrecht, S. 432.

[837] Anfechtungsgegner sind die Gesellschafter, § 123 Abs. 1, Abs. 2 BGB. Gegner des Schadensersatzanspruchs nach §§ 280 Abs. 1, 311 Abs. 3 BGB ist der Vermittler.

[838] *BGH,* Urteil v. 26.09.1997, NJW 1998, 302 ff (304); *BGH,* Urteil v. 03.02.1998, NJW-RR 1998, 904 ff (906); *Lorenz,* ZIP 1998, 1053 ff (1053); siehe auch *Möllers/ Leisch,* WM 2001, 1648 ff (1655).

[839] Siehe *Fleischer,* Informationsasymmetrie im Vertragsrecht, S. 442.

Abhängigkeit von der Intention der verletzten Pflicht festgelegt werden. Die Aufklärungspflicht als ‚vertragsschlussbezogene Informationspflicht' schützt aber sowohl das Vermögen als auch die Dispositionsfreiheit (‚vertragsschlussbezogenes Integritätsinteresse').[840] Deshalb ist der ‚Vertragsabschlussschaden'[841] zur Erfüllung der Haftungsvoraussetzungen im Bereich der c.i.c. ausreichend.[842]

Auch das Schadensrecht fordert keinen Vermögensschaden. Aus dem Umkehrschluss zu § 253 BGB folgt,[843] dass nach § 249 BGB jede Einbuße eines rechtlichen Interesses ersetzt wird, also auch jede durch gestörte Willensbildung zustande gekommene Vertragsbindung.[844]

Den Teilen des Schrifttums[845] und der Rechtsprechung[846], die dennoch den Eintritt eines Vermögensschadens verlangen, um der c.i.c. einen eigenen Anwendungsbereich zu verschaffen,[847] kann entgegengehalten werden,[848] dass der c.i.c. auch ohne Vermögensschaden ein eigener Anwendungsbereich zukommt, da sie sich weder bei den Voraussetzungen noch bei den Rechtsfolgen beeinflussen.[849]

Somit sprechen die besseren Argumente gegen das Erfordernis eines Vermögensschadens.[850] Dieses Ergebnis wird dadurch gestärkt, dass die c.i.c. durch ihre Kodifikation an Selbständigkeit gewonnen und somit nicht mehr als subsi-

---

840 *Leisch,* Informationspflichten nach § 31 WpHG, S. 121 f; *Lorenz,* Der Schutz vor dem unerwünschten Vertrag, S. 388.

841 *Brandner,* Abnehmerschutz im Wettbewerb, in: FS für Robert Fischer, S. 19 ff (24).

842 Es entspricht dem Willen des Gesetzgebers, nicht nur das Vermögen, sondern auch die Dispositionsfreiheit zu schützen, siehe BT-Drucks. 14/6040, S. 126; *Grigoleit,* NJW 1999, 900 ff (902).

843 A. A. *Krebs,* Sonderverbindung und außerdeliktische Schutzpflichten, S. 490, die verlangt, dass die Dispositionsfreiheit außer bei §§ 119 ff BGB ausdrücklich begründet werden muss.

844 *Grigoleit,* NJW 1999, 900 ff (902).

845 *Lorenz,* ZIP 1998, 1053 ff (1053).

846 Zum ersten Mal so deutlich in *BGH,* Urteil v. 26.09.1997, NJW 1998, 302 ff und *BGH,* Urteil v. 26.09.1991, NJW 1992, 228 ff (239).

847 *Grigoleit,* Vorvertragliche Informationshaftung, S. 15; *BGH,* Urteil v. 26.09. 1997, NJW 1998, 302 ff (304); *Lieb,* Culpa in contrahendo und rechtsgeschäftliche Entscheidungsfreiheit, in: FS für Dieter Medicus, S. 337 ff (343) (zur Wahrung der Zweispurigkeit).

848 Einwände der Rechtsprechung: *BGH,* Urteil v. 05.07.1993, NJW 1993, 2865 ff (2866); Einwände der Literatur: Lorenz, ZIP 1998, 1053 ff (1057); nach *Wiedemann,* Anm. zu *BGH,* Urteil v. 26.09.1997, JZ 1998, 1176 f (1177) droht die c.i.c. bei der Forderung eines Vermögensschadens zu einem Unterfall des Deliktsrechts zu werden.

849 Nur die Anfechtung entfaltet eine dingliche Wirkung, siehe *Lorenz,* ZIP 1998, 1053 ff (1056); *BGH,* Urteil v. 14.07.2003, NJW-RR 2003, 1393 ff (1395): Unterschiede beim Vorsatzerfordernis und bei der Frist, nur die Anfechtung führt zwingend zur Vertragsaufhebung.

850 Siehe auch *Fleischer,* AcP 200 (2000), 91 ff (113).

diär angesehen werden kann; dies muss gelten, obwohl die Konkurrenzproblematik nicht Gegenstand des Gesetzgebungsverfahrens war. Überdies bedarf der arglistig Täuschende keines Schutzes dergestalt, dass eine schadensersatzrechtliche Vertragsauflösung zu seinen Gunsten ausgeschlossen ist. Deshalb kann ein ‚wirtschaftlich neutraler, subjektiv aber lästiger Vertrag'[851] bereits als relevanter Schaden im Sinne der c.i.c. angesehen werden. Dem Anleger ist die Rückabwicklung also auch dann nicht verwehrt, wenn er unrichtig informiert worden ist, die Anlage aber wie geplant verwirklicht worden ist, also wertmäßig kein Nachteil eingetreten ist.[852]

Auch der BGH nähert sich dieser vorzugswürdigen Meinung faktisch an,[853] wenn er zwar dem Wortlaut nach einen Vermögensschaden fordert, den Erwerb einer unerwünschten Anlage gleichwohl aber als Schaden ausreichen lässt.[854] Nach Ansicht des BGH muss die den Vermögensschaden bestimmende Differenzhypothese wertend, an der Verkehrsanschauung ausgerichtet, betrachtet werden. Danach sei ein Vertrag unvernünftig, wenn die Gegenleistung für die Zwecke des Anlegers subjektiv nicht brauchbar ist.[855] Die Brauchbarkeit sei dabei objektivierend zu bestimmen.[856] Grundsätzlich ist aber eine rein objektive Auslegung des Vermögensschadens ohne Wertungen zu bevorzugen, da nur diese zu einer klaren Unterscheidung zwischen Vermögensschaden und immateriellem Schaden führt.[857] Wegen der tragenden Rolle des Vermögensschadens für die Abgrenzung sollte dieser eng ausgelegt werden. Indem der BGH[858] einen subjektivierten Vermögensbegriff verwendet, bleibt er seiner eigenen Forderung nach einem Vermögensschaden eigentlich nicht treu.[859]

Folgt man der Ansicht, die einen Vermögensschaden fordert, sollte hier aus Gründen des Anlegerschutzes der normative Schaden trotz der Bedenken gegenüber einem subjektivierten Schadensbegriff dennoch bejaht werden, um den Gegenstand des Vertrags und seine intendierte Funktion bei der Schadensermitt-

---

851 Siehe ähnlich *Emmerich,* in: MüKo, BGB, § 311 Rdnr. 120.

852 A.A. *BGH,* Urteil v. 26.09.1991, NJW 1992, 228 ff (230); *Emmerich,* in: MüKo, BGB, § 311 Rdnr. 236.

853 Siehe auch *Lorenz,* ZIP 1998, 1053 ff (1055), der dem *BGH,* der eigentlich die Dispositionsfreiheit schützen will, eine Scheinargumentation vorwirft.

854 *BGH,* Urteil v. 07.09.2000, NJW 2001, 436 ff (438); ob dies ausreicht, wird in anderen Urteilen offengelassen, *OLG Hamm,* Urteil v. 08.11.2001, NJOZ 2002, 1023 ff (1032); andere Gerichte verlangen einen Vermögensschaden, etwa *OLG Frankfurt,* Urteil v. 30.01.1992, WM 1992, 572 ff (575).

855 *Oetker,* in: MüKo, BGB, § 249 Rdnr. 28; *BGH,* Urteil v. 19.12.1997, NJW 1998, 898 ff (899).

856 *BGH,* Urteil v. 14.03.2003, NJW 2003, 1811 ff (1813).

857 *Lieb,* Culpa in contrahendo und rechtsgeschäftliche Entscheidungsfreiheit, in: FS für Dieter Medicus, S. 337 ff (339 f).

858 *BGH,* Urteil v. 26.09.1997, NJW 1998, 302 ff.

859 *Fleischer,* Informationsasymmetrie im Vertragsrecht, S. 440 f.

lung stärker einbeziehen zu können. Es ist nämlich zu berücksichtigen, dass es sich hier um Anlageprodukte mit einer langen Laufzeit, nicht um Verbrauchsgüter, handelt. Auch wenn die Anlage gegenwärtig ihr Geld wert ist und sich bis jetzt entsprechend den Prognosen entwickelt hat, so dass nach der Differenztheorie gegenwärtig kein Schaden zu verzeichnen ist, besteht die dauerhafte Gefahr, dass sich ein nicht offen gelegtes Risiko verwirklicht und ein Vermögensschaden eintritt. Der Anleger müsste bis zur Gefahrverwirklichung unter Umständen mehrere Jahre warten, bevor er sich von der Anlage lösen könnte, obwohl ein Vermögensschaden in der Anlage bereits angelegt ist, der Anleger davon bei Erwerb aber keine Kenntnis hatte. Dieser ungewissen Situation könnte man abhelfen, indem man die konkrete Gefahr des Eintritts eines Vermögensschadens in der Zukunft für die sofortige Rückgängigmachung ausreichen ließe.[860] Anknüpfend an die verobjektivierte Feststellung des normativen Vermögensschadens sollte auch der so interpretierte normative Schaden objektivierend bestimmt werden. Deshalb sollte bei der Feststellung, ob die konkrete Gefahr des Schadenseintritts einem Vermögensschaden gleichzusetzen ist, nicht auf die Ziele des konkreten Anlegers, sondern auf die generellen Ziele eines hypothetischen Anlegers in der konkreten Situation des geschädigten Anlegers Bezug genommen werden. Hierdurch wird dem Bedürfnis nach Rechtssicherheit in ausreichendem Maße Rechnung getragen, ohne die Bedürfnisse des geschädigten Anlegers zu vernachlässigen. Dies würde auch mit der objektiv gehaltenen Aufklärungspflicht übereinstimmen. Diese Anknüpfung an einen hypothetischen Anleger ist bei der Anlageberatung nicht möglich, da dort eine individuelle Empfehlung gegeben wird.

b) Folgerungen für die Kapitalanlagevermittlung[861]

Da es sich bei § 311 Abs. 2 BGB und § 311 Abs. 3 BGB jeweils um Formen des gleichen Rechtsinstituts handelt, sollte um des einheitlichen Anwendungsbereichs willen auch die Frage des Vermögensschadens einheitlich beantwortet werden. Überträgt man den klassischen Meinungsstreit auf die Abgrenzung der Rückabwicklung nach §§ 280 Abs. 1, 311 Abs. 3 BGB und nach §§ 123 ff BGB, ist das Erfordernis eines Vermögensschadens erst recht abzulehnen. Der naheliegendste Grund für einen Vermögensschaden, nämlich die Schaffung eines

860 *Mertens,* in: Soergel, BGB, vor § 249 Rdnr. 157. Z.B. Objekt gegenwärtig voll vermietet, aber keine Mietgarantie; eine konkrete Gefahr des Schadenseintritts könnte bei Nachweis eines übersättigten Mietmarktes für die Zukunft gegeben sein. Diese Konstellation ähnelt der des Falles einer in einem Objekt innewohnenden Schadensanlage; im Unterschied zu dieser ist hier aber eine Schädigung nicht mit Sicherheit zu erwarten.

861 § 45 Abs. 2 Nr. 1 BörsenG regelt die Kausalität in der börsenrechtlichen Prospekthaftung, die über § 13 Abs. 1 VerkProspG auch für den Prospektverantwortlichen im Grauen Kapitalmarkt gilt, und setzt einen Vermögensschaden nicht voraus.

eigenständigen Anwendungsbereichs der c.i.c., hat bei der Eigenhaftung Dritter wegen der Personenverschiedenheit der Anspruchsgegner und den zusätzlichen Voraussetzungen der § 311 Abs. 3 BGB nämlich noch weniger Aussagekraft. Außerdem bewirkt ein Verzicht auf einen Vermögensschaden einen Gleichlauf mit den Anforderungen an die Rückabwicklung wegen Falschauskunft bei einem Auskunftsvertrag. Dort ist nach allgemeinen Regeln die Rückabwicklung nach § 249 BGB auch ohne Vermögensschaden zulässig. Ein abweichendes Ergebnis wäre im Hinblick auf die sehr ähnlichen Haftungsvoraussetzungen und die nicht vollständig geklärte Anwendung ein missliches Ergebnis. Man kann dieser Streitfrage entgehen und dem Anleger einen umfassenden Schutz gewähren, indem man den Auskunftsvertrag gegenüber der c.i.c. favorisiert.[862]

3. Kausalitätsprobleme

Da hier nur die Schadensersatzansprüche aus §§ 280 Abs. 1, 311 Abs. 3 BGB, aus § 280 Abs. 1 BGB des Vermittlungsvertrags und aus § 280 Abs. 1 BGB des Auskunftsvertrags behandelt werden, für die eine Rechtsgutverletzung nicht konstitutiv ist, kann eine materielle Unterscheidung zwischen haftungsbegründender und haftungsausfüllender Kausalität unterbleiben.[863] Diese Trennung ist nur für das Beweismaß nötig. Einzige Voraussetzung für das Schadensersatzverlangen ist demnach die haftungsausfüllende Kausalität zwischen der Falschinformation und dem Schaden.

a) Materielle Rechtslage

Für die Kausalität kommt es nicht maßgeblich auf die Entwertung oder den Verlust der Anlage an, sondern auf die Ursächlichkeit des Aufklärungsmangels für den Beteiligungsentschluss.[864] Der BGH stellt also nicht auf das letzte mögliche Glied der Kausalkette ab[865] und zieht damit den Schutzzweck der Norm sehr weit. Ein Schaden soll selbst dann im Schutzzweck der Norm liegen, wenn er mit der Falschaufklärung in keinem Zusammenhang steht, sich also etwa ein Risiko verwirklicht, über welches ordnungsgemäß aufgeklärt worden ist.[866] Hintergrund dieser Meinung ist die Überlegung, dass der Anlegerentschluss regel-

---

862 Siehe bereits oben Kapitel 1 B.II.3.c)aa)(2).

863 A. A. *Wagner,* NZG 2003, 897 ff (899).

864 *BGH,* Urteil v. 14.07.2003, NJW-RR 2003, 1393 ff (1395); *BGH,* Urteil v. 05.07. 1993, NJW 1993, 2685 ff (2686).

865 *BGH,* Urteil v. 05.07.1993, NJW 1993, 2865 ff (2866); *BGH,* Urteil v. 25.11. 1981, NJW 1982, 1095 ff (1096).

866 *Arendts,* Die Haftung für fehlerhafte Anlageberatung, S. 70; *BGH,* Urteil v. 05.07.1993, NJW 1993, 2685 ff (2686); *OLG Köln,* Urteil v. 24.02.1999, BB 2000, 374 ff (376); *BGH,* Urteil v. 01.12.1994, NJW 1995, 1025 ff (1026); *Grunewald,* ZIP 1994, 1162 ff (1166).

mäßig das Ergebnis einer Gesamtentscheidung darstellt, bei der alle Vor- und Nachteile sowie Chancen und Risiken der betreffenden Anlage gegeneinander abgewogen werden.[867] Es kommt demnach entscheidend darauf an, dass der Anleger bei Kenntnis des verschwiegenen Umstands vom Erwerb der Beteiligung abgesehen hätte und ihm die fehlerhafte Aufklärung nicht lediglich als Vorwand zur Rückgängigmachung der Beteiligung dient.[868] Der Schutzzweck der Aufklärungspflicht beschränkt sich also nicht darauf, den Anleger nur vor den Risiken, die sich später tatsächlich verwirklichen, zu warnen.[869]

An dieser Rechtsprechung wird kritisiert, dass der BGH auf die haftungsausfüllende Kausalität verzichte und damit ein Sonderrecht für den Kapitalanlagebereich schaffe.[870] Deshalb wird einschränkend gefordert, dass die Umstände, über die falsch aufgeklärt wird, zumindest mitursächlich für den Wertverlust der Beteiligung sind.[871] Indessen ist diese Kritik unbegründet, da die Rechtsprechung mit dieser Kausalitätsprüfung lediglich ihre Rechtsprechung zum Vermögensschaden konsequent fortführt, wonach ein Vermögensschaden entweder nicht notwendig ist oder bereits im Erwerb einer unerwünschten Anlage gesehen wird. Wenn der relevante Schaden aber der Beteiligungserwerb ist, kann es logischerweise nicht mehr auf den Verlust der Anlage oder auf die Verwirklichung eines bestimmten Risikos ankommen. Wenn die Prüfung auf die Kausalität zwischen der Falschinformation und dem Erwerbsentschluss beschränkt und der Erwerb selbst nicht erwähnt wird, kann dies nur daran liegen, dass auf dieser letzten Stufe keine nennenswerten Probleme mehr auftreten.

b) Prozessuale Fragen

Wegen der unterschiedlichen Beweismaße ist auf prozessrechtlicher Ebene eine Trennung von Haftungsgrund (§ 286 ZPO) einerseits und Entstehung und Höhe des Schadens (§ 287 ZPO) andererseits unerlässlich.[872] Die Grenze kann auf verschiedene Arten gezogen werden.

---

[867] *BGH,* Urteil v. 14.07.2003, NJW-RR 2003, 1393 ff (1395).

[868] *BGH,* Urteil v. 05.07.1993, NJW 1993, 2865 ff (2866).

[869] *BGH,* Urteil v. 05.07.1993, NJW 1993, 2865 ff (2866).

[870] *Wagner,* NZG 2003, 897 ff (900 f).

[871] *OLG Frankfurt a.M.,* Urteil v. 30.01.1992, WM 1992, 572 ff (575); *OLG Hamburg,* Urteil v. 30.12.1999, NZG 2000, 658 ff (659) zu Fehlern in einem Prospekt; *v. Heymann,* BB 2000, 1149 ff (1154) m.w.N.; zum Gedanken des rechtmäßigen Alternativverhaltens, siehe *BGH,* Urteil v. 05.07.1993, NJW 1993, 2865 ff (2866).

[872] Nach a.A. soll auch beim Beweismaß keine Trennung erforderlich sein, *KG,* Urteil v. 25.03.2004, NJOZ 2004, 2287 ff (2289).

aa) Zäsur zwischen § 286 ZPO und § 287 ZPO

So wird vertreten, die Zäsur bei der Rechtsgutverletzung zu setzen, auch wenn diese von der Schadensersatznorm nicht ausdrücklich gefordert wird. Diese wird in der Einschränkung der Entschließungsfreiheit wegen des Verstoßes gegen die Aufklärungspflicht gesehen.[873] Andere sehen die Grenze im Haftungsgrund[874], der als Pflichtverletzung des Schädigers und ‚Betroffensein' des Geschädigten definiert wird.[875] Der Geschädigte soll dann betroffen sein, wenn er den Beteiligungsentschluss gefasst hat,[876] da ab diesem Zeitpunkt nachteilige Folgen für ihn eintreten können.[877] Wieder andere Stimmen unterscheiden nach Erstschaden und Folgeschaden.[878] Die Rechtsprechung ist hier nicht eindeutig.[879] Da sich die Beschränkung der Entscheidungsfreiheit gerade im Beteiligungsentschluss äußert, kommen die Vertreter der verschiedenen Ansichten hier in der Regel zum selben Ergebnis.

bb) Beweiserleichterungen für Haftungsgrund

Somit obliegt es dem geschädigten Anleger zum Nachweis des Haftungsgrundes grundsätzlich, im Prozess darzulegen und ggf. nach § 286 ZPO zu beweisen, dass er bei gehöriger Aufklärung eine andere schadensvermeidende Anlageentscheidung getroffen hätte.[880] Da eine derartige hypothetische, innere Tatsache nur schwierig nachzuweisen ist, wird dem Anleger durch die Rechtsprechung auf der Ebene der Beweisführungslast eine Beweiserleichterung zugebilligt.

Nach ständiger Rechtsprechung der BGH gilt eine Beweislastumkehr[881], so dass der Vermittler dafür beweispflichtig ist, dass der Schaden auch eingetreten wäre, wenn er sich pflichtgemäß verhalten hätte, dass der Geschädigte den Hinweis also nicht befolgt hätte.[882]

---

[873] *Wagner,* NZG 2003, 897 ff (899 f); *Emmerich,* in: MüKo, BGB, § 311 Rdnr. 155.

[874] *BGH,* Urteil v. 15.06.1993, NJW 1993, 3073 ff (3076).

[875] *BGH,* Urteil v. 28.04.1982, NJW 1983, 998 ff (999).

[876] *BGH,* Urteil v. 05.07.1993, NJW 1993, 2865 ff (2866); *Möllers/Leisch,* in: Möllers/Rotter, Ad-hoc-Publizität, § 15 Rdnr. 56.

[877] *BGH,* Urteil v. 28.04.1982, NJW 1983, 998 ff (999).

[878] Siehe *Teichmann,* in: Jauernig, BGB, vor §§ 249–253 Rdnr. 24.

[879] Siehe Nachweise bei *Geibel,* Der Kapitalanlegerschaden, S. 158 ff; *Möllers/Leisch,* in: Möllers/Rotter, Ad-hoc-Publizität, § 15 Rdnr. 56.

[880] *Foerste,* in: Musielak, ZPO, § 286 Rdnr. 23.

[881] Grundlegende Entscheidung zur Beweislastumkehr bei nicht ordnungsgemäßer Aufklärung: *BGH* (VII. Senat), Urteil v. 05.07.1973, NJW 1973, 1688 f (1688 f).

[882] *BGH* (VII. Senat), Urteil v. 26.09.1991, NJW 1992, 228 ff (231); *BGH* (V. Senat), Urteil v. 26.09.1997, NJW 1998, 302 ff (303); *BGH* (III. Senat), Urteil v. 13.01.

Hinter der Beweislastumkehr steht der Gedanke, dass die Anleger aus ihrer Beweisnot befreit werden sollen und prozessuale Gründe den mit der Entwicklung der gesetzlichen Aufklärungspflichten erreichten Anlegerschutz nicht wieder aus den Angeln heben sollen.[883] Deshalb soll die Beweislastumkehr auch nur dann gelten, wenn die Aufklärungspflicht dem Anleger ein bestimmtes Risiko bewusst machen und ihm Klarheit geben soll, ob er an seiner Entscheidung festhalten will.[884] Die Literatur[885] bevorzugt teilweise den Anscheinsbeweis, da sie die Erwägungen der Rechtsprechung, wonach der Zweck der Aufklärungspflichten nur erreicht werde, wenn die durch die Pflichtverletzungen bedingten Unklarheiten zu Lasten des Aufklärungspflichtigen gingen,[886] für eine Beweislastumkehr nicht für ausreichend erachtet.[887]

Für welche Art von Beweiserleichterung man sich entscheidet, verhält sich analog zum Umfang des Schutzes, den man den Anlegern zukommen lassen will. Im Ergebnis ist der zurückhaltenderen Sichtweise des Schrifttums zu folgen. Die Beweislastverteilung sollte nur geändert werden, wenn dies aus Gerechtigkeitserwägungen unumgänglich ist. Da es sich bei der Anlageentscheidung zwar um durch eine den Anleger schwierig nachzuweisende Tatsache handelt, sie aber dennoch seiner Sphäre zuzuordnen ist, sollte es bei der ursprünglichen Beweislastverteilung bleiben. Dem Vermittler wird es in der Regel nicht möglich sein zu beweisen, dass der Anleger sich bei fehlerfreier Aufklärung nicht aufklärungsgerecht verhalten hätte, wohingegen dem Anleger die Beweisführung durch die Möglichkeit des Anscheinsbeweises bereits erheblich erleichtert wird. Hier sollte von ihm eine konkrete Substantiierung seiner Behauptung gefordert werden, um der Gefahr entgegenzuwirken, dass er sich grundlos von einer Anlage trennen kann.[888]

2000, NJW-RR 2000, 998 ff (999). Für die rechtliche Beratung hat der *BGH* seine Rechtsprechung dahingehend modifiziert, dass in Fällen aufklärungsrichtigen Verhaltens nur ein Anscheinsbeweis gerechtfertigt ist, da eine rechtliche Beratung so sehr von den Umständen des Einzelfalls geprägt ist, dass der typische Geschehensablauf erschüttert werden kann. Eine Beweislastumkehr ist deshalb nicht gerechtfertigt, *BGH* (IX. Senat), Urteil v. 30.09.1993, NJW 1993, 3259 ff. Der *BGH* betont ausdrücklich, dass er ansonsten an seiner ständigen Rechtsprechung bezüglich der Aufklärungspflichten festhält, *BGH,* Urteil v. 16.11.1993, NJW 1994, 512 ff (513).

[883] *BGH,* Urteil v. 05.07.1973, NJW 1973, 1688 f (1689).

[884] Siehe etwa *BGH,* Urteil v. 30.09.1993, NJW 1993, 3259 ff (3259).

[885] *Baumgärtel,* Anm. zu *BGH,* Urteil v. 30.09.1993, JR 1994, 466 (466) m.w.N.

[886] *BGH,* Urteil v. 16.11.1993, NJW 1994, 512 ff (514).

[887] *Grunewald,* ZIP 1994, 1162 ff (1163 f).

[888] Siehe oben Kapitel 1 C.VI.2. zum Erfordernis der Zusammenfassungen.

cc) Konsequenzen

Beim Anscheinsbeweis wird dem Anleger der Beweis der Kausalität für den Haftungsgrund insoweit vereinfacht, als er diese nicht streng beweisen, sondern nur den Hauptbeweis für einen typischen Geschehensablauf führen muss. Ausgehend von diesem wird vom Erfolg und der Ursache auf die Kausalität rückgeschlossen. Als typischer Geschehensablauf gilt, dass sich der Anleger bei ordnungsgemäßer Aufklärung in seinem Interesse richtig verhalten hätte, dass er sich also an die Hinweise des Vermittlers gehalten hätte und demgemäß eine unrichtige Aufklärung ursächlich für den Beteiligungsentschluss war.[889] Es gilt demnach die Vermutung des aufklärungsrichtigen Verhaltens. Der Vermittler kann diese Vermutung erschüttern, indem er Tatsachen behauptet und beweist, aus denen sich die ernsthafte Möglichkeit eines abweichenden (atypischen) Geschehensablaufs ergibt.[890]

Die Vermutung aufklärungsrichtigen Verhaltens soll aber nur für die Fälle gelten, in denen der Anleger bei ordnungsgemäßer Aufklärung in keinen Entscheidungskonflikt geraten wäre, da es vernünftigerweise nur eine einzige Möglichkeit aufklärungsrichtigen Verhaltens gab.[891] Der Anscheinsbeweis scheidet also eigentlich aus, wenn dem Anleger mehrere gleichwertige und vernünftige Handlungsmöglichkeiten offen stehen[892] und die Aufklärung ihn nur in die Lage versetzen soll, irgendeine Entscheidung unter Abwägung der Risiken zu treffen.[893] Aber genau dies ist die Intention der gesetzlichen Aufklärungspflichten bei der Kapitalanlagevermittlung, so dass bei strikter Anwendung der Grundsätze der Vermutung aufklärungsrichtigen Verhaltens dem Anleger in den meisten Fällen nicht geholfen wäre. Gemeinhin soll diese Vermutung aber auch in den Fällen gelten, in denen die einzige vernünftige Entscheidung darin liegt, eine besonders gefährliche Anlageform nicht zu wählen bzw. dass es, allgemeiner ausgedrückt, ausreichend sein soll, dass dem Anleger zwar mehrere vernünftige Möglichkeiten offen stehen, diese aber alle den Schadenseintritt verhindern können.[894]

---

[889] Siehe *Thiel,* Die Haftung der Anlageberater und Versicherungsvermittler, S. 67.

[890] *Foerste,* in: Musielak, ZPO, § 286 Rdnr. 23.

[891] BGH, Urteil v. 30.09.1993, NJW 1993, 3259 ff (3259); *BGH,* Urteil v. 16.11. 1993, NJW 1994, 512 ff (514); *BGH,* Urteil v. 28.03.1989, NJW 1989, 2320 f (2321); *BGH,* Urteil v. 09.06.1998, NJW-RR 1998, 1271 ff (1272) zur Beweislastumkehr.

[892] *KG,* Urteil v. 25.03.2004, NJOZ 2004, 2287 ff (2289); *BGH,* Urteil v. 09.06. 1998, NJW-RR 1998, 1271 ff (1272).

[893] *Stodolkowitz,* VersR 1994, 11 ff (12).

[894] *BGH,* Urteil v. 07.05.2002, NJW 2002, 2703 ff (2704); a. A. *Baumgärtel,* Anm. zu *BGH,* Urteil v. 30.09.1993, JR 1994, 466 (466), wonach der Geschädigte die Kausalität nach den allgemeinen Beweislastgrundsätzen beweisen muss, da hier kein Erfahrungssatz existiert.

Bei der auf eine konkrete Erwerbsentscheidung gerichteten Anlageberatung wird gerade nur ein einziges Verhalten als vernünftig hervorgehoben, so dass der Anwendbarkeit des Anscheinsbeweises keine Bedenken entgegenstehen.[895]

4. Zusammenfassung

Wenn der Anleger vorbringt, dass er sich bei korrekter Information an der Anlage nicht beteiligt hätte, kann er sich von dieser durch Rückgängigmachen der Beteiligung lösen. Dies scheitert nicht an der Vertragsabwicklung über einen Dritten, da aus Sicht des Anlegers auch dieser Weg eine dem ursprünglichen Zustand ähnliche Lage herbeiführt. Dieser Anspruch setzt generell und auch beim Vorgehen nach §§ 280 Abs. 1, 311 Abs. 3 BGB keinen Vermögensschaden voraus. Zwar könnte der gewollte Gleichlauf in den Anforderungen von § 311 Abs. 3 BGB und § 311 Abs. 2 BGB grundsätzlich Grundlage eines solchen Erfordernisses sein. Da aber die schadensrechtliche Rückabwicklung nach § 311 Abs. 2 BGB ihrerseits in Abgrenzung zur Vertragsauflösung nach § 123 BGB keinen Vermögensschaden fordert, kommt eine entsprechende Übertragung auf § 311 Abs. 3 BGB nicht in Betracht. Für § 311 Abs. 3 BGB unmittelbar stellt sich diese Abgrenzungsproblematik ohnehin nicht.

Für die materielle Kausalität verlangt der BGH die Ursächlichkeit zwischen dem Aufklärungsmangel und dem Beteiligungsentschluss. Folglich ist für die Kausalität nicht maßgeblich, ob sich ein Umstand, über den nicht ordnungsgemäß aufgeklärt wurde, in einem Schaden realisiert hat. Diese Rechtsprechung fügt sich entgegen kritischer Stimmen im Schrifttum nahtlos in die Rechtsprechung zum Vermögensschaden ein. Wenn als Vermögensschaden eine nicht gewollte Beteiligung als ausreichend angesehen wird, kann ein weiterer Schaden auch bei der Kausalitätsprüfung keine Berücksichtigung finden. Auf prozessualer Ebene gesteht der BGH dem Anleger grundsätzlich eine Beweislastumkehr zu. Ein gerechter Interessenausgleich könnte aber bereits mit der Gewährung des Anscheinsbeweises herbeigeführt werden.

II. Schadensrechtliche Minderung

Anstatt die Anlagebeteiligung rückabzuwickeln, kann der Anleger am Vertrag festhalten und die schadensrechtliche Minderung geltend machen. Hierzu muss er vorbringen, dass er mit dem gleichen Anbieter bei fehlerfreier Aufklärung einen günstigeren Vertrag abgeschlossen hätte. Gelingt ihm dies, kann er das zuviel Gezahlte, also die Differenz zwischen dem Wert der tatsächlich erbrach-

---

[895] *BGH,* Urteil v. 06.12.2001, NJW 2002, 593 f (594) zum Anscheinsbeweis bei der Beratung durch einen Rechtsanwalt.

ten und der bei richtiger Information hypothetisch erbrachten Leistung[896] zurückverlangen.[897] Ein Anspruch auf Abschluss des günstigeren Vertrags scheidet aus, da dieser nicht gegen einen Dritten geltend gemacht werden kann.

1. Dogmatische Einordnung

Nicht ganz unstreitig ist die Frage, ob die schadensrechtliche Minderung unter das positive Interesse fällt, diese den Gläubiger also so stellt, wie er stehen würde, wenn der Schuldner ordnungsgemäß erfüllt hätte.[898] Richtigerweise ist hier zwischen dem Zweipersonenverhältnis und dem Dreipersonenverhältnis zu unterscheiden. Im Zweipersonenverhältnis ist die Einordnung unter das positive Interesse abzulehnen. Durch die Minderung wird der Geschädigte nicht so gestellt, als wäre der abgeschlossene (ungünstige) Vertrag ordnungsgemäß erfüllt worden, sondern so, als wäre ein anderer (günstigerer) Vertrag abgeschlossen worden. Deshalb wird dieses Interesse mit Recht ‚Alternativinteresse' bzw. ‚Wertdifferenzschaden' genannt.[899] Doch im Dreipersonenverhältnis der Anlagevermittlung darf im Hinblick auf die Bewertung der Schadensart nicht an den Beteiligungsvertrag angeknüpft werden, sondern es muss auf das Aufklärungsverhältnis abgestellt werden. Hier stellt die schadensrechtliche Minderung den Anleger annähernd so, wie er bei ordnungsgemäßer Erfüllung der Aufklärungspflicht stünde, da er in diesem Fall einen günstigeren Beteiligungsvertrag abgeschlossen hätte. Deshalb fällt die Minderung in diesen Fällen unter das positive Interesse.

2. Konstruktion

In einem Zweipersonenverhältnis zielt der Anspruch auf Abschluss des günstigeren Vertrags bzw. unmittelbar auf Herstellung einer entsprechenden Güterverteilung.[900] Richtet sich der Anspruch gegen einen Dritten, kann dieser lediglich auf Ersatz der Wertdifferenz in Geld gehen.[901]

---

896 *BGH,* Urteil v. 27.09.1988, NJW-RR 1989, 150 ff (151).

897 *BGH,* Urteil v. 24.06.1998, NJW 1998, 2900 f (2901); *BGH,* Urteil v. 27.09.1988, NJW-RR 1989, 150 ff (151); *BGH,* Urteil v. 25.05.1977, NJW 1977, 1536 ff (1536); *BGH,* Urteil v. 01.04.1981, NJW 1981, 2050 f (2051); die Minderung wird auch ‚Wertdifferenzschaden' genannt siehe *Möllers/Leisch,* in: Möllers/Rotter, Ad-hoc-Publizität, § 14 Rdnr. 81.

898 *Heinrichs,* in: Palandt, BGB, Vorbem. v. § 249 Rdnr. 16.

899 *Möllers/Leisch,* in: Möllers/Rotter, Ad-hoc-Publizität, § 14 Rdnr. 81; a. A. ‚Restvertrauensschaden', siehe *BGH,* Urteil v. 19.05.2006, BB 2006, 1650 ff (1650).

900 *Lorenz,* NJW 1999, 1001 f (1001).

901 *BGH,* Urteil v. 27.09.1988, NJW-RR 1989, 150 ff (151); § 441 BGB, der auf die Beseitigung der Störung des Äquivalenzinteresses abzielt, ist nicht analog anwendbar, da die schadensrechtliche Minderung definitionsgemäß auf die einseitige Senkung

3. Günstigere Abschlussmöglichkeit

a) Beweisbedürftigkeit

Es besteht Uneinigkeit darüber, ob die Möglichkeit eines günstigeren Vertragsschlusses bewiesen werden muss.

aa) Rechtsprechung

In der nicht einheitlichen Rechtsprechung des BGH wird für die Minderungsmöglichkeit zum Teil[902] auf den Nachweis der Zustimmung des Vertragspartners zum Abschluss verzichtet.[903] Als Grund hierfür wird die fehlende Schutzwürdigkeit des Anbieters[904] und der ohnehin kaum zu führende Nachweis genannt.[905] Nach wieder anderer Ansicht in der Rechtsprechung, die die Minderung als verbleibenden Vertrauensschaden bei Festhalten am Vertrag interpretiert, könne ein Nachweis eines günstigeren Vertragsschlusses mit dem Vertragspartner unterbleiben, da es lediglich um die Bemessung des verbliebenen Vertrauensschadens gehe, nicht aber um die Anpassung des Vertrags.[906] In anderen Entscheidungen verlangt der BGH mit Hinweis auf den sonst entstehenden Kontrahierungszwang die zuverlässige Feststellung, dass der Anbieter mit dem Anleger einen für diesen günstigeren Vertrag abgeschlossen hätte.[907] Als Kompromisslösung wird vereinzelt auch vertreten, dass die Minderung ohne Nachweis des günstigeren Abschlusses in den Fällen zulässig sein soll, in denen der Schaden auf anderem Weg nicht sinnvoll erfasst werden kann, da etwa die

---

des Erwerbspreises abstellt, siehe *Geibel,* Der Kapitalanlegerschaden, S. 250 ff; nach *Grüneberg,* in: Palandt, BGB, § 311 Rdnr. 57 soll § 441 BGB analog angewendet werden; nach *BGH,* Urteil v. 27.09.1988, NJW-RR 1989, 150 ff (151) kann der Gedanke der Minderung in einem Dreipersonenverhältnis nicht herangezogen werden.

902 Im Kauf- und Werkvertragsrecht gibt der *BGH* in st. Rspr. dem getäuschten Käufer bzw. Besteller aus c.i.c. einen Anspruch auf schadensersatzrechtliche Minderung; hierbei betont der *BGH,* dass es nicht auf den Nachweis ankommt, ob der andere Teil mit dem Vertragsschluss einverstanden gewesen wäre; entscheidend sei allein, wie sich der Käufer bzw. Besteller bei Kenntnis der ihm verschwiegenen Umstände verhalten hätte, siehe etwa *BGH,* Urteil v. 06.04.2001, NJW 2001, 2875 ff (2876 f); *BGH,* Urteil v. 11.02.1999, NJW 1999, 2032 ff (2034); *BGH,* Urteil v. 08.12.1988, NJW 1989, 1793 ff (1794).

903 *BGH,* Urteil v. 27.09.1988, NJW-RR 1989, 150 ff (151); *BGH,* Urteil v. 02.06.1980, NJW 1980, 2408 ff (2409 f); *BGH,* Urteil v. 25.05.1977, NJW 1977, 1536 ff (1538).

904 *BGH,* Urteil v. 05.10.1988, NJW-RR 1889, 306 ff (307).

905 *Tiedtke,* JZ 1989, 569 ff (572); *BGH,* Urteil v. 25.05.1977, NJW 1977, 1536 ff (1538); *BGH,* Urteil v. 08.12.1988, NJW 1989, 1793 ff (1794) für den Fall, dass die Rückabwicklung nur unter erschwerten Bedingungen möglich wäre.

906 *BGH,* Urteil v. 19.05.2006, BB 2006, 1650 ff (1652).

907 *BGH,* Urteil v. 24.06.1998, NJW 1998, 2900 f (2901); zu diesem Urteil *Lorenz,* NJW 1999, 1001 f (1002).

Rückabwicklung nur bedingt möglich oder wegen Vorteilsanrechnung kein Vermögensschaden entstanden ist.[908] In diesen Konstellationen hätte der Anleger andernfalls keinen Anspruch gegen den Anbieter, obwohl er zuviel gezahlt hat. In einem Dreipersonenverhältnis verlieren aber die Argumente in Bezug auf den Kontrahierungszwang und die Schwierigkeiten bei der Rückabwicklung an Bedeutung, da der Anspruch nur auf Wertersatz gerichtet ist.

bb) Literatur

Eine Mindermeinung im Schrifttum verzichtet auf den Nachweis einer günstigeren Vertragsmöglichkeit, da die Minderung ‚der Sachlage gerecht werde‘[909] oder ‚faute de mieux‘[910]. Überwiegend wird im Schrifttum aber der Nachweis eines günstigeren Vertragsschlusses gefordert.[911]

cc) Eigene Meinung

Es sollte für den hypothetischen Abschluss eines günstigeren Vertrags an den allgemeinen haftungsrechtlichen Anforderungen festgehalten werden.[912] Der Anleger muss demnach beweisen, dass er mit seinem Vertragspartner den gleichen Vertrag zu günstigeren Konditionen abgeschlossen hätte. Wenn man auch entsprechend den Grundsätzen des aufklärungsrichtigen Verhaltens die Vermutung aufstellen kann, dass der Anleger sich an dem von ihm favorisierten Anlageobjekt bei einer niedrigeren Gegenleistung erst recht beteiligt hätte, streitet für den Nachweis des hypothetischen Bindungswillens des Vertragspartners keine Vermutung, so dass dieser streng zu beweisen ist. Denkbar wäre nur eine Beweiserleichterung durch Heranziehung des § 287 Abs. 1 ZPO,[913] da es bei der Frage der Minderung letztlich zumindest auch um den Umfang des Schadensersatzanspruchs geht.

---

908 A. A. *Tiedtke,* JZ 1989, 569 ff (572).

909 Nach *Larenz,* Lehrbuch des Schuldrechts, I. Band, S. 113 ist zwar die Begründung nicht haltbar, verdient das Ergebnis aber Zustimmung.

910 *Basedow,* NJW 1982, 1030 f (1030).

911 *Lorenz,* NJW 1999, 1001 f (1001 f). Nach *Stoll,* JZ 1999, 95 ff (95) handelt es sich bei dem zuviel gezahlten Betrag um frustrierte Aufwendungen, so dass der Anleger keine Vertragsänderung begehrt, sondern Schadensersatz in Form der Entlastung von übernommenen Verbindlichkeiten, weshalb kein Nachweis erforderlich sei; a. A. *Geibel,* Der Kapitalanlegerschaden, S. 253 ff.

912 *Lorenz,* NJW 1999, 1001 f (1002): Die Beweispflicht könnte zu einem de-facto-Wahlrecht des Schädigers zwischen Vertragsaufhebung und Minderung führen.

913 *Lorenz,* NJW 1999, 1001 f (1002).

b) Vermögensschaden

Die Minderung ist eine Art von Naturalrestitution im Sinne des § 249 Abs. 1 BGB, da diese die Situation des Anlegers durch Rückerstattung des zuviel gezahlten Betrags dem Zustand ausreichend annähert, der durch den eigentlich gewollten Vertrag in natura hergestellt worden wäre. Sie setzt deshalb keinen Vermögensschaden voraus.[914] Der umfangreiche Schutz der Dispositionsfreiheit und der Gleichlauf mit der Rückabwicklung der Beteiligung sprechen auch für die Ablehnung dieses Erfordernisses. Da das Fehlen eines Vermögensschadens dem Vermittler demnach nicht zugute kommen kann, kann dieser dem Anleger auch nicht entgegenhalten, dass das Objekt trotz der höheren gezahlten Gegenleistung vorteilhaft ist, da der Wert der Beteiligung diese Gegenleistung übersteigt.[915] Der Einwand der Vorteilsausgleichung scheitert daran, dass der Anleger durch den Schaden keinen kausalen Vorteil erlangt hat, da er bei richtiger Aufklärung die gleiche Anlage erworben hätte. Dem Geschädigten kann auch kein Missbrauchseinwand nach § 242 BGB entgegengehalten werden, da er bei gemindertem Kaufpreis einen noch höheren Gewinn erzielt hätte und er dies geltend machen darf.

4. Zusammenfassung

Entscheidet sich der Anleger für das Festhalten am Vertrag, steht ihm die Möglichkeit der schadensrechtlichen Minderung zu. Für den Normalfall des Zweipersonenverhältnisses ist der Meinung beizupflichten, dass die Minderung nicht unter das positive Interesse subsumiert werden kann. Bei der Anlagevermittlung ist der Blickwinkel aber ein anderer, da die Minderung das Aufklärungsschuldverhältnis zwischen Anleger und Anlagevermittler unberührt lässt und lediglich den Hauptvertrag betrifft. Wenn der Anleger geltend macht, dass er bei gehöriger Aufklärung einen günstigeren Vertrag mit den Gesellschaftern geschlossen hätte, fällt dies demnach unter die Definition des positiven Interesses. Für die Geltendmachung der Minderung ist Voraussetzung, dass der Beweis der Möglichkeit zum Abschluss eines günstigeren Vertrags mit dem gleichen Vertragspartner geführt wird; da es um die Haftungsausfüllung geht, kann aber auf die Haftungserleichterung des § 287 Abs. 1 ZPO zurückgegriffen werden. Die Argumente gegen das Beweiserfordernis sind insbesondere bei der Anlagevermittlung als Dreipersonenverhältnis nicht stichhaltig.

---

[914] Siehe *Lorenz,* NJW 1999, 1001 f (1002).

[915] Siehe ebenso *Geibel,* Der Kapitalanlegerschaden, S. 260; teilweise lässt die Rechtsprechung den Einwand des Anlagevermittlers zu, dass der Vertragsschluss insgesamt objektiv werthaltig wäre, weil der Wert der Anlage den Wert der Gegenleistung des Anlegers übersteigt, siehe *BGH,* Urteil v. 27.09.1988, NJW-RR 1989, 150 ff (151).

III. Anspruch auf Ersatz des entgangenen Gewinns gemäß § 252 S. 1 BGB

1. Begriffsbestimmung

Wenn der Anleger nachweisen kann, dass er bei ordnungsgemäßer Aufklärung einen Beteiligungsvertrag mit einer anderen[916] Gesellschaft geschlossen hätte, umfasst der Schadensersatzanspruch auch den aus der unterbliebenen anderweitigen Beteiligung hypothetisch erzielten Gewinn, § 252 BGB. Ebenso wie bei der Minderung stützt sich das Schadensersatzverlangen auch hier auf das Vorbringen des Anlegers, dass er bei richtiger Aufklärung einen anderen Beteiligungsvertrag geschlossen hätte. Während die Minderung die Ausgabenseite berührt, knüpft der Anspruch auf Ersatz des entgangenen Gewinns an der Einnahmenseite an. Beide Ansprüche stehen in einem Alternativitätsverhältnis, da bei der Minderung der hypothetische Vertrag mit dem gleichen Vertragspartner geschlossen worden wäre, bei § 252 BGB stattdessen der unterlassene Vertragsschluss mit einer anderen Person anspruchsbegründend ist.

2. Beweiserleichterungen

Um den Ersatz des entgangenen Gewinns verlangen zu können, muss der Anleger den Abschluss beweisen. Diesbezüglich kommen ihm die Beweiserleichterungen nach § 252 S. 2 BGB, § 287 Abs. 1 ZPO[917] und die Vermutung entgegen, dass Eigenkapital in gewisser Höhe nicht ungenutzt bleibt, sondern bei korrekter Aufklärung anderweitig angelegt worden wäre.[918] Unklarheit herrscht aber darüber, ob diese Vermutung dahingehend ausgedehnt werden kann, dass die hypothetisch erworbene Anlage gewinnbringend ist oder der Anleger sogar die vorteilhafteste gewählt hätte. Bestand nur eine einzige vernünftige Handlungsmöglichkeit, wird nach den Grundsätzen des aufklärungsrichtigen Verhaltens vermutet, dass der Anleger dieses Objekt erworben und den entsprechenden Gewinn erzielt hätte. Problematisch ist aber, ob bei Bestehen mehrerer gleichwertiger vernünftiger Alternativen zugunsten des Anlegers unterstellt werden kann, dass er die günstigste Anlage gewählt hätte. Das Ziel des Anscheinsbeweises, nämlich die Linderung der Beweisnot, kann umfänglich nur mit der extensiven Anwendung der Vermutung, dass der Anleger die vernünftigste Wahl getroffen hätte, erreicht werden.[919] Die Vermutung aufklärungsrich-

---

[916] *Geibel,* Der Kapitalanlegerschaden, S. 269.

[917] In der Praxis bestehen zwischen beiden Normen kaum Unterschiede, *Oetker,* in: MüKo, BGB, § 252 Rdnr. 30.

[918] *BGH,* Urteil v. 02.12.1991, NJW 1992, 1223 ff (1224); *OLG Hamm,* Urteil v. 08.11.2001, NJOZ 2002, 1023 ff (1032).

[919] *Oechsler,* LMK 2003, 25 f (25 f).

tigen Verhaltens beschränkt sich also nicht nur darauf, dass der Anleger den Schaden vermieden hätte, sondern erstreckt sich auch darauf, dass er durch sein Verhalten den größtmöglichen Gewinn erzielt hätte.

Letztlich steht neben dem Ersatz der objektiven Wertdifferenz der Anspruch auf Ersatz des entgangenen Gewinns im Raume. Die Frage des Umfangs der Vermutung aufklärungsrichtigen Verhaltens sollte dahingehend gelöst werden, dass diese Vermutung so weit ausgelegt wird, dass zugunsten des Anlegers sogar angenommen werden sollte, dass er die günstigste Alternative gewählt hätte. Nur auf diese Weise kann der Anleger von seiner Beweisnot befreit werden.

G. Haftungsbegrenzung

Die Darstellung der Haftungsbegrenzungsmöglichkeiten konzentriert sich auf die Modifikation des Verschuldensmaßstabes und die inhaltliche Begrenzung der Information. Dabei werden die Haftungsfreizeichnung und die Vertrauensverwahrung angesprochen. Die Beschränkung des Haftungsumfangs der Höhe nach bleibt unerörtert. Es soll bereits hier darauf hingewiesen werden, dass es sich um keine Freizeichnung handelt, wenn der Anlagevermittler über seine bloße Vermittlungstätigkeit nicht hinausgeht und lediglich klarstellt, für die Richtigkeit der Angaben keine Gewähr übernehmen zu wollen. Hiermit verdeutlicht er nur die tatsächliche Rechtslage.[920] Bei der folgenden Erörterung wird zwischen individualvertraglicher und klauselhafter Haftungsbegrenzung getrennt.

I. Individualvertragliche Haftungsbegrenzung

Die in § 305 Abs. 1 BGB festgeschriebene Vertragsfreiheit erklärt eine vertragliche Haftungsbegrenzung grundsätzlich für zulässig.[921]

---

920 *BGH,* Urteil v. 16.09.1981, NJW 1982, 1147 (1147).

921 Ein vollumfänglicher Haftungsausschluss ist aber unzulässig, da er gegen § 242 BGB in der Form des venire contra factum proprium verstoßen würde. Der Vermittler würde mit einer Hand geben, was er mit der anderen wieder nehmen würde; siehe ähnlich auch § 444 BGB, der verhindert, dass eine übernommene Garantie durch eine Haftungsfreizeichnung ihres Inhalts entleert wird, *Berger,* in: Jauernig, BGB, § 444 Rdnr. 1; im Ergebnis ebenso *BGH,* Urteil v. 20.06.1984, NJW 1985, 914 ff (916).

1. Einschränkung des Verschuldensmaßes

a) Herbeiführung der Haftungsbeschränkung bei der c.i.c. nach § 311 Abs. 3 BGB

Liegt der Haftung ein Vertrauenstatbestand zugrunde, besteht die Möglichkeit der Haftungsbeschränkung durch vertragliche Vereinbarung oder Vertrauensverwahrung bzw. durch Erlassvertrag oder rückwirkende Beseitigung des Vertrauenstatbestands.

aa) Vertragliche Haftungsbeschränkung bzw. Vertrauensverwahrung

(1) Vertragliche Haftungsbeschränkung

Der vertraglichen Beschränkung einer gesetzlich begründeten Pflicht wird entgegengehalten, sie sei ‚fiktiv und gekünstelt', zumindest in den Fällen, in denen keine Vertragsbeziehung zwischen den Parteien besteht.[922] Nichtsdestotrotz sollte sie für rechtens angesehen werden, da Haftungsbegründung und Haftungsbeschränkung getrennt zu betrachten sind[923] und ein Vertrauenstatbestand den Schuldner nicht stärker binden darf als eine Willenserklärung.[924] Dieses Ergebnis wird dadurch gestützt, dass hiermit ein Gleichlauf der Haftungsbeschränkung aus Auskunftsvertrag und aus c.i.c. hergestellt und damit die Rechtssicherheit gestärkt wird. Es ist demnach nur der Grundsatz der protestatio facto contraria[925] zu beachten.

(2) Vertrauensverwahrung

Da es der Anlagevermittler ist, der das besondere Vertrauen für sich in Anspruch nimmt, hat er es auch in der Hand, den Umfang dieses Vertrauens einseitig festzusetzen.[926] Zeitlich fällt die Vertrauensverwahrung mit der Freizeichnung zusammen, da beide Arten der Haftungseingrenzung beim Entstehen des

---

[922] *Bosch,* ZHR 163 (1999), 274 ff (284) zum Vertrag mit Schutzwirkung zugunsten Dritter; *Straßer,* Die Haftung der Wirtschaftsprüfer gegenüber Kapitalanlegern für fehlerhafte Testate, S. 150; nach a. A. steht es grundsätzlich einem vertraglichen Haftungsausschluss nicht entgegen, dass die Haftung gesetzlich entsteht, *Larenz/Wolf,* Lehrbuch des Schuldrechts, I. Band, S. 552.

[923] *Schneider,* ZHR 163 (1999), 246 ff (269); *Straßer,* Die Haftung der Wirtschaftsprüfer gegenüber Kapitalanlegern für fehlerhafte Testate, S. 151.

[924] *v. Westphalen,* DB 1983, 2745 ff (2749) sieht eine Haftungsbeschränkung bei einem Vertrauenstatbestand wegen des auf einer Garantenstellung beruhenden Vertrauenstatbestands grundsätzlich für nicht zulässig an.

[925] *Pleyer/Hegel,* ZIP 1985, 1370 ff (1376); *Stoll,* Vertrauensschutz bei einseitigen Leistungsversprechen, in: FS für Werner Flume, S. 741 ff (769).

[926] *Gerhardt,* JZ 1970, 535 ff (539).

Schuldverhältnisses, also grundsätzlich zu Beginn des Gesprächs, wahrgenommen werden müssen. Die Vorgehensweisen überschneiden sich auch insofern,[927] als jeweils Vertrauen nur in eingeschränktem Umfang in Anspruch genommen wird, so dass von vornherein ein Schuldverhältnis in beschränktem Umfang entsteht. Auch bei der Freizeichnung kommt der Vertrauenstatbestand nämlich zumeist in verringerter Form zustande.[928] Soweit der Anlagevermittler aber trotz eines ausdrücklichen Vertrauensvorbehalts[929] vertrauensverursachend auftritt, ist eine Vertrauensverwahrung wegen Widersprüchlichkeit gemäß § 242 BGB unbeachtlich.[930] Eine vollständige Enthaftung ist unwirksam,[931] da der Anleger auch dann, wenn der Vermittler vollumfänglich vertrauensverwahrend auftritt, davon ausgehen darf, dass dieser zumindest ‚nicht leichtfertig oder gar vorsätzlich falsch' eine fehlerhafte Auskunft erteilt.[932] Dies bedeutet in der Konsequenz, dass der Anlagevermittler bei vertrauenswerbendem Auftreten durch vollständige Verwahrung lediglich den Haftungsausschluss für leichte Fahrlässigkeit erreichen kann.[933]

bb) Vernichtung des Vertrauenstatbestands bzw. Erlassvertrag

Ist die Aufklärungspflicht einmal entstanden, kann diese durch Zerstörung des Vertrauenstatbestands oder durch Erlass wieder entfallen. Zwar wird es teilweise als unmöglich erachtet, dass ein einmal entstandener Vertrauenstatbestand rückwirkend wieder aus der Welt geschaffen werden könne,[934] da dieser als ‚Faktum der sozialen Wirklichkeit' nicht vernichtbar sei. Er könne nur bezüglich seiner Wirkungen als nicht bestehend angesehen werden.[935] Richtigerweise muss das gegenüber einer vernichtbaren Willenserklärung schwächere Vertrauen aber ebenso wie dieses beseitigt werden können.[936] Dies gilt zumindest bis zum Abschluss des Hauptvertrags, da bis zu diesem Zeitpunkt die für den Vertrauenstatbestand nötige Vertrauensdisposition fehlt und noch kein Schaden in Ge-

---

927 Siehe *Emmerich,* in: MüKo, BGB, § 311 Rdnr. 256.

928 *Canaris,* Bankvertragsrecht, Rdnr. 31.

929 Durch Verwendung des Zusatzes ‚ohne obligo' oder ‚unverbindlich', *Canaris,* Bankvertragsrecht, Rdnr. 84; siehe *Stoll,* Vertrauensschutz bei einseitigen Leistungsversprechen, in: FS für Werner Flume, S. 741 ff (769); *Straßer,* Die Haftung der Wirtschaftsprüfer gegenüber Kapitalanlegern für fehlerhafte Testate, S. 130.

930 Protestatio facto contraria; allgemein zum Verbot widersprüchlichen Verhaltens: *Singer,* Das Verbot widersprüchlichen Verhaltens, S. 43 ff, 343.

931 *Straßer,* Die Haftung der Wirtschaftsprüfer gegenüber Kapitalanlegern für fehlerhafte Testate, S. 132.

932 *Canaris,* Bankvertragsrecht, Rdnr. 84.

933 *Pleyer/Hegel,* ZIP 1985, 1370 ff (1376).

934 Siehe *Pleyer/Hegel,* ZIP 1985, 1370 ff (1376) m. w. N.

935 *Canaris,* Die Vertrauenshaftung im deutschen Privatrecht, S. 454.

936 *Canaris,* Die Vertrauenshaftung im deutschen Privatrecht, S. 454.

stalt des Erwerbs einer nicht gewollten Anlage eingetreten ist. Ebenso lang kann sich der Anlagevermittler von seinen Aussagen noch distanzieren.[937]

Dieses Ergebnis ist sachgerecht, da der Anleger nun den Aussagen des Vermittlers kein tatsächliches und schutzwürdiges Vertrauen mehr entgegenbringen kann. Der Anleger wird ausreichend durch einen Anspruch auf Ersatz des Schadens geschützt, der durch die Rückziehung des Vertrauens durch den Vermittler ohne triftigen Grund entstanden ist.[938] Hier ist etwa an Entgelte zu denken, die der Anleger für anderweitige Informationserlangung aufwenden muss. Beim Verzicht dagegen, der eindeutig zu erklären ist,[939] bleibt der Vertrauenstatbestand an sich bestehen, der Anleger verspricht aber, seinen Anspruch auf Schadensersatz endgültig nicht durchzusetzen. Dies setzt einen Erlassvertrag voraus, da das Gesetz einen einseitigen Verzicht auf schuldrechtliche Forderungen nicht vorsieht.[940]

b) Vereinbarung der Haftungsbegrenzung beim Auskunftsvertrag und beim Vermittlungsvertrag

Da die Vermittlungsverträge in der Regel wissentlich abgeschlossen werden, ist dem Vermittler Gelegenheit gegeben, sich von gesetzlich entstehenden Nebenpflichten freizuzeichnen. Bei dem auf schlüssigem Verhalten beruhenden Auskunftsvertrag fehlt dagegen in der Regel auch die ausdrückliche Vereinbarung einer Haftungsbegrenzung. Eine konkludente Haftungsbegrenzung, wie sie etwa bei Gefälligkeitsverhältnissen vertreten wird, scheidet hier wegen der fehlenden Anhaltspunkte für einen derartigen Parteiwillen regelmäßig aus. Einigen sich die Parteien dennoch einmal ausdrücklich auf eine Haftungsbegrenzung, kann die Formulierung dieser Vereinbarung unter Umständen Rückschlüsse darauf zulassen, ob ein rechtsgeschäftlicher Abschluss eines Auskunftsvertrags gewollt oder besonderes Vertrauen in Anspruch genommen wurde. Nach Entstehen der Aufklärungspflicht kann eine Haftungsbeschränkung nur noch durch Verzicht des Anlegers herbeigeführt werden.[941]

---

937 *BGH,* Urteil v. 02.06.1995, NJW 1995, 2550 f (2551); *Lorenz,* Der Schutz vor dem unerwünschten Vertrag, S. 432 Fn. 1280 zu § 278 BGB.

938 Dies entspricht dem Abbruch von Vertragsverhandlungen ohne triftigen Grund bei der c.i.c. nach § 311 Abs. 2 BGB. In beiden Fällen wird das vorvertragliche Schuldverhältnis beendet, siehe dazu *Brox/Walker,* Allgemeines Schuldrecht, § 25 Rdnr. 14.

939 *Ziegler,* BB 1990, 2345 f (2345); *Becker,* in: Bamberger/Roth, BGB, § 309 Nr. 7 Rdnr. 40.

940 *Grüneberg,* in: Palandt, BGB, § 397 Rdnr. 1.

941 Siehe *Gerhardt,* JZ 1970, 535 ff (537).

c) Umfang

Die Haftung für vorsätzliches Fehlverhalten kann wegen § 276 Abs. 3 BGB im Voraus nicht ausgeschlossen werden. Eine Freizeichnung der Haftung für grob fahrlässige Falschinformation ist dem Anlagevermittler ebenfalls verwehrt. Eine derartige Beschränkung würde seiner besonders ausgeprägten Pflichtenstellung, die auf seiner sachkundigen Überprüfung und dem Angewiesensein des Anlegers beruht, widersprechen und wäre deshalb nach § 242 BGB unwirksam. Die Angaben des Vermittlers würden ihre Verlässlichkeit verlieren, was die Aufklärungspflichten weitestgehend ihres Sinnes entleeren würde. Durch die Betonung der sachkundigen Überprüfung des Anlagevermittlers nähert er sich insoweit der Stellung eines Sachverständigen an.[942] Ein Vergleich mit den Berufen, denen kraft des Auftretens in ihrer Berufsrolle bereits gesteigertes Vertrauen entgegengebracht wird, sollte wegen der tatsächlichen Unterschiede zum Anlagevermittler aber nicht geführt werden.[943]

Aus den gerade angesprochenen Erwägungen heraus wäre es grundsätzlich vertretbar, auch den Ausschluss der Haftung für leicht fahrlässiges Verhalten für unzulässig zu erklären.[944] Dies würde aber das berechtigte Interesse des Anlagevermittlers an einer Beschränkung der Haftung vernachlässigen. Auch einer äußerst kompetenten Person können aufgrund leichter Fahrlässigkeit Fehler unterlaufen, für die ihm eine Freizeichnungsmöglichkeit offen stehen sollte.[945] Im Gegensatz zur Haftungsbeschränkung durch Allgemeine Geschäftsbedingungen besteht auch nicht die Gefahr, dass individuell vereinbarte Pflichten durch eine Klausel wieder entwertet werden. Deshalb ist die Beschränkungsmöglichkeit grundsätzlich zu bejahen und nur im konkreten Einzelfall aufgrund der Äußerungen des Anlagevermittlers auszuschließen.

---

942 *Straßer,* Die Haftung der Wirtschaftsprüfer gegenüber Kapitalanlegern für fehlerhafte Testate, S. 160: Bei sachverständigen Personen wird der Ausschluss der Haftung für grobe Fahrlässigkeit nicht für zulässig erachtet. Bei Wirtschaftsprüfern wäre diese Einschränkung mit dem Vertrauensgedanken nicht vereinbar, § 242 BGB. Andere halten dies für sittenwidrig gem. § 138 BGB wegen eines eklatanten Verstoßes gegen das Berufsrecht.

943 Der Notar darf seine Haftung wegen seiner öffentlichrechtlichen Stellung nicht beschränken. Auch für Rechtsanwälte sind Haftungsausschlüsse nach § 49 Abs. 1 der Standesrichtlinien unzulässig. Bei den Anwälten hat dies aber keine Auswirkung auf die zivilrechtliche Wirksamkeit. Trotzdem ist der Ausschluss grober Fahrlässigkeit wegen § 138 BGB problematisch, siehe *Hübner,* NJW 1989, 5 ff (10). Siehe oben zur Ablehnung der Berufshaftung Kapitel 1 B.II.3.b)bb)(1)(b)(bb)γ).

944 *Pleyer/Hegel,* ZIP 1985, 1370 ff (1376) zur Prospekthaftung.

945 Zudem gebieten weder der Anlegerschutz noch der Schutz des Kapitalmarkts eine unbeschränkte Haftung, siehe § 45 BörsenG.

2. Gegenständliche Beschränkung

Unter der gegenständlichen bzw. inhaltlichen Haftungsbeschränkung ist die Reduzierung der bereits entstandenen Pflicht zur vollständigen Aufklärung über sämtliche potentiell entscheidungserhebliche Umstände um einzelne Angaben zu verstehen. Dieser Weg der Pflichtenbeschränkung kommt dem Anlagevermittler etwa entgegen, wenn ihm die Bereitschaft zur Nachforschung fehlt.[946] Aus diesem Grunde wird die Initiative zur partiellen Freistellung regelmäßig vom Anlagevermittler ausgehen. Die Rechtsprechung gesteht dem Vermittler diese Befreiung zu, indem sie formelhaft wiederholt, dass der Anlagevermittler über die wesentlichen Umstände aufklären oder zumindest das fehlende Wissen[947] oder die Unfähigkeit, bestimmte Risiken beurteilen zu können[948], offen legen muss.[949] Aufgrund dieser Erklärung kenne der Anleger die Unvollständigkeit der Aufklärung und erhalte die Möglichkeit, eine weitere Aufklärung einzufordern, so dass er ausreichend geschützt sei.[950]

Diese Rechtsprechung erlaubt es dem Vermittler, sich durch bloße Erklärung des Nichtwissens der Haftung zu entziehen. Wegen der Vertragsfreiheit wird dieses Vorgehen für zulässig erachtet.[951] Wenn der Vermittler die fehlende Plausibilitätsprüfung bzw. fehlende Sachkunde offen legt, soll dies ein Verschulden ausschließen.[952] Dabei wird aber der gravierende Unterschied zur bloßen Einschränkung des Verschuldensmaßstabes, nämlich die besondere Gefährlichkeit einer unvollständigen Information, nicht beachtet.

a) Dogmatische Begründung

Die nachträgliche inhaltliche Pflichtenbeschränkung wird als Vereinbarung einer Vertragsänderung, eines Haftungsausschlusses[953] oder als Beschränkung

[946] Zur Anlageberatung siehe *Horn,* Die Aufklärungs- und Beratungspflichten der Banken, ZBB 1997, 139 ff (151).

[947] *BGH,* Urteil v. 13.06.2002, NJW 2002, 2641 f (2642).

[948] *BGH,* Urteil v. 13.01.2000, NJW-RR 2000, 998 ff (999); siehe auch *Gummert,* in: Münchener Handbuch des Gesellschaftsrechts, § 69 Rdnr. 42.

[949] *BGH,* Urteil v. 06.07.1993, NJW 1993, 2433 f (2433); *BGH,* Urteil v. 13.05. 1993, NJW-RR 1993, 1114 ff (1115); *OLG Köln,* Urteil v. 24.02.1999, BB 2000, 374 ff (375).

[950] *BGH,* Urteil v. 02.06.1995, NJW 1995, 2550 f (2551).

[951] *BGH,* Urteil v. 19.05.1998, NJW 1998, 2675 f (2676); der *BGH* lässt die Entscheidung, ob ein Anlageberater das Geschäft ablehnen muss, für den Fall offen, dass der Anleger die Risiken des Geschäfts eindeutig nicht überschauen kann; a. A. *Lange,* Informationspflichten von Finanzdienstleistern, S. 151 m. w. N.

[952] *BGH,* Urteil v. 13.01.2000, NJW-RR 2000, 998 ff.

[953] Siehe *Gerhardt,* JZ 1970, 535 ff (537); siehe zur Konstruktion von Angebot und Annahme, *Straßer,* Die Haftung der Wirtschaftsprüfer gegenüber Kapitalanlegern für fehlerhafte Testate, S. 152 ff.

des Vertrauens angesehen. Das Angebot des Vermittlers auf Abschluss eines Änderungsvertrags[954] liegt in der Offenbarung des Nichtwissens[955], die Annahme durch den Anleger wird in der Regel im Erwerb der Anlage trotz der ihm bekannten unvollständigen Aufklärung gesehen, da er durch den Vertragsschluss konkludent zum Ausdruck bringt, keine weitere Aufklärung zu benötigen.[956] Der Verzicht auf nur einen Teil der Information soll grundsätzlich zulässig sein, da die Aufklärungspflichten nicht bezwecken, den Anleger vor sich selbst zu schützen.[957] Da er seine Willenserklärung aber in freier Selbstbestimmung abgeben muss, setzt die Rechtsprechung voraus, dass der Anleger sich nicht ersichtlich unglaubwürdig als erfahren geriert und die Aufklärung ausdrücklich nicht wünscht.[958] Verzichtet der Anleger unter Einhaltung dieser Kriterien auf einen Teil der Aufklärung, soll überdies die Schutzbedürftigkeit,[959] die Erforderlichkeit[960] der Aufklärung oder auch der Vertrauenstatbestand[961] entfallen.

Da der Verzicht eindeutig sein muss,[962] kann der Erwerb der Anlage nur dann als ein solcher ausgelegt werden, wenn andere Anhaltspunkte dieser Interpretation nicht entgegenstehen. Fordert der Anleger den Vermittler erfolglos zur weiteren Aufklärung auf und holt er dann vor dem Erwerb der Anlage selbst die fehlenden Informationen bei einer anderen Person ein, ist damit ein Verzicht ausgeschlossen. Mit der eigenen Verschaffung der Information entfällt zwar die Bedürftigkeit und damit die Aufklärungspflicht; da der Vermittler selbst seiner Verpflichtung aber nicht nachgekommen ist, kann ihm ein Schadensersatzanspruch in Höhe der entstandenen Kosten entgegengehalten werden. Beteiligt sich der Anleger in dem Bewusstsein der ungenügenden Aufklärung an dem Objekt, ohne diese Lücken vorher selbst geschlossen zu haben, dann handelt es sich um einen wirksamen Verzicht. Auch wenn er ausdrücklich vollständige Information eingefordert hat, gibt er bei einem dennoch vorgenommenen Erwerb letztlich eindeutig zu verstehen, auf die noch ausstehende Information zu verzichten, da diese nach dem Erwerb nicht nachholbar ist.

---

954 Siehe auch *BGH,* Urteil v. 05.10.1999, NJW 2000, 359 ff (361).

955 Siehe zur Konstruktion von Angebot und Annahme, *Straßer,* Die Haftung der Wirtschaftsprüfer gegenüber Kapitalanlegern für fehlerhafte Testate, S. 152 ff.

956 *BGH,* Urteil v. 05.10.1999, NJW 2000, 359 ff (361).

957 *BGH,* Urteil v. 19.05.1998, NJW 1998, 2675 f (2676); *BGH,* Urteil v. 14.05. 1996, NJW-RR 1996, 947 ff (948).

958 *BGH,* Urteil v. 19.05.1998, NJW 1998, 2675 f (2676).

959 *v. Heymann,* BB 2000, 1149 ff (1150 f) m.w.N.

960 *Assmann,* ZIP 2002, 637 ff (643); *BGH,* Urteil v. 05.10.1999, NJW 2000, 359 ff (361).

961 *Henssler,* Risiko als Vertragsgegenstand, S. 146.

962 *BGH,* Urteil v. 19.05.1998, NJW 1998, 2675 f (2676).

Teilweise wird der Missstand der unvollständigen Aufklärung durch den Markt selbst geordnet, indem der Anleger zu einem anderen Anlagevermittler wechselt. In diesen Fällen der nur teilweisen Aufklärung wird die Frage der Klagbarkeit besonders relevant, da hier der Anleger konkret über seine Lücken informiert wird.

b) Kritik an der Rechtsprechung

Diese Befreiungsmöglichkeit lässt sich nicht reibungslos in den ansonsten sehr breit gefächerten Anlegerschutz der Rechtsprechung einfügen,[963] so dass sie zu Recht Kritik aus dem Schrifttum erfährt.

So betont der BGH selbst, dass die Kenntnis *aller* potentiell entscheidungsrelevanter Umstände[964] nötig ist, um eine Entscheidung aus der Gesamtschau der ineinandergreifenden und sich gegenseitig beeinflussenden Faktoren zu ermöglichen.[965] Angesichts dieser herausragenden Bedeutung der Vollständigkeit der Information sollte man an die Befreiungsmöglichkeit hohe Anforderungen stellen.[966] Wegen der Vertragsfreiheit muss die teilweise Befreiung zumindest aber dann zulässig sein, wenn die Pflichtenbeschränkung dem Anleger nicht aufgedrängt wird, sondern dieser freiwillig einwilligt. Der Anleger kann aber eine freie Entscheidung über den Verzicht nur fällen, wenn er die Konsequenzen seines Tuns einschätzen und die Bedeutung des Verzichts in seiner gesamten Tragweite erfassen kann. Dies wiederum setzt voraus, dass er über seinen Anspruch auf vollständige Aufklärung und über die Risiken, die mit der lückenhaften Aufklärung verbunden sind, eingehend informiert ist. Die Unvollständigkeit wird nämlich aufgrund der damit hervorgerufenen Gefährlichkeit ihrerseits zum Risikofaktor.[967] Demnach reicht es entgegen der Rechtsprechung nicht aus, dass der Anleger die Risiken nicht offensichtlich nicht überschauen kann, es ist im Gegenteil erforderlich, dass ihm die Risiken eindeutig nahe gelegt werden. Zu beachten ist auch, dass die Aufklärungspflicht nur entsteht, wenn der Anlagevermittler die erforderlichen Kenntnisse parat hat oder sich diese in zumutbarer

---

[963] *Assmann,* ZIP 2002, 637 ff (643); *Lange,* Informationspflichten von Finanzdienstleistern, S. 151 m. w. N.

[964] *BGH,* Urteil v. 05.07.1993, NJW 1993, 2865 ff (2865).

[965] Siehe *BGH,* Urteil v. 14.07.2003, NJW-RR 2003, 1393 ff (1395).

[966] *Assmann,* ZIP 2002, 637 ff (643) m. w. N.; *Lange,* Informationspflichten von Finanzdienstleistern, S. 151.

[967] *Roth,* in: MüKo, BGB, § 241 Rdnr. 156. Für diese weitergehende Aufklärungspflicht spricht auch der Vergleich mit § 31 Abs. 2 Nr. 2 WpHG, zu dem vertreten wird, dass der Kunde wissen müsse, worauf er verzichtet, damit er die Gefahren eines Verzichts überschauen kann (siehe auch 30. Erwägungsgrund der WpDRiL), ein ‚aufgedrängter Verzicht‘ muss vermieden werden, *Koller,* in: Assmann/Schneider, WpHG, § 31 Rdnr. 159.

Weise verschaffen kann, so dass seine fehlende Bereitschaft zur Informationserteilung auch gar nicht schutzwürdig ist.

Die Darlegung des Nichtwissens hat aber zur Konsequenz, dass der Kausalverlauf zwischen der lückenhaften Aufklärung und der Anlageentscheidung unterbrochen ist. In dieser Situation geht der Anleger beim Erwerb wissentlich das Risiko einer Fehlentscheidung ein, welches nicht auf den Anlagevermittler abgewälzt werden darf. Unter diesen Umständen muss der Vermittler dem Anleger keinen Schaden aus dem Erwerb einer nicht gewollten Anlage ersetzen. Dies bedeutet, dass die Verletzung der Pflicht zur Aufklärung über die Folgen eines Verzichts keine Auswirkungen auf den Schadensersatzanspruch in Bezug auf den Erwerb einer fehlerhaften Anlage hat und im Ergebnis insoweit zu einer Übereinstimmung mit der Rechtsprechung führt. Wird die eben beschriebene Aufklärungspflicht verletzt, kann ein wirksamer Verzicht aber nicht herbeigeführt werden. Daraus kann sich ein Anspruch des Anlegers auf Ersatz des kausalen Schadens entwickeln, etwa der Kosten, die aus der Notwendigkeit einer anderweitigen Informationsverschaffung entstanden sind. Bei einem wirksamen Verzicht entfällt jeglicher Schadensersatzanspruch schon mangels Pflichtverletzung.

Daneben kann sich die mangelnde Information des Anlegers auch auf die Vermittlungstätigkeit auswirken. Die Rechtsprechung lässt konsequenterweise die Offenbarung des Nichtwissens dafür ausreichen, dass der Anlagevermittler auf Verlangen des Anlegers mit der Vermittlungstätigkeit fortfahren darf. Dies entspreche der Vertragsfreiheit.[968] Dagegen ist aber auch hier wieder einzuwenden, dass der Anleger ohne vollständige Information keine freiverantwortliche Anlageentscheidung und demnach auch keine freiverantwortliche Entscheidung über die Vermittlungstätigkeit treffen kann. Deshalb muss sich der Anlagevermittler von seiner Tätigkeit zurückziehen, wenn er nicht über die Bedeutung des Verzichts informiert. Dafür spricht auch seine Treuepflicht, aufgrund derer er sich nicht in einer den Anleger schädigenden Weise verhalten darf.

c) Anfängliche Beschränkung

Von dem gerade beschriebenen Fall der Erklärung des Nichtwissens, bei dem der Anleger über einzelne Umstände im Ungewissen bleibt, ist die Konstellation zu unterscheiden, in der der Vermittler persönliches Vertrauen nur hinsichtlich einzelner Umstände in Anspruch nimmt bzw. die Pflicht zur Aufklärung nur teilweise übernimmt und die restlichen Angaben als fremde Erklärung des Anbieters weiterleitet.[969] Da hier der Anleger vollständig aufgeklärt wird, spricht

---

[968] *BGH,* Urteil v. 19.05.1998, NJW 1998, 2675 f (2676); a. A. Abstandnahme von der Vertriebstätigkeit siehe bei *Schwark,* BB 1979, 897 ff (899).

[969] *Schmitz,* Dritthaftung aus culpa in contrahendo, S. 116.

der Schutz der Privatautonomie nicht gegen dieses Vorgehen, solange die Trennung deutlich erfolgt[970]. Die hier bestehende Gefahrenlage erreicht nicht dasselbe Ausmaß wie bei teilweiser Uninformiertheit.

II. Haftungsbeschränkung durch Allgemeine Geschäftsbedingungen

Die Haftungsbeschränkungen hinsichtlich des Verschuldensmaßstabes werden meist nicht individualvertraglich vereinbart, sondern sind Teil der vom Anlagevermittler selbst verwendeten oder im Anlageprospekt enthaltenen Allgemeinen Geschäftsbedingungen.

1. Besonderheiten bei der Haftungsbeschränkung durch Anlageprospekt

Im Anlageprospekt, der Teil[971] bzw. Geschäftsgrundlage des Hauptvertrags zwischen dem Anleger und den anderen Gesellschaftern bzw. zwischen dem Anleger und dem Treuhänder ist, wird die Haftung des Vermittlers häufig auf Vorsatz und grobe Fahrlässigkeit beschränkt[972] oder darauf hingewiesen, dass dieser die Angaben nicht selbst überprüft habe.[973]

Die Ähnlichkeit des Prospekts mit Allgemeinen Geschäftsbedingungen spricht für eine Inhaltskontrolle der Klauseln nach §§ 307 ff BGB.[974] Um den Anwendungsbereich der §§ 305 ff BGB zu eröffnen, wird erwogen, den § 310 Abs. 4 BGB teleologisch zu reduzieren.[975] Für die Ausweitung des Schutzes der §§ 305 ff BGB auf die Gesellschafter der Publikumsgesellschaften spricht nämlich, dass die Stellung des typischen Anlegers wegen seiner eingeschränk-

---

[970] *v. Heymann,* in: Assmann/Schütze, Handbuch des Kapitalanlagerechts, § 5 Rdnr. 158.

[971] *BGH,* Urteil v. 11.12.2003, NJW-RR 2004, 780 f (780): der Prospekt wird etwa dadurch Vertragsbestandteil, dass der Anleger im Zeichnungsschein bestätigt, den Prospekt erhalten zu haben und mit dem Haftungsvorbehalt im Prospekt einverstanden zu sein.

[972] *BGH,* Urteil v. 11.12.2003, NJW-RR 2004, 780 f (780).

[973] *KG,* Urteil v. 27.04.2001, NZG 2001, 1098 ff (1103).

[974] Dies gilt auch bei einer mittelbaren Beteiligung über einen Treuhandvertrag; siehe *Assmann,* in: Assmann/Schütze, Handbuch des Kapitalanlagerechts; eine a. A. in der Literatur und der *BGH* lehnen die unmittelbare Anwendung der §§ 307 ff BGB zwar ab, befürworten aber wegen der ähnlichen Rechtslage eine entsprechende Inhaltskontrolle nach § 242 BGB, siehe *Stoffels,* AGB-Recht, § 6 Rdnr. 162; *BGH,* Urteil v. 21.03.1988, NJW 1988, 1903 ff (1904).

[975] Gegen die Anwendung *Pleyer/Hegel,* ZIP 1985, 1370 ff (1375); *KG,* Urteil v. 27.04.2001, NZG 2001, 1098 ff (1103).

ten Rechte[976] tatsächlich eher derjenigen eines Vertragsgegners entspricht als derjenigen eines von mehreren Gesellschaftern mit gleichgerichteten Interessen[977] und er deswegen des Schutzes bedarf. Dafür spricht hier umso mehr die Tatsache, dass die Beschränkung der Haftung des Anlagevermittlers aus einer pflichtwidrigen Information im Raume steht, inhaltlich also keine Rechte des Anlegers aus dem Gesellschaftsvertrag betroffen sind, sondern die Rechte gegen einen Dritten.

Da die Klauseln im Anlageprospekt nicht unmittelbar zwischen Anleger und Anlagevermittler wirken, da der Prospekt nicht Bestandteil ihrer Rechtsbeziehung wird, sondern für letzteren nur Mittel zur Erfüllung seiner Verbindlichkeit ist, kommt eine Haftungserleichterung dem Anlagevermittler nur zugute, wenn diese auch zu seinen Gunsten Wirkungen entfaltet. Derartige Haftungsbeschränkungen zum Schutze Dritter können grundsätzlich auch nach § 328 BGB analog wirksam vereinbart werden,[978] da zwar ein Leistungsversprechen fehlt, sich der Dritte aber auf die ‚Haftungsordnung' berufen kann,[979] durch die ihm das Recht zugewandt wird, sich auf den Haftungsausschluss zu berufen.[980] Es handelt sich hierbei immer um einen Verzicht,[981] da eine Haftungsbeschränkung mittels Allgemeiner Geschäftsbedingungen erst mit Abschluss des Hauptvertrags und damit nach Entstehen der Pflicht wirksam wird.[982]

---

976 *BGH,* Urteil v. 21.03.1988, NJW 1988, 1903 ff (1904).

977 Siehe im Ergebnis ebenso *Horn,* in: Wolf/Horn/Lindacher, AGBG, § 23 Rdnr. 73.

978 *BGH,* Urteil v. 06.07.1995, NJW 1995, 2991 ff (2992); *OLG Karlsruhe,* Urteil v. 23.08.1989, NJW-RR 1989, 1333 ff (1334); *Ulmer,* in: Ulmer/Brandner/Hensen, AGBG, § 2 Rn. 69; *Wolf,* in: Wolf/Horn/Lindacher, AGBG, § 11 Nr. 7 Rn. 19.

979 *Blaurock,* ZHR 146 (1982), 238 ff (251).

980 Zur Rechtsnatur der Haftungsfreizeichnung, siehe *Blaurock,* ZHR 146 (1982), 238 ff (240 ff), etwa Verminderung des Sorgfaltsmaßstabes, Einwilligung, antizipierter Erlass, pactum de non petendo. Auch wenn Haftungsbeschränkungen Dritten regelmäßig zugute kommen, siehe *BGH,* Urteil v. 29.01.1975, NJW 1975, 642 ff (645), gilt dies nicht für den Anlagevermittler. Zum einen ist der Anlagevermittler zwar unter Umständen Erfüllungsgehilfe des Anbieters, aber nicht des Prospektverantwortlichen, zum anderen fällt ein Anlagevermittler nicht unter die Gruppe von Personen, die typischerweise in die Vertragserfüllung eingeschaltet werden, da er selbständig und einem Arbeitnehmer nicht ähnlich ist, so dass eine Haftungsbeschränkung zugunsten des Dritten als überraschende Klausel nach § 305c Abs. 1 BGB unwirksam ist, siehe *BGH,* Urteil v. 11.12.2003, NJW-RR 2004, 780 f (781); *Blaurock,* a.a.O., 238 ff (253).

981 *Ziegler,* BB 1990, 2345 f (2345), *BGH,* Urteil v. 13.09.2004, DStR 2004, 1930 ff (1933).

982 Siehe aber *Hensen,* in: Ulmer/Brandner/Hensen, AGBG, § 11 Nr. 7 Rn. 10, nach dessen Ansicht sich die Freizeichnung ipso iure auf ein Verschulden bei Vertragsverhandlungen erstreckt.

2. Beschränkung der Haftung durch Allgemeine Geschäftsbedingungen zwischen Anlagevermittler und Anleger

Ist dagegen der Anlagevermittler selbst Verwender von Allgemeinen Geschäftsbedingungen, die Bestandteil des Auskunfts- bzw. Vermittlungsvertrags werden, finden die §§ 305 ff BGB unmittelbare Anwendung.

3. Umfang der Haftungsbeschränkung bezüglich des Verschuldensmaßes

a) Allgemein

Hinsichtlich der Haftungsbeschränkung mittels Prospekts ist zu beachten, dass diese nicht weitergehen darf als die Beschränkung zugunsten des Verwenders bzw. die Haftungsbeschränkung in eigenen AGB.[983] Der Wirksamkeit könnte bereits § 305c BGB entgegenstehen, falls man die Haftungsbeschränkung zugunsten des Vermittlers als überraschend bewertet.[984]

Der Wirksamkeit der Haftungsbeschränkung bei grober Fahrlässigkeit steht § 309 Nr. 7b BGB entgegen. Der Ausschluss der Haftung aus der auf einfacher Fahrlässigkeit beruhenden Verletzung von Aufklärungspflichten ist nach der Generalklausel des § 307 Abs. 2 Nr. 2 BGB unwirksam, da diese im Bereich der Kapitalanlagevermittlung als Kardinalpflichten im Sinne des § 307 Abs. 2 Nr. 2 BGB anzusehen sind,[985] bei denen eine Haftungsbeschränkung auch für einfache Fahrlässigkeit abzulehnen ist.[986] Deren essentielle Bedeutung ergibt sich bei gesetzlich begründeten Aufklärungspflichten[987] bereits aus der Herleitung aus den Grundrechten. Bei vertraglich vereinbarten Aufklärungspflichten ‚steht und fällt' das Schuldverhältnis mit deren Erfüllung.[988] Da der Vermittler durch sein Auftreten seine Kompetenz individualrechtlich zugesichert hat, kann er

---

[983] Haftungsbeschränkungen dürfen nur so weit gehen wie die des Anbieters: *OLG Karlsruhe,* Urteil v. 23.08.1989, NJW-RR 1989, 1333 ff (1335).

[984] So *BGH,* Urteil v. 11.12.2003, NJW-RR 2004, 780 f (781).

[985] *BGH,* Urteil v. 13.01.2000, NJW-RR 2000, 998 ff (999); *KG,* Urteil v. 27.04.2001, NZG 2001, 1098 ff (1103); *Kiethe/Hektor,* DStR 1996, 547 ff (552). Dies gilt, wenn man den Charakter der Aufklärungspflichten als Kardinalpflichten in den Vordergrund stellt, betont man dagegen die Herleitung des Anspruchs aus der Vertrauenshaftung, folgt die Unwirksamkeit einer derartigen Klausel aus § 307 Abs. 2 Nr. 1 BGB, *v. Westphalen,* DB 1983, 2745 ff (2749).

[986] *Kiethe/Hektor,* DStR 1996, 547 ff (552); *Basedow,* in: MüKo, BGB, § 309 Nr. 7 Rdnr. 35.

[987] *BGH,* Urteil v. 13.11.1990, NJW 1991, 694 f (695): keine Freizeichnungsmöglichkeit der Bank für einfache Fahrlässigkeit bei gesetzlich entstehender Auskunftspflicht.

[988] *BGH,* Urteil v. 13.01.2000, NJW-RR 2000, 998 ff (999).

diese zudem nicht durch Allgemeine Geschäftsbedingungen wieder zurücknehmen, § 305b BGB.[989]

Zu dem gleichen Ergebnis gelangt man, wenn man die Angemessenheit der Haftungsbeschränkung nach Art eines beweglichen Systems prüft.[990] Als wichtige Elemente dieses Systems werden die Präventionswirkung, die Intensität des Ausgleichsbedürfnisses und die Versicherbarkeit genannt. Eine Freizeichnung soll auf jeden Fall dann unangemessen sein, wenn der Ausgleichsgedanke stark zugunsten des Geschädigten ins Gewicht fällt, weil hochwertige Rechtsgüter betroffen sind, der Präventionseffekt groß ist und sich der Geschädigte nur unter großem Aufwand versichern kann.[991] Die Zulässigkeit der Haftungsbeschränkung bei leichter Fahrlässigkeit sollte hier folglich abgelehnt werden, da man dadurch einen Anreiz für den als Fachmann auftretenden Vermittler schaffen kann, besondere Sorgfalt walten zu lassen[992] und der Vermittler das Risiko ungleich einfacher versichern kann als der Anleger.[993]

Eine Haftungsfreizeichnung für Bagatellfehler, also Fehler hinsichtlich unwesentlicher Prospektangaben und Mängel, die für den Anleger ohne weiteres erkennbar sind,[994] ist dagegen zulässig.

b) Besonderheiten bei der c. i. c.

Zur Beschränkung der Haftung aus c.i.c. wird vertreten, dass aus der den vorvertraglichen Bereich regelnden c.i.c. schon begrifflich keine Kardinalpflichten hervorgehen können, da diese sich erst aus dem Vertrag ergeben, siehe § 307 Nr. 2 Abs. 2 BGB.[995] Allerdings ermöglichen erst die vorvertraglichen Aufklärungspflichten das Erreichen des Vertragszwecks und sind damit für den Vertrag selbst essentiell. Für den Schutz des Vertragsgegners kann es keinen Unterschied machen, ob der Vertrag schon geschlossen ist.[996] Mit dem BGH[997]

---

989 *Basedow,* in: MüKo, BGB, § 309 Nr. 7 Rdnr. 27; siehe Klimaanlagenurteil, *BGH,* Urteil v. 20.12.1984, NJW-RR 1986, 271 ff (272).

990 Siehe *Koller,* ZIP 1986, 1089 ff.

991 *Koller,* ZIP 1986, 1089 ff (1098).

992 *Koller,* ZIP 1986, 1089 ff (1099).

993 *Abram,* r+s 2005, 137 ff (142) m.w.N.: Allerdings wird, insbesondere für die Versicherungsvermittlung, gefordert, die Haftungsbeschränkung bei einfacher Fahrlässigkeit nicht als unangemessen benachteiligend im Sinne des § 307 Abs. 2 Nr. 2 BGB zu bewerten. So ist es gesetzlich zulässig, dass Rechtsanwälte, Steuerberater und Wirtschaftsprüfer ihre vertragliche Haftung erheblich einschränken, sofern eine Berufshaftpflichtversicherung vorhanden ist.

994 Hier fehlt überdies die Kausalität; siehe *Pleyer/Hegel,* ZIP 1985, 1370 ff (1376) m.w.N.

995 *Ziegler,* BB 1990, 2345 f (2345).

996 So im Ergebnis wohl auch *Straßer,* Die Haftung der Wirtschaftsprüfer gegenüber Kapitalanlegern für fehlerhafte Testate, S. 157 f; bei Einschränkung der Aufklä-

und der Literatur[998] ist eine Beschränkung der auf der c.i.c. beruhenden Haftung jedenfalls mit dem Argument abzulehnen, dass eine formularmäßige Klausel die durch konkrete Umstände begründete Vertrauenshaftung nicht beseitigen darf. Dies entspricht dem Grundsatz des Vorrangs der Individualabrede, § 305b BGB.

III. Beschränkung der Haftung aus dem Verkaufsprospektgesetz

Im Einzelfall kann der Anlagevermittler auch Prospektverantwortlicher im Sinne des die Grundsätze der Prospekthaftung im engeren Sinne ablösenden VerkProspG sein.

Da die früher geltende Prospekthaftung im engeren Sinne eine Weiterentwicklung der Vertrauenshaftung ist, musste auch die Haftungsbeschränkung den Grundsätzen der Vertrauenshaftung folgen. Die Haftung für einfache Fahrlässigkeit konnte durch Klauseln also nicht ausgeschlossen werden, woran auch das bloß typisierte Vertrauen in die Richtigkeit des Prospekts nichts änderte.[999] Im Gegensatz zur Vertrauenshaftung aus c.i.c. wurde die Aufklärung hier generell als Kardinalpflicht angesehen, da es sich bei dem Prospekt um die einzige Informationsquelle handelte.[1000] Nach neuer Rechtslage entfällt gemäß § 13 Abs. 1 Nr. 3 VerkProspG i.V.m. § 45 Abs. 1 BörsenG eine Haftung des Erstellers für einfache Fahrlässigkeit. Hierdurch soll ein Gleichklang mit der börsenrechtlichen Prospekthaftung erzielt werden.[1001] Der nicht für den Prospekt verantwortliche Anlagevermittler, der sich diesen bei seiner Aufklärung zu eigen macht, haftet für dessen Fehler aus Prospekthaftung im weiteren Sinne schon bei leichter Fahrlässigkeit, und zwar ohne die Möglichkeit der Haftungsbeschränkung durch AGB, dagegen muss der Prospektverantwortliche von vornherein nur für grobe Fahrlässigkeit einstehen. Dies erscheint widersprüchlich, da die von der Prospekterstellung weiter entfernte Person demnach strenger haftet. Der Unterschied lässt sich wohl insbesondere mit den unterschiedlichen Schutzrichtungen

---

rungspflichten ist die Vertragserfüllung in Frage gestellt, so dass eine Aushöhlung dieser Pflichten an § 9 Abs. 2 Nr. 2 AGBG a.F. (= § 307 Abs. 2 Nr. 2 BGB n.F.) scheitert, *Brandner,* in: Ulmer/Brandner/Hensen, AGBG, § 9 Rdnr. 144. Der Anlagevermittler kann die Haftung durch Allgemeine Geschäftsbedingungen also nicht beschränken, dagegen entsteht eine Haftung nach § 45 Abs. 1 BörsenG (i.V.m. § 13 VerkProspG) nur bei grober Fahrlässigkeit.

[997] *BGH,* Urteil v. 27.06.1984, DB 1984, 1920 f (1921); siehe dazu *Assmann,* in: Assmann/Schütze, Handbuch des Kapitalanlagerechts, § 7 Rdnr. 167.

[998] *Pleyer/Hegel,* ZIP 1985, 1370 ff (1376) zur individualvertraglichen Beschränkung.

[999] Siehe *KG,* Urteil v. 27.04.2001, NZG 2001, 1098 ff (1103).

[1000] *BGH,* Urteil v. 14.01.2002, NJW 2002, 1711 f (1712); *Pleyer/Hegel,* ZIP 1985, 1370 ff (1375 f).

[1001] *Fleischer,* BKR 2004, 339 ff (345).

erklären. Das VerkProspG intendiert in erster Linie den Schutz des Kapitalmarkts, die Prospekthaftung im weiteren Sinne dagegen den Schutz der Privatautonomie. Überdies ist der Ansatz für das Verschulden jeweils ein anderer, einmal das Verschulden beim Erstellen des Anlageprospekts, das andere Mal ein Verschulden bei dessen Überprüfung. Eine weitergehende Befreiung der Prospektverantwortlichen ist schon nach § 47 Abs. 1 BörsenG unzulässig.

IV. Haftungsbefreiung bei § 98 HGB

Folgt man der Meinung, die dem Anlagevermittler eine Handelsmaklerstellung zuweist, dann führt ein Maklervertrag zwischen dem Vermittler und dem Anbieter zum Entstehen von Pflichten des Vermittlers gegenüber dem Anleger, so dass erwogen werden muss, ob sich eine Haftungsbeschränkung im Maklervertrag auch im Verhältnis zum Anleger auswirkt. Sieht man in § 98 HGB einen Spezialfall der vorvertraglichen Vertrauenshaftung, stehen die Rechtsverhältnisse Anlagevermittler/Anleger einerseits und Anlagevermittler/Anbieter andererseits unabhängig nebeneinander und folgen ihren eigenen Regeln. Deshalb kann eine im Verhältnis zwischen Anlagevermittler und Anbieter vereinbarte Haftungsbeschränkung nicht auch im Verhältnis zwischen dem Anlagevermittler und dem Anleger wirken.[1002] Das Gleiche gilt für die hier vertretene Ansicht, die in § 98 HGB ein gesetzlich entstandenes vertragliches Schuldverhältnis sieht. Nur wenn man der abzulehnenden Meinung folgt, dass § 98 HGB ein Fall des § 328 BGB ist, gilt die Beschränkung des Verschuldensmaßstabes im Verhältnis von Anlagevermittler und Anbieter auch im anderen Rechtsverhältnis, da das Recht des Dritten nicht weiterreichen darf als das Recht des Versprechensempfängers. Auch eine Vereinbarung des Anlagevermittlers mit dem Anbieter über eine Haftungsbeschränkung zulasten des Anlegers ist nicht wirksam, da dies einem unzulässigen Vertrag zulasten Dritter gleichkommen würde. Der Anlagevermittler ist aber gegenüber dem Vertragsgegner befreit, wenn er deutlich macht, ausschließlicher Interessenwahrer seines Auftraggebers zu sein oder der Anleger von sich aus die Mitwirkung des gegnerischen Maklers ablehnt. Dann fehlt es an einer Grundlage für eine Haftung. Dasselbe gilt für die hier vertretene Ansicht bei der Vertrauensverwahrung hinsichtlich der Neutralität.

V. Zusammenfassung

Auf individualvertraglicher Ebene kann der Anlagevermittler seine Haftung aus §§ 280 Abs. 1, 311 Abs. 3 BGB durch vertragliche Vereinbarung oder

---

[1002] A. A. *Wiegand,* Die ‚Sachwalterhaftung' als richterliche Rechtsfortbildung, S. 350 f, nach deren Auffassung die Ansprüche aneinander gekoppelt sind. Dies soll verhindern, dass der Anleger besser gestellt wird, als wenn er selbst einen Vertrag mit dem Anlagevermittler abgeschlossen hätte.

durch Vertrauensverwahrung beschränken, solange er sich hierdurch nicht in Widerspruch zu § 242 BGB setzt. Auch eine nachträgliche Vernichtung des entstandenen Vertrauens ist bis zum Eintritt des Schadens möglich, da mit Zurückziehen des Vertrauens der Anleger seine Schutzwürdigkeit verliert. Nach Entstehen des Schadensersatzanspruchs kann ein Erlassvertrag geschlossen werden. Im Ergebnis ist eine Haftungsfreizeichnung nur für einfache Fahrlässigkeit zuzulassen, da bei einer weitergehenden Freizeichnung die Informationserteilung die ihr zugedachte Wirkung nicht entfalten kann. Die Rechtsprechung lässt zu, dass der Anlagevermittler sich gegenüber den Anlegern durch Mitteilung des Nichtwissens von der Pflicht zur vollumfänglichen Aufklärung teilweise befreien kann. Diese ist mit der von ihr immer wieder betonten Pflicht zur Aufklärung über sämtliche wesentliche Umstände nur schwer in Einklang zu bringen. Deshalb ist zu fordern, dass der Anleger über die Risiken der unvollständigen Aufklärung informiert wird, d.h. dass ihm mitgeteilt werden muss, wie sich die fehlenden Umstände im ungünstigsten Fall entwickeln könnten, so dass ihm die Möglichkeit gegeben wird, die Umstände seines Verzichts selbst einschätzen und bewerten zu können. Er muss wissen, worauf er verzichtet.

Die Wirksamkeit von haftungsbeschränkenden Klauseln im Prospekt zugunsten des Anlagevermittlers sind anhand der §§ 307 ff BGB zu prüfen. Hier ist der Ausschluss der Haftung für einfache Fahrlässigkeit wegen eines Verstoßes gegen § 307 Abs. 2 Nr. 2 BGB unzulässig; im Gegensatz dazu haften Prospektverantwortliche nach § 13 Abs. 1 Nr. 3 VerkProspG i. V. m. § 45 Abs. 1 BörsenG nur für grobe Fahrlässigkeit. Wird der Anlagevermittler als Handelsmakler angesehen, ist an eine Haftungsbeschränkung zulasten des Anlegers durch Vereinbarung zwischen Anbieter und Anlagevermittler zu denken. Dies ist als unzulässiger Vertrag zulasten Dritter aber abzulehnen.

H. Doppeltätigkeit

Die Feststellung, dass der Anlagevermittler häufig durch den Anbieter mit dem Vertrieb des Objekts beauftragt wird, führt in Verbindung mit der Anerkennung konkludent geschlossener Auskunftsverträge und des gesetzlichen Schuldverhältnisses der c.i.c. dazu, dass der Vermittler vielfach zu beiden Hauptvertragsparteien in einer schuldrechtlichen Beziehung steht.

I. Begriff

Doppelmaklerschaft im Sinne des § 654 BGB bedeutet ein Tätigwerden für beide potentielle Hauptvertragsparteien in der Rolle des Maklers. Bei der gesetzlich nicht geregelten Doppeltätigkeit dagegen unterhält der Vermittler nur zu einer Seite ein Maklerverhältnis, zu der anderen steht er in einem andersartigen Rechtsverhältnis, das typischerweise auf Aufklärung oder Beratung gerichtet ist.[1003] Dieser Begriff wird in dieser Arbeit auch als Oberbegriff für jede Art von beidseitiger Bindung verwendet.

II. Zulässigkeit

1. Doppelmaklerschaft

a) Anlagevermittler als Zivilmakler

Die Doppelmaklerschaft eines Vermittlers in der Rolle des Zivilmaklers ist zulässig, wenn sie zu keiner vertragswidrigen Interessenkollision führt. Die Rechtsprechung betrachtet die Doppelmaklerschaft grundsätzlich als zulässig.[1004] Sie sei nur vertragswidrig, wenn die gebotene Einwirkung auf den Willen des potentiellen Vertragspartners nicht möglich ist. Dies sei in der Regel gegeben, wenn der Makler für beide Seiten als Vermittlungsmakler auftritt, aber abzulehnen, wenn der Makler für eine Seite als Vermittlungsmakler, für die andere Seite als Nachweismakler tätig wird.[1005] Richtigerweise muss das Entstehen eines Interessenkonflikts aber auf die Fälle ausgedehnt werden, in denen der Makler wegen bestehender Geheimhaltungspflichten gegenüber einem der Vertragspartner die jeweils andere Partei nicht vollständig aufklären darf. Diese widerstreitenden Parteiinteressen hindern den Makler daran, die Interessen beider Auftraggeber gleichermaßen wahrzunehmen. Demnach sollte die Doppelmaklerschaft als grundsätzlich unzulässig angesehen werden.[1006] Ihre Zulässigkeit kann sich nur aus ihrer Üblichkeit und klaren Erkennbarkeit oder aus einer Zustimmung ergeben.[1007] Ist sie zulässig, geht die Aufklärungspflicht gegenüber dem einen Auftraggeber der Verschwiegenheitspflicht gegenüber der anderen Seite vor. Es entspricht nämlich dem Interesse beider Parteien, die Offenbarung eigener ungünstiger Umstände in Kauf zu nehmen, da dieser der Vorteil gegenübersteht, auch ungünstige Umstände des Geschäftsgegners zu erfahren.[1008]

Etwas anderes gilt aber speziell für die Kapitalanlagevermittlung, falls der Vermittler durch die aufklärungspflichtigen (Gründungs-)Gesellschafter beauf-

---

1003 Siehe auch *Wagner,* DStR 2003, 1757 ff (1758).

1004 *BGH,* Beschluss v. 26.03.1998, NJW-RR 1998, 992 f (993).

1005 *BGH,* Beschluss v. 30.04.2003, NJW-RR 2003, 991 (991); *BGH,* Beschluss v. 26.03.1998, NJW-RR 1998, 992 f (993); nach der Rechtsprechung ist der Makler nur bei beidseitigem Vermittlungsauftrag zur Neutralität und zur Aufklärung beider Seiten verpflichtet, siehe dazu *Loritz,* WM 2000, 1831 ff (1835).

1006 A. A. *Sprau,* in: Palandt, BGB, § 654 Rdnr. 4.

1007 Siehe *Sprau,* in: Palandt, BGB, § 654 Rdnr. 4; nach *BGH,* Beschluss v. 26.03.1998, NJW-RR 1998, 992 f (993) reicht Erkennbarkeit aus.

1008 *BGH,* Urteil v. 25.10.1967, NJW 1968, 150 ff (151); *OLG Düsseldorf,* Urteil v. 07.11.1997, NJW-RR 1998, 1207 ff (1208).

tragt wurde. Hier kann die Aufklärung des Anlegers durch den Anlagevermittler den Interessen der Gesellschafter wegen ihrer eigenen Pflicht zur Aufklärung nicht entgegenstehen. Vermittler agieren zwar in aller Regel nicht als Erfüllungsgehilfen; abweichend davon werden sie im Kapitalanlagebereich von den Gesellschaftern aber nicht selten zur Erfüllung ihrer eigenen Aufklärungspflicht eingesetzt. Die ordnungsgemäße Aufklärung des Anlegers liegt demnach im unmittelbaren Eigeninteresse der Gesellschafter, so dass die Doppelmaklerschaft vertragsgemäß bzw. bei Erkennbarkeit eine konkludente Zustimmung der Gesellschafter anzunehmen ist. Ob der Vermittler die Aufklärung lediglich im Interesse der Gesellschafter erbringt oder zur Erfüllung einer eigenen Rechtspflicht, macht keinen inhaltlichen Unterschied, da sich die Aufklärung in beiden Fällen auf die potentiell entscheidungserheblichen Umstände richtet.

Dies kann nicht gelten, wenn die Gesellschafter ihre Pflicht zur individuellen Aufklärung ausgeschlossen haben, indem sie ihre Aufklärung auf die Herausgabe des Prospekts beschränkt haben. Hier fehlt ein weitergehendes Interesse der Gesellschafter an der Aufklärung durch den Vermittler. Da ihnen aber nur an Vermittlern gelegen sein kann, die über einen eigenen Kundenstamm verfügen und für diesen auch tätig werden, berufen sie sich in der Regel ohnehin nicht auf eine unerlaubte Doppelmaklerschaft.[1009]

b) Anlagevermittler als Handelsmakler

Der Handelsmakler dagegen ist kraft seiner Stellung als neutraler Mittler generell zur Doppelmaklerschaft befugt. Dies entspricht seinem Wesen als Schlichter zwischen den Parteien.[1010] Im Unterschied zum Zivilmakler ist dem Handelsmakler die Neutralitätspflicht per se immanent und nicht lediglich Folge einer zulässigen Doppelmaklerschaft. Gegen die Zulässigkeit der Doppelmaklerschaft spricht nicht, dass auch er beiden Hauptvertragsparteien zur Aufklärung verpflichtet ist. Diese muss er aufgrund seiner Neutralitätspflicht nämlich von vornherein so gestalten, dass die Interessen beider Parteien gewahrt bleiben. Dies bedeutet auch hier, dass die Schweigepflicht gegenüber der Aufklärungspflicht zurücktritt,[1011] wenngleich auch der Anleger ohne rechtsgeschäftlichen Abschluss eines Maklervertrags nur auf Neutralität und damit eingeschränkte Sorgfalt vertrauen darf. Ein Interessenkonflikt soll bei der Tätigkeit als Handelsmakler auch deshalb seltener eintreten, da der Marktpreis der Gegenstände des Handelsverkehrs zumindest bestimmbar ist und deswegen nicht allein schon widerstreitende Preisinteressen einen unlösbaren Interessenkonflikt auslösen können.[1012]

1009 *OLG Düsseldorf,* Urteil v. 07.11.1997, NJW-RR 1998, 1207 ff (1208).

1010 *Hopt,* in: Baumbach/Hopt, HGB, § 93 Rndr. 33.

1011 *Hopt,* in: Baumbach/Hopt, HGB, § 93 Rndr. 33.

2. Doppeltätigkeit

a) Anlagevermittler als Makler und Informationspflichtiger

Ebenso wie die Doppelmaklerschaft hängt die Zulässigkeit der Doppeltätigkeit von der Feststellung einer vertragswidrigen Interessenkollision ab. Überträgt man die Meinungen zur Doppelmaklerschaft auf die Zulässigkeit der Doppeltätigkeit des Anlagevermittlers als Makler und Aufklärungspflichtiger, ist diese erst recht zulässig. Zum einen besteht nur auf einer Seite eine Vermittlungstätigkeit des Maklers, zum anderen bleibt der Umfang der Aufklärungspflicht beiden Seiten gegenüber objektiv gleich.

Die unabhängige Beratung dagegen erscheint mit einem Vermittlungsauftrag durch die Anbieterseite nicht vereinbar, da der vom Vermittler zu erteilende Rat auch die Empfehlung an den Anleger enthalten kann, sein Kapital bei einem anderen Anbieter anzulegen oder von einer Beteiligung abzusehen. Wenn der Anleger aber eine Beratung wünscht, sollte diese dennoch zulässig sein, da diese immerhin die Chance eines positiven Vermittlungsergebnisses bietet. Sie kann unter Umständen die Erwerbsentscheidung zugunsten eines vom Vermittler vertriebenen Produkts fördern, wenn eines dieser Produkte den Interessen des Anlegers am ehesten entspricht. Diese Konstellation ist mit dem Fall vergleichbar, dass der Vermittler von seinem Auftraggeber stillschweigend bevollmächtigt ist, in seinem Namen einen Beratungsvertrag mit dem Anleger abzuschließen, wenn die individuelle Beratung wesentliche Voraussetzung für den Vertragsschluss ist.[1013] Deshalb muss es erst recht möglich sein, dass der Vermittler selbst mit dem Anleger einen Beratungsvertrag abschließt, wenn andernfalls der Abschluss eines Beteiligungsvertrags von vornherein ausgeschlossen ist. Überdies werden die Vermittler von ihrem Auftraggeber vernünftigerweise teilweise sogar aufgefordert, als Berater aufzutreten. Dies bedeutet aber nicht, dass dies als üblich angesehen werden kann, da durch die Intermediäre auch die bloße Aufklärung angeboten wird. Für die abhängige Beratung gilt dasselbe, wenn der Anlageberater Mehrfirmenvertreter ist. Ist der Makler Einfirmenvertreter und beschränkt er seine Beratung auf die Objekte seines Auftraggebers, dann sind Interessengegensätze ausgeschlossen, so dass die Beratung generell als zulässig angesehen werden kann.

Die soeben dargestellten Grundsätze zur Doppeltätigkeit des Maklers mit einer Aufklärungs- bzw. Beratungstätigkeit lassen sich auf das Handelsvertreterverhältnis übertragen.

1012 *Brüggemann,* in: Staub, HGB, vor § 93 Rdnr. 14.

1013 *BGH,* Urteil v. 14.03.2003, NJW 2003, 1811 ff (1812 f); *BGH,* Urteil v. 06.04.2001, NJW 2001, 2021 f (2022); *BGH,* Urteil v. 27.11.1998, NJW 1999, 638 f (639).

b) Anlagevermittler als Handelsvertreter und Makler

Die Zulässigkeit des Handelns des Vermittlers als Handelsvertreter für die Gesellschaft und zugleich als Makler für den Anleger scheitert nach ständiger Rechtsprechung am institutionalisierten Interessenkonflikt, der zu einer unechten Verflechtung[1014] führt. Der Makler einer Partei befindet sich in einer unechten Verflechtungsposition, wenn er wegen seiner gesellschafts- bzw. dienstrechtlichen Verbindung zu der anderen Partei an deren wirtschaftlichem Erfolg interessiert ist[1015] und dieser Interessenkonflikt so institutionalisiert ist, dass der Vermittler unabhängig vom Einzelfall als ungeeignet für die Ausführung der Maklertätigkeit erscheint.[1016] Nicht ausreichend ist es also, wenn der Makler sich nur im konkreten Streitfall auf die Seite des Vertragsgegners stellt. Die Maklertätigkeit ist aber generell ausgeschlossen, wenn der Intermediär für die andere Seite als Handelsvertreter tätig ist, da ein Handelsvertreter die Interessen des Unternehmens wahrnehmen muss und deshalb die Belange des Anlegers gegenüber denen des Unternehmens generell zurücktreten.[1017]

III. Rechtsfolgen

1. Unzulässige Doppeltätigkeit des Maklers

Bei unzulässiger Doppelmaklerschaft macht sich der Makler nach § 280 Abs. 1 BGB schadensersatzpflichtig. Erweist sich diese als schwerwiegende Treuepflichtverletzung, die ihn eines Lohnes unwürdig erscheinen lässt,[1018] verwirkt er überdies gemäß § 654 BGB seinen Lohnanspruch. Da diese Norm Strafcharakter hat,[1019] bewertet sich die Unwürdigkeit in erster Linie nach dem subjektiven Tatbestand, nicht nach dem Vorliegen eines Schadens.[1020] Der Mak-

[1014] Die unechte Verflechtung ist von der echten Verflechtung zu unterscheiden. Letztere liegt vor, wenn der Makler und der Vertragsgegner etwa wegen wirtschaftlicher Identität zu einem voneinander unabhängigen Willen nicht in der Lage sind. Da der Makler in diesem Fall keinen eigenen Willen bilden kann, ist er nicht Dritter, so dass die Maklerleistung schon begrifflich ausgeschlossen ist, *BGH,* Urteil v. 01.04. 1992, NJW 1992, 2818 ff (2819) m.w.N.

[1015] *Dehner,* NJW 1993, 2225 f (2225).

[1016] *BGH,* Urteil v. 03.12.1986, NJW 1987, 1008 f (1008); *BGH,* Urteil v. 24.06. 1981, NJW 1981, 2293 ff (2294).

[1017] *BGH,* Urteil v. 23.11.1973, NJW 1974, 137 (137); *BGH,* Urteil v. 01.04.1992, NJW 1992, 2818 ff (2819).

[1018] *Sprau,* in: Palandt, BGB, § 654 Rdnr. 2.

[1019] *BGH,* Urteil v. 05.02.1962, NJW 1962, 734 f (734 f).

[1020] *BGH,* Urteil v. 05.02.1962, NJW 1962, 734 f (735); nach a.A. ist § 654 BGB ein gesetzlicher Fall des Erfordernisses wirtschaftlicher Gleichwertigkeit zwischen beabsichtigtem und zustande gekommenem Hauptvertrag, *Reuter,* in: Staudinger, BGB, §§ 652, 653 Rdnr. 145.

ler verwirkt seinen Lohnanspruch auch, wenn er über eine bestehende Doppelmaklerschaft nicht aufklärt, da die Vertragspartner ohne Kenntnis der hieraus entstehenden Kosten ihre Interessen nicht ausreichend wahren können.[1021] Auf die unzulässige Doppeltätigkeit zwischen Makler und Informationspflichtigem ist die unmittelbare Anwendung des § 654 BGB zu erwägen, da diese Norm nach ihrem Wortlaut auch eine Tätigkeit für die andere Seite aus einem anderen Rechtsgrund genügen lässt. Hierfür spricht auch der Telos der Norm, der den Makler zur Wahrung der Treuepflicht anhalten und ein grob leichtfertiges Handeln den Interessen des Auftraggebers zuwider verhindern soll.[1022]

2. Unzulässige Doppeltätigkeit des Handelsvertreters

Wenn der Vermittler unzulässigerweise für eine Partei als Handelsvertreter und für die andere als Makler tätig wird, ist die Rechtsfolge streitig. Nach ständiger Rechtsprechung[1023] ist der Makler in den Fällen der unechten Verflechtung wegen der auftretenden Interessenkollision generell unfähig, Maklerdienste zu erbringen. Er kann demnach nicht Makler sein,[1024] so dass schon daran der Lohnanspruch scheitert. Die Rechtsprechung stellt die unechte Verflechtung damit der echten Verflechtung gleich. Die Literatur hingegen tendiert teilweise dazu, alle Fälle von Interessenkollisionen unter § 654 BGB analog zu subsumieren, also bei einer Konfliktsituation nicht die Fähigkeit zur Erbringung der Maklerleistung an sich in Frage zu stellen, sondern nur den Lohnanspruch auszuschließen.[1025] Die Meinungen unterscheiden sich im Ergebnis darin, dass bei Bejahung der Gleichstellung der Verflechtungssituationen der Maklerlohn in allen Fällen automatisch entfällt, da dem Makler hier generell die Befähigung abgesprochen wird, eine Maklerleistung zu erbringen. Der Rückgriff auf § 654 BGB dagegen hat zur Folge, dass die Doppeltätigkeit grundsätzlich zugelassen wird und im Einzelfall nachzuweisen ist, ob der Vermittler gegenüber einer Seite oder beiden Seiten vertragswidrig gehandelt hat.

Für die Literaturmeinung spricht, dass bei genereller Anwendung des § 654 BGB die schwierige Abgrenzung des Handelsvertreters vom Makler mit Alleinauftrag unterbleiben kann.[1026] Diese Angleichung lässt allerdings die tatsächlichen Unterschiede unbeachtet. Für den Handelsvertreter ist charakteristisch,

---

[1021] *OLG Naumburg,* Urteil v. 27.09.1995, NJW-RR 1996, 1082 f (1082).

[1022] *Sprau,* in: Palandt, BGB, § 654 Rdnr. 1; a.A. *Loritz,* WM 2000, 1831 ff (1835).

[1023] *BGH,* Urteil v. 01.04.1992, NJW 1992, 2818 ff (2819).

[1024] *BGH,* Urteil v. 24.06.1981, NJW 1981, 2293 ff (2294) und *BGH,* Urteil v. 03.12.1986, NJW 1987, 1008 f (1009).

[1025] Einschränkend *Reuter,* in: Staudinger, BGB, §§ 652, 653 Rdnr. 145; *Dehner,* Maklerrecht in der neueren höchstrichterlichen Rechtsprechung, S. 48.

[1026] *Dehner,* NJW 1993, 2225 ff (2225).

dass er nur wenige oder gar nur einen Auftraggeber hat, wohingegen der typische Makler über eine Vielzahl von Maklerkunden verfügt. Deshalb ist ersterer ungleich stärker als letzterer auf den Fortbestand seiner Tätigkeit für den Unternehmer angewiesen, so dass er sich bei einem Interessenkonflikt im Zweifel auf dessen Seite schlagen wird. Beim doppelt beauftragten Makler ist bei einem Interessenwiderstreit unklar, welchen Vertrag er erfüllen wird, da er beiden Auftraggebern gleich nahe steht. Stehen sich eine Aufklärungs- und eine Verschwiegenheitspflicht gegenüber, wird der Handelsvertreter bei fehlender Erlaubnis durch sein Unternehmen die Offenbarung regelmäßig verweigern. Der Entschluss des Doppelmaklers kann aber nicht allgemein vorhergesehen werden, so dass er auch der Pflicht zur Aufklärung den Vorzug geben und sich damit auch dem Anleger gegenüber pflichtgemäß verhalten kann.

Aufgrund dieser Unterschiede im Verhalten sollten auch die Rechtsfolgen der jeweiligen Konfliktsituation angepasst werden. Die Gleichstellung der Doppeltätigkeit des Handelsvertreters mit der echten Verflechtung ist wegen dessen eher vorhersehbaren Verhaltens zu begrüßen. Die unechte Verflechtung steht der echten Verflechtung näher als der vertragswidrigen Doppeltätigkeit im Sinne des § 654 BGB, da in aller Regel der Wille des Handelsvertreters sich nach dem Willen des Unternehmers richtet, was eine eigene Maklerleistung unmöglich macht. Aus tatsächlichen Gründen ist es dem Handelsvertreter deshalb in der Regel unmöglich, die Belange des Anlegers rechtmäßig zu vertreten. Deshalb passt die Anwendung des § 654 BGB, der dem Vermittler die grundsätzliche Eignung zur Doppeltätigkeit zugesteht, nicht. Abgrenzungsprobleme müssen in Kauf genommen werden.

Dasselbe gilt für die unzulässige Doppeltätigkeit zwischen Handelsvertreterverhältnis und Informationspflichtigkeit, wenn der Handelsvertreter den Anleger in eigener Verantwortung aufklärt bzw. berät.

IV. Zusammenfassung

Die Doppelmaklerschaft des Zivilmaklers ist grundsätzlich unzulässig. Sie ist zulässig, wenn sie üblich und erkennbar ist oder ihr zugestimmt wird. Für den Anlagevermittler gilt grundsätzlich die Besonderheit, dass dieser häufig als Erfüllungsgehilfe der aufklärungspflichtigen Gesellschafter tätig wird, so dass diese der Aufklärung konkludent zustimmen werden. Entsprechend den obigen Ausführungen ist die Doppeltätigkeit des Anlagevermittlers als Makler und Aufklärungspflichtiger ebenfalls zulässig. Eine Doppeltätigkeit des Anlagevermittlers als Makler und Berater sollte zulässig sein, wenn der Anleger den Erwerb einer Anlage von einer individuellen Beratung abhängig macht, da hier die Beratung immerhin zu einer Anlageentscheidung zugunsten des Anbieters führen kann. Der Handelsvertreter kann wegen des institutionalisierten Interessenkonflikts nicht zugleich Makler der anderen Partei sein. Der Makler macht sich grundsätzlich schadensersatzpflichtig nach § 280 Abs. 1 BGB bzw. verwirkt seinen Lohnanspruch nach § 654 BGB, wenn er entweder in grob treuwidriger Weise für beide tätig ist oder über eine Doppelmaklerschaft nicht aufklärt. Der Spezialfall der unechten Verflechtung des Maklers wegen seiner Tätigkeit als Handelsvertreter ist mit der Rechtsprechung der echten Verflechtung gleichzustellen, da sich der Handelsvertreter in der Regel auf die Seite des Anbieters schlagen wird, so dass ihm generell die Fähigkeit abzusprechen ist, Maklerdienste zu erbringen.

J. Anlagevermittler als Erfüllungsgehilfe

Bislang wurde lediglich die Aufklärungspflicht des Anlagevermittlers[1027] aus eigener Verantwortung erörtert. Mit der Informationserteilung erfüllt er aber ggf. gleichzeitig oder ausschließlich eine Pflicht seines Auftraggebers, insbesondere der Anlagegesellschaft. Aus diesem Grund steht eine Zurechnung nach § 278 BGB und eine Schadensersatzverpflichtung des Auftraggebers im Raum. Dies setzt eine eigene Aufklärungspflicht des Auftraggebers sowie die Erfüllungsgehilfeneigenschaft des Anlagevermittlers voraus.

I. Aufklärungspflichtige Personen

Aufklärungspflichtige Personen sind die Hauptvertragspartner des Anlegers, bei unmittelbarer Beteiligung also die Gesellschafter der Anlagegesellschaft, bei mittelbarer Beteiligung über einen Treuhandvertrag der Treuhandkommanditist.[1028] Diese haben grundsätzlich die eigene Pflicht, den Anleger über die wesentlichen Umstände aufzuklären, so dass sie sich bei fehlerhafter Aufklärung durch den Anlagevermittler haftbar machen können. Ist Auftraggeber des Anlagevermittlers dagegen ein Initiator ohne Gesellschafterstellung, dann scheitert eine Zurechnung in der Regel daran, dass dieser nach dem VerkProspG nur für

---

[1027] Der Anlagevermittler ist Wissensvertreter, da § 166 Abs. 1 BGB auf den Vermittler analog angewendet werden kann, *Schramm*, in: MüKo, BGB, § 166 Rdnr. 15; Voraussetzung ist, dass der Anlagevermittler mit Wissen und Wollen des Auftraggebers mit gewisser Selbständigkeit eingeschaltet ist, a. a. O., § 166 Rdnr. 35.

[1028] *OLG München*, Urteil v. 21.06.2002, NJOZ 2003, 201 ff (202). Bei einer Beteiligung über einen Treuhänder können die Gründungsgesellschafter auch aufklärungspflichtig sein, wenn der Anleger durch einen weiteren Vertrag eine einem Kommanditisten vergleichbare Position erhält, etwa bei einem offenen Treuhandverhältnis. Ein solches Vertragsverhältnis ist regelmäßig anzunehmen, wenn von vornherein die mittelbare Beteiligung noch zu werbender Anleger und damit die Verzahnung von Gesellschaft und Treuhand vorgesehen ist, wie dies bei Publikumsgesellschaften häufig der Fall ist, und im Hinblick darauf bestimmte Rechte und Pflichten der Anleger schon im Gesellschaftsvertrag geregelt sind, *BGH*, Urteil v. 13.05.1953, NJW 1953, 1548 ff (1549); *BGH*, Urteil v. 30.03.1987, NJW 1987, 2677 f (2677).

die Richtigkeit des Anlageprospekts haftet und somit der Vermittler durch sein Aufklärungsgespräch keine Pflicht des Initiators erfüllt. Nur wenn der Vermittler im Namen des Initiators eine sich aus dem Prospekt ergebende Frage falsch beantwortet, kann er dessen Erfüllungsgehilfe sein.[1029]

Bei der Publikumspersonengesellschaft besteht freilich die Besonderheit, dass bei einer unmittelbaren Beteiligung des Anlegers zwar alle Gesellschafter seine Vertragspartner werden, aber nicht alle Mitgesellschafter gleichermaßen zur Aufklärung verpflichtet sind, sondern nur diese, denen der neu eintretende Anleger ein vorvertragliches Verhandlungsvertrauen entgegenbringt. Dieses kann der Anleger berechtigterweise nicht denjenigen Mitgesellschaftern entgegenbringen, die in gleicher Weise wie er nach der Gründung der Gesellschaft nur als Kapitalgeber beigetreten sind. Diesen ist nämlich nach dem Gesellschaftsvertrag, dessen Inhalt ihnen beim Beitritt vorgegeben wird, jeglicher Einfluss auf die künftigen Beitrittsverhandlungen und -abschlüsse verwehrt.[1030] Nur wenn ein solcher Mitgesellschafter die Beitrittsverhandlungen selbst führt, tritt er aus der anonymen Masse derart heraus, dass der Neuanleger gerade ihm Vertrauen entgegenbringen darf.[1031] Den Gründungsgesellschaftern und Komplementären[1032], die für die Vertragsverhandlungen verantwortlich sind, dürfen die Neugesellschafter dagegen ihr Verhandlungsvertrauen entgegenbringen.[1033] Dasselbe gilt bei mittelbarer Beteiligung für den Treuhandkommanditisten.

II. Pflichten der haftenden Gesellschafter

1. Herleitung

Die Aufklärungspflichten der haftenden Gesellschafter können nicht aus dem gesellschaftlichen Treueverhältnis hergeleitet werden, da dieses in erster Linie die Wahrung der Interessen der Gesellschaft, nicht der Gesellschafter anstrebt,[1034] und zum Zeitpunkt der Vertragsverhandlungen noch gar nicht existent ist. Die Parteien stehen sich vor Vertragsschluss eher ähnlich wie bei einem Austauschvertrag gegenüber.[1035] Auch die Verfolgung eines gemeinsamen Ziels

---

[1029] *Gummert,* in: Münchener Handbuch des Gesellschaftsrechts, § 69 Rdnr. 24 f m.w.N.

[1030] *BGH,* Urteil v. 14.12.1972, NJW 1973, 1604 ff (1605); *BGH,* Urteil v. 04.05. 1981, NJW 1981, 2810 f (2810 f).

[1031] *BGH,* Urteil v. 20.01.1992, NJW-RR 1992, 542 f (543).

[1032] Dies soll aber nicht für eine Komplementärgesellschaft gelten, da es sich hierbei nur um ein ‚abstraktes Gebilde' handele, dessen interne Verhältnisse und finanzielle Leistungsfähigkeit dem Anleger nicht bekannt sind, *BGH,* Urteil v. 24.04.1978, NJW 1978, 1625 f (1625).

[1033] *BGH,* Urteil v. 17.06.1991, NJW-RR 1991, 1246 ff (1247).

[1034] *Roth,* in: MüKo, BGB, Band 2, Einl. Rdnr. 108.

[1035] *Fleischer,* NZG 2000, 561 ff (562).

kann hier nicht unbedingt die ‚Vergemeinschaftung' des Wissens zur Folge haben,[1036] da die nach der Gründung eingetretenen Gesellschafter keine Entscheidungskompetenzen haben, weshalb umfassende Kenntnisse zur Erreichung des Gesellschaftszwecks entbehrlich sind. Deshalb stützen die Rechtsprechung[1037] und die herrschende Lehre die Aufklärungspflicht auf allgemein-zivilrechtliche Treuepflichten aus der c.i.c. gemäß § 311 Abs. 2 BGB.

2. Umfang

Mit Rücksicht auf die Anbahnung einer langfristigen und engen Geschäftsbeziehung mit der Anlagegesellschaft folgt im Falle des Bestehens eines vorvertraglichen Schuldverhältnisses auch hier die Pflicht zu einer umfassenden Aufklärung.[1038] Ein vorvertragliches Schuldverhältnis zwischen dem Anleger und den aufklärungspflichtigen Gesellschaftern entsteht bereits mit Einwerbung des Anlegers mittels eines Anlageprospekts durch die Gesellschaft.[1039] Erlangt der Anleger den Prospekt nicht von der Gesellschaft direkt, sondern von einem Vermittler, dann kommt ein vorvertragliches Schuldverhältnis zu den Gesellschaftern nur zustande, wenn der Vermittler den vorvertraglichen Kontakt als Erfüllungsgehilfe mittelt. Beschränkt die Gesellschaft die Vertragsanbahnung auf die Übersendung des Prospekts, indem sie ihr Angebot von vornherein nur an kundige Anleger richtet, entsteht mangels individuellen Kontakts lediglich eine Pflicht zur generellen Aufklärung.[1040] Aufgrund der fehlenden Individualisierung der Geschäftsbeziehung darf der Anleger hier berechtigterweise keine individuell auf seine Vorkenntnisse zugeschnittene Aufklärung erwarten.

Wird der persönliche Kontakt aber durch den als Erfüllungsgehilfe zu qualifizierenden Vermittler hergestellt oder bringen die Gesellschafter diesen selbst zustande, wandelt sich die Pflicht von der generellen zur individuellen Aufklärung. Der Einsatz des Erfüllungsgehilfen kann demnach die Pflichtenstellung der Gesellschafter erweitern. Dies widerspricht nicht dem Grundsatz, dass das Verschulden des Erfüllungsgehilfen dem Schuldner nur in dem Umfang seiner eigenen Schuld zugerechnet wird. Die Zurechnung des persönlichen Kontakts führt nämlich gerade zur Pflichtenerweiterung der Gesellschafter selbst. Die Pflicht zur individuellen Aufklärung kann grundsätzlich nicht durch Übergabe des typisierten Prospekts und weiterer Unterlagen erfüllt werden, sondern wird

---

1036 Dazu *Leisch,* Informationspflichten nach § 31 WpHG, S. 114.

1037 Siehe etwa *BGH,* Urteil v. 22.06.1992, NJW 1992, 3167 ff (3168).

1038 *Fleischer,* NZG 2000, 561 ff (563).

1039 *BGH,* Urteil v. 01.10.1984, NJW 1985, 380 f (380); *Heinrichs,* in: Palandt, BGB, § 311 Rdnr. 16.

1040 *Assmann,* ZIP 2002, 637 ff (649) vertritt die Ansicht, dass der Anbieter bzw. die Gesellschafter mangels direkten Kontakts zum Anleger ihre Aufklärungspflichten durch die Herausgabe von Unterlagen und Prospekten erfüllen.

durch die mündliche Aufklärung des Vermittlers wahrgenommen. Nur wenn die Anlagegesellschaft ihre Pflichtenstellung wirksam auf die Prospektherausgabe beschränkt, kann sie ihre Pflicht selbst mittels Prospektübergabe erfüllen.

Schulden die Gründungsgesellschafter neben dem aus eigener Pflicht verantwortlichen Anlagevermittler zugleich eine individuelle Aufklärung, stimmen die Pflichten zwar grundsätzlich überein,[1041] da jeweils über die wesentlichen Umstände aufzuklären ist, diese müssen sich aber nicht exakt entsprechen. Dies folgt daraus, dass sich der Pflichtenumfang nicht nur objekt-, sondern auch personenbezogen bestimmt. So können die Aufklärungspflichten entsprechend des Grades an Vertrauensgewährung bzw. Pflichtenübernahme oder des Bezugs zum Anlageobjekt voneinander abweichen.[1042] Eine unterschiedliche Nähe zum Objekt resultiert etwa daraus, dass die Kapitalanlage für die Gründungsgesellschafter das eigene Objekt, für die Vermittler dagegen ein fremdes Objekt ist.[1043] Der unterschiedliche Informationszugang kann sich auf den Umfang der Nachforschungs- und folglich Aufklärungspflichten auswirken. Der aus eigener Verpflichtung handelnde Anlagevermittler muss sich die Informationen verschaffen, diese auf Plausibilität hin überprüfen und weitergeben. Die Gründungsgesellschafter dagegen schulden die Erstellung eines funktionsfähigen Anlagekonzeptes und die Aufklärung hierüber. Die Weitergabe von in Presseberichten geäußerten Wertungen ist ihnen im Gegensatz zu Anlagevermittlern nicht zumutbar.

Die Haftung der Gründungsgesellschafter und Komplementäre aus c.i.c. gemäß §§ 280 Abs. 1, 311 Abs. 2 BGB wird durch die Haftung aus § 13 Abs. 1 VerkProspG i. V. m. § 47 Abs. 2 BörsenG nicht verdrängt.

3. Vermittler als Erfüllungsgehilfe

a) Zivilmakler grundsätzlich kein Erfüllungsgehilfe der Gesellschafter

aa) Abgrenzung Vermittlung zu Verhandlung

Nach ständiger Rechtsprechung ist der klassische Makler grundsätzlich kein Erfüllungsgehilfe bzw. Verhandlungsgehilfe seines Auftraggebers,[1044] es sei denn,

---

[1041] *Lange,* Informationspflichten von Finanzdienstleistern, S. 245 zu den Pflichten bei der Anbahnung des Vermittlungsvertrags.

[1042] Siehe *Henssler,* Risiko als Vertragsgegenstand, S. 180.

[1043] *Kieninger,* NVersZ 1999, 118 ff (119).

[1044] *BGH,* Urteil v. 02.06.1995, NJW 1995, 2550 f (2551); ebenso *Schubert,* AcP 168 (1968), 470 ff (493); a. A. *Hoffmann,* JR 1969, 372 ff (373), wonach der Kontakt zum Vermittler und zum Vertreter derselbe ist, da der Vermittler zur Erfüllung seiner Aufgabe die Vorzüge des Produkts anpreisen und sich hierzu mit dem Gegenstand befassen müsse; deshalb sollten sie sich abgesehen von der Abschlussvollmacht entsprechen.

er tritt als dessen Repräsentant[1045] oder als eine mit der Verhandlungsführung betraute Person auf.[1046] Wenn der Makler sich aber auf die maklerspezifische Tätigkeit des Vermittelns oder Nachweisens einer Vertragsgelegenheit beschränkt, erfüllt er dadurch nicht unbedingt die Aufklärungspflichten seines Auftraggebers gegenüber dessen Vertragspartner.[1047] Durch das Vermitteln erbringt er eine eigene Leistung an seinen Auftraggeber, die nicht unbedingt mit dessen Pflichten dem Anleger gegenüber übereinstimmen muss.[1048] Seine vertragliche Pflicht liegt nur darin, einen Vertragspartner vom Vertragsschluss zu überzeugen. Deshalb ist er grundsätzlich nicht im Pflichtenkreis der Gesellschafter tätig, so dass eine Zurechnung ausscheidet.

Dies ändert sich auch nicht dadurch, dass sich Vermitteln und Verhandeln in ihrer tatsächlichen Ausführung entsprechen können[1049] bzw. sich sogar regelmäßig entsprechen.[1050] Richtigerweise sollte die Abgrenzung zwischen Vermitteln und Verhandeln, also die Charakterisierung als Erfüllungsgehilfe, nach dem objektiven Empfängerhorizont vorgenommen werden. Nur wenn der Makler aus Sicht des Anlegers im Einzelfall nicht nur eine eigene Pflicht erfüllt, sondern auch mit Wissen und Wollen der Gesellschafter auftritt, ist sein Handeln als Verhandlung einzuordnen und eine Zurechnung nach § 278 BGB zu bejahen. In der Regel stellt sich das Auftreten des Maklers für den Vertragsgegner aber als das Verhalten eines Dritten dar, dessen Aufgabe sich darin erschöpft, die Hauptvertragsparteien zusammenzuführen, da dies als originäre Rolle des Maklers im Rechtsverkehr bekannt ist.

Im Anschluss an die Vermittlung durch einen typischen Makler ist auch regelmäßig noch Gelegenheit zum Verhandeln und damit zur Aufklärung, so dass überdies nichts für ein Interesse des Auftraggebers an einer Zurechnung spricht.[1051] Beim Nachweis überschneiden sich die Aufklärung und die Nennung des potentiellen Vertragspartners nicht.

[1045] *BGH,* Urteil v. 24.11.1995, NJW 1996, 451 ff (452); *BGH,* Urteil v. 02.06. 1995, NJW 1995, 2550 f (2551).

[1046] *BGH,* Urteil v. 26.04.1991, NJW 1991, 2556 ff (2557); *BGH,* Urteil v. 14.03. 2003, NJW 2003, 1811 ff (1813); *BGH,* Urteil v. 24.11.1995, NJW 1996, 451 f (452).

[1047] *BGH,* Urteil v. 24.11.1995, NJW 1996, 451 ff (451).

[1048] *BGH,* Urteil v. 24.11.1995, NJW 1996, 451 ff (451); *OLG Hamm,* Urteil v. 22.08.2002, NZM 2002, 500 ff (501); *OLG Koblenz,* Urteil v. 23.01.1992, NJW-RR 1993, 180 f (180).

[1049] *BGH,* Urteil v. 26.08.1998, NZM 1998, 1017 f (1018).

[1050] *Benedict,* AcP 204 (2004), 697 ff (703).

[1051] A.A. *Benedict,* AcP 204 (2004), 697 ff (714).

bb) Eigene Pflichtenübernahme des Zivilmaklers gegenüber dem Vertragsgegner

Ist der Zivilmakler im Einzelfall einmal Erfüllungsgehilfe, schließt dies seine eigene Verpflichtung zur Aufklärung des Kunden nicht generell aus. Es liegt keine der Stellvertretung vergleichbare Ausschließlichkeit vor, bei der zwischen Handeln im eigenen und fremden Namen unterschieden werden müsste. Eine eventuelle Eigenhaftung des Maklers kann das Wissen und Wollen des Auftraggebers nicht beeinflussen, da sich dieser dessen Pflichtenübernahme, soweit seine eigene Verpflichtung überschritten wird, im Ergebnis nicht zurechnen lassen muss, selbst wenn dieser Erfüllungsgehilfe ist. Grundsätzlich kann die besondere Vertrauenswerbung eines Verhandlungsgehilfen zwar nach der Rechtsprechung zu einer Ausweitung der Pflichtenstellung des Schuldners führen, da diese auch dem Schuldner zugute kommen kann. Zudem kann der Vertragspartner die eigenen Erklärungen des Maklers und die durch diesen nur weitergegebenen Erklärungen des Auftraggebers nicht unterscheiden.[1052] Richtigerweise kann die eigene Haftung des Maklers die Pflichtenstellung oder die Sorgfaltspflichten der Gesellschafter aber nicht beeinflussen. Der Umfang der objektiven Aufklärungspflicht wird durch eine besondere Vertrauensinanspruchnahme oder Übernahme einer weitergehenden Verpflichtung nicht unmittelbar beeinflusst, da diese objektbezogen ist. In Betracht käme demnach nur eine Erweiterung des Sorgfaltsmaßstabes. Da kraft Natur der Sache beide eine andersartige Sorgfaltspflicht trifft, kann der Sorgfaltsmaßstab, dem der Makler aufgrund seiner Vertrauenswerbung unterliegt, nicht auf den Auftraggeber übertragen werden. Im Ergebnis wirkt sich demnach eine eigene Pflichtenstellung des Maklers nicht auf die Stellung des Auftraggebers aus. Eine Zurechnung kann deshalb insoweit nicht stattfinden.

Da der Auftraggeber mit seinem Vertragspartner regelmäßig vor Vertragsschluss nochmals in persönlichen Kontakt tritt, muss sich die Erfüllungsgehilfeneigenschaft nicht unbedingt auswirken. Bei einem persönlichen Kontakt entstehen grundsätzlich immer individuelle Aufklärungspflichten des Schuldners. Da der Schuldner also selbst zur Aufklärung verpflichtet ist, wird die Zurechnung des Maklerhandelns in der Regel in seinem Interesse liegen, da dieses zumindest teilweise zur Erfüllung seiner Pflichten beitragen kann. Wenn die Maklerangaben keine fehlerhaften Informationen enthalten, wirkt sich die Zurechnung für den Auftraggeber nur positiv aus. Bei Fehlern hat er die Möglichkeit, diese durch die eigene Aufklärung richtig zu stellen. Demgemäß könnte insbesondere in aufklärungsintensiven Bereichen eine Genehmigung der Erfüllungsgehilfeneigenschaft in Betracht kommen. Diese könnte darin zu sehen sein, dass der Schuldner den Vertrag in dem Wissen unterschreibt, eine erforderliche Aufklä-

---

[1052] *BGH,* Urteil v. 26.04.1991, NJW 1991, 2556 ff (2558).

rung selbst nicht vorgenommen zu haben. Eine Anscheins- oder Duldungsvollmacht ist nicht so nahe liegend.[1053]

b) Anlagevermittler als Zivilmakler der Publikumsgesellschaft

Die Besonderheit der Kapitalanlagevermittlung liegt gerade darin, dass im Gegensatz zur typischen Maklerschaft ein persönlicher Kontakt in der Regel fehlt.[1054]

Die Art und Weise des Vertragsschlusses bei der Vermittlung von Kapitalanlageobjekten lässt eine Qualifizierung des Anlagevermittlers als Erfüllungsgehilfe zu, auch wenn dieser nicht speziell als Verhandlungsgehilfe auftritt. Die Tatsache, dass die Beitrittsverhandlungen meist ausschließlich durch den Anlagevermittler geführt werden, darf nämlich nicht dazu führen, dass die aufklärungspflichtigen Gesellschafter ihre vorvertragliche Pflicht auf eine generelle Aufklärung beschränken können, indem sie lediglich den Anlageprospekt übersenden, bzw. diese sogar gänzlich verhindern können.

Um dieses unbillige Ergebnis zu verhindern, ist für die Beurteilung der Erfüllungsgehilfeneigenschaft eine wertende Betrachtung der konkreten Umstände erforderlich.[1055] Beschränkt sich der Schuldner auf die Übersendung des Prospekts oder überlässt er es seinem Vermittler vollständig, die Anleger zu werben und die Vertragsverhandlungen bis zur Unterschriftsreife zu führen,[1056] ohne selbst einen persönlichen Kontakt zu den Anlegern aufzubauen, und zeichnet er den vom Anleger unterschriebenen Zeichnungsschein gegen, dann kann er sich nicht auf den Standpunkt stellen, dass ihn das Verhalten des Vermittlers nichts angehe.[1057] Dies gilt in besonderem Maße für Verträge mit hohem Verhandlungsbedarf,[1058] aber auch bei vorgegebenen Vertragsbedingungen.[1059] In diesen Fällen übernimmt der Vermittler mit Wissen und Wollen seines Auftraggebers alle vorvertraglichen Pflichten, die diesem typischerweise ohne Einschalten eines Vermittlers obliegen würden,[1060] hier also die Pflicht zur individuellen Auf-

---

1053 *Grundmann,* in: MüKo, BGB, § 278 Rdnr. 48; siehe allgemein zur Anscheinsvollmacht des Vermittlers: *BGH,* Urteil v. 03.11.1981, NJW 1983, 631 ff (631 f).

1054 Siehe *Blankenstein,* NZM 2002, 145 ff (147).

1055 *BGH,* Urteil v. 14.11.2000, NJW 2001, 358 f (359); *BGH,* Urteil v. 24.11.1995, NJW 1996, 451 f (452).

1056 *BGH,* Urteil v. 24.09.1996, NJW-RR 1997, 116 f (116); *v. Heymann,* in: Assmann/Schütze, Handbuch des Kapitalanlagerechts, Ergänzungsband, § 5 Rdnr. 15.

1057 Siehe zu diesem Ergebnis bereits *Schubert,* AcP 168 (1968), 470 ff (493 f).

1058 *BGH,* Urteil v. 14.11.2000, NJW 2001, 358 f (359); *BGH,* Urteil v. 24.09.1996, NJW-RR 1997, 116 f (116).

1059 *BGH,* Urteil v. 24.11.1995, NJW 1996, 451 ff (452).

1060 *BGH,* Urteil v. 24.09.1996, NJW-RR 1997, 116 f (116); *BGH,* Urteil v. 24.11.1995, NJW 1996, 451 f (452); *BGH,* Urteil v. 14.11.2000, NJW 2001, 358 f (358 f); *v. Heymann,* BB 2000, 1149 ff (1149).

klärung. Indem jener sich selbst trotz seines Wissens vom Aufklärungsbedarf seines Vertragspartners im Hintergrund hält, zeigt er sich konkludent mit der Übernahme der Pflichtenerfüllung durch den Vermittler einverstanden und erklärt damit, dass er dessen Verhalten als eigenes gelten lassen will. Seine Unterschrift unter den Beteiligungsvertrag ist deshalb als Genehmigung der Erfüllungsgehilfeneigenschaft auszulegen.[1061] Da der Schuldner das Handeln seiner Hilfsperson durch seine Genehmigung billigt, muss dies, vergleichbar mit der Genehmigung des Handelns eines Vertreters ohne Vertretungsmacht, zu einer Zurechnung des Handelns im vorvertraglichen Bereich nach § 278 BGB führen. Das gilt insbesondere dann, wenn die Gespräche üblicherweise Anlass zu Erläuterungen und Fragen geben.[1062] Deshalb ist der Anlagevermittler in der Regel Erfüllungsgehilfe. Die Haftung nach §§ 280 Abs. 1, 311 Abs. 2 BGB wegen eines Fehlverhaltens des Anlagevermittlers können die verantwortlichen Gesellschafter durch ausdrückliches Distanzieren vermeiden,[1063] solange noch kein Schaden eingetreten ist.[1064]

Die Zurechnung wirkt für die Gesellschafter also haftungsbegründend. Sieht man den Anlagevermittler als Erfüllungsgehilfe der Gesellschafter an und kommt damit zu einer Haftung der Gründungsgesellschafter und Komplementäre, dann erlangt die Prospekthaftung nach dem VerkProspG ihre besondere Bedeutung vor allem für die Prospektverantwortlichen, die außerhalb der Gesellschaft stehen. Im Bereich der Vermittlung von Beteiligungen an Publikumsgesellschaften ist entsprechend diesen Ausführungen das Regel-Ausnahme-Verhältnis bezüglich der Erfüllungsgehilfenstellung des Maklers somit umgekehrt.

c) Anlagevermittler als doppelt beauftragter Zivilmakler bzw. als Handelsmakler

Die obigen Ausführungen zur Zurechnung stehen unter der Prämisse der Einzelmaklerschaft des als Zivilmakler eingeordneten Anlagevermittlers. Es gilt zu klären, ob die Erfüllungsgehilfeneigenschaft anders zu bewerten ist, wenn der Anlagevermittler als Doppelmakler auftritt. Da er in diesem Fall neutral zwischen beiden Parteien stehen muss und nicht mehr nur einer Seite zugerechnet werden kann,[1065] scheidet die Einordnung als Erfüllungsgehilfe der Anlagegesellschaft eigentlich aus.[1066]

[1061] Für die Anwendbarkeit des § 278 BGB genügt die nachträgliche Zustimmung zur Stellvertretung, siehe *BGH,* Urteil v. 13.11.1954, NJW 1955, 297 (297).

[1062] *OLG Hamm,* Urteil v. 22.08.2002, NZM 2002, 500 ff (501).

[1063] *Schramm,* in: MüKo, BGB, § 166 Rdnr. 35.

[1064] *BGH,* Urteil v. 02.06.1995, NJW 1995, 2550 f (2551); *OLG Hamm,* Urteil v. 22.08.2002, NZM 2002, 500 ff (502).

[1065] *KG,* Urteil v. 07.03.1989, NJW-RR 1990, 399 f (399); *Kramer,* in: MüKo, BGB, § 123 Rdnr. 23.

Es darf den Gesellschaftern aber nicht zugute kommen und deren Pflichten reduzieren, wenn der Anleger selbst einen Vermittler beauftragt. Deshalb sollte hier aus denselben Wertungsgründen wie bei der Einzelmaklerschaft eine Zurechnung bejaht werden. Der Vermittler steht zwar nicht ausschließlich im Lager einer Seite, befindet sich aber auch nicht in der Position eines Dritten, der keiner Partei zugeordnet werden kann, sondern steht durch seine Pflichten vielmehr beiden Seiten nahe. Die Aufklärung hat er aus einer doppelten Verpflichtung heraus zu erbringen, nämlich aus eigener Pflicht gegenüber dem Anleger und als Erfüllungsgehilfe der Gründungsgesellschafter. Die Erfüllung erfolgt jeweils mit derselben Handlung und ist nicht trennbar, auch wenn die Pflichten nicht vollkommen übereinstimmen. Ohne eine Zurechnung würde sich die Haftung bei jeder Doppeltätigkeit von der Gesellschaft auf den Anlagevermittler verschieben und die Gesellschafter könnten sich der Haftung durch Billigung der Doppeltätigkeit entziehen.

Die Erfüllungsgehilfeneigenschaft des Anlagevermittlers sollte erst recht bejaht werden, wenn er als Handelsmakler charakterisiert wird und nur ein einseitiger Maklerauftrag durch die Gesellschaft besteht. Der Handelsmakler ist nur zur Interessenwahrnehmung der Gesellschaft verpflichtet[1067] und muss sich dem Anleger gegenüber neutral verhalten. Deshalb steht er seinem Auftraggeber näher als dem Anleger, so dass aus Wertungsgründen im Vergleich zum zivilrechtlichen Doppelmakler eine Zurechnung erst recht vertretbar ist.[1068]

Auch bei der zulässigen Doppeltätigkeit eines Anlageberaters spricht nichts dagegen, die in der Beratung enthaltene Aufklärung den Gesellschaftern zuzurechnen. Zwar befindet sich der Anlageberater grundsätzlich eindeutig im Lager des Anlegers, durch die Zulässigkeit der Doppeltätigkeit ist sein Handeln aber beiden Hauptvertragsparteien zuzurechnen, soweit der Berater deren Pflichten erfüllt.

d) Beauftragung des Anlagevermittlers oder Anlageberaters ausschließlich durch den Anleger

Wenn man diesen Wertungsgedanken aufgreift und weiterführt, kann man in Betracht ziehen, unter gewissen Voraussetzungen auch das Handeln des nur im

---

[1066] *Schubert,* AcP 168 (1968), 470 ff (493); siehe aber auch *Grundmann,* in: MüKo, BGB, § 278 Rdnr. 42, wonach Erfüllungsgehilfe auch sein kann, wer bei einem Dritten beschäftigt ist.

[1067] Siehe oben Kapitel 1 B.II.2.a)cc).

[1068] A. A. *Schubert,* AcP 168 (1968), 470 ff (493): Nimmt der Handelsmakler ausnahmsweise nur die Interessen einer Partei wahr, soll sein Verhalten ihr zuzurechnen sein. Siehe auch *KG,* Urteil v. 07.03.1989, NJW-RR 1990, 399 f (400), wonach ein Makler dann nicht Dritter ist, wenn er die Interessen beider Parteien wahrnimmt, da er dann nicht einseitig einer Partei als Verhandlungsgehilfe zugerechnet werden könne.

Auftrag des Anlegers handelnden Vermittlers den haftenden Gesellschaftern zuzurechnen.

Es ist auch hier wieder darauf hinzuwirken, dass sich die Gesellschafter ihrer Haftung nicht unbillig entziehen können. Im Vergleich zur Doppeltätigkeit ist die Zurechnung hier zusätzlich durch das Fehlen jeglichen Schuldverhältnisses zwischen Gesellschafter und Anlagevermittler erschwert. Die Vermittler handeln anfangs ohne Wissen der Gesellschafter, diese erfahren aber auch hier noch vor Vertragsschluss von der Mitwirkung des Intermediärs und dürfen auch hier ihre Augen nicht vor der tatsächlichen Sachlage verschließen. Unterzeichnet ein vertretungsbefugter Gesellschafter in dieser Situation den Beteiligungsvertrag, ohne sich von den Aussagen des Vermittlers zu distanzieren, gibt er damit auch hier konkludent zu erkennen, dass er sich dessen Aussagen gefallen lässt bzw. zu eigen macht. Diese nachträgliche Billigung ist wertungsmäßig mit der Genehmigung des Handelns eines Vertreters ohne Vertretungsmacht vergleichbar und führt dazu, dass der Vermittler mit Wissen und Wollen der Gesellschaft handelt[1069].

Da die Gesellschafter selbst mit dem Anleger nicht in vorvertragliche Verhandlungen eingetreten und den Vermittler selbst auch nicht beauftragt haben, wird ihnen durch die Zurechnung das vorvertragliche Schuldverhältnis aufgedrängt und sie dadurch in die Situation versetzt, in der Vertragspartner typischerweise stehen. Normalerweise treten künftige Vertragspartner nämlich in einen unmittelbaren, unter Umständen durch einen Vertreter vermittelten, Kontakt, der bei Vorliegen der Voraussetzungen in Aufklärungspflichten mündet. Dass die Vermittler nicht explizit als Verhandlungsgehilfen der Gesellschaft auftreten, steht der Erfüllungsgehilfeneigenschaft also dann nicht entgegen, wenn dies der Interessenlage und Billigkeit entspricht.[1070]

Die Zurechnung könnte mit dem Argument abgelehnt werden, dass die Gesellschafter durch die Einschaltung eigener Anlagevermittler zeigen, dass sie nur für deren Handeln einstehen wollen. Diese Einschränkung greift aber nicht in den theoretisch denkbaren Fällen, in denen die Gesellschafter weder selbst tätig werden noch eigene Vermittler beauftragen, sondern sich auf das Tätigwerden unabhängiger Vermittler verlassen. Hier haben die Gesellschafter keine Berechtigung mehr, eine Identifikation mit dem Vermittlerhandeln zu leugnen.

Stellt man auch bei der Anlageberatung das Ziel in den Mittelpunkt, dass sich die Gesellschafter ihrer Haftung nicht entziehen dürfen, könnte man grundsätzlich auch das Beraterhandeln zurechnen.[1071] Auch wenn die Einschaltung

---

[1069] *Schubert,* AcP 168 (1968), 470 ff (482).

[1070] *BGH,* Urteil v. 20.06.1962, NJW 1962, 1907 f (1908).

[1071] Siehe aber *OLG Köln,* Urteil v. 29.10.1999, NZM 2000, 924 ff (925), wonach bei der Anlageberatung grundsätzlich, außer bei Zustimmung, die Erfüllungsgehilfeneigenschaft abgelehnt wird. Nach anderer Meinung soll eine Zurechnung nach § 278 eines Anlageberaters durch den Anleger die Gesellschafter grundsätzlich nicht entlasten soll, ist hier eine Zurechnung abzulehnen, da der einseitig beauftragte Anlageberater ausschließlich im Interesse des Anlegers tätig ist und seine Zuordnung zur Sphäre des Anlegers das Interesse an einer Haftung der Gesellschafter überragt.

4. Innenausgleich zwischen dem Vermittler und den haftenden Gesellschaftern

Erfüllt der Anlagevermittler durch die Aufklärung sowohl eine eigene Pflicht aus einem vertraglichen oder quasivertraglichen Schuldverhältnis als auch als Erfüllungsgehilfe eine fremde Schuld der verantwortlichen Gesellschafter, stellt sich bei einer schuldhaften Pflichtverletzung die Frage, wen der geschädigte Anleger in Anspruch nehmen kann und wie sich die Haftungsverteilung unter den Schädigern darstellt.

a) Bürgschaft

Eine Mindermeinung vertritt die Ansicht, dass die Haftung des Anlagevermittlers als Erfüllungsgehilfe bei einer Doppeltätigkeit nur eine an die Bürgenhaftung nach § 778 BGB angelehnte nachrangige Ausfallhaftung sei.[1072] Trotz der Vertrauensinanspruchnahme bzw. der Pflichtenübernahme nehme der Vermittler fremde Angelegenheiten wahr und müsse deshalb geschont werden.[1073] Dieser Ansicht ist aber entgegenzuhalten, dass der Anlagevermittler eine eigene Verhaltenspflicht aus einem vollwertigen und nicht nur angelehnten vertraglichen bzw. quasivertraglichen Schuldverhältnis verletzt.[1074]

b) Gesamtschuldnerschaft

Überwiegend wird demnach ein nachrangiges Schuldverhältnis abgelehnt und ein Haftungsausgleich entsprechend dem Gesamtschuldverhältnis[1075] nach § 840 BGB vorgenommen.[1076] Nach dem Rechtsgedanken des § 254 BGB[1077] ist für

---

BGB selbst dann bejaht werden, wenn der Dritte in keinerlei Vertragsbeziehung zum Schuldner steht und zugleich Finanzberater des Anlegers ist.

1072 *Wiegand,* Die ‚Sachwalterhaftung' als richterliche Rechtsfortbildung, S. 372.

1073 *Ballerstedt,* AcP 151 (1950/1951), 501 ff (523 f).

1074 *Wiedemann,* in: Soergel, BGB, vor § 275 Rdnr. 235; für Ausfallhaftung siehe auch *Schmitz,* Dritthaftung aus culpa in contrahendo, S. 142.

1075 Ein Gesamtschuldverhältnis zwischen deliktisch haftendem Erfüllungsgehilfen und Geschäftsherrn wird in st. Rspr. angenommen seit *RG,* Urteil v. 25.11.1911, RGZ 77, 317 ff (323).

1076 *Grote,* Die Eigenhaftung Dritter als Anwendungsfall der culpa in contrahendo, S. 187.

die Haftungsverteilung im Verhältnis zwischen mehreren Schädigern in erster Linie die vorwiegende Mitverursachung, in zweiter Linie das Verschulden entscheidend.[1078] Es kommt also maßgeblich darauf an, durch wessen Handeln der Schadenseintritt in wesentlich höherem Maße wahrscheinlich geworden ist. Dabei ist auch eine Pflichtverletzung der einen Partei gegenüber der anderen einzubeziehen.[1079] Bei einer Gesamtschuld zwischen dem Schuldner und dessen Erfüllungsgehilfen haftet grundsätzlich im Innenverhältnis allein der Erfüllungsgehilfe, da derjenige, dem die Schuld des anderen zugerechnet wird, in der Haftungseinheit freizustellen ist.[1080]

Die Anlagevermittlung weicht in vielen Fällen von diesem Normalfall dadurch ab, dass nicht der Vermittler als Erfüllungsgehilfe den Schadenseintritt verursacht, sondern der Schuldner selbst durch Erstellen eines fehlerhaften Anlageprospekts. Damit der Vermittler seiner Tätigkeit überhaupt pflichtgemäß nachkommen kann, hat die Gesellschaft dem von ihr betrauten Vermittler Informationen über das Anlageobjekt in ausreichendem Maße zu verschaffen. Ist diese fehlerhaft, muss sie im Innenverhältnis den daraus entstandenen Schaden übernehmen. Ein Regressanspruch der Gesellschaft kann nicht damit begründet werden, dass die pflichtwidrige Aufklärung des Vermittlers allein für den Schaden ursächlich wäre und dass der Vermittler bei richtiger Aufklärung den Schadenseintritt hätte verhindern können.[1081] Vielmehr ist der Anlageprospekt neben der mündlichen Aufklärung durch den Vermittler, in der sich dieser den Prospektinhalt zu eigen macht, auch mitursächlich für die Anlageentscheidung. Die Vermittleraufklärung beseitigt die Ursächlichkeit des Prospekts schon deshalb nicht, weil der Vermittler nicht alle Aspekte des Prospekts wiederholt, sondern in weiten Teilen nur auf diesen verweisen kann. Durch das Zueigenmachen wird das Vertrauen in den Prospektinhalt aber gerade bestätigt, so dass der Anleger seine Entscheidung auch auf den Prospekt stützt. Im Innenverhältnis haften die Gesellschafter aber allein, da sie es sind, die für die Erstellung des Prospekts die Verantwortung tragen. Diese Prospektverantwortlichkeit gilt auch für den Fall, dass zwischen Vermittler und Gesellschafter keine schuldrechtliche Beziehung besteht.

1077 *Fikentscher,* Schuldrecht, Rdnr. 776; *BGH,* Urteil v. 12.07.1988, NJW-RR 1988, 1373 f (1373).

1078 *Bydlinski,* in: MüKo, BGB, § 426 Rdnr. 21; st. Rspr. seit *BGH,* Urteil v. 03.02.1954, NJW 1954, 875 ff (875 f).

1079 *Grüneberg,* in: Palandt, BGB, § 426 Rdnr. 10.

1080 *Gehrlein,* in: Bamberger/Roth, BGB, § 426 Rdnr. 10; *Bydlinski,* in: MüKo, BGB, § 426 Rdnr. 21.

1081 *Wagner,* Anm. zu *OLG Düsseldorf,* Urteil v. 19.02.1999, NZG 1999, 611 f (611); ähnlich *v. Westphalen,* BB 1994, 85 ff (89), wonach wegen der Prüfpflicht einer Bank jeglicher Regressanspruch wegen §§ 242, 254 BGB vollständig scheitert.

Auch eine vom Vermittler unterlassene Prospektprüfung führt zu keiner Vermittlerhaftung im Innenverhältnis. Ein solches Verschulden muss gegenüber dem Verschulden der Gesellschafter an der Erstellung des fehlerhaften Prospekts zurücktreten, da die Prüfpflicht nicht stärker wiegen darf als die Pflicht zur ordnungsgemäßen Erstellung des Prospekts. Dies gilt insbesondere deswegen, da der Vermittler die Überprüfung nicht im Interesse der Gesellschaft, sondern im Interesse des Anlegers schuldet.[1082] Mit einem anderen Ergebnis würde man das Risiko der Fehlerhaftigkeit des Prospekts unbilligerweise auf den Vermittler übertragen. Auch hier gilt nämlich wieder der Grundsatz, dass der Umstand, dass der Vermittler als einzige Person mit dem Anleger einen persönlichen Kontakt aufnimmt, diesen nicht benachteiligen darf.

Da die Gründungsgesellschafter demgemäß bei einer unrichtigen Aufklärung, die ausschließlich auf dem fehlerhaften Prospekt beruht, nach § 426 BGB die volle Verantwortung tragen, sind sie im Innenverhältnis dem Vermittler gegenüber in vollem Umfang ausgleichspflichtig.[1083] Eine Aufteilung der Haftung zwischen dem Anlagevermittler und den Gründungsgesellschaftern ist nur zu erwägen, wenn der Prospekt offensichtliche Fehler enthält, die dem Vermittler hätten ins Auge springen müssen.

Etwas anderes gilt, wenn der Schaden zumindest auch auf einer fehlerhaften Aufklärung des Vermittlers beruht. Nach dem oben beschriebenen Grundsatz ist in diesem Fall der Vermittler den Gesellschaftern gegenüber im Innenverhältnis in dem Umfang ausgleichspflichtig, in dem er den Schaden vorwiegend mitverursacht hat.[1084]

Wegen der weitgehenden Zurechnungsmöglichkeiten und der Haftung des Vertragspartners für das Fehlverhalten des Vermittlers erfordert der Schutz des Anlegers nicht zwingend eine eigene Vermittlerhaftung. Die potentielle Haftung erhöht aber zum einen das Pflichtbewusstsein bei der Auswahl der Vermittler, zum anderen die Sorgfalt des Vermittlers selbst. Insofern wirkt sich die Haftung des Dritten positiv auf den Anlegerschutz aus.

1082 Aus unzureichender Beaufsichtigung folgt in der Regel keine Ausgleichspflicht, *Grüneberg,* in: Palandt, BGB, § 426 Rdnr. 10. Dieser Gedanke ähnelt der Prüfpflicht des Vermittlers, so dass auch aus diesem Grunde eine Pflichtverletzung bei der Haftung zurücktreten sollte.

1083 Bei mehreren Schädigern ergibt sich die Haftungsquote der Schädiger insgesamt aus der Gesamtschau der Verursachungs- und Verschuldensbeiträge. Welche Quote der Geschädigte von den einzelnen Schädigern verlangen kann, folgt aus einer Einzelabwägung; *Heinrichs,* in: Palandt, BGB, § 254 Rdnr. 71.

1084 Die Grundsätze des innerbetrieblichen Schadensausgleichs im Arbeitsrecht sind auf die Schadensverursachung durch einen Makler oder Handelsvertreter nach § 84 Abs. 1 HGB nicht anwendbar, da diese wegen ihrer Selbständigkeit keine Arbeitnehmer sind. Etwas anderes gilt für den unselbständigen Handelsvertreter im Sinne des § 84 Abs. 2 HGB, auf den Arbeitsrecht anwendbar ist, siehe dazu allgemein *Hopt,* in: Baumbach/Hopt, HGB, § 84 Rdnr. 39.

III. Zusammenfassung

Die individuelle Aufklärungspflicht der (Gründungs-)Gesellschafter gegenüber den Anlegern kann aus dem vorvertraglichen Schuldverhältnis des § 311 Abs. 2 BGB entstehen. Die c.i.c. kommt bereits durch Übersendung des Prospekts durch die Gesellschafter oder den Anlagevermittler als Erfüllungsgehilfe zustande. Diese Pflicht können die Gesellschafter auf eine generelle Aufklärung beschränken, indem sie sich nur an kundige Anleger wenden. Abgesehen von den Besonderheiten, die sich aus dem unterschiedlichen Informationszugang und den Umständen des Einzelfalls ergeben, stimmen die Aufklärungspflichten der Anlagevermittler und der Gesellschafter überein.

Der klassische Zivilmakler wird grundsätzlich nicht als Erfüllungsgehilfe seines Auftraggebers angesehen, da er nur seine eigene Verpflichtung gegenüber diesem erfüllt. Eine etwaige Erfüllungsgehilfeneigenschaft des Zivilmaklers und die eigene Verpflichtung gegenüber dem Kunden schließen sich nicht aus. Da die Eigenhaftung des Maklers die Pflichten seines Auftraggebers nicht berührt, bleibt er dessen Erfüllungsgehilfe. Im Gegensatz zur Einschaltung eines klassischen Maklers fehlt bei der Anlagevermittlung vor Vertragsschluss häufig jeglicher Kontakt zwischen den Hauptvertragsparteien, da der Vermittler sämtliche Verhandlungen führt. Um zu verhindern, dass die Gesellschafter sich nur aufgrund dieser besonderen Konstellation der vorvertraglichen Haftung entziehen können, muss aus Wertungsgründen hier in der Regel die Erfüllungsgehilfeneigenschaft des Anlagevermittlers bejaht werden.

Dasselbe Ergebnis gilt für den Fall der Doppelmaklerschaft des Anlagevermittlers als Zivilmakler. Bei einer anderen Wertung würde eine weitere Beauftragung des Anlagevermittlers durch den Anleger die Erfüllungsgehilfeneigenschaft zum Erlöschen bringen; die Doppelmaklerschaft soll den Gesellschaftern aber nicht zugute kommen. Dieses Ergebnis kann damit begründet werden, dass der doppelt beauftragte Makler nicht keiner Seite, sondern beiden Seiten nahe steht. Der nur von den Gesellschaftern beauftragte Anlagevermittler als Handelsmakler ist erst recht deren Erfüllungsgehilfe, da seine Bindung zu den Gesellschaftern intensiver ist als zum Anleger. Auch bei einseitiger Beauftragung des Anlagevermittlers durch die Gesellschafter ist eine Zurechnung zu erwägen, um zu verhindern, dass sich die Gesellschafter einer eigenen Haftung unbilligerweise entziehen können. Dies muss zumindest dann gelten, wenn die Gesellschafter selbst nicht suchend tätig werden und auch keine eigenen Vermittler beauftragen. Bei der Anlageberatung ist eine Erfüllungsgehilfeneigenschaft zu verneinen. Der Augleich im Innenverhältnis findet nach den Grundsätzen eines Gesamtschuldnerausgleichs statt. Die Gesellschafter müssen die Haftung im Inneren übernehmen, falls der Schaden durch den Prospekt verursacht wurde. Beruht der Schaden auf der fehlerhaften Aufklärung durch den Anlagevermittler, ist er den Gesellschaftern ausgleichspflichtig.

K. Schlussfolgerung

Lässt man das Kapitel nochmals Revue passieren, enthält es einige Erkenntnisse darüber, in welcher Weise sich die Tätigkeit des Anlagevermittlers in seiner rechtlichen Ausgestaltung vom klassischen Makler abhebt. Auch soweit für ihn keine kapitalmarktrechtlichen Besonderheiten, sondern allgemeinrechtliche Regelungen gelten, erfordern die Eigenarten des geschlossenen Immobilienfonds eine eigenständige Bewertung. Gerade erst die Komplexität dieses Vermittlungsgegenstandes fördert das Entstehen eines besonderen Vertrauens in den Vermittler als entscheidende Grundlage für das Schuldverhältnis zum Anleger und begründet damit ein Abweichen vom Normalfall. In der Konsequenz sind gerade der Anlagevermittlung die weitreichenden Aufklärungs- sowie Informationsverschaffungs- und Prüfpflichten gegenüber dem Anleger als Vertragsgegner immanent. Der Anlagevermittler setzt sich überdies bei der Beurteilung der Erfüllungsgehilfeneigenschaft und der Zulässigkeit der Doppeltätigkeit vom Makler in seiner klassischen Ausprägung ab.

Kapitel 2

Vergleich mit anderen Vermittlungsverträgen

Auch das zweite Kapitel verfolgt das Ziel aufzuzeigen, dass verschiedenartige Vermittlungsgegenstände unterschiedliche Regelungen nach sich ziehen. Zu diesem Zweck werden die Besonderheiten der Kapitalanlagevermittlung im Bereich des Geregelten Kapitalmarkts und der Versicherungsvermittlung untersucht. Für beide Bereiche sind europäische Richtlinien prägend. Da bei der Vermittlung im Versicherungswesen eine Umsetzung der europäischen Richtlinie 2002/92/EG erst kürzlich erfolgt ist, umfasst die Darstellung die bisherige und die aktuelle Rechtslage. Im Mittelpunkt stehen die Informationspflichten.

A. Kapitalanlagevermittlung im Bereich des Geregelten Kapitalmarkts

Hier werden zuerst die Vermittlerpflichten, insbesondere die Wohlverhaltensregeln der §§ 31 f WpHG angerissen und im Anschluss daran deren Anwendbarkeit auf die Vermittlung von Anlagen des Grauen Kapitalmarkts erörtert.

Der Geregelte Kapitalmarkt als das organisierte Segment des Kapitalmarkts[1] ist durch die staatliche Zulassung der Anlageprodukte nach § 32 WpHG sowie der Händler gekennzeichnet.[2] Die Standardisierung der Anlageobjekte und das geregelte Verfahren machen den Handel für den Anlageinteressenten durchsichtiger.[3]

I. Anwendungsbereich

Nach § 2 Abs. 3 Nr. 4 WpHG gilt das WpHG auch für die Vermittlung von Wertpapieren. Wird die Vermittlung durch gewerblich handelnde Makler vorge-

---

[1] Legaldefinition des Organisierten Marktes in § 2 Abs. 5 WpHG sowie §§ 17 ff BörsenG, siehe *Weber*, NJW 2000, 2061 ff (2062).

[2] *Hösch*, GewArch 1999, 135 ff (135).

[3] *Hösch*, GewArch 1999, 135 ff (136). Die Vermittlung von Gesellschaftsanteilen fällt nicht unter § 1 Abs. 1a KWG, soweit die Voraussetzungen des § 1 Abs. 11 KWG erfüllt sind. Für die Vermittlung von KG- und GbR-Beteiligungen ist nur eine Erlaubnis nach § 34c Abs. 1 Nr. 1b GewO erforderlich. Damit wird ein erheblicher Teil des Grauen Kapitalmarkts durch die 6. KWG-Novelle nicht erfasst, siehe *Jung*, BB 1998, 649 ff (651).

nommen, sind diese Handelsmakler nach § 93 Abs. 1 HGB. Nach dem Zweck des WpHG, die sinnvolle Verteilung des Kapitals zu fördern, und dem Wortlaut des § 2 Abs. 3 Nr. 4 WpHG, der sich auch auf beabsichtigte Geschäfte bezieht, ist die Norm auch anwendbar, wenn zwischen dem Anleger und dem Vermittler kein Vermittlungsvertrag, sondern eine c.i.c. besteht.[4] Wegen der gleichen Zielrichtung muss dies auch für die Pflichten aus einem Auskunftsvertrag gelten. Aus der Tatsache, dass regelmäßig das Bestehen eines Schuldverhältnisses gefordert wird und sich der Gesetzgeber beim Verfassen des § 31 Abs. 2 WpHG an der Rechtsprechung des BGH zu den vorvertraglichen Aufklärungspflichten orientiert hat, folgt, dass diese Norm keine ‚deliktische Berufshaftung' ist,[5] sondern die Nebenpflichten der c.i.c. nach § 241 Abs. 2 BGB ausgestaltet[6] bzw. die Pflichten des Auskunftsvertrags nach §§ 133, 157 BGB konkretisiert.[7]

II. Pflichten

1. Herleitung

Die Wohlverhaltensregeln aus §§ 31 f WpHG, von denen für diese Untersuchung in erster Linie die Informationspflichten des § 31 Abs. 2 WpHG von Interesse sind, verfolgen den Zweck, das Vertrauen der Anleger in den Wertpapiermarkt zu stärken und dadurch die Funktionsfähigkeit der Kapitalmärkte zu fördern.[8] Daneben stellen sie ein Mittel dar, die allokative Funktionsfähigkeit zu fördern, also das Kapital dahin zu leiten, wo es am notwendigsten gebraucht wird.[9] Streitig ist aber, ob die Wohlverhaltensregeln dem Verbraucherschutz oder dem Anlegerschutz dienen sollen.

Beide Prinzipien unterscheiden sich grundlegend in ihren Schutzrichtungen. Der Anlegerschutz intendiert lediglich den formalen Ausgleich des informationellen Ungleichgewichts[10] und entspricht damit den oben dargestellten Grundlagen der Aufklärungspflichten außerhalb des Anwendungsbereichs des WpHG, die voraussetzen, dass der vollständig informierte Aufklärungsempfänger eine eigene Entscheidung fällen kann.[11] Ohne diese Vorgabe würde die Herleitung der Aufklärungspflichten aus dem Grundsatz der Privatautonomie ins Leere laufen.

---

4 *Leisch,* Informationspflichten nach § 31 WpHG, S. 104 zu § 311 Abs. 2 BGB.

5 *Schwennicke,* WM 1998, 1101 ff (1102).

6 *Leisch,* Informationspflichten nach § 31 WpHG, S. 104.

7 *BGH,* Urteil v. 11.11.2003, NJW-RR 2004, 484 ff (484): § 31 WpHG gestaltet die Sorgfaltspflichten bei der c.i.c. und der pVV aus.

8 *Koller,* in: Assmann/Schneider, WpHG, vor § 31 Rdnr. 8.

9 *Koller,* in: Assmann/Schneider, WpHG, vor § 31 Rdnr. 10.

10 *Koller,* in: Assmann/Schneider, WpHG, vor § 31 Rdnr. 12.

11 *Horn,* ZBB 1997, 139 ff (141).

Der Verbraucherschutz dagegen geht inhaltlich weiter. Er soll nicht nur die formale Unterlegenheit aufgrund der größeren Entfernung zum Produkt ausgleichen, sondern berücksichtigt im Gegensatz zum bloßen Anlegerschutz die wahre Natur des Verbrauchers, wonach dieser nicht immer vernünftig und überlegt als homo oeconomicus, sondern häufig irrational handelt und sich von vielen, auch immateriellen Einflüssen wie Angewohnheiten oder spontanen Ideen und in besonderem Maße von Emotionen lenken lässt.[12] Dies kann den Verbraucher daran hindern, die objektiv wesentlichen Umstände richtig zu verarbeiten und die optimale Lösung für sich zu finden. Der Verbraucherschutz zielt darauf ab, auch die neben dem Informationsdefizit bestehenden verbrauchertypischen Eigenschaften, die einer objektiv angemessenen Entscheidung entgegenstehen, zu kompensieren. Hierfür ist eine Aufklärung über die wesentlichen Umstände nicht genügend, vielmehr muss den individuellen verbraucherspezifischen irrationalen Gedankengängen begegnet werden. Dies kann durch Beratung geschehen.

Nur wenn die unter dem Gesichtspunkt des Verbraucherschutzes angesprochenen Aspekte unter die Herstellung der Privatautonomie subsumiert werden können, kann aus allgemeinen Vorschriften nach Treu und Glauben eine Beratungspflicht folgen. Dies sollte aber abgelehnt werden. Die Handlungsfreiheit kann nämlich nicht so definiert werden, dass sie nicht nur vollständiges Wissen voraussetzt, sondern auch das Fehlen von Defiziten, die den Anleger an einer vor sich selbst freien Entscheidung hindert. Privatautonomie kann nicht mehr bedeuten als potentiell nach außen gerichtete Handlungsfreiheit, die sich in der formalen Gleichstellung der Parteien erschöpft. Dies ergibt sich daraus, dass jede volljährige Person im Zivilrecht als notwendiges Äquivalent zur Privatautonomie für ihre eigenen Entscheidungen selbst verantwortlich ist. Der Grundsatz der Privatautonomie würde sich mit einer entgegenstehenden Sichtweise selbst ad absurdum führen, da dann nur die wenigsten Personen jemals eine freie Entscheidung treffen könnten.

Aus diesen Gründen ist der Verbraucherschutz als gegenüber dem Anlegerschutz eigenständig zu betrachten. Deshalb liefern die allgemeinen Vorschriften keine Grundlage für eine Beratungspflicht. Auch § 31 WpHG ist keine gesetzliche Regelung zur Sicherung des Verbraucherschutzes, sondern beabsichtigt lediglich den Anlegerschutz. Dies folgt daraus, dass § 31 WpHG zur Umsetzung der WpDRiL[13] ins Gesetz aufgenommen wurde, welche ihrerseits nur den Anlegerschutz intendiert und den Verbraucherschutz nicht explizit erwähnt.[14]

---

[12] *Koller,* in: Assmann/Schneider, WpHG, vor § 31 Rdnrn. 12, 14.

[13] Richtlinie 93/22/EWG des Rates v. 10.05.1993 über Wertpapierdienstleistungen.

[14] *Leisch,* Informationspflichten nach § 31 WpHG, S. 112 f; a. A. *Koller,* in: Assmann/Schneider, WpHG, vor § 31 Rdnr. 14: Verbraucherschutz ist Gemeinschaftsziel.

2. Umfang

a) Funktion des § 31 Abs. 2 S. 1 Nr. 1 WpHG

Die Informationserhebungspflichten des § 31 Abs. 2 S. 1 Nr. 1 WpHG enthalten keine Aufklärungspflichten, sondern die Pflicht des Vermittlers, sich ein generelles Bild vom Anlageinteressenten zu machen, indem er dessen Erfahrungen oder Kenntnisse im Hinblick auf die Kapitalanlage sowie dessen Ziele und finanzielle Verhältnisse erfragt. Die Funktion dieser Norm hat Auswirkungen auf den Umfang der Aufklärungspflichten nach § 31 Abs. 2 S. 1 Nr. 2 WpHG.

So wird der Norm in der Literatur neben anderen Meinungen[15] eine Filterfunktion zugeschrieben, da die Befragung ermögliche, nur auf die Interessen des Anlegers abgestimmte und vorsortierte Informationen mitzuteilen und die Weitergabe überflüssiger Informationen zu vermeiden helfe.[16] Diese Sichtweise zielt auf die Verwirklichung von Verbraucherschutz ab. Andere Stimmen sehen in § 31 Abs. 2 S. 1 Nr. 1 WpHG die Grundlage für eine Warnpflicht,[17] weil die Norm den Anleger vor für ihn ungeeigneten Anlagen schützen wolle.[18]

Da das WpHG sich auf den Anlegerschutz beschränkt, kann nur der zweiten Meinung zugestimmt werden,[19] so dass aus der Norm eine Warnpflicht abzuleiten ist und der Umfang der aufklärungspflichtigen Umstände nicht eingeschränkt werden darf. Diese Auslegung steht mit der Tatsache im Einklang, dass als Vorlage für § 31 Abs. 2 WpHG die vom BGH entwickelten Aufklärungspflichten aus c.i.c. gedient haben.[20] Außerdem ist die Warnpflicht grundsätzlich jedem Schuldverhältnis immanent.

b) Aufklärungspflicht nach § 31 Abs. 2 S. 1 Nr. 2 WpHG

Nach herrschender Meinung setzt § 31 Abs. 2 S. 1 Nr. 2 WpHG nur eine Aufklärungspflicht, aber keine Beratungspflicht fest.[21] Dies entspricht dem Wortlaut der Norm (‚mitteilen') und dem historischen Willen des Gesetzgebers, der, wie die Gesetzesmaterialien zeigen, die Differenzierung zwischen den Be-

---

15 Siehe *Schwennicke,* WM 1998, 1101 ff (1103); *Kümpel,* Wertpapierhandelsgesetz, S. 176 f, vertritt die Meinung, dass die Information vorsorglich eingeholt werden muss, falls doch noch eine Beratungspflicht entsteht.

16 *Koller,* in: Assmann/Schneider, WpHG, § 31 Rdnr. 90; *Kümpel,* Wertpapierhandelsgesetz, S. 177.

17 *Leisch,* Informationspflichten nach § 31 WpHG, S. 133; *Schwennicke,* WM 1998, 1101 ff (1102).

18 *Koller,* in: Assmann/Schneider, WpHG, § 31 Rdnr. 90.

19 So auch *Koller,* in: Assmann/Schneider, WpHG, § 31 Rdnr. 91.

20 Siehe *Schwennicke,* WM 1998, 1101 ff (1102).

21 Siehe *Leisch,* Informationspflichten nach § 31 WpHG, S. 131; a. A. *Balzer,* ZBB 1997, 260 ff (262).

griffen der Aufklärung und der Beratung kannte.[22] Durch die Kodifizierung des § 31 WpHG sollte Art. 11 der WpDRiL ins deutsche Recht umgesetzt[23] und eine eigenverantwortliche Anlageentscheidung gefördert werden; der Grund des Erlasses lag also nicht in der Umsetzung des Bond-Urteils des BGH zur Anlageberatung.[24] Der konkrete Pflichtenumfang des § 31 WpHG wird durch eine Richtlinie der BAFin, die auf § 35 Abs. 3 WpHG beruht, konkretisiert.

III. Anwendbarkeit des § 31 Abs. 2 S. 1 WpHG auf den Grauen Kapitalmarkt

An eine Ausweitung des Anwendungsbereichs des § 31 Abs. 2 S. 1 Nr. 2 WpHG auf den Freien Kapitalmarkt ist deshalb zu denken, da vereinzelt die Aufteilung des Kapitalmarkts sogar insgesamt in Frage gestellt[25] und eine Ausdehnung des WpHG auf den gesamten Kapitalmarkt befürwortet wird.[26] Die Zweiteilung ist nicht zwingend, was dadurch belegt wird, dass sie eine deutsche Besonderheit ist und in anderen Ländern nicht existiert. Für die Angleichung spricht auch, dass die Zielsetzungen der WpDRiL, zu deren Umsetzung § 31 WpHG kodifiziert wurde, auf den Freien Kapitalmarkt übertragbar sind. Zu nennen sind etwa die Schaffung eines Binnenmarkts und eines Mindeststandards für Anlegerschutz, Sicherstellen der Funktionsfähigkeit der Finanzmärkte und Eröffnung der Zugangsmöglichkeit auch für Privatanleger[27] und als wichtigsten Schutzzweck die allokative Effizienz des Marktes.[28] Überdies soll § 31 WpHG zwar diese Richtlinie ins deutsche Recht umsetzen, lehnt sich aber an die allgemeine Rechtsprechung des BGH zu den vorvertraglichen Aufklärungspflichten an.

Im Unterschied zur Vermittlung im Grauen Kapitalmarkt besteht im Geregelten Kapitalmarkt die generelle Pflicht, Informationen über die Ziele und finanziellen Verhältnisse des Anlegers einzuholen, was den Anwendungsbereich der

---

[22] *Kümpel,* Wertpapierhandelsgesetz, S. 168; aber der Gesetzgeber ging zu Unrecht davon aus, dass zwischen der WpDRiL und dem Bond-Urteil kein grundlegender Unterschied besteht, siehe *Reich,* WM 1997, 1601 ff (1606 f); außerdem sollte nach den Gesetzesmaterialien der Finanzdienstleister durch § 31 Abs. 2 S. 1 Nr. 1 WpHG in die Lage versetzt werden, den Anleger beraten zu können, BT-Drucks. 12/7918, S. 104. Daraus wird häufig auf eine Beratungspflicht geschlossen, siehe *Schwennicke,* WM 1998, 1101 ff (1103).

[23] *Reich,* WM 1997, 1601 ff (1601).

[24] *Schwennicke,* WM 1998, 1101 ff (1103); *Reich,* WM 1997, 1601 ff (1605).

[25] Siehe etwa *Weber,* NJW 2000, 2061 ff (2062).

[26] *Assmann,* in: Assmann/Schneider, WpHG, Einl. 11 und § 1 Rdnr. 8.

[27] Siehe insbesondere die Erwägungsgründe Nr. 1 und 2 der Richtlinie; dazu *Reich,* WM 1997, 1601 ff (1601).

[28] Siehe dazu *Zimmer,* DB 1998, 969 ff (970).

Warnpflicht ausweitet. Eine Übertragung der Norm auf den Freien Kapitalmarkt würde also zu einer Pflichtenerhöhung führen.

Gegenwärtig steht der analogen Anwendung der Norm außerhalb des geregelten Bereichs aber die fehlende planwidrige Regelungslücke entgegen. So hat der Gesetzgeber zum einen einen Gesetzesentwurf aus dem Jahre 1997 zum Grauen Kapitalmarkt nicht angenommen[29] und zum anderen die Aufklärungspflicht nicht geregelt, obwohl er dazu im Zusammenhang mit der Umsetzung des Anlegerschutzverbesserungsgesetzes im Grauen Kapitalmarkt Gelegenheit gehabt hätte. Durch die enge Fassung der 6. KWG-Novelle hat er sich bewusst gegen Bestrebungen entschieden, für sämtliche Vermittler von Kapitalanlagen und Finanzdienstleistungen eine einheitliche gesetzliche Regulierung zu schaffen.[30] Die Verweisung des § 13 VerkProspG auf das BörsenG durchbricht zwar die Trennung im Hinblick auf die Haftung wegen fehlerhafter Anlageprospekte und könnte eine Tendenz des Gesetzgebers darstellen, die Kapitalbereiche in Zukunft doch zusammenzuführen, stellt gegenwärtig aber noch eine Ausnahmeregelung dar.

De lege ferenda ist die Anwendung auf den Grauen Kapitalmarkt aber zu begrüßen, da die Anleger wegen der dort fehlenden Transparenz und der fehlenden Aufsicht besonders schutzbedürftig sind. Gerade auch die Einführung einer Prospektpflicht im Grauen Kapitalmarkt legt es nahe, die Aufklärungspflicht gesetzlich in umfassender Form zu regeln.[31]

Die analoge Übertragung der Interessenwahrungspflicht des § 31 Abs. 1 Nr. 1 WpHG, dessen Berechtigung in der existierenden staatlichen Aufsicht liegt, ist gegenwärtig abzulehnen, da die Anlagen im Grauen Kapitalmarkt nicht der staatlichen Aufsicht unterstehen. Aus richtlinienkonformer Auslegung folgt, dass der Wertpapierdienstleister fremdnützig und loyal handeln muss.[32] Überdies erfasst Abs. 1 alle, auch nicht fremdnützige, Wertpapierdienstleistungen[33] und qualifiziert diese als fremdnützig (§ 2 Abs. 3, 3a WpHG).[34] Da nicht alle Anlagevermittler außerhalb des Anwendungsbereichs des WpHG fremdnützig sind, scheidet die analoge Anwendung des § 31 Abs. 1 Nr. 1 WpHG aus. Gegen eine Übertragung spricht auch, dass sich der Gesetzgeber nur für § 31 Abs. 2 WpHG an der Rechtsprechung des BGH orientiert hat, nicht auch für

---

[29] Gesetzesinitiative der Bundesländer Niedersachsen und Saarland, BR-Drucks. 517/97 v. 09.07.1997. Entwurf eines Gesetzes zur Ausübung der Tätigkeit als Finanzdienstleistungsvermittler und als Versicherungsvermittler sowie zur Einrichtung eines Beirats beim Bundesaufsichtsamt für das Kreditwesen, BR-Drucks. 517/97 v. 09.07. 1997; Kapitel 2 B.III.

[30] *Jung,* BB 1998, 649 ff (651).

[31] *v. Livonius,* BKR 2005, 12 ff (14).

[32] *Koller,* in: Assmann/Schneider, WpHG, § 31 Rdnrn. 5 f.

[33] *Leisch,* Informationspflichten nach § 31 WpHG, S. 72.

[34] *Leisch,* Informationspflichten nach § 31 WpHG, S. 117.

§ 31 Abs. 1 WpHG. Zusätzlich steht der Analogie wieder die planwidrige Regelungslücke entgegen.

IV. Zusammenfassung

Im Bereich des Geregelten Kapitalmarkts ist der Vermittler grundsätzlich ebenfalls nur zur Aufklärung, nicht dagegen zur Beratung verpflichtet, da lediglich Anlegerschutz, aber kein Verbraucherschutz beabsichtigt ist. Aus dem generellen Gesichtspunkt, der Privatautonomie zur Geltung zu verhelfen, kann eine Beratungspflicht nicht abgeleitet werden, da die Handlungsfreiheit nur die Beseitigung des informationellen Defizits und nicht sonstiger personeller Defizite verlangt. Auch § 31 Abs. 2 S. 1 Nr. 2 WpHG enthält, wie seine Entstehungsgeschichte zeigt, lediglich eine Aufklärungspflicht. Auch wenn die Übertragung der Regelung des § 31 Abs. 2 S. 1 Nr. 2 WpHG auf die Anlageformen des Grauen Kapitalmarkts inhaltlich sinnvoll wäre, steht ihrer analogen Anwendung die fehlende planwidrige Regelungslücke entgegen.

B. Versicherungsvermittlung

Das Recht der Versicherungsvermittlung sah bislang keine gesetzlichen Informationspflichten vor. Dies ändert sich nun durch die Umsetzung der EU-Versicherungsvermittlungsrichtlinie 2002/92/EG[35], durch die Informationspflichten in das Gesetz aufgenommen wurden, die ihren Niederschlag in §§ 59 ff VVG finden. Zum 01.01.2008[36] wurde das VVG über die Zwecke der Richtlinienumsetzung hinaus vollständig reformiert, da dieses nach hundertjährigem Bestehen den Bedürfnissen des modernen Verbraucherschutzes nicht mehr gerecht wurde.[37] So enthält es nun auch eine Beratungspflicht des Versicherers. Diese Gesetzesneufassung wurde für die Richtlinienumsetzung nicht mehr abgewartet, da die Umsetzungsfrist bereits abgelaufen war.[38] Die neue Gesamtkonzeption verschiebt die Ordnungsnummern der Vermittlerregeln, bewirkt aber keine materiellen Änderungen.[39]

---

[35] Richtlinie 2002/92/EG des Europäischen Parlaments und des Rats v. 09.12.2002 über Versicherungsvermittlung, ABlEG L 9/3 v. 15.01.2003. Die Umsetzungsfrist ist am 15.01.2005 abgelaufen, Art. 16 Abs. 1 der Richtlinie.

[36] Entwurf der Bundesregierung für ein Gesetz zur Reform des Versicherungsvertragsgesetzes vom 28.06.2007, Drucks. 16/5862, angenommen vom Bundestag am 05.07.2007.

[37] Entwurf der Bundesregierung für ein Gesetz zur Reform des Versicherungsvertragsgesetzes vom 20.12.2006, Drucks. 16/3945, S 47.

[38] Entwurf der Bundesregierung für ein Gesetz zur Reform des Versicherungsvertragsgesetzes vom 20.12.2006, Drucks. 16/3945, S. 48.

[39] Die Regelungen der §§ 42a ff VVG in der Fassung vom 03.05.2006 finden sich wieder in den §§ 59 ff VVG in der Fassung vom 28.06.2007.

Besonders hervorzuheben ist die Festschreibung einer generellen Beratungspflicht in § 61 VVG, die alle Versicherungsvermittlertypen erfasst. Sie bewirkt insbesondere für den Versicherungsvertreter einen Umbruch, da dieser bislang nur in Ausnahmefällen eine Aufklärung oder Beratung schuldete. Die Neuerungen für den Versicherungsmakler erweisen sich als nicht so gravierend, als die Rechtsprechung dessen Pflichtenstellung bereits bislang sehr stark betonte. Die neu eingefügte Statusinformationspflicht ist für alle Versicherungsvermittler gleichermaßen eine grundlegende Neuerung.

Eine umfassende Neugestaltung des rechtlichen Rahmens des Versicherungswesens war insbesondere wegen der bisher bestehenden Erlaubnisfreiheit[40] sowie der Liberalisierung und Deregulierung[41] der Versicherungswirtschaft nötig geworden. Sie hat den Wegfall der Vorabgenehmigung der Versicherungsbedingungen durch das BAV zur Folge[42] und begünstigt eine Produkterweiterung durch freie Produkt- und Preisgestaltung[43] und damit eine feinere Abstimmung auf die individuellen Kundeninteressen.[44]

Kehrseite dieser Liberalisierung ist eine steigende Marktintransparenz und ein zunehmendes Bedürfnis der Versicherungskunden nach einer Kompensation.[45] Als angemessener Ausgleich wird eine Beratung durch qualifizierte und fachkundige Versicherungsvermittler angesehen.[46] Diese konnte bislang aber nicht flächendeckend erfolgen, da die nötige Zuverlässigkeit[47] bzw. Sachkunde[48] wegen der bisherigen Erlaubnisfreiheit des Berufszugangs nicht sichergestellt werden konnte.

---

40 Für die Versicherungsvermittlung besteht Gewerbefreiheit. Eine Erlaubnispflicht besteht weder nach § 1 Abs. 1a KWG (siehe dazu *Jung,* BB 1998, 649 ff (651)) noch nach § 34c GewO (siehe dazu *Bünger,* GewArch 1994, 305 ff (305 f)) oder anderen Gesetzen. Es fehlen auch Berufsregelungen (siehe *Jung,* ebd.) und eine Aufsicht des Bundesaufsichtsamts für das Versicherungswesen (siehe *Baumann,* Versicherungsvermittlung durch Versicherungsmakler, S. 21 f).

41 *Hohlfeld,* NVersZ 1999, 305 ff (305).

42 *Baumann,* Versicherungsvermittlung durch Versicherungsmakler, S. 31.

43 *Baumann,* VersR 1996, 1 ff (1, 8). Daneben bedeutet Deregulierung im Versicherungswesen im Einzelnen insbesondere Niederlassungs- und Dienstleistungsfreiheit, Wegfall der Monopolanstalten und Sitzlandaufsicht.

44 *Hohlfeld,* NVersZ 1999, 305 ff (305).

45 *Bünger,* GewArch 1994, 305 ff (305); *Hohlfeld,* NVersZ 1999, 305 ff (305).

46 *Bünger,* GewArch 1994, 305 ff (305). Die Beratung soll dabei den ‚Produktschutz' ersetzen, *Baumann,* VersR 1996, 1 ff (5).

47 *Bünger,* GewArch 1994, 305 ff (306 f): Die fehlende Zuverlässigkeit kann mit der Untersagung der Berufsausübung geahndet werden, § 35 GewO. Versicherungsvermittler unterliegen der GewO, da sie von der Ausnahmevorschrift des § 6 Abs. 1 S. 2 GewO nicht erfasst sind. § 35 GewO wurde geschaffen, um Berufszulassungsregelungen zu vermeiden (BT-Drucks. VI/3117 zum Gesetz zur Änderung der GewO); *Reiff,* VersR 2004, 142 ff (143) vertritt die Ansicht, dass die Problematik ein ‚echtes Massenphänomen' ist und nicht nur bei einzelnen ‚schwarzen Schafen' auftritt.

48 *Hohlfeld,* NVersZ 1999, 305 ff (305).

Diesen Missständen sollte die EU-Versicherungsvermittlungsrichtlinie 2002/92/EG aus dem Jahre 2002 abhelfen.

Die Richtlinie wurde durch das Gesetz zur Neuregelung des Versicherungsvermittlerrechts (VVG)[49], durch die Änderung der Gewerbeordnung, des Gesetzes über den Versicherungsvertrag und des Versicherungsaufsichtsgesetzes und durch die Versicherungsvermittlungsverordnung umgesetzt.[50]

Im Folgenden sollen unter Einbeziehung der früheren Rechtslage einige rechtliche Problemkreise den Versicherungsvermittler betreffend vorgestellt werden. Nach einem Überblick über die gesetzlichen Neuerungen folgen Ausführungen zu der Rechtsstellung des Versicherungsvermittlers im Gefüge zu den Hauptvertragsparteien und seinen Informationspflichten. Die Ausführungen schließen ab mit einer kurzen Erörterung der Auswirkungen der Beratungspflicht des Versicherungsvertreters auf die Pflichten des Versicherungsunternehmens. Die relevanten Regelungen finden sich im VVG und in der VersVermV.

I. Überblick über die Neuerungen

Die Versicherungsvermittlungsrichtlinie liefert erstmals eine legislative Definition des Begriffs Versicherungsvermittler. Dieser wird in Art. 2 Nr. 5 der Richtlinie beschrieben als ‚jede natürliche oder juristische Person, die die Tätigkeit der Versicherungsvermittlung gegen Vergütung aufnimmt oder ausübt'. Die Versicherungsvermittlung ist nach Art. 2 Nr. 3 der Richtlinie ‚das Anbieten, Vorschlagen oder Durchführen anderer Vorbereitungsarbeiten zum Abschließen von Versicherungsverträgen oder das Abschließen von Versicherungsverträgen oder das Mitwirken bei deren Verwaltung und Erfüllung, insbesondere im Schadensfall'.

Zentrale Norm der Richtlinie ist Art. 12. Dessen Abs. 2 regelt die Beratungsgrundlage für den Fall einer tatsächlich erbrachten Beratung des Vermittlers. Die Beratungsgrundlage richtet sich nach der Statusinformation, wonach der Vermittler u. a. mitteilen muss, auf welcher Grundlage er seine Beratungsleistung erbringt, Art. 12 Abs. 1 i)–iii) der Richtlinie, dagegen erfolgt keine Unterscheidung zwischen Versicherungsvertreter und Versicherungsmakler. Zu dieser

---

49 Nach dem Referentenentwurf des Bundesministeriums für Wirtschaft und Arbeit vom 09.12.2004, dessen Beschließung wegen der Bundestagswahl im September 2005 ausgesetzt war, sollte die Richtlinie 2002/92/EG teilweise, nämlich für den Bereich der obligatorischen Berufshaftpflichtversicherung und der Informationspflichten, durch ein erstes Gesetz in deutsches Recht umgesetzt werden. Die Regelung der Zugangsvoraussetzungen sollte in einem zweiten Gesetz folgen, siehe *Abram,* r+s 2005, 137 ff (137 f).

50 Versicherungsvermittlungsverordnung vom 15. Mai 2007 (BGBl I 2007, S. 733).

Information ist er verpflichtet. Zu beachten ist, dass die Richtlinie nach ihrem Wortlaut eine Beratungspflicht gerade nicht regelt.[51]

Bei der Umsetzung ins deutsche Recht wird die Trennung der Vermittlungstypen in Versicherungsvertreter und Versicherungsmakler entsprechend der herkömmlichen Terminologie des HGB in modifizierter Weise beibehalten, § 59 VVG. An diese Typen knüpfen gemäß § 60 VVG unmittelbar die Beratungsgrundlage des Maklers bzw. die Mitteilungspflichten des Vertreters und des im Einzelfall auf eingeschränkter Grundlage beratenden Maklers an.[52] Jeder Vermittler, dessen Beratungsgrundlage nicht unbeschränkt ist, muss dies mitteilen, § 60 Abs. 1 S. 2, Abs. 2 VVG. Dies bedeutet, dass der Makler grundsätzlich auf unbeschränkter Grundlage beraten muss. Wer sich als Versicherungsmakler geriert, gilt nach § 59 Abs. 3 S. 2 VVG nun auch als solcher.

Entgegen der Erwartung, die die identische Bezeichnung der Vermittlertypen in VVG und HGB weckt, sind die Kriterien zu deren Abgrenzung im VVG weniger eng als im HGB.[53] So stellt das HGB das Merkmal der ständigen Betrauung als Unterscheidungsmerkmal auf, das VVG begnügt sich einzig mit der Feststellung der Betrauung durch die eine oder andere Hauptvertragspartei und lässt alle anderen Merkmale, wie etwa auch eine Tätigkeitspflicht, außer Acht. Maßgeblich ist einzig, auf welcher Seite der Versicherungsvermittler steht und wessen Interessen er wahrnimmt. Die unterschiedlichen Abgrenzungsmerkmale entsprechen den unterschiedlichen Rechtsfolgen, die die Gesetze an die Einordnung des Vermittlers knüpfen. Das VVG benötigt die Abgrenzung nur für die Beratungsgrundlage. Das HGB dagegen verbindet mit der Einordnung die unterschiedlichsten Rechtsfolgen. Die jeweilige Definition lässt die Abgrenzung des anderen Gesetzes unberührt.

Es bleibt noch zu erwähnen, dass die Neuregelung nicht bezweckt, der Problematik abzuhelfen, dass die Qualifikation des Versicherungsmaklers als Handelsmakler im Sinne des § 93 Abs. 1 HGB schon lange nicht mehr der Rechtswirklichkeit entspricht. Entgegen des Regelungsgehalts des § 93 HGB wird der Versicherungsmakler nach seinem Berufsbild in der Regel aufgrund eines ständigen Betrauungsverhältnisses tätig und verpflichtet sich zum Tätigwerden.

Entsprechend den Anforderungen der Richtlinie wird auch der Versicherungsberater, der bislang in § 1 Abs. 1 Nr. 1 RBerG geregelt ist, in § 59 Abs. 4 in

---

[51] *Abram,* r+s 2005, 137 ff (141); *Reiff,* WM 2006, 1701 ff (1704).

[52] Begründung zum Entwurf eines Gesetzes zur Neuregelung des Versicherungsvermittlerrechts, S. 43.

[53] Die Vermittlertypen des § 42a VVG entsprechen inhaltlich nicht der Abgrenzung zwischen dem Handelsvertreter nach § 92 i.V.m. §§ 84 ff HGB und dem Versicherungsmakler des § 93 HGB. Für Versicherungsagenten gelten §§ 43 ff VVG, die Besonderheiten zur Vollmacht enthalten, *Hopt,* in: Baumbach/Hopt, HGB, § 92 Rdnr. 3. Auch der Versicherungsagent nach VVG kann bloßer Gelegenheitsvermittler sein (streitig), ebd., Rdnr. 1.

das VVG aufgenommen.[54] Der Versicherungsberater ähnelt dem Versicherungsmakler insofern, als beide für den Versicherungsnehmer tätig werden. Die Bindung des Versicherungsberaters an den Versicherungsnehmer ist aber gesetzlich enger ausgestaltet, da nur von diesem verlangt wird, dass er vom Versicherungsnehmer keinerlei wirtschaftlichen Vorteil erhält und auch nicht in anderer Weise von ihm abhängig ist, § 59 Abs. 4 VVG. Die weite Formulierung des § 59 Abs. 3 VVG ermöglicht dagegen die Beibehaltung der bisherigen Vereinbarungen, so dass auch in Zukunft der Versicherungsmakler die Provision vom Versicherer erhalten kann.

Um den Versicherungsnehmern wirklich Hilfe leisten zu können, enthält das neue Recht auch Regelungen, die darauf hinwirken, die Qualität der geschuldeten Beratung zu verbessern. Dies geschieht durch die Eintragungspflichtigkeit der Ausübung des Berufs des Versicherungsvermittlers und deren Abhängigkeit von der Erfüllung bestimmter subjektiver Zulassungsvoraussetzungen. Diese Anforderungen sind in erster Linie angemessene Kenntnisse und Fähigkeiten, ein guter Leumund und der Abschluss einer Berufshaftpflichtversicherung, § 34 GewO.

An der Beschränkung der Gewerbefreiheit durch die Eintragungspflicht ist insbesondere bei dem Erlass der Empfehlung der EU-Kommission vom 18.12.1991[55] überwiegend Kritik geäußert worden. Nur vereinzelt wird zugestanden, dass eine Mindestregulierung zum Schutz des Versicherungsnehmers notwendig sei.[56] Mehrheitlich wird die Zulassungspflicht als verfehlt erachtet, etwa mit dem Argument, dass diese der gerade herbeigeführten Deregulierung entgegenstünde und den freien Wettbewerb verhindern würde. Zudem würden sich die Versicherungsvermittler ausreichende Fachkenntnisse wegen der Gegebenheiten des freien Wettbewerbs bereits aus Eigeninteresse aneignen, weshalb ein Nachweis entbehrlich sei.[57] Für den Fall, dass dies nicht geschehe, liege es im Aufgabenbereich des Gewerbes selbst, Fortbildungsmöglichkeiten bereitzustellen.[58] Da dies bereits geschehen sei, wäre eine Berufszulassungsregelung mit gleichem Inhalt verfassungswidrig.[59]

---

[54] Siehe Erwägungsgrund 11 und Art. 1 Abs. 1 und 2 der Richtlinie. Begründung zum Entwurf eines Gesetzes zur Neuregelung des Versicherungsvermittlerrechts, S. 21.

[55] 92/48/EWG, ABlEG Nr. L 19 v. 28.01.1992, S. 32; *Hohlfeld,* NVersZ 1999, 305 ff (305).

[56] *Roth,* NJW 1993, 3028 ff (3032).

[57] *Bünger,* GewArch 1994, 305 ff (306 f). Kein Gewerbe konnte den Nachweis erbringen, dass fehlende Sachkunde zu Missständen geführt hat, siehe *Geisendörfer,* GewArch 1995, 41 ff (42), a. A. § 32 WpHG hat zu einem deutlichen Rückgang der Schäden geführt.

[58] *Bünger,* GewArch 1994, 305 ff (307); ‚Einzelhandelsurteil' des *BVerfG,* Beschluss v. 14.12.1965, NJW 1966, 291 ff. Aufgrund dieser Rechtsprechung bieten etliche Gewerbezweige Aus- und Fortbildungsveranstaltungen an, etwa den Lehrgang des Rings Deutscher Makler e. V. (RDM) oder die Fortbildung zum Versicherungsfachwirt

II. Rechtsbeziehungen des Versicherungsvermittlers

Im Folgenden sollen die rechtlichen Beziehungen des Versicherungsvermittlers sowohl zum Versicherungsnehmer als auch zum Versicherungsunternehmen dargelegt werden. Die Zeit vor Inkrafttreten der Gesetzesänderungen wird zu Vergleichszwecken in die Erörterungen miteinbezogen. Auch hier wird zweckmäßigerweise wieder zwischen Versicherungsmakler und Versicherungsvertreter unterschieden.

1. Rechtsverhältnisse und Pflichten des Versicherungsmaklers

a) Verhältnis des Versicherungsmaklers zum Versicherungsnehmer

aa) Frühere Rechtslage

Nach der früheren Rechtslage sind die spezifischen Pflichten des Versicherungsmaklers nicht kraft Gesetzes, sondern ausschließlich richterrechtlich geregelt. Entsprechend dem wegweisenden und weiterhin anwendbaren[60] ‚Sachwalterurteil'[61] des BGH ist der Versicherungsmakler treuhänderischer Sachwalter des Versicherungsnehmers. Ähnlich einem konkludenten Auskunftsvertrag kommt ein Maklervertrag zustande, wenn die Tätigkeit des Maklers für den Versicherungsnehmer von erheblicher Bedeutung ist und er diese zur Grundlage wesentlicher Entschlüsse machen will, dies für den Makler erkennbar ist und der Makler vom Versicherungsnehmer gerade deshalb beauftragt wird, weil er besonders sachkundig ist und besonderes Vertrauen in Anspruch nimmt bzw. weil er ein eigenes wirtschaftliches Interesse hat.[62] Der BGH geht davon aus, dass die Kunden einem Versicherungsmakler ganz allgemein gesteigertes Vertrauen entgegenbringen, da sie diesen als Inhaber eines herausragenden Berufes

---

in der Versicherungswirtschaft, siehe *Geisendörfer,* GewArch 1995, 41 ff (42). Vgl. auch die Satzung des Bundesverbandes Deutscher Versicherungsmakler e.V. (BDMV) unter § 5 Nr. 2a: der Inhaber, ... eines Mitgliedes müssten insbesondere (1) in der Lage sein, aus eigener Kenntnis und Erfahrung die Versicherungsbedürfnisse des Versicherungsnehmers zu ermitteln und ein Deckungskonzept zu entwickeln und zu erläutern; (2) die Sachkunde besitzen, die zur detaillierten Überprüfung von den Versicherungsverträgen und zur selbständigen Gestaltung solcher Verträge erforderlich ist; (3) die technische Abwicklung der abgeschlossenen Versicherungsverträge und die Verwaltung von Versicherungsverträgen wahrnehmen können; (4) zur sachkundigen Mitwirkung auch bei komplizierten Schadensregulierungen in allen betriebenen Sparten befähigt sein.

59 *Geisendörfer,* GewArch 1995, 41 ff (44).

60 Siehe unten Kapitel 2 B.II.1.a)bb).

61 *BGH,* Urteil v. 22.05.1985, NJW 1985, 2595 f.

62 Siehe dazu *Benkel/Reusch,* VersR 1992, 1302 ff (1314).

generell als besonders vertrauenswürdig ansehen und die Auskunft zur Grundlage von Vermögensdispositionen machen. Mit dieser Anknüpfung an das öffentliche Bild dieses Berufsstandes verobjektiviert der BGH das gesteigerte Vertrauen[63] und leitet die weite Pflichtenstellung des Versicherungsmaklers aus den Grundsätzen der Berufshaftung her.[64] Der Versicherungsmakler wird also anderen Beratern gleichgestellt.[65]

Das dem Makler entgegengebrachte gesteigerte Vertrauen ist von dem besonderen Vertrauen im Sinne des § 311 Abs. 3 S. 2 BGB zu unterscheiden. Das gesteigerte Vertrauen macht deutlich, dass der Versicherungsnehmer die besondere Rolle des Versicherungsmaklers pflichtensteigernd auslegen darf. Der so zustande gekommene Vertrag ist ein Maklerdienstvertrag mit Geschäftsbesorgungscharakter.[66] Der Makler ist zum Tätigwerden verpflichtet,[67] kann und wird aber den Abschluss des Versicherungsvertrags als Erfolg nicht versprechen. Die dem Versicherungsmakler zukommende Aufgabe, seine Kunden ständig zu betreuen und zu beraten, widerspricht eigentlich dem § 93 HGB mit seinem konstitutiven Merkmal des nicht ständigen Betrautseins.[68] Da aber die Betreuung und nicht die dauernde Vermittlung von Verträgen im Vordergrund steht, steht dies dem Maklervertrag letztlich nicht entgegen.[69]

Die Benennung des Versicherungsmaklers als treuhänderischer Sachwalter kennzeichnet die besondere Intensität der Pflichten zur Wahrnehmung und Besorgung der anvertrauten Versicherungsinteressen. Er ist dem Versicherungsnehmer zu umfassender Interessenwahrnehmung und individueller Beratung verpflichtet,[70] wenn im Einzelfall hierfür ein Anlass besteht.[71] Er muss individuellen, passenden Versicherungsschutz bei völliger Unabhängigkeit[72] gegenüber einem Versicherer bestmöglich[73] und oft kurzfristig besorgen.[74] Den gewünschten Vertrag muss er abschließen[75] und auch danach den Versicherungsnehmer fortlaufend betreuen.

---

63 *Benkel/Reusch,* VersR 1992, 1302 ff (1305).

64 *Benkel/Reusch,* VersR 1992, 1302 ff (1306); *Deckers,* Die Abgrenzung des Versicherungsvertreters vom Versicherungsmakler, S. 23; *Schimikowski,* Versicherungsvertragsrecht, Rdnr. 143.

65 *BGH,* Urteil v. 22.05.1985, NJW 1985, 2595 f (2595).

66 *Benkel/Reusch,* VersR 1992, 1302 ff (1314).

67 *Baumann,* Versicherungsvermittlung durch Versicherungsmakler, S. 50.

68 *Benkel/Reusch,* VersR 1992, 1302 ff (1304).

69 *Matusche,* Pflichten und Haftung des Versicherungsmaklers, S. 30 m. w. N.

70 *Benkel/Reusch,* VersR 1992, 1302 ff (1307).

71 *Beenken/Sandkühler,* r+s 2007, 182 ff (184).

72 *Benkel/Reusch,* VersR 1992, 1302 ff (1304).

73 *Deckers,* Die Abgrenzung des Versicherungsvertreters vom Versicherungsmakler, S. 23.

74 *BGH,* Urteil v. 22.05.1985, NJW 1985, 2595 f (2595).

75 *BGH,* Urteil v. 22.05.1985, NJW 1985, 2595 f (2595).

Die Vertrauensstellung gegenüber dem Versicherungsmakler enthält die Erwartung, dass dieser die notwendige Marktkenntnis zumindest auf einem Sektor mitbringt.[76] Hierauf basiert seine Grundpflicht einer angemessenen Auswahl der Produkte und Anbieter zumindest in diesem einen Segment. Eine Einschränkung mit dem Hinweis, er pflege nur mit zwei oder drei bestimmten Versicherern zusammenzuarbeiten, wäre wegen eines Verstoßes gegen Treu und Glauben unwirksam.[77] Eine Reduzierung auf Versicherungen aus bestimmten Branchen und Deckungen ist aber zulässig.[78]

bb) Neue Rechtslage

Das richterrechtlich geprägte Bild vom Versicherungsmakler mit seinen strengen Voraussetzungen und Rechtsfolgen wurde nicht in die gesetzliche Neuregelung des Versicherungsmaklers in §§ 59 ff VVG übernommen.

Die neue Haftungsnorm des § 63 VVG sanktioniert die Verletzung der Pflichten nach § 60 und § 61 VVG und gilt nicht für die Verletzung der anderen Pflichten, die ihren Ursprung in der Sachwalterrechtsprechung haben. Für diese verbleibt es bei der haftungsrechtlichen Grundnorm des § 280 Abs. 1 BGB. § 63 VVG ist halbzwingend nach § 67 VVG, so dass die Haftung nicht ausgeschlossen werden kann. Für die anderen Pflichten gelten die allgemeinen Grundsätze zur Haftungsbeschränkung.[79]

Die neue Haftungsnorm wird sich faktisch wohl nicht auswirken, da Verstöße gegen § 63 VVG immer zugleich Verstöße gegen Pflichten aus dem Geschäftsbesorgungsvertrag sein werden.[80] Dass die Beratung nun nicht mehr vertraglich vereinbart werden muss, wird die Anforderungen an das Entstehen eines Maklervertrags nicht merklich erleichtern, da dieser entsprechend der Sachwalterrechtsprechung weiterhin Grundlage anderer sehr weitgehender Pflichten ist.

§ 61 Abs. 1 VVG regelt die anlassbezogene Beratungspflicht, die Befragungs- und die Dokumentationspflicht. Mit der Beratungspflicht geht der Gesetzgeber über die Anforderungen der Richtlinie hinaus, da diese in Art. 12 Abs. 2 nur die Beratungsgrundlage im Falle eines aus anderen Gründen erteilten Rates vorschreibt. Die Beratungspflicht fügt sich in die bisherige Rechtsprechung nahtlos ein und stellt diese nur auf eine andere dogmatische Grundlage. Die neuen Regelungen bleiben hinter der scharfen Sachwalterrechtsprechung aber insofern zurück, als nur diese den Makler verpflichtet, sich dauerhaft um passenden Versicherungsschutz zu bemühen und ihn dauerhaft umfassend zu be-

---

76 *Werber,* JR 1996, 917 ff (919).
77 *Werber,* JR 1996, 917 ff (919) Fn. 16.
78 *Reiff,* VersR 2007, 717 ff (729 f).
79 Kapitel 1 G.
80 *Beenken/Sandkühler,* r+s 2007, 182 ff (184).

treuen. Die Beibehaltung dieser strengeren Bestimmungen ist nach dem Erwägungsgrund Nr. 19 der Richtlinie zulässig und mangels entgegenstehenden Gesetzgeberwillens auch gewollt. Auch soweit die gesetzliche Regelung nur die Sachwalterrechtsprechung wiedergibt, war diese zur Umsetzung der Richtlinie nötig, da eine Richtlinie nicht als umgesetzt gilt, solange nur eine richterrechtliche, aber keine gesetzliche Regelung existiert.[81]

Neu ist § 60 Abs. 1 S. 2 VVG, der dem Makler in Einzelfällen ausdrücklich eine eingeschränkte Beratung erlaubt, wenn er vor der Abgabe der Vertragserklärung des Versicherungsnehmers diesen hierauf hinweist. Wegen seines Charakters als Ausnahmeregelung steht diese Norm dem Wesen des Maklers nicht entgegen.[82] Ohne diese Möglichkeit wäre es den Maklern verwehrt, auch einfache Vermittlungsaufträge zu übernehmen. Bislang stand ein Versicherungsmakler mit beschränkter Bewertungsgrundlage eher einem Mehrfachagenten gleich.[83]

Im Ergebnis ist davon auszugehen, dass die bisherigen strengen Anforderungen an das Zustandekommen eines Versicherungsmaklervertrags als Grundlage für die strengen Maklerpflichten außerhalb des VVG weiterhin Bestand haben werden. Der Vertrag wird ein Dienstvertrag mit Geschäftsbesorgungscharakter mit umfassender Pflichtenstellung bleiben.

Den Versicherungsberater treffen durch die Verweisungen des § 68 VVG grundsätzlich die gleichen Pflichten wie den Versicherungsmakler. Da ein Verweis auf § 60 Abs. 1 S. 2 und Abs. 2 VVG fehlt, ist ihm aber nicht gestattet, die Grundlage seiner Beratung einzuschränken, so dass auch eine entsprechende Mitteilungspflicht nicht nötig ist. Überdies ist ein Verzicht nach § 61 Abs. 2 VVG nicht zulässig.

b) Verhältnis des Versicherungsmaklers zum Versicherungsunternehmen

Wegen der Einordnung des Versicherungsmaklers als Handelsmakler nach §§ 93 ff HGB besteht zwischen ihm und dem Versicherungsunternehmen ein Schuldverhältnis eigener Art,[84] wenn der Makler im Auftrag des Versicherungsnehmers handelt. Auch wird der Maklerlohn regelmäßig vom Versicherungsunternehmen vergütet,[85] was für das Bestehen eines Schuldverhältnisses spricht.

---

[81] *EuGH,* Urteil vom 10.05.2001, NJW 2001, 2244 ff (2245); *Reiff,* VersR 2007, 717 ff (720).

[82] *Reiff,* VersR 2007, 717 ff (730).

[83] *Schimikowski,* Versicherungsvertragsrecht, Rdnr. 144.

[84] Siehe oben Kapitel 1 B.II.2.a)bb)(3).

[85] *Baumann,* Versicherungsvermittlung durch Versicherungsmakler, S. 123 f.

Indem der Versicherungsmakler als Sachwalter des Versicherungsnehmers in besonderer Weise dessen Pflichten wahrnehmen muss, entfernt er sich allerdings vom gesetzlichen Leitbild des Handelsmaklers als unabhängiger Mittler zwischen den Parteien.[86] Trotzdem betonen die Rechtsprechung[87] und die herrschende Literatur[88] zu Recht seine Stellung als Handelsmakler.[89] Seine ausgeprägte Pflichtenstellung in der Beziehung zum Kunden hindert ihn nicht daran, auch auf die Interessen des Versicherungsunternehmens Rücksicht zu nehmen[90] und diesen etwa über die für die Bewertung des versicherten Risikos bedeutsamen Umstände und sonstige Wissensdefizite[91] aufzuklären. Ein Vergleich mit der Kapitalanlagevermittlung im Freien Kapitalmarkt unterstreicht diese These. Die Beratungstätigkeit des Anlagevermittlers kann mit der Vermittlungstätigkeit für die Anlagegesellschaft als zulässige Doppeltätigkeit grundsätzlich vereinbar sein.[92] Dem Versicherungsmakler verbleibt trotz seiner besonderen Stellung ebenso die Möglichkeit, neutral aufzutreten und somit die Voraussetzungen für die Handelsmaklerstellung zu bewahren. Dies muss sich zumindest aus einer konkludenten Zustimmung des Versicherungsnehmers zur Offenbarung des Wissens gegenüber dem Versicherer ergeben, da andernfalls ein Vertrag nicht abgeschlossen werden würde. Ein Handelsmakler kann also Sachwalter einer Partei sein. Die Neuregelungen führen keine Änderung herbei.

2. Rechtsverhältnisse und Pflichten des Versicherungsvertreters

a) Verhältnis des Versicherungsvertreters zum Versicherungsunternehmen

Die meisten Verträge werden aber über einen Versicherungsvertreter abgeschlossen,[93] der soziologisch und rechtlich im Lager des Versicherers steht.[94] Er ist meist Versicherungsvertreter nach § 43 VVG bzw. nach § 92 i.V.m.

---

86 *Matusche-Beckmann,* VersR 1995, 1391 ff (1393).

87 *BGH,* Urteil v. 20.01.2005, NJW 2005, 1357 ff (1358).

88 *Baumann,* Versicherungsvermittlung durch Versicherungsmakler, S. 163 f; *Matusche,* Pflichten und Haftung des Versicherungsmaklers, S. 34.

89 In Österreich wird § 93 HGB wegen der ausschließlichen Interessenwahrnehmung für den Kunden abgelehnt, siehe *Benkel/Reusch,* VersR 1992, 1302 ff (1304 Fn. 24).

90 *Matusche,* Pflichten und Haftung des Versicherungsmaklers, S. 37.

91 *Baumann,* Versicherungsvermittlung durch Versicherungsmakler, S. 163 f.

92 Siehe oben Kapitel 1 H.II.2.a).

93 *Baumann,* Versicherungsvermittlung durch Versicherungsmakler, S. 10; 97,5 % der gewerbsmäßigen Versicherungsvermittler sind Einfirmenvertreter, d.h. Versicherungsvertreter mit Ausschließlichkeitsklausel, *Hagemann-Böthern,* PHi 2006, 1 ff (5).

94 *Matusche-Beckmann,* VersR 1995, 1391 ff (1392). In der Regel ist der Versicherungsvertreter auch verpflichtet, ausschließlich für einen Versicherer tätig zu werden, *Baumann,* Versicherungsvermittlung durch Versicherungsmakler, S. 9.

§§ 84 ff HGB. Die Details des Innenverhältnisses zwischen Versicherer und Versicherungsvertreter sind hier nicht weiter von Interesse.

Weit mehr Beachtung verdient das Pflichtenverhältnis des Versicherungsvertreters zum Kunden, da hier die Frage zu verorten ist, welche Art von Informationsleistung das VVG nach der Rechtsänderung vom Versicherungsvertreter fordert. Zur Einführung in die Problematik folgt zuerst ein kleiner Überblick über das frühere Recht.

b) Verhältnis des Versicherungsvertreters zum Versicherungsnehmer

aa) Frühere Rechtslage

Bislang wurde eine vertragsähnliche Haftungsbeziehung nach § 311 Abs. 3 BGB zwischen dem Versicherungsvertreter und dem Versicherungskunden – ganz anders als bei der Anlagevermittlung – nur im Ausnahmefall bejaht.[95] Es wurde generell vertreten, dass der Kundenschutz in der Versicherungsbranche durch die Zurechnung der Pflichtverletzung des Versicherungsvertreters nach § 278 BGB ausreichend zum Tragen komme.[96] Die fehlende Rechtsbeziehung hatte aber auch zur Folge, dass den Versicherungsvertreter regelmäßig keine eigenen Pflichten trafen.[97] Zudem konnte aus der Vertrauenshaftung im Sinne des § 311 Abs. 3 BGB nur eine Aufklärungspflicht, niemals aber eine Beratungspflicht folgen.[98] Ein Beratungsvertrag kam nach bisheriger Rechtsprechung nur zustande, wenn der Kunde den Wunsch nach adäquater Deckung seines Versicherungsbedarfs äußerte und der Versicherungsvertreter daraufhin die Beratung aufnahm. In diesem Fall war der Versicherungsvertreter verpflichtet, auf den Abschluss eines für die Zwecke des Versicherungsnehmers geeigneten Versicherungsvertrags hinzuwirken. Insgesamt zeigte sich die Rechtsprechung eher zurückhaltend.[99]

bb) Neue Rechtslage

Diese äußerste Zurückhaltung gegenüber der Eigenhaftung des Versicherungsvertreters, die die Rechtsprechung bisher an den Tag gelegt hat, kann mit dem geänderten VVG nicht mehr aufrechterhalten werden. Nun haftet der Versicherungsvertreter zum ersten Mal kraft Gesetzes persönlich, § 61 i.V.m. § 63

---

95 *BGH,* Urteil v. 17.06.1991, r+s 1992, 287 f (288).

96 *Matusche-Beckmann,* NVersZ 2002, 385 ff (388).

97 *Matusche-Beckmann,* NVersZ 2002, 385 ff (387).

98 Siehe oben Kapitel 1 B.II.4.c).

99 *Ihle,* Der Informationsschutz des Versicherungsnehmers, S. 425; a.A. Entwurf der Bundesregierung für ein Gesetz zur Reform des Versicherungsvertragsgesetzes vom 20.12.2006, Drucks. 16/3945, S. 48.

VVG.[100] Dem Gesetzeswortlaut nach wird er zur Erbringung einer Beratung verpflichtet. Damit führt das VVG vertragliche Pflichten ein, obwohl der Vermittler weder Vertragspartei des Versicherungsvertrags wird[101] noch einen Beratungsvertrag mit dem Kunden abschließt.

Die Zweifel, die bei der Bestimmung der Art der Informationspflicht, d.h. bei der Abgrenzung der Beratungs- zur bloßen Aufklärungspflicht auftauchen, können ausgeräumt werden. Unklarheiten rühren daher, dass beide Begriffe inhaltlich unbestimmt und wertausfüllungsbedürftig[102] sind und etwa auch in der Rechtsprechung nicht immer hinreichend klar differenziert werden. Allerdings sind dem Gesetzgeber die unterschiedlichen Begrifflichkeiten bekannt[103] und er verwendet diese in der Begründung zum Gesetzesentwurf selbst auch.[104] Zudem stimmt die Auslegung als Beratungspflicht mit § 61 Abs. 1 S. 1 VVG inhaltlich überein. Gerade die dort genannte Empfehlung ist konstitutives Merkmal einer Beratung und keine Voraussetzung für eine ordnungsgemäße Aufklärung, da bei dieser nur über ein konkretes Objekt zu informieren ist, mithin keine Auswahl getroffen werden muss. Eine Empfehlung, wenn auch auf einer anderen Grundlage, muss auch ein Vertreter abgeben, so dass § 61 Abs. 1 S. 1 VVG insoweit auch für diesen gilt.

Nicht ganz klar ist zudem, ob der Gesetzgeber mit der Auferlegung einer verbindlichen Handlungspflicht des Vermittlers über die Richtlinie hinausgeht. Der Gesetzgeber geht in seiner Begründung selbst davon aus, dass die Vermittlerpflichten im Wesentlichen durch die Richtlinie ohne Spielraum vorgegeben waren.[105] Diese Sichtweise lässt sich durchaus bezweifeln, da Art. 12 Abs. 2 der Richtlinie nur die Beratungsgrundlage präzisiert und Art. 12 Abs. 3 der Richtlinie die Dokumentationspflicht für den Fall eines tatsächlich erteilten Rates festlegt. Eine Beratungspflicht selbst fehlt. Aus dem Regelungszusammenhang und dem Sinn und Zweck der Richtlinie ergibt sich aber, dass wohl dennoch eine Beratungspflicht gewollt sein kann. Zwar wäre ohne eine Pflicht zur

---

[100] *Beenken/Sandkühler,* r+s 2007, 182 ff (184).

[101] Entwurf der Bundesregierung für ein Gesetz zur Reform des Versicherungsvertragsgesetzes vom 20.12.2006, Drucks. 16/3945, S. 48.

[102] *Beenken/Sandkühler,* r+s 2007, 182 ff (184).

[103] *Kümpel,* Wertpapierhandelsgesetz, S. 168; aber der Gesetzgeber ging zu Unrecht davon aus, dass zwischen der WpDRiL und dem Bond-Urteil kein grundlegender Unterschied besteht, siehe *Reich,* WM 1997, 1601 ff (1606 f); außerdem sollte nach den Gesetzesmaterialien der Finanzdienstleister durch § 31 Abs. 2 S. 1 Nr. 1 WpHG in die Lage versetzt werden, den Anleger beraten zu können, BT-Drucks. 12/7918, S. 104. Daraus wird häufig auf eine Beratungspflicht geschlossen, siehe *Schwennicke,* WM 1998, 1101 ff (1103).

[104] Z.B. Entwurf der Bundesregierung für ein Gesetz zur Reform des Versicherungsvertragsgesetzes vom 20.12.2006, Drucks. 16/3945, S. 46.

[105] Entwurf der Bundesregierung für ein Gesetz zur Reform des Versicherungsvertragsgesetzes vom 20.12.2006, Drucks. 16/3945, S. 48.

Beratung die regelmäßig bestehende Mitteilungspflicht nach Art. 12 Abs. 1 i)–iii) nicht ganz wertlos. Sie kann auch bei einer bloßen Aufklärung ihre Berechtigung haben. Es erscheint aber äußerst ungewöhnlich, die Beratungsgrundlage, also ein Detail der Beratung, konkret vorzuschreiben, die Haupttätigkeit der Beratung selbst dann dem Vermittler aber freizustellen. Da die Richtlinie den Verbraucherschutz verfolgt, kann nur die Regelung des gesamten Pflichtenbündels gewollt sein, so dass auch eine Verpflichtung zur Beratung festgelegt werden soll.

Es ist letztlich davon auszugehen, dass das VVG eine Beratungspflicht des Versicherungsvertreters vorsieht. Da dieser Beratungspflicht kein vertragliches Rechtsverhältnis zugrunde liegt, muss dieses auf gesetzlichem Wege herbeigeführt werden. Hier handelt es sich folglich um eine gesetzlich begründete haftungsbegründende Berufshaftung.[106] Für die Dauer des Vertragsverhältnisses sieht das VVG ebenso wenig wie die Vermittlerrichtlinie eine Pflicht für den Versicherungsvermittler vor und es erschiene auch fraglich, ob die Erweiterung der Pflichten mit dem abschließenden Charakter der Richtlinie vereinbar wäre. Bei einem Versicherungsvertreter handelt zudem bereits der Versicherer, so dass eine zusätzliche Betreuungspflicht überflüssig wäre.[107]

III. Beratungspflicht des Versicherungsunternehmens

In der zum 01.01.2008 in Kraft getretenen Reform des VVG wurde nun erstmals auch eine Beratungspflicht des Versicherungsunternehmers niedergeschrieben. Als diese gesetzliche Regelung noch nicht absehbar war, aber bekannt wurde, dass zur Umsetzung der Vermittlerrichtlinie in das VVG eine Beratungspflicht des Versicherungsvermittlers aufgenommen werde, wurde verschiedentlich versucht, diese neue Pflichtenstellung auf den Versicherer zu übertragen.[108] So wurde erwogen, dass sich die Beratungspflicht des Vertreters zwangsläufig auf den Versicherer ausdehnen müsse, da der Pflichtenkatalog des Vermittlers nicht weiterreichen dürfe als der des Hintermanns.[109] Dem konnte so pauschal nicht zugestimmt werden. Einem automatischen Durchschlagen der erweiterten Pflichtenstellung auf den Versicherer ohne gesetzliche Grundlage ist entgegenzuhalten, dass es keine Regelung gibt, wonach die Pflichten beider Personen

---

[106] Siehe auch *Abram,* r+s 2005, 137 ff (141); siehe dazu auch *Matusche-Beckmann,* NVersZ 2002, 385 ff (387); so auch *Benedict,* ZIP 2005, 2129 ff (2130).

[107] Entwurf der Bundesregierung für ein Gesetz zur Reform des Versicherungsvertragsgesetzes vom 20.12.2006, Drucks. 16/3945, S. 59. Für den Makler ergibt sich eine entsprechende Pflicht aus dem Maklervertrag.

[108] *Miettinen,* VersR 2005, 1629 ff (1631).

[109] *Schwintowski,* ZRP 2006, 139 ff (141); *Matusche-Beckmann,* NVersZ 2002, 385 ff (387 f).

inhaltsgleich sein müssten.[110] Zudem spiegelt eine unabhängige Pflichtenstellung des Vermittlers seine eigenständige Bedeutung im Rechtsverkehr wider, wozu auch die Informationserteilung gehört. Dass wirtschaftlich gesehen wegen der größeren Leistungsfähigkeit des Versicherers ein anderes Ergebnis gewollt sein könnte, darf nicht berücksichtigt werden.

Es wäre auch möglich gewesen, eine Beratungspflicht des Versicherers durch konkludenten Abschluss eines Beratungsvertrags zu konstruieren, wenn der Versicherer in der Öffentlichkeit in einem nachgewiesenen[111] Einzelfall ähnlich wie Banken bzw. Kreditinstitute mit kompetenter bedarfsgerechter Beratung und Analyse der finanziellen Verhältnisse werben und der Versicherungsvertreter diese erbringen würde. Hier müsste sich der Versicherer an der von ihm hervorgerufenen Erwartungshaltung messen lassen.[112] Ein Beratungsvertrag kommt dann zustande, wenn der Kunde aufgrund der Werbung des Versicherers davon ausgehen darf, dass der Versicherungsvertreter die Beratung zumindest auch im Namen des Versicherers erbringt und dieser das Vermittlerhandeln durch Vertragsunterzeichnung nach § 179 BGB konkludent genehmigt. Dieses Ergebnis entspricht auch Billigkeitserwägungen, da sich der Versicherer andernfalls durch die Einschaltung einer Mittelsperson seiner Pflichten entziehen könnte. Faktisch könnte also die gesetzlich verordnete Beratungspflicht des Vertreters die Grundlage für eine Haftung des Versicherers sein bzw. diese begünstigen. Eine fehlerhafte Beratung des Versicherungsvertreters könnte über § 278 BGB zugerechnet werden.

Im Ergebnis behielten nun die Stimmen, die für einen automatischen Pflichtengleichlauf warben, recht. Die gesetzliche Kodifizierung der eigenen Beratungspflicht des Versicherers in § 6 VVG wird gerade damit begründet, dass es keinen Sinn machen würde, dem für Rechnung eines Versicherers handelnden selbständigen Vermittler Pflichten im Interesse des Versicherungsnehmers aufzuerlegen, die den Versicherer nicht treffen soll.[113]

Diese Regelung ist zu begrüßen, da sich mit ihr jegliche Unsicherheit über eine eigene Beratungspflicht und etwaige Zurechnungsfragen erübrigt und sie damit Klarheit in die Rechtsanwendung bringt. Dies dient dem Verbraucherschutz. Mit ihr entfällt das objektive Interesse an einem Beratungsvertrag. Zu

---

[110] Siehe oben Kapitel 1 J.II.2. zur Anlagevermittlung.

[111] Berufshaftung scheidet hier schon deswegen aus, da es in der Öffentlichkeit keinen Konsens darüber gibt, dass Versicherungsunternehmen generell Vertrauen entgegengebracht würde.

[112] *Ihle,* Der Informationsschutz des Versicherungsnehmers, S. 450; siehe oben Kapitel 1 B.II.4.a)bb). Generell zum Abschluss des Beratungsvertrags und zur Problematik des Abschlusses des Beratungsvertrags bei zeitlichem Zusammenfallen von Entstehen und Erfüllen des Vertrags, Kapitel 1 B.II.4.d).

[113] Entwurf der Bundesregierung für ein Gesetz zur Reform des Versicherungsvertragsgesetzes vom 20.12.2006, Drucks. 16/3945, S. 48.

beachten ist, dass der Versicherer nur beratungspflichtig ist, wenn der Kunde keinen Makler eingeschalten hat, § 6 Abs. 1 S. 2 VVG. In diesem Fall darf der Versicherer davon ausgehen, dass jener die Beratungspflicht erfüllt. Deshalb ist eine eigene Verpflichtung des Versicherers in diesen Fällen als nicht nötig angesehen worden.[114] Der Versicherer wird bei Einschaltung eines Maklers durch den Kunden also aus der Haftung entlassen. Diese Regelung ist gutzuheißen, da auch sie schwierige Zurechnungsprobleme zu vermeiden hilft. Da dem Versicherer aus tatsächlichen Gründen eine individuelle Beratung unmöglich ist, müsste ohne diese Regelung die Frage aufgeworfen werden, ob der Makler die Pflicht des Versicherers erfüllt, und damit hätte man wieder das Problem der Erfüllungsgehilfeneigenschaft des beratenden Maklers vor Augen.[115] Zudem sollte das Ausnehmen des Versicherers von der Haftung in bestimmten Konstellationen allein schon deshalb möglich sein, weil die gesetzlich vorgeschriebene Beratungspflicht dem deutschen Recht wesensfremd. Ist ihm Einzelfall in dieser Konstellation aus Billigkeitsgründen eine Beratungspflicht zu verlangen, kann diese unter Umständen im Wege des Beratungsvertrags hergeleitet werden.

Bei Einschalten eines Versicherungsvertreters ist die Beratungspflicht beider erfüllt, wenn nur einer sie erbringt, da der Vertreter nach dem VVG für den Versicherer handelt. Dies bedurfte keiner gesetzlichen Regelung.[116] Bei erbrachter Beratung entfällt zudem das Bedürfnis nach nochmaliger Beratung.

IV. Zusammenfassung

Die entscheidende Neuerung im Vergleich zum bisherigen deutschen Recht ist die Statuierung einer generellen Beratungspflicht. Nach § 61 Abs. 1 VVG werden beide Versicherungsvermittlertypen zur Beratung verpflichtet, wobei ein Schuldverhältnis zum Versicherungsnehmer nicht ausdrücklich gefordert wird. Da der Versicherungsvertreter meist keine Vertragsbeziehung zum Versicherungsnehmer aufnimmt, kann es sich nur um eine gesetzlich geregelte Form der Berufshaftung handeln. Dies führt zu einer grundlegenden Änderung der bisherigen Rechtslage, da der Versicherungsvertreter die Voraussetzungen einer Berufshaftung nicht erfüllt. Es sind keine Anhaltspunkte dafür ersichtlich, dass seiner Rolle in der Gesellschaft generell eine besondere Vertrauenswürdigkeit zugeschrieben würde. Eine deliktsrechtliche Qualifikation[117] der Beratungs-

---

[114] Entwurf der Bundesregierung für ein Gesetz zur Reform des Versicherungsvertragsgesetzes vom 20.12.2006, Drucks. 16/3945, S. 58. (Noch anders, siehe Synopse im Entwurf vom 28.06.2007, Drucks. 16/5862, Beschlüsse des 6. Ausschusses, S. 6).

[115] Siehe oben zur Anlagevermittlung Kapitel 1 J.II.3.d).

[116] Entwurf der Bundesregierung für ein Gesetz zur Reform des Versicherungsvertragsgesetzes vom 20.12.2006, Drucks. 16/3945, S. 58.

[117] Deliktische Berufshaftung: Begriff zu § 31 WpHG, siehe *Schwennicke,* WM 1998, 1101 ff (1102).

pflicht ist abzulehnen, da das Auftreten in der Rolle des Versicherungsvermittlers keine Verkehrssicherungspflicht begründet.

Bislang wurde der Kundenschutz insbesondere durch Zurechnung der Fehler an den Versicherer Genüge getan. Eine Eigenhaftung des Versicherungsvertreters wurde nicht angedacht.

Mit Erlass der Versicherungsvermittlungsrichtlinie entscheidet sich der europäische Gesetzgeber für einen Kundenschutz durch Erweiterung der Informationspflichten des Versicherungsvermittlers. Indem er unmittelbar an die tatsächlich handelnde Person anknüpft, trägt er der großen Verantwortung des Intermediärs Rechnung und führt einen Systemwechsel in der Versicherungswirtschaft herbei. Die Tätigkeit des Versicherungsvertreters wird sich in exorbitantem Ausmaß verändern. Auch wenn diese Pflichtenerweiterung unter Umständen zu einer Verteuerung der Versicherungen durch steigende Provisionsansprüche führen kann,[118] überwiegen die möglichen Vorteile für den Kunden, da die Beratung dem Schutzbedürfnis des Versicherungsnehmers generell am besten entgegenkommt. Die Beratungspflicht bedeutet einen großen Schritt in Richtung Verbraucherschutz. Die Statusinformationspflicht vervollständigt den Kundenschutz.[119] Diese wirkt sich auch dahingehend positiv aus, dass sich die teils schwierige Unterscheidung zwischen Handelsvertreter und Handelsmakler erübrigt.

C. Schlussfolgerung

Die Pflichten des Versicherungsvermittlers gehen erheblich weiter als die des Anlagevermittlers. Dieser signifikante Unterschied ist in dem aufgezeigten Ausmaß nicht gerechtfertigt, da sich der Kunde in beiden Bereichen ähnlichen Entscheidungsschwierigkeiten ausgesetzt sieht, wenngleich auch der Versicherungsnehmer etwas schutzwürdiger erscheint als der Kapitalanleger, so dass eine angemessene Besserstellung bejaht werden sollte. Mit den Hauptverträgen verfolgen die Kunden verschiedene Zwecke. So werden die Versicherungsverträge zur Schadensvermeidung abgeschlossen, bei der Kapitalanlage geht es um die Kapitalmehrung. Beide Bereiche nähern sich aber etwa auch im Hinblick auf die Alterssicherung an. Auf beide Märkte trifft zu, dass die Angebote wegen der großen Anzahl der Objekte und der Spezialisierung für den Kunden in sehr vielen Fällen unüberschaubar sind und Fehlentscheidungen jeweils hohe Schä-

---

118 Zu den steigenden Belastungen der Versicherungsvermittler und -berater siehe Begründung zum Entwurf eines Gesetzes zur Neuregelung des Versicherungsvermittlerrechts, S. 23 ff.

119 Siehe auch Erwägungsgrund Nr. 18 der Richtlinie, wonach es dem Verbraucher entscheidend darauf ankommt, welches Spektrum an Versicherungsverträgen der Vermittlung zugrunde liegt.

den verursachen können. Wegen des vergleichbaren Informationsbedürfnisses überwiegen demnach insgesamt die Gemeinsamkeiten, so dass künftig beide Bereiche ähnlich geregelt werden sollten. Unter Umständen wäre es demnach sinnvoll, auch dem Anlagevermittler in Zukunft eine Beratungspflicht aufzuerlegen. Dies erfordert den Erlass eines entsprechenden Gesetzes, da eine derart weitgehende Verpflichtung aus dem Grundsatz des Schutzes der Privatautonomie des Anlegers nicht hergeleitet werden kann.

Kapitel 3

Begriff des Vermittlungsvertrags

Neben der Anlagevermittlung im Freien und Geregelten Kapitalmarkt und der Versicherungsvermittlung werden Intermediäre in einer Vielzahl anderer Bereiche eingesetzt. Wie gesehen, ist die Tätigkeit des Vermittlers teilweise durch Sonderregeln präzisiert. Dies gilt etwa auch für die Wohnungsvermittlung mit dem Wohnungsvermittlungsgesetz oder für die Arbeitsvermittlung mit dem Arbeitsförderungsgesetz. Für die Pflichten des Reisevermittlers besteht eine Europäische Richtlinie[1] ‚über Maßnahmen zur Förderung der tatsächlichen Ausübung der Niederlassungsfreiheit und des freien Dienstleistungsverkehrs für die selbständigen Tätigkeiten bestimmter Hilfsgewerbebetreibender des Verkehrs und der Reisevermittler'. In anderen Bereichen wiederum fehlen zwar gesetzliche Vorschriften, im Laufe der Zeit hat sich aber an deren Stelle eine umfassende Rechtsprechung herausgebildet. Bereits diese kurze Zusammenschau verdeutlicht, dass die Berufe der Vermittler nicht unter eine homogene Gruppe zusammengefasst werden können, sondern jeweils eigenen Regeln folgen, die auf das zu vermittelnde Objekt ausgerichtet sind.

Entsprechend ihres weiten Handlungsbereichs werden Vermittler auch nicht in einer einheitlichen Rechtsform tätig. So reicht das Spektrum der einschlägigen Rechtsverhältnisse vom Zivil- bzw. Handelsmaklervertrag über den Typenkombinationsvertrag, der sich aus dem Maklervertrag und einem Dienst- bzw. Werkvertrag zusammensetzt, bis zum reinen Dienst- oder Werkvertrag. Ganz besondere Aufmerksamkeit verdienen die Pflichten des Vermittlers gegenüber dem Vertragspartner seines Auftraggebers. Die Tätigkeit des Vermittelns oder des Nachweisens ist also nicht an einen bestimmten Vertragstyp gebunden.

Wegen der gesetzlichen Regelung des Maklervertrags soll von diesem ausgehend auf den möglichen Inhalt eines ‚Vermittlungsvertrags' hingearbeitet werden. Hierzu soll in einem ersten Schritt das Leitbild des Maklervertrags und die Möglichkeiten, die Tätigkeit und den Provisionsanspruch des Vermittlers abweichend von den gesetzlichen Regeln zu vereinbaren, dargestellt werden. In einem zweiten Schritt soll dann auf weitere Regelungsbereiche, die für einen Vermittlungsvertrag relevant sein können, eingegangen werden. Für die Untersuchung wird der Zivilmaklervertrag als der gegenüber dem Handelsmaklervertrag grundlegendere Vertrag herangezogen. Der Handelsmaklervertrag birgt nämlich

---

[1] Richtlinie 82/470/EWG des Rates v. 29.06.1982.

bereits das Spezifikum, dass Gegenstände besonderer Art vermittelt werden. Der Handelsvertretervertrag nach §§ 84 ff HGB bleibt wegen der Besonderheit des dauernden Tätigwerdens unbeachtet.[2]

A. Beschreibung des Maklervertrags

Das gesetzliche Leitbild[3] des Maklervertrags setzt sich zusammen aus der fehlenden Tätigkeitspflicht des Maklers, der Erfolgsabhängigkeit des Provisionsanspruchs und der Kausalität der Maklertätigkeit für den Abschluss des Hauptvertrags[4] sowie der Entschließungsfreiheit des Auftraggebers.[5]

I. Echter Maklervertrag

Der Maklervertrag ist ein Relikt aus dem Römischen Recht. Er konnte zu jener Zeit keinem klagbaren Vertragstyp zugeordnet werden und wurde somit aufgrund des bestehenden Typenzwangs als klagloser Innominatkontrakt angesehen und unter das unentgeltliche Mandat eingeordnet. Folglich konnte weder die Maklertätigkeit noch der Lohn klagbar begründet werden. Lediglich aus Billigkeitsgründen wurde dem Makler zugestanden, bei Zustandekommen des Hauptvertrags den Lohn zu verlangen. Nach denselben Gesichtspunkten richtete sich auch die Höhe der Provision.[6]

1. Keine Tätigkeitspflicht

Diese Regelung der fehlenden Tätigkeitspflicht wurde in das BGB übernommen, weshalb der echte Maklervertrag nach §§ 652 ff BGB auch heute noch als einseitig verpflichtender Vertrag ausgestaltet ist.[7] Einzige Vertragspflicht ist die

---

[2] Überdies spielt die Frage der Dauer für die vertragliche Einordnung nur eine untergeordnete Rolle, siehe zu Partnerschaftsserviceverträgen *Gilles,* NJW 1983, 361 ff (366).

[3] Siehe *BGH,* Urteil v. 20.03.1985, NJW 1985, 2477 f (2478).

[4] *Wolf,* in: Wolf/Horn/Lindacher, AGBG, § 9 M 7.

[5] Nach herrschender Meinung ist der Makler wegen seiner Besonderheiten ein Vertrag sui generis, siehe nur *Mansel,* in: Jauernig, BGB, vor § 652 Rdnr. 3; *Wegener/Sailer,* Der Makler und sein Auftraggeber, Rdnr. 20; a. A. *Reuter,* in: Staudinger, BGB, vor §§ 652 ff Rdnrn. 4 f, wonach der Maklervertrag ein beschaffungskaufähnlicher Vertrag mit vorausgehendem geschäftlichen Kontakt sei, bei dem der Makler auf eigenes Risiko Vertragsgelegenheiten besorgt und sie dem Auftraggeber quasi zum Kauf anbietet; wieder a. A. sieht den Maklervertrag als eine Form der Auslobung an.

[6] Siehe zum Innominatkontrakt *Honsell/Mayer-Maly/Selb,* Römisches Recht, S. 340 ff; siehe *Hartl,* Der Mäklervertrag des BGB – noch zeitgemäß?, S. 75–79.

[7] *Roth,* in: MüKo, BGB, § 652 Rdnr. 3; *Krehl,* Pflichtverletzungen des Maklers, S. 4.

Provisionszahlungspflicht des Auftraggebers bei Erfolgseintritt. Diese Ausgestaltung hebt sich von den anderen schuldrechtlichen Verträgen des BGB ab. Zwar kennt das Schuldrecht auch andere einseitig verpflichtende Verträge wie etwa den Auftrag nach § 662 BGB, der Maklervertrag ist aber insofern besonders ausgestaltet, als bei diesem Vertragstyp nicht die Gegenleistungspflicht, sondern die Leistungspflicht fehlt.

So wird auch von den Redaktoren zum BGB die Meinung vertreten, die fehlende Tätigkeitspflicht sei eine ‚eigentümliche Bestimmung', für die kein Grund bestehe. Der Makler sei vielmehr verpflichtet, Bemühungen aufzuwenden. Ebenso wenig wie ein Kommissionär könne er seine gewerbliche Leistung verweigern. Es ergebe sich lediglich aus der Natur der Sache, dass er nicht für den Erfolg einstehen müsse, so dass er schon für die Bemühungen sein Entgelt verlangen könne.[8]

Neben den Besonderheiten des Römischen Rechts spreche gegen eine Tätigkeitspflicht allerdings auch die Tatsache, dass die Maklertätigkeit ‚eine freie, seinem Ermessen nach Plan und Ausführung überlassene, von seiner Sach-, Orts- und Personenkenntnis abhängige' Tätigkeit sei. Deshalb könne sie ‚weder erzwungen noch in ihren einzelnen Leistungen abgeschätzt werden'.[9] Diese Unbestimmtheit der Bemühungen würde auch heute noch einer Erfüllungsklage des Auftraggebers entgegenstehen.[10] Außerdem sollte es dem Makler durch die fehlende Tätigkeitspflicht ermöglicht werden, ‚sein Spezialwissen unabhängig und flexibel einzusetzen und für die im Wettbewerb benötigte Markttransparenz zu sorgen'.[11]

Die Festschreibung der Handlungsfreiheit des Maklers sollte aber ausweislich des Gesetzgeberwillens nicht zwingend sein, der Vertrag könne vielmehr nach der konkreten Vertragsgestaltung auch den Charakter eines zweiseitigen Vertrags annehmen,[12] es sollten nur die Zweifelsfälle geregelt werden. Indem der Gesetzgeber somit den Grundsatz der Privatautonomie in den Mittelpunkt stellt, von dem auch in sehr großem Umfang durch Vereinbarung einer Tätigkeitspflicht Gebrauch gemacht wird[13], erweisen sich die Bedenken gegen die Tätigkeitspflicht als überwindbar. Die ausreichende Bestimmbarkeit kann durch die Vereinbarung der geschuldeten Tätigkeit nach Art und Umfang erreicht werden.[14]

---

8 *Schubert,* Vorentwürfe der Redaktoren zum BGB, S. 757.

9 *Schubert,* Vorentwürfe der Redaktoren zum BGB, S. 756 f.

10 *Martinek,* JZ 1994, 1048 ff (1050 f).

11 *Herrmann,* in: Heymann, HGB, § 93 Rdnr. 7.

12 Siehe dazu *Krehl,* Pflichtverletzungen des Maklers, S. 6; *Mugdan,* Materialien zum Bürgerlichen Gesetzbuch, S. 285.

13 Siehe *Knieper,* NJW 1970, 1293 ff (1295).

14 *Reuter,* in: Staudinger, BGB, vor §§ 652 ff Rdnr. 13.

Die fehlende Tätigkeitspflicht ist demnach zwar charakteristisch für den Maklervertrag, gehört aber nicht in dem Sinne zu dessen wesentlichen Grundgedanken, als dass bei Vereinbarung einer Tätigkeitspflicht seitens des Maklers der Rahmen des Maklervertrags verlassen werden würde.

2. Entschließungsfreiheit

Nach der grundlegenden Entscheidung des BGH[15] gehört es zum Wesen des Maklervertrags, dass der Auftraggeber in seiner Entschließung, ob er das vom Makler nachgewiesene oder vermittelte Geschäft abschließen will, frei ist.[16] Ihm ist es sogar überlassen, ein seinem Auftrag völlig entsprechendes Angebot abzulehnen, ohne dabei gegen Treu und Glauben oder gegen § 162 BGB analog zu verstoßen.[17] Der Grund für diese freie Entscheidungsmöglichkeit liegt in der Funktion des Maklers, die Möglichkeiten des Auftraggebers zu erweitern und Markttransparenz zu schaffen.[18] Bei einem anderen Verständnis der Maklertätigkeit wäre der Auftraggeber der Gefahr ausgesetzt, für etwas für ihn völlig wertloses bezahlen zu müssen.[19] Dies gilt gerade deswegen, da die Provision am Wert des Hauptvertrags für den Auftraggeber bemessen wird und nicht an einem nicht existenten, objektiven Wert.[20] Entscheidet sich der Auftraggeber gegen den Abschluss, zeigt sich darin zugleich, dass die Maklerleistung für ihn wertlos ist. Das Besondere am Maklervertrag ist also, dass nur der Auftraggeber selbst bestimmen kann, ob die Maklerleistung für ihn werthaltig ist oder nicht. Aus diesem Grund kann der Auftraggeber gleichzeitig mit Abschluss des Maklervertrags dem Makler nicht auch Vertretungsmacht nach §§ 164 ff BGB erteilen, da er sich dadurch seiner Entschließungsfreiheit entledigen würde.

3. Erfolgsabhängigkeit

a) Kein Synallagma

Da der Makler nicht zum Tätigwerden verpflichtet ist, kann die reine Tätigkeit auch keine Gegenleistungspflicht begründen. Ebenso wie im Römischen Recht vertritt demnach auch schon die herrschende Lehre im Gemeinen Recht die Ansicht, dass die Provision ‚nach der Natur des Maklergeschäfts und einem

---

15 *BGH,* Urteil v. 22.02.1967, NJW 1967, 1225 f (1225).

16 Siehe dazu *Pauly,* JR 1998, 353 ff.

17 *Mansel,* in: Jauernig, BGB, vor § 652 Rdnr. 3, *Knieper,* NJW 1970, 1293 ff (1295); a. A. *Pauly,* JR 1998, 353 ff (355).

18 *BGH,* Urteil v. 20.03.1985, NJW 1985, 2477 f (2478); siehe auch *BGH,* Urteil v. 17.04.1991, NJW-RR 1991, 914 ff (915).

19 *Reuter,* in: Staudinger, BGB, §§ 652, 653 Rdnr. 218 zum Werkvertrag.

20 Siehe unten Kapitel 3 A.I.3.b)aa).

allgemeinen Brauche' erfolgsabhängig ist.[21] Der Maklervertrag ist der konditionellen Verknüpfung ähnlich,[22] bei der die Erbringung der einen Leistung Bedingung für die Verpflichtung zur Erbringung der anderen ist. Wegen der Entschließungsfreiheit des Auftraggebers stehen Maklertätigkeit und Provisionszahlung aber nicht in einem Gegenseitigkeitsverhältnis.[23] Der Auftraggeber kann durch Inanspruchnahme der Maklertätigkeit selbst entscheiden, ob er sich zur Erbringung der Provision verpflichten will oder nicht, ob ihm also die Maklertätigkeit die Provision wert ist. Aufgrund dieser Freiheit auf der Seite des Auftraggebers fehlt das für das Synallagma typische ,do ut des'.

Eine erfolgsunabhängige Provision in dem Sinne, dass die Gegenleistungspflicht als Folge der Maklertätigkeit entsteht, beide Pflichten also in einem synallagmatischen Verhältnis stehen, kann durch einen Maklervertrag nicht vereinbart werden. Eine solche Entgeltvereinbarung würde der Entschließungsfreiheit des Auftraggebers entgegenstehen, da er, auch ohne sein Ziel erreicht zu haben, die Provision entrichten müsste. Da einer solchen Regelung wesentliche Grundgedanken des Maklervertrags widersprechen, kann diese in dessen Rahmen nicht vereinbart werden. Eine derartige Vertragsgestaltung ist wegen der Privatautonomie aber nicht generell unzulässig, es muss nur auf andere Vertragstypen ausgewichen werden.[24]

b) Berechnung der Provisionshöhe

aa) Berechnung nach Nutzen

Das Entgelt des Maklers kann nicht nach seinem Aufwand bemessen werden, da das Vermittlungs*bemühen* bei Vertragsschluss nicht quantifizierbar ist.[25] Ebenso fehlt ein objektives Vermittlungsergebnis, da der Wert des Zustandekommens des Hauptvertrags, worin der wirtschaftliche Wert der Maklerleistung liegt,[26] lediglich subjektiv bestimmt werden kann und auch der übliche Rückgriff auf die ortsübliche Provision keinen Rückschluss auf einen objektiven Wert der Leistung zulässt.[27] Die Provision berechnet sich deshalb allein nach

---

[21] *Schubert,* Vorentwürfe der Redaktoren zum BGB, S. 757; *Mugdan,* Materialien zum Bürgerlichen Gesetzbuch, S. 286; *Roth,* in: MüKo, BGB, § 652 Rdnr. 4.

[22] *Heinrichs,* in: Palandt, BGB, Einf. vor § 320 Rdnr. 7.

[23] *Martinek,* JZ 1994, 1048 ff (1054).

[24] *BGH,* Urteil v. 09.05.1984, NJW 1984, 2407 f (2408).

[25] *Reuter,* NJW 1990, 1321 ff (1322); *Martinek,* JZ 1994, 1048 ff (1052 f); *Wegener/Sailer,* Der Makler und sein Auftraggeber, Rdnr. 16.

[26] *Knieper,* NJW 1970, 1293 ff (1295).

[27] *Martinek,* JZ 1994, 1048 ff (1052 f); *Schubert,* Vorentwürfe der Redaktoren zum BGB, S. 757.

dem eventuellen Nutzen für den Auftraggeber,[28] also prozentual nach dem Wert des Hauptvertrags. Durch das Annehmen des Hauptvertrags macht der Auftraggeber deutlich, dass er den Maklerlohn für angemessen erachtet. Auch die Berechnung zeigt also, dass die Vergütung für den Abschluss des Hauptvertrags gezahlt wird, nicht für die Tätigkeit des Maklers, so dass kein Synallagma zwischen Tätigkeit und Provisionszahlung besteht. Die Provision ist gemessen am Aufwand in der Regel eigentlich zu hoch, da sie nicht nur Entlohnung für den konkreten Aufwand ist, der zum Vertragsabschluss geführt hat, sondern für zahlreiche erfolglose Mühewaltungen.[29] Die Ausgewogenheit von Leistung und Gegenleistung wird aber durch die Entscheidungsfreiheit des Auftraggebers herbeigeführt, wodurch diesem die Möglichkeit eröffnet wird, mehrere Vertragsgelegenheiten miteinander zu vergleichen[30] und den Vertragsschluss zu verhindern.[31]

bb) Anderweitige Berechnungsmethode

Soll die Vermittlungstätigkeit im Rahmen eines Maklervertrags erbracht werden, kann die Höhe des Entgelts nicht auf andere Weise als durch prozentuale Anlehnung an den Wert des Hauptvertrags berechnet werden. Nach dem Leitbild des Maklervertrags stehen die Lohnhöhe, die Erfolgsabhängigkeit und die Entschließungsfreiheit nämlich in einem untrennbaren Sinn- und Funktionszusammenhang. Die Erfolgsabhängigkeit und die Entschließungsfreiheit können ohne starken Widerspruch zum Leitbild des Maklervertrags nicht abbedungen werden.[32] Um den Sinnzusammenhang zu wahren, muss dies auch für die Provisionshöhe gelten.

4. Kausalität

Dieses Merkmal besagt, dass die Provisionspflicht voraussetzt, dass die Tätigkeit des Maklers ursächlich für den Abschluss des Hauptvertrags war. Dieses Merkmal stellt sicher, dass ohne Tätigwerden des Maklers eine Zahlungspflicht nicht entstehen kann.

---

[28] *Reuter,* NJW 1990, 1321 ff (1322); *Wegener/Sailer,* Der Makler und sein Auftraggeber, Rdnr. 16; *Martinek,* JZ 1994, 1048 ff (1052 f).

[29] *OLG Düsseldorf,* Urteil v. 28.01.1972, NJW 1972, 1816 ff (1818): Auch aus diesem Grund stehen Maklertätigkeit und Maklerlohn nicht in einem Gegenseitigkeitsverhältnis.

[30] *Martinek,* JZ 1994, 1048 ff (1054).

[31] *OLG Düsseldorf,* Urteil v. 28.01.1972, NJW 1972, 1816 ff (1818).

[32] *OLG Düsseldorf,* Urteil v. 28.01.1972, NJW 1972, 1816 ff (1818).

II. Verträge mit abweichender Vereinbarung

Ohne die Grenzen des Typus des Maklervertrags zu überschreiten, kann von seinen Elementen abgewichen werden, soweit diese nicht zu dessen Leitbild gehören. Dies geschieht durch die Bildung von Typenkombinationsverträgen. Will man vom Leitbild des Maklers abweichen, muss man auf andere Vertragsarten zurückgreifen.[33]

1. Maklerdienstvertrag

Ein Maklerdienstvertrag[34] ist ein Typenkombinationsvertrag[35] mit Elementen des Maklervertrags und des Dienstvertrags. Aus der generellen Anerkennung dieses Vertragstyps und dessen Qualifizierung als Maklervertrag folgt zugleich, dass die fehlende Tätigkeitspflicht nicht zum unabdingbaren Leitbild des Maklervertrags gehört.

Der Dienstvertrag wirkt durch das Entstehen der Tätigkeitspflicht in den Vertrag ein, der sich insofern an die typische Ausgestaltung der Verträge des Schuldrechts annähert. Ansonsten entspricht der Maklerdienstvertrag dem echten Maklervertrag, so dass der Vertrag im Kern ein solcher bleibt. So stehen sich auch hier die beiden Leistungspflichten nicht in Form eines Synallagmas, sondern der Erfolgsabhängigkeit gegenüber.[36] Die Vergütung kann nur für das Zustandekommen des Hauptvertrags, nicht für die Tätigkeit als solche verlangt werden.[37] Auf den Maklerdienstvertrag ist als Mischtyp die den jeweiligen Leistungsteilen angemessene Vorschrift des Makler- oder des Dienstvertragsrechts anzuwenden.[38]

Problematisch an der Einordnung des Maklerdienstvertrags als Maklervertrag erscheint lediglich das für den Maklervertrag konstitutive Merkmal des nicht ständigen Betrautseins.[39] Dieses könnte in Widerspruch zur Bemühenspflicht des Dienstvertrags stehen. Soweit das geschuldete Bemühen sich aber auf die

---

[33] Die Abgrenzung zwischen Maklerdienstvertrag und Dienstvertrag ist für die Inhaltskontrolle im Sinne der §§ 307 ff BGB relevant. Hierfür muss entschieden werden, ob der Vertrag an §§ 652 ff BGB, an §§ 611 ff BGB oder an §§ 631 ff BGB zu messen ist.

[34] Insbesondere bei der Eheanbahnung, aber auch bei der Partnerschafts- und Bekanntschaftsvermittlung, siehe etwa *BGH,* Urteil v. 11.07.1990, NJW 1990, 2550 ff (2551); differenzierend *Gilles,* NJW 1983, 361 ff.

[35] *Reuter,* in: Staudinger, BGB, vor §§ 652 ff Rdnr. 9 zum Alleinauftrag.

[36] *BGH,* Urteil v. 20.03.1985, NJW 1985, 2477 f (2478); *BGH,* Urteil v. 28.01.1987, NJW 1987, 1634 ff (1635); *Schwerdtner,* Maklerrecht, Rdnr. 30.

[37] *BGH,* Urteil v. 21.10.1987, NJW 1988, 967 ff (968).

[38] *BGH,* Urteil v. 21.10.1987, NJW 1988, 967 ff (968); *Wolf,* in: Wolf/Horn/Lindacher, AGBG, § 9 M 19.

[39] *Matusche,* Pflichten und Haftung des Versicherungsmaklers, S. 30.

Herbeiführung eines einzigen Vertragspartners beschränkt, bestehen keine Bedenken gegen die Vereinbarkeit beider Vertragstypen. Nur wenn sich der Beauftragte verpflichtet, sich ständig um neue Vertragspartner zu bemühen, ist die Schwelle vom Maklervertrag zum Handelsvertretervertrag hin überschritten.

2. Dienstvertrag

Es kann vertraglich vereinbart werden, dass das Entgelt für die Tätigkeit als solche und unabhängig vom Vermittlungserfolg geschuldet wird.[40] Durch dieses Abbedingen der Erfolgsabhängigkeit wird vom Leitbild des Maklervertrags abgewichen und stattdessen das gesetzliche Leitbild des Dienstvertrages zugrunde gelegt,[41] für den die synallagmatische Verknüpfung von Leistung und Gegenleistung prägend ist. Nur die Tätigkeit erinnert noch an einen Maklervertrag. Hier würde es umgekehrt dem Leitbild des Dienstvertrags widersprechen, die Provisionszahlung vom Abschluss des Hauptvertrags abhängig zu machen, da eine solche Bedingung die Besonderheit des Dienstvertrags missachten würde. Folglich wird das Entgelt beim Dienstvertrag auch am konkreten Aufwand der Bemühungen bemessen.[42]

Der maßgebliche Unterschied zwischen Dienstvertrag und Maklerdienstvertrag liegt in den Voraussetzungen für das Entstehen der Gegenleistung, die entweder erfolgsbezogen oder tätigkeitsbezogen ist. Diesem Ausgangspunkt folgend nimmt der BGH die Abgrenzung anhand der Provisionsberechnung vor. Für einen Maklerdienstvertrag spreche eine prozentual auf den Wert des Vertragsgegenstands bezogene Provision, eine Bemessung der Vergütung nach Zeitaufwand oder Zeitabschnitten deute auf den Dienstvertrag hin.[43] Der BGH schließt also von der Berechnung zurück auf das, was abgegolten werden soll.[44]

3. Maklerwerkvertrag

Die Rechtsprechung[45] und Teile der Literatur[46] lassen es zu, dass sich der Makler zur Herbeiführung des Erfolgs in Gestalt des Abschlusses des Hauptvertrags verpflichten kann, ohne den Rahmen des Maklervertrags zu verlassen, sofern die maklertypischen Elemente, hier insbesondere die Abschlussfreiheit des

---

[40] *BGH,* Urteil v. 21.10.1987, NJW 1988, 967 ff (968); *Mansel,* in: Jauernig, BGB, vor § 652 Rdnr. 6.

[41] *Reuter,* in: Staudinger, BGB, vor §§ 652 ff Rdnr. 12.

[42] *Reuter,* in: Staudinger, BGB, vor §§ 652 ff Rdnr. 12.

[43] *BGH,* Urteil v. 28.01.1987, NJW 1987, 1634 ff (1636); *Reuter,* in: Staudinger, BGB, §§ 652, 653 Rdnr. 221; *Wolf,* in: Wolf/Horn/Lindacher, AGBG, § 9 M 19.

[44] *Reuter,* in: Staudinger, BGB, §§ 652, 653 Rdnr. 221.

[45] *BGH,* Urteil v. 21.10.1987, NJW 1988, 967 ff (968).

[46] *Achilles,* in: Ensthaler, HGB, vor §§ 93–104 Rdnr. 1.

Auftraggebers, beibehalten werden. Da bei diesem Maklerwerkvertrag im Gegensatz zum Maklerdienstvertrag ein konkreter Erfolg geschuldet ist,[47] steht der Anerkennung dieses Vertragstyps nicht die Unbestimmbarkeit der Maklerleistung entgegen.[48]

Die Vertragserfüllung ist zwar nicht von Anfang an unmöglich, ein seriöser Makler wird aber vernünftigerweise den Abschluss des Hauptvertrags nicht versprechen, da dieser von dem Willensentschluss zweier anderer Personen abhängt.[49] Nur wenn sich der Auftraggeber seinerseits verpflichtet, einen seinen Vorstellungen entsprechenden Hauptvertrag auch abzuschließen, macht es seitens des Maklers Sinn, für das Zustandekommen des Hauptvertrags einzustehen. Diese Vertragskonstruktion widerspräche aber dem Leitbild des Maklervertrags mit dem Merkmal der Entschließungsfreiheit des Auftraggebers.

Auch unabhängig von diesen Bedenken entspricht der Maklerwerkvertrag nicht dem Leitbild des Maklervertrags. Dieses lässt eine Verpflichtung zur Tätigkeit zwar zu, trennt das Tätigwerden aber klar vom Abschluss des Hauptvertrags, das sich im eigenen Merkmal der Erfolgsabhängigkeit widerspiegelt. Beim Maklerwerkvertrag fallen beide Merkmale zusammen, das Merkmal der Erfolgsabhängigkeit geht in der Tätigkeitspflicht auf und ist sinnentleert. Dies hat zur Konsequenz, dass der Makler bei fehlendem Hauptvertrag seine Pflicht nicht erfüllt. Nach dem Leitbild des Maklervertrags soll die Erfolgsbedingtheit aber lediglich Voraussetzung für das Entstehen der Provisionspflicht sein, diese soll aber keine Pflichtwidrigkeit begründen können. Aus diesem Grund sind die Merkmale der Tätigkeitspflicht und der Erfolgsbedingtheit streng zu trennen. Auch der Gesetzgeber ist wie selbstverständlich davon ausgegangen, dass sich der Makler nur zum Tätigwerden an sich verpflichten kann, nicht aber zur Herbeiführung eines bestimmten Erfolgs. Dies ergibt sich daraus, dass er nur die Frage problematisiert hat, ob sich der Makler überhaupt zur Übernahme von Bemühungen verpflichten kann.

Es entspricht auch nicht der Funktion des Maklers, dem Auftraggeber den fertigen Hauptvertrag zu präsentieren. Seine Aufgabe besteht vielmehr darin, dem Auftraggeber die Gelegenheit zum Vertragsschluss zu präsentieren und ihm somit eine freie Entscheidungsfindung in Aussicht zu stellen, wozu auch die grundsätzliche Möglichkeit gehört, mehrere Makler einzuschalten. Beim Maklerwerkvertrag würde sich der Auftraggeber aber faktisch bereits beim Ab-

47 Hauptanwendungsfall des Maklerwerkvertrags ist die Beschaffung einer bestimmten Finanzierung, siehe *Schwerdtner,* Maklerrecht, Rdnr. 33 m.w.N.; bei einer Abnahmeverpflichtung des Auftraggebers handelt es sich um einen Geschäftsbesorgungsvertrag, *BGH,* Urteil v. 17.04.1991, NJW-RR 1991, 914 ff (915).

48 Siehe *Reuter,* in: Staudinger, BGB, vor §§ 652 ff Rdnr. 14.

49 *Wegener/Sailer,* Der Makler und sein Auftraggeber, Rdnr. 18.

schluss des Maklervertrags zur Provisionszahlung verpflichten, was der Intention des Maklervertrags zuwiderlaufen würde.

Selbst bei einschränkender Interpretation des geschuldeten Erfolgs als Präsentation eines potentiellen Vertragspartners kann der Maklerwerkvertrag nicht am Leben erhalten bleiben. Wie gesehen, kann sich der Makler grundsätzlich zum Tätigwerden verpflichten. Er kann sich verpflichten, sich darum zu bemühen, einen Vertragspartner herbeizuschaffen. Jede noch weitergehendere erfolgsbezogene Verpflichtung würde aber dem Leitbild der Maklertätigkeit als ermessensabhängige Tätigkeit, die nicht erzwungen werden kann, widersprechen.

Der Typenkombinationsvertrag aus Maklervertrag und Werkvertrag hätte nur dann praktische Konsequenzen, wenn die Gewährleistungsrechte des Werkvertrags Anwendung finden würden. Aber auch dies würde dem maklerrechtlichen Leitbild widersprechen. Der Anspruch eines Maklers auf die Provision entsteht nämlich bereits mit wirksamem Abschluss des Hauptvertrags, eine mangelhafte Durchführung dieses Vertrags hindert den Lohnanspruch dagegen nicht. Daraus kann der Grundsatz abgeleitet werden, dass der Makler generell nicht für Fehler in der Durchführung des Hauptvertrags verantwortlich sein soll, so dass auch die Gewährleistungsvorschriften des Werkvertragsrechts nicht passen. Lehnt man demnach die Anwendung der Gewährleistungsvorschriften ab, nähert sich der Maklerwerkvertrag an den Maklerdienstvertrag an. Wegen der aufgezeigten Bedenken ist diese Typenkombination aber abzulehnen.

4. Werkvertrag

Durch einen Werkvertrag kann sich der Vermittler zur Beschaffung der Vertragsgelegenheit verpflichten, da hier der zum Maklerwerkvertrag vorgebrachte Einwand der Nutzlosigkeit des Merkmals der Erfolgsabhängigkeit nicht greift. Die Verpflichtung zur Herbeiführung des Vertragsschlusses kann der Vermittler auch hier sinnvoll nur übernehmen, wenn sein Auftraggeber sich zur Annahme der Vertragsgelegenheit verpflichtet. Es liegt jeweils ein Werkvertrag vor,[50] bei dem Leistung und Gegenleistung in einem Synallagma stehen. Die Höhe der Gegenleistung bemisst sich am Wert des geschaffenen Produkts.[51] Insgesamt ist diese Vertragskonstruktion für den Auftraggeber gegenüber dem Maklervertrag nachteilhafter, da er sich von Anfang an bindet, je nach Vereinbarung entweder zum Abschluss des Hauptvertrags oder zumindest zur Provisionszahlung.

---

[50] *BGH,* Urteil v. 21.10.1987, NJW 1988, 967 ff (968); *Reuter,* in: Staudinger, BGB, vor §§ 652 ff Rdnr. 11.

[51] Siehe hierzu auch im Rahmen der Partnerschaftsserviceverträge *Gilles,* NJW 1983, 361 ff (365).

B. Annäherung an den Begriff des Vermittlungsvertrags

Ausgehend von den Erörterungen zu dem für die Vermittlungstätigkeit zentralen Vertragstyp des Zivilmaklers als eine Form des Vermittlungsvertrags soll nun versucht werden, die konstitutiven Merkmale eines übergeordneten Vermittlungsvertrags herauszukristallisieren. Wie bereits gesehen, muss die Vermittlungstätigkeit nicht zwangsläufig aufgrund eines echten Maklervertrags erbracht werden, vielmehr steht ein weites Spektrum an Vereinbarungsmöglichkeiten zur Verfügung. Wie die Erörterungen dieses Kapitels zeigen, steht die Frage der Tätigkeitspflicht in Verbindung mit der Entstehung der Provisionspflicht an zentraler Stelle, daneben rücken die ersten beiden Kapitel zusätzlich die Informationspflicht und das Verhältnis des Vermittlers zu beiden Hauptvertragsparteien in den Vordergrund.

Grundlegend für die Erörterung dieser zentralen Merkmale ist der Begriff der Vermittlung. Jeder Vertrag, der eine solche Tätigkeit voraussetzt, ist nämlich potentiell in die Reihe der Vermittlungsverträge einzuordnen.

I. Begriff der Vermittlung

Der Begriff der Vermittlung ist vielschichtig. Beim Maklervertrag bedeutet Vermittlung die bewusste, finale Herbeiführung der Abschlussbereitschaft des Vertragspartners hinsichtlich des gewünschten Vertrags[52] durch unmittelbares oder mittelbares Einwirken auf den Willensentschluss des vorgesehenen Vertragspartners.[53] Die Tätigkeit des Zivilmaklers kann auch im Nachweis liegen, der zum Teil als Minus zur Vermittlung angesehen wird. Er besteht in der Mitteilung des Maklers an seinen Auftraggeber, durch die dieser in die Lage versetzt wird, in konkrete Verhandlungen über den von ihm angestrebten Hauptvertrag einzutreten.[54] Ein Indiz dafür, dass der Anwendungsbereich des Vermittelns auch weiter gefasst sein kann, liegt darin, dass der Makler des Altertums etwa auch Aufgaben des Dolmetschers übernahm und früher auch als Mediator bezeichnet wurde. Daraus kann geschlossen werden, dass das Vermitteln, in einem weiteren Sinne gesehen, nicht auf den Abschluss eines Vertrags gerichtet sein muss, sondern dass als Ziel auch die Herbeiführung jedes anderen Konsenses beabsichtigt sein kann.[55]

---

[52] *Sprau,* in: Palandt, BGB, § 652 Rdnr. 27.

[53] *Roth,* in: MüKo, BGB, § 652 Rdnr. 106.

[54] *BGH,* Urteil v. 16.12.2004, NJW 2005, 753 ff (754).

[55] Siehe Richtlinie 2002/92/EG Art. 1 Nr. 3 Unterabs. 1: ‚Versicherungsvermittlung‘ ist das Anbieten, Vorschlagen oder Durchführen anderer Vorbereitungsarbeiten zum Abschließen von Versicherungsverträgen oder das Abschließen von Versiche-

Entsprechend dieser weiten Definition kann sich die Vermittlung auch zeitlich nach Abschluss eines Hauptvertrags abspielen, also Mediation im Sinne einer außergerichtlichen Streitschlichtung sein. Mediation bedeutet, dass zwei Parteien zur Verhandlung eine dritte Person ohne Entscheidungsgewalt heranziehen, um mit deren Hilfe eine Problemlösung zu finden.[56] Ein Fall der Vermittlung wäre auch die Vertragsmediation, bei der eine dritte Person das Zustandekommen eines gerechten und ausgeglichenen Vertrags moderiert mit dem Ziel kooperativen Verhandelns. Damit soll mithilfe der Erfahrung des kundigen Dritten auf Streitvermeidung oder Streitbeilegung hingewirkt werden.[57] Der Unterschied zum Vermitteln des Maklers liegt darin, dass der Mediator bzw. Vertragsmediator lediglich versucht, die Verhandlungsabläufe zu optimieren, indem er sich für die Verständigung der Parteien einsetzt, er aber nicht auf die Überzeugung einer Partei einwirkt. Hier liegt es im Interesse des Auftraggebers, einen gerechten Ausgleich zu finden, der im ersten Fall ein Gerichtsverfahren verhindert und den Vertrag im besten Fall aufrechterhält oder im zweiten Fall in einen fairen Vertragsschluss mündet. Die maklertypische Vermittlung hat dagegen grundsätzlich zum Ziel, ein für den Auftraggeber günstiges Ergebnis herbeizuführen.

Da die Vermittlungsdefinition des Maklers keine Aussage darüber trifft, ob sich die Parteien vor Beginn der Tätigkeit bereits gekannt haben, kann die Nachweistätigkeit nur dann als dessen Vorstufe angesehen werden, wenn die Parteien einander noch nicht bekannt waren, andernfalls sind die maklertypische Vermittlung und der Nachweis als alternative Handlungsmöglichkeiten zu betrachten. Führt man den Gedanken im Hinblick auf die notwendige Vorkenntnis weiter, kann es der Vermittlung begrifflich auch nicht entgegenstehen, dass sie erst nach Abschluss des Hauptvertrags einsetzt. Auch dies untermauert die These, dass die Tätigkeit des (Vertrags-)Mediators in die Vermittlungsdefinition einbezogen werden sollte.

Als Resultat kann festgehalten werden, dass die Tätigkeit des Vermittelns in seiner Grundform als das Zusammenführen zweier Personen zu definieren ist.

II. Vermittler als Dritter – Abgrenzung zwischen Vermittlung und ‚Beihilfe zur Selbsthilfe'[58]

Um die Position des Vermittlers in Bezug zu den Hauptvertragsparteien zu klären, muss seine Stellung zu beiden Parteien erörtert werden.

---

rungsverträgen oder das Mitwirken bei deren Verwaltung und Erfüllung, insbesondere im Schadensfall.

[56] *Duve,* Beilage zu BB 1998, 15 ff (18).

[57] *Wagner,* NJW 2001, 2128 ff (2131).

1. Verhältnis zum Auftraggeber

Dem Maklerrecht liegt eine Dreierbeziehung zugrunde, so dass der Makler nicht mit einem der Vertragspartner identisch sein darf. Dies gilt auch für jede andere Form des Vermittlers. Deshalb ist die Tätigkeit des Vermittelns von der ‚Beihilfe zur Selbsthilfe' zu unterscheiden.

Letzteres liegt vor, wenn eine angestellte Person, die in den Arbeitsablauf ihres Auftraggebers eingebunden ist, tätig wird. Hier ist das Handeln des Auftraggebers vom Handeln des Angestellten rechtlich nicht zu unterscheiden, da regelmäßig eine Zurechnung stattfindet. Allein schon die Tatsache, dass der Vermittler unter Umständen zur Doppelmaklerschaft bzw. zur Neutralität verpflichtet sein kann, zeigt, dass Vermittler nur sein kann, wer seiner Stellung gemäß grundsätzlich eine unabhängige Position einnehmen kann, er also einen entsprechenden Abstand zu seinem Auftraggeber wahrt.

Sucht eine Hauptvertragspartei unter Mithilfe ihrer Angestellten einen Vertragspartner, dann handelt es sich schlicht um eine eigene Vertragsvorbereitung, nicht um Vermittlung. Hier ist der Dritte Hilfsperson, da er sich ‚völlig in den Willen des Selbstsuchenden integriert'. Seine Tätigkeit begründet ein Verhandeln der Vertragsparteien untereinander. Ist der Dritte dagegen eigenständig tätig, ist er Vermittler. Gegen diese Einordnung spricht es nicht, wenn er eine der Parteien in deren Interesse und Auftrag bei ihrer Selbstsuche unterstützt. Es liegt nämlich gerade in der Natur der Sache, dass das Handeln des Vermittlers im Interesse seines Auftraggebers liegt. Die Grenze zwischen Vermittlung und Mithilfe ist also bei der Möglichkeit des Dritten zur selbständigen Willensbildung zu ziehen. Eine Abgrenzung anhand der Anwendbarkeit des § 278 BGB oder des § 166 BGB (analog) ist dagegen nicht scharf genug, da diese Normen nicht nur auf unselbständige Angestellte, sondern auch auf Vermittler anwendbar sein können.

Der signifikante Unterschied zwischen Vermittler und Stellvertreter im Sinne der §§ 164 ff BGB liegt in der Abschlussvollmacht, die für die Stellvertretung zwingende Voraussetzung ist; diese Selbstbindung würde aber den Sinn der Vermittlung gerade ins Gegenteil verkehren. Grundsätzlich kann dem Vermittler Vertretungsmacht nur eingeräumt werden, wenn sich der Auftraggeber bereits

---

[58] Abgrenzung von ‚Selbstsuche' bzw. ‚Beihilfe zur Selbsthilfe' von Arbeitnehmern, die gegeben ist, ‚wenn sich die Hilfsperson völlig in den Willen des Selbstsuchenden integriert', *Buchner,* in: Münchener Handbuch zum Arbeitsrecht, § 36 Rdnr. 2. Dies gilt ebenso bei der Arbeitsvermittlung im Sinne des § 35 Abs. 1 SGB III als das Zusammenführen von Ausbildungs- und Arbeitssuchenden und Arbeitgebern, die angenommen wird, wenn ‚jemand im eigenen Interesse und Auftrag eines Arbeitgebers diesen bei der Selbstsuche mit eigenständiger Tätigkeit unterstützt, auch wenn dies allein im Interesse und Auftrag des Arbeitgebers erfolgt', ebd. § 36 Rdnrn. 2 und 6.

für den Erwerb des Objekts entschieden hat. Nur unter dieser Voraussetzung kann auch ein Vermittler Stellvertreter sein.

2. Verhältnis zum Vertragsgegner

Das Ausführen der Vermittlungstätigkeit setzt überdies voraus, dass der Vermittler auch gegenüber dem Vertragsgegner einen eigenen Willen bilden kann. Dies drückt der BGH für den Zivilmakler durch seine Verflechtungsrechtsprechung aus. Einen selbständigen Willen kann der Vermittler auch dann nicht bilden, wenn er Stellvertreter der Gegenseite ist.[59] Im Ergebnis ist ein Angestellter kein Vermittler, sondern verlängerter Arm seines Auftraggebers.[60]

III. Dogmatische Einordnung des Vermittlungsvertrags

Für die dogmatische Einordnung ist wegen der unterschiedlichen Definitionen des Begriffs der Vermittlung zwingend zwischen der maklertypischen und der sonstigen Vermittlung zu differenzieren.

1. Maklertypische Vermittlung

Bei der maklertypischen Tätigkeit stellt sich die Frage, ob die besondere Vertragsart des Maklervertrags überhaupt erforderlich ist. Dass der Auftraggeber seine Stellung im Markt lediglich verbessern will, so dass er außervertraglich einen über das Bemühen hinausgehenden Erfolg bezweckt und eigentlich nur für das positive Ergebnis eine Zahlung leisten will, trifft auf alle Dienstleistungen zu. Die Vermittlung des Maklervertrags hebt sich aber gegenüber anderen Dienstleistungen dadurch ab, dass der Erfolg in Gestalt des Hauptvertrags von der Tätigkeit eindeutig abgrenzbar ist. Bei Beauftragung eines Maklers ist der Erfolgseintritt absolut ungewiss, da dieser vom Willen eines anderen bzw. von der Existenz eines entsprechenden Objekts abhängt. Ohne Hauptvertrag ist die Maklertätigkeit für den Auftraggeber ohne Wert. So zeigt etwa auch das fehlende Ergreifen einer vermittelten Vertragsgelegenheit, dass die Tätigkeit nicht den Vorstellungen des Auftraggebers entspricht. Im Gegensatz dazu gehen die Parteien bei § 611 BGB grundsätzlich, ohne dies offen zu legen, davon aus, dass der mit der Dienstleistung bezweckte Erfolg bei sachgerechtem Bemühen auch eintreten kann, da sie den Dienstvertrag andernfalls nicht abschließen würden. Hier nimmt der Auftraggeber die Tätigkeit selbst immer entgegen. Sie

[59] *BGH,* Urteil v. 24.04.1985, NJW 1985, 2473 f (2473).

[60] Siehe ähnlich auch Richtlinie 2002/92/EG Art. 2 Nr. 3, wonach eine Tätigkeit nicht als Versicherungsvermittlung gilt, wenn sie von einem Angestellten eines Versicherungsunternehmens, der unter dessen Verantwortung tätig wird, ausgeübt wird.

kann sich beim Dienstvertrag regelmäßig in einem irgendwie gearteten Erfolg niederschlagen, wenn auch nicht zwangsläufig in der Art, wie vom Dienstberechtigten erhofft. Beim Vermittlungsvertrag dagegen gilt grundsätzlich das Alles-oder-Nichts-Prinzip; so kann der Auftraggeber die Vermittlungsleistung durch Abschluss des Hauptvertrags nützen oder nicht. Verwertet er die Leistung nicht durch Vertragsabschluss, erhält er lediglich die vergleichsweise vernachlässigenswerten Kenntnisse über die Marktlage. In Übereinstimmung mit diesem Grundsatz entsteht die Provisionspflicht erst bei Abschluss des Hauptvertrags.

Insofern grenzt sich die Tätigkeit des Maklers gegenüber anderen Dienstleistungen derart ab, dass die Normen des §§ 652 ff BGB auch heute noch ihre Berechtigung finden.[61] In einigen rechtlichen Teilbereichen ist bei einer Vermittlung die Anwendbarkeit der §§ 652 ff BGB, wenngleich auch unter Modifikationen, sogar gesetzlich vorgeschrieben.[62]

2. Mediation und Vertragsmediation

Bei der (Vertrags-)Mediation scheidet eine Regelung nach den Grundsätzen des Maklervertrags wegen der andersartigen Definition des Begriffs der Vermittlung aus. Eine dem echten Maklervertrag entsprechende inhaltsgleiche Vereinbarung, wonach auf eine Tätigkeitspflicht verzichtet wird, würde den Parteiinteressen bei der Konfliktvermeidung bzw. Konfliktbeilegung nicht gerecht. Da hier ein ganz konkreter Hauptvertrag im Raume steht, fehlt auch ein Ansatzpunkt, der dazu berechtigen würde, eine Tätigkeitspflicht generell auszuschließen. Grundsätzlich werden die Mediatoren auch für das bloße Tätigwerden bezahlt, auch wenn die Vereinbarung einer Erfolgsabhängigkeit durchaus interessengerecht sein kann. Dieser Vertrag ist demnach grundsätzlich ein Dienstvertrag. Im Unterschied zum maklertypischen Vermittlungsvertrag erhält der Auftraggeber hier auch die Verhandlungs- und Verständigungsmöglichkeit.

3. Vermittlungsziel

Die Anlehnung an den Maklervertrag und die (Vertrags-)Mediation gibt gleichsam automatisch das Ziel der Vermittlung vor. Diese bezweckt sowohl die Förderung eines Vertragsschlusses als auch die Konfliktvermeidung oder

---

61 A. A. *Hartl,* Der Mäklervertrag des BGB – noch zeitgemäß?, S. 218.

62 Bei der Wohnungsvermittlung ist die Erfolgsabhängigkeit der Provision zum Schutz des Wohnraumsuchenden durch § 2 Abs. 1, Abs. 5 WoVermittG zwingend vorgeschrieben. Bei der Arbeitsvermittlung gelten die §§ 652 ff BGB mit den Modifikationen aus dem SGB III. So besteht nach § 296 Abs. 1 S. 1 SGB III eine Tätigkeitspflicht; siehe *Roth,* in: MüKo, BGB, § 655 Rdnr. 5; a. A. *Kühl/Breitkreuz,* NZS 2004, 568 ff (569 f), die trotz des Wortlauts eine Tätigkeitspflicht ablehnen.

-beilegung bei einem bereits bestehenden Vertrag. Gegenstand der Vermittlung ist also immer ein Vertrag. Nicht Inhalt der Vermittlung kann dagegen etwa die Dienst- oder Werkverschaffung sein, bei denen der Vermittler für seinen Auftraggeber ein Werk oder einen Dienstleister herbeischafft. Wirtschaftlich gesehen gleicht diese Konstellation der Vermittlung, da jeweils mithilfe eines Dritten ein Gut erworben bzw. eine Dienstleistung erlangt wird. Es handelt sich hier aber nicht um eine besondere Form der Vermittlung, da kein Vertrag des Kunden zum Hersteller des Werkes bzw. zum Dienstleister zustande kommt. Vertragspartner wird der ‚Vermittler' selbst, der Hersteller bzw. Dienstleister ist dagegen Dritter. Es handelt sich demnach um einen Fall des Kauf- bzw. Dienstvertrags mit der Besonderheit, dass der Vertragspartner sich die von ihm geschuldete Leistung erst selbst verschaffen muss.

IV. Entschließungsfreiheit

Die Entschließungsfreiheit ist konstitutives Merkmal des Vermittlungsvertrags. Es ist nicht möglich, dass sich der Auftraggeber verpflichtet, einen seinen Forderungen entsprechenden Hauptvertrag abzuschließen oder einen durch Mediation herbeigeführten Vergleich zu akzeptieren.

V. Stellung gegenüber den Parteien – neutraler Mittler oder einseitiger Interessenwahrer

Im Gegensatz zur Entschließungsfreiheit erfordert die Bestimmung des Näheverhältnisses des Vermittlers zu seinem Auftraggeber eine breitere Diskussion. Zur Annäherung an die Lösung soll auch hier wieder insbesondere das Verhältnis des Zivilmaklers zu seinem Auftraggeber vergleichend herangezogen werden.

1. Maklertypische Vermittlung

a) Grundsätzlich einseitige Verpflichtung

aa) Meinungsstand zum Zivilmakler

Die Stellung des Zivilmaklers wird in der Regel inzident bei der Frage der Zulässigkeit der Doppelmaklerschaft erörtert. Nach allgemeiner Ansicht ist der Makler zur Doppelmaklerschaft befugt, wenn diese keine Interessenkollision hervorruft. Bezüglich der Definition dieses Interessenkonflikts gehen die Meinungen aber auseinander. So verfährt die Rechtsprechung bei der Annahme von Interessenkollisionen weitaus restriktiver als die Literatur und gelangt damit in den Fällen der Doppelmaklerschaft grundsätzlich zur Ablehnung eines Konflikts.[63] Nach neuerer Rechtsprechung soll der Doppelauftrag sogar der Normalfall sein. Ist die Doppeltätigkeit zulässig, ist der Makler zu strenger Unparteilichkeit verpflichtet. Die herrschende Meinung in der Literatur betont dagegen in stärkerem Maße die Loyalität des Maklers gegenüber seinem Auftraggeber und die sich widersprechenden Parteiinteressen[64] und folgert daraus im Gegensatz zur Rechtsprechung[65] in der Regel kaum vermeidbare Interessenkollisionen[66] und eine unzulässige Doppelmaklerschaft.[67] Sie hebt sogar ausdrücklich hervor, dass der Zivilmakler nach dem gesetzlichen Leitbild nur von einer Partei beauftragt und deshalb kein neutraler Vermittler ist.[68]

Allein das Aufwerfen der Frage nach Interessenkonflikten bei Doppelbeauftragungen zeigt bereits, dass auch die Rechtsprechung, auch wenn sie dies nicht ausdrücklich formuliert, ihren Überlegungen ganz selbstverständlich das Verständnis einer einseitigen Stellung des Zivilmaklers zugrunde legt. Die Unterschiede zwischen Rechtsprechung und Literatur ergeben sich nach dem gegenwärtigen Meinungsstand lediglich aus den unterschiedlichen Anforderungen an die Interessenwahrung, nicht aus einer originären Zugrundelegung der Neutralitätspflicht.

bb) Entstehungsgeschichte des Zivilmaklers

Diese Ansichtsweise war aber nicht immer vorherrschend. Im Gemeinen Recht betrachtete es die Rechtsprechung noch als im Wesen des Vermittlers liegend, beiden Seiten behilflich zu sein und die wechselseitigen Interessen zu berücksichtigen.[69] Die Beratungen der Ersten und Zweiten Kommission zum BGB spiegelten dieses klare Bild über die Natur des Zivilmaklers aber nicht wider. So solle zwar nach Meinung der Berater zur Ersten Kommission die Natur des Vermittlungsgeschäfts einem Handeln für beide Seiten keinesfalls entgegenstehen.[70] Es sei sogar die Regel, dass der Vermittler beiden Teilen diene und das

---

[63] *BGH,* Beschluss v. 26.03.1998, NJW-RR 1998, 992 f (993).

[64] *Schwerdtner,* Maklerrecht, Rdnr. 865.

[65] *BGH,* Urteil v. 18.05.1973, BGHZ 61, 17 ff (21 f).

[66] *Schwerdtner,* Maklerrecht, Rdnr. 867.

[67] *Schwerdtner,* Maklerrecht, Rdnr. 867. Bei der Frage der Zulässigkeit der Doppelmaklerschaft ist zu berücksichtigen, dass die Doppelmaklerschaft auch zu einer Einschränkung der Aufklärungspflicht gegenüber den Auftraggebern des Maklers führt, *Wingbermühle,* MDR 1993, 820 f (821).

[68] *Brüggemann,* in: Staub, HGB, vor § 93 Rdnr. 14; *Heinze,* Anm. zu *BGH,* Urteil v. 23.11.1973, JR 1974, 329 f (330); *Schwerdtner,* Maklerrecht, Rdnr. 865; a. A. *Reuter,* in: Staudinger, BGB, § 654 Rdnr. 1.

[69] *Fröber,* Die Entstehung der Bestimmungen des BGB über den Maklervertrag, S. 70.

[70] *Fröber,* Die Entstehung der Bestimmungen des BGB über den Maklervertrag, S. 53.

beiderseitige Interesse berücksichtige.[71] Eine Ausnahme sei nur zu machen, wenn die Aufträge der Parteien einander im konkreten Fall erweislich entgegenliefen.[72] Die Berater der Zweiten Kommission aber vertraten eine andere Meinung, indem sie den Zivilmakler eher als einseitigen Interessenvertreter sahen, da er ‚im Interesse seines Auftraggebers möglichst günstige Vertragsbedingungen zu erzielen versuchen soll'. Aber auch sie verlangen nicht generell ein Handeln nur für einen Auftraggeber.[73] Die Reichstagskommission wiederum legte sich ähnlich der Ersten Kommission ausdrücklich darauf fest, dass der Zivilmakler regelmäßig neutraler Vermittler zwischen den Parteien sei. Er sei in der Mehrzahl der Fälle nicht zur Vertretung der Auftraggeberinteressen verpflichtet, sondern solle lediglich vermittelnd tätig werden. Deshalb könne er auch von beiden Seiten Vergütung verlangen.[74] Der Reichstag nahm schließlich im Hinblick auf die Zulässigkeit der Doppeltätigkeit eine Norm an, der der heutige § 654 BGB exakt entspricht[75] und die Zulässigkeit vom Inhalt des jeweiligen Maklervertrags abhängig macht. Auch das Reichsgericht wies dem Makler keine starre unveränderliche Stellung zu; dieser konnte nach den Umständen des Einzelfalls völlig unparteiischer Mittler oder Vertrauensmann einer Partei ohne gesetzliche Vermutung für die eine oder andere Richtung sein. Die Zulässigkeit der Doppeltätigkeit wurde von der konkret übernommenen Funktion des Maklers abhängig gemacht.[76]

Letztlich wurde durch die Kodifizierung des § 654 BGB und die Rechtsprechung des Reichsgerichts mit dem Verweis auf den Inhalt des Maklervertrags und auf die Flexibilität seiner Rechtsstellung eine klare Stellungnahme zur Zulässigkeit der Doppelmaklerschaft vermieden und auf den Einzelfall verwiesen. Gerade das Reichsgericht stellte ausdrücklich klar, dass keine Vermutung für die Position des Maklers aufgestellt werden könne. Folglich verbietet sich daraus ein Rückschluss auf die Natur des Zivilmaklers. Diese offene Haltung ist ein Ausdruck dafür, dass die Tätigkeit des Vermittelns selbst keine Aussage zur Stellung des Vermittlers zulässt. Deshalb besteht der im Zivilrecht geltende Grundsatz, dass man nur ‚einem Herrn dienen' kann, für den Vermittler fort. Etwas anderes gilt nur, wenn seine im Einzelfall übernommene Funktion eine andere Auslegung verlangt.[77]

---

[71] *Schubert,* Vorentwürfe der Redaktoren zum BGB, S. 771; *Fröber,* Die Entstehung der Bestimmungen des BGB über den Maklervertrag, S. 70.

[72] *Schubert,* Vorentwürfe der Redaktoren zum BGB, S. 771.

[73] *Mugdan,* Materialien zum Bürgerlichen Gesetzbuch, S. 938.

[74] *Mugdan,* Materialien zum Bürgerlichen Gesetzbuch, S. 1291 f.

[75] *Mugdan,* Materialien zum Bürgerlichen Gesetzbuch, S. 1292.

[76] Siehe Nachweise bei *Fröber,* Die Entstehung der Bestimmungen des BGB über den Maklervertrag, S. 271.

[77] Siehe Nachweise bei *Fröber,* Die Entstehung der Bestimmungen des BGB über den Maklervertrag, S. 271.

b) Neutrale Position als Ausnahme

In Ausnahmefällen kann der Vermittler demnach eine neutrale Position einnehmen. Diese Funktionsänderung kann auf Doppelauftrag[78], auf Gesetz oder einer Vereinbarung beruhen.

Einen zulässigen Doppelauftrag kann der Vermittler nur durch Rückzug auf eine neutrale Rolle durchführen, andernfalls wäre eine Loyalitätsverletzung gegenüber einem der Auftraggeber unvermeidbar. Die objektive Rolle beruht hier nicht unmittelbar auf dem Inhalt des Maklervertrags, stellt sich also als vom vermittelten Gegenstand unabhängig dar. Erst das Zusammentreffen zweier entgegengesetzter Vermittlungsaufträge zwingt den Vermittler zu neutralem Verhalten. Die Neutralität ist also lediglich Folge des Doppelauftrags und dem Vermittlungsvertrag nicht von vornherein immanent.

Dem Vermittler kann auch durch Gesetz eine neutrale Position zugewiesen sein. So ist etwa die Stellung des Handelsmaklers durch Neutralität gekennzeichnet, § 98 HGB. Ein in der Literatur weit verbreiteter Begründungsansatz hierfür liegt darin, dass die Gegenstände des Handelsverkehrs einem Marktpreis unterliegen,[79] was einen Interessengegensatz zwischen den Hauptvertragsparteien ausschließen soll. Dabei wird verkannt, dass Marktpreise einen Interessengegensatz nicht gänzlich ausschließen. Richtigerweise ist maßgeblicher Grund für die heutige neutrale Stellung des Handelsmaklers seine Herleitung aus dem früheren amtlichen, vereidigten Handelsmakler, der im Gegensatz zum Zivilmakler eine gewisse Unparteilichkeit garantiert, Art. 83 ADHGB. Der Handelsmakler wird zwar ausschließlich zivilrechtlich tätig, nimmt aber auch heute noch Pflichten wahr, die nur durch eine neutrale Person erfüllt werden können. Aber auch dem Zivilmakler kann in Einzelfällen durch Sondergesetz eine Neutralitätspflicht auferlegt werden, auch wenn er, wie der Arbeitsvermittler, privatrechtlich tätig wird und keine hoheitlichen Aufgaben wahrnimmt.[80] So muss der private Arbeitsvermittler nach dem Grundsatz der Unparteilichkeit handeln, darf also nicht Interessenvertreter des Arbeitnehmers oder des Arbeitgebers sein und keine der Parteien willkürlich bevorzugen.[81] Der Grund ist darin zu sehen, dass der private Arbeitsvermittler eine staatliche Aufgabe mit Mitteln des Privatrechts wahrnimmt.[82] Dies erfordern der Schutz der beteiligten Parteien und

---

[78] Wenn man den Auftrag in § 6 Abs. 1 WoVermittG als Maklerauftrag versteht (streitig), dann handelt der Wohnungsvermittler ‚kraft Gesetzes als Doppelmakler'; um nicht treuwidrig i. S. d. § 654 BGB zu handeln, muss er die entgeltliche Doppeltätigkeit kenntlich machen, *Windisch,* WM 1999, 265 ff (266 f).

[79] *Brüggemann,* Staub, HGB, vor § 93 Rdnr. 14.

[80] *Roth,* in: MüKo, BGB, § 655 Rdnr. 1 ff; BT-Drucks. 12/5502, S. 26.

[81] *SGB Mainz,* Urteil v. 10.11.1997, GewArch 1998, 122 ff (123 f).

[82] *SGB Mainz,* Urteil v. 10.11.1997, GewArch 1998, 122 ff (122).

die Wahrung des Vertrauens der Öffentlichkeit in eine neutrale Arbeitsvermittlung.[83]

Die Pflicht zur Neutralität kann sich auch aus vertraglicher Vereinbarung ergeben. Diese Fallgruppe wird aber, abgesehen von den Fällen der Doppeltätigkeit, einen geringen Anwendungsbereich haben.

2. Mediation und Vertragsmediation

Bei der (Vertrags-)Mediation wird die grundsätzlich einseitige Vermittlerrolle durch das Interesse des Auftraggebers an Konfliktvermeidung oder Konfliktbeilegung überlagert. Der Auftraggeber macht durch das Einschalten des Vermittlers deutlich, dass ihm an einer gütlichen Einigung gelegen ist. Der Schwerpunkt seiner Interessen liegt also nicht im Abschluss eines für ihn möglichst günstigen Vertrags, sondern im Auffinden eines Kompromisses. Damit ist automatisch eine neutrale Vermittlerrolle verbunden.

3. Folgerungen

Überträgt man diese Erwägungen auf den Typus des Vermittlers, folgt daraus seine grundsätzlich einseitige Stellung mit Verpflichtungen nur gegenüber seinem Auftraggeber. Diese Parteilichkeit gibt er nur auf, wenn er eine andere Funktion übernimmt, für deren Bestimmung u. a. auch das zu vermittelnde Objekt eine bedeutende Rolle spielt.

VI. Informationspflichten

Die Kategorie der Informationspflichten erfährt einen immer größer werdenden Stellenwert. Die voranschreitende Spezialisierung und Undurchsichtigkeit vieler Märkte erfordern Informationspflichten als Ausgleich für das Informationsdefizit.

1. Grundsatz

Hauptaufgabe des Vermittlers in seiner grundlegenden Rolle ohne Übernahme einer spezifischen Funktion ist lediglich die Förderung des Vertragsschlusses durch Zusammenführen zweier Parteien bzw. die Konfliktvermeidung oder -behebung. Vorrangiges Ziel ist nicht die Informationserteilung durch den Vermittler. Die Pflicht zur Informationserteilung ist kein spezifisch vermittlerrechtliches Problem, sondern folgt allgemeinen Grundsätzen. Eine Aufklärungspflicht

[83] Nach a. A. fallen dem privaten Arbeitsvermittler keine die Allgemeinheit betreffenden Aufgaben zu, *Urmersbach,* SGb 2006, 144 ff (146).

kann also aus einer Vereinbarung oder aus Treu und Glauben nach § 242 BGB entstehen. Die Beratungspflicht setzt immer eine Vereinbarung voraus.

2. Ausnahmen

Etwas anderes gilt aber bereits in einigen Teilbereichen der Vermittlung, in denen der Vermittler aufgrund Gesetzes eine spezifische Funktion übernimmt. So begründet die Versicherungsvermittlungsrichtlinie eine Beratungspflicht gegenüber dem Vertragspartner des Auftraggebers, ohne dass diese vereinbart zu sein bräuchte. Bei einzelnen Vermittlungsgegenständen sieht der Gesetzgeber demnach nicht mehr die Vermittlungstätigkeit selbst im Mittelpunkt, sondern bewertet auch die Informationserteilung als regelungswürdige Materie. Dies gilt für Vermittlungsgegenstände mit besonderem Gefährdungspotential.

Dies zeigt, dass die Pflicht zur Informationserteilung anhand des konkreten Objekts zu bemessen ist. Demnach kann man drei Stufen unterscheiden: In die erste Stufe sind diejenigen Verträge einzuordnen, bei denen in der Regel[84] weder kodifizierte Informationspflichten noch Informationspflichten aus Treu und Glauben bestehen. Dies gilt für Vermittlungsobjekte, deren Inhalt jeder Interessierte selbst leicht recherchieren und nachvollziehen kann. Die zweite Gruppe betrifft die Objekte, bei denen die Rechtsprechung häufig wegen eines Informationsdefizits eine Aufklärungspflicht aus Treu und Glauben folgert. In der dritten Fallgruppe befinden sich die Objekte, die eine solch hohe Schutzbedürftigkeit hervorrufen, dass gegenüber der informationell unterlegenen Hauptvertragspartei ohne Ansehen eines bestehenden Schuldverhältnisses durch Gesetz eine Aufklärungs- oder sogar Beratungspflicht festgeschrieben wird. Je mehr Schutzbedürfnis ein Vermittlungsgegenstand hervorruft, desto weitgehender sind folglich die Informationspflichten. Diese beschriebene Inhomogenität der Vermittlungsobjekte macht es unmöglich, für einzelne Bereiche erlassene Rechtsnormen auf alle anderen zu übertragen.

3. Weitere Entwicklung

Parallel zu der Entwicklung in anderen Schuldverhältnissen setzt sich im Bereich der Vermittlungsverträge die Tendenz fort, wonach die Informationspflichten einen immer bedeutenderen Stellenwert einnehmen. Exemplarisch lassen sich hierfür die weitläufige Rechtsprechung zur Kapitalanlagevermittlung und auch die durch die Umsetzung der Versicherungsvermittlungsrichtlinie dem Vermittler gegenüber dem Versicherungsnehmer auferlegten Informationspflichten anführen. Von besonderer Relevanz sind generell die Pflichten gegenüber dem Vertragsgegner. Gegenwärtig ist die Regelung der Beratungstätigkeit nur punk-

[84] Außer bei Ingerenz.

tuell und tritt hinsichtlich ihrer Bedeutung und Anerkennung hinter die Aufklärungspflicht zurück.

Die Voraussetzungen für die Anerkennung einer Berufshaftung des Vermittlers generell liegen gegenwärtig nicht vor. Ob in Zukunft die für ein generelles Vertrauen der Bevölkerung nötigen Grundlagen etwa durch staatliche Aufsicht und durch den Nachweis von Fachkenntnissen geschaffen werden können, erscheint zumindest sehr fraglich. Auch wenn die genannten Bestrebungen nachweislich Missbräuche bekämpfen und das Vertrauen in den Berufsstand stärken, erscheint dieses Vertrauen kaum ein Ausmaß erreichen zu können, das mit den als besonders vertrauenswürdig geltenden Berufsständen der Notare, Wirtschaftsprüfer und Rechtsanwälte vergleichbar wäre.[85]

Daneben bleibt auch die Betonung der Vermittlerstellung nicht ohne Auswirkungen auf die Herausbildung seiner Pflichtenstellung. Bislang ist der Verbraucherschutz nur am Rande bedeutsam und der Schwerpunkt liegt auf dem Anlegerschutz mit den Aufklärungspflichten. Einer künftigen Etablierung des Verbraucherschutzes mit einer Stärkung der gesetzlichen oder richterrechtlichen Beratungspflichten kommt aber die Verlagerung der Erfüllung der Informationspflichten vom Vertragspartner auf einen Dritten zugute. Erst die Einschaltung des Vermittlers als dritte Person ermöglicht es nämlich überhaupt, einen effektiven Verbraucherschutz auf informationeller Ebene zu bieten. Nur dieser kann und will in der Regel dem Kunden eine unabhängige Beratungsleistung bieten.

Die Rolle des Vermittlers könnte demnach in der weiteren Entwicklung dieses Rechtsinstituts eine zweifache Änderung erfahren: zum einen im Hinblick auf die Person des Informationsempfängers, zum anderen die Qualität der Information betreffend.

Auch wenn die Informationspflichtigkeit in weiten Teilen lediglich Abbild der generellen Entwicklung ist, hebt sich der Vermittler dennoch durch seine Stellung zwischen zwei Vertragsparteien von anderen Schuldnern ab. Insbesondere die Informationspflichten gegenüber dem Vertragsgegner rücken den Vermittler zusehends mehr in dessen Richtung. Diese Aufgabe, die dem Vermittler erst aufgrund neuerer wirtschaftlicher Gegebenheiten zuwächst, könnte einen Rollenwechsel von der Funktion der Vertragszusammenführung bzw. Vertragserhaltung hin zu einer Funktion der Informationserteilung einleiten. Damit untrennbar verbunden wäre die Wandlung des Vermittlers vom grundsätzlich einseitigen Interessenvertreter zum neutralen Mittler, zumindest soweit dies für die Erfüllung der Informationspflichten erforderlich ist.

Diese Entwicklung ist mit der Entstehungsgeschichte des amtlichen Handelsmaklers aus dem Römischen Recht und dem daraus hervorgegangenen Handelsmakler im Sinne des § 93 HGB vergleichbar. Im Römischen Recht wurde eine

---

[85] Siehe aber zur Kritik an der Berufshaftung Kapitel 1 B.II.3.b)bb)(1)(b)(bb)γ).

amtliche Person zur Beurkundung benötigt und dieser zur Ausführung ihrer Aufgaben eine neutrale Position zugewiesen. Diese Objektivität erfüllt beim heutigen Handelsmakler den Zweck, die Erfüllung der Pflichten aus §§ 94 ff HGB zu ermöglichen. Aus dem Bedürfnis nach einer beurkundungsfähigen Person wurde somit das entsprechend ausgestaltete Rechtsinstitut per Gesetz geschaffen.

Dieser Rechtsgedanke könnte für die aktuell in den Mittelpunkt tretende Aufgabe des Vermittlers fruchtbar gemacht werden, indem man nach dem Vorbild des § 98 HGB eine Norm mit dem Inhalt einer beidseitigen Aufklärungspflicht bei bestimmten Vermittlungsobjekten herausbildet. Dies hätte zur Konsequenz, dass ein Schuldverhältnis zwischen Vermittler und Aufklärungsempfänger nicht erst begründet werden muss, sondern mit Abschluss eines Vermittlungsvertrags zur anderen Hauptvertragspartei per se ein gesetzliches Schuldverhältnis entsteht. Eine solche Kodifizierung würde dem Bedürfnis nach dem Schutz des informationell Unterlegenen entgegenkommen und ist für diejenigen Bereiche in Betracht zu ziehen, in denen bereits jetzt umfassende gesetzliche oder richterrechtliche Aufklärungspflichten bestehen und damit nachweislich ein grundsätzliches Bedürfnis nach Aufklärung besteht. Andererseits ändert dies das Berufsbild des Vermittlers in seinen grundlegenden Ausprägungen. Führt man diesen Gedankengang fort, rückt grundsätzlich auch die Beratungspflicht gegenüber dem Vertragsgegner für besonders sensible Gebiete, wie die Versicherungsvermittlung, näher.

VII. Zusammenfassung

Das Leitbild des Maklervertrags ist geprägt durch die fehlende Tätigkeitspflicht, die Erfolgsabhängigkeit, die Kausalität und die Entschließungsfreiheit. Ohne den Regelungsbereich des Maklervertrags zu verlassen, kann nur von dem Merkmal der fehlenden Tätigkeitspflicht abgewichen werden, die anderen Elemente sind konstitutiv. Die Erbringung einer Vermittlungsleistung ist aber nicht unausweichlich an den Abschluss eines echten Maklervertrags geknüpft. Abweichende Regelungen bis hin zum gänzlichen Verlassen der maklerrechtlichen Besonderheiten sind grundsätzlich zulässig, einzig problematisch ist die Vereinbarung eines Maklerwerkvertrags. Der Vergleich von Verträgen mit der Tätigkeit des Vermittelns ergibt, dass sich die Definition des Vermittelns in dem beabsichtigen Erfordernis des Zusammenführens von zwei Personen erschöpft und keine Vorgaben hinsichtlich des Zeitpunkts des Tätigwerdens enthält. Der Vermittler ist eine dritte Person, die die Fähigkeit besitzt, einen von beiden Hauptvertragsparteien unabhängigen Willen zu bilden. Ein Angestellter erfüllt diese Voraussetzung in der Regel nicht. Für die maklertypische Vermittlung ist die Beibehaltung eines eigenständigen Vertragstyps angezeigt, da nur dieser Vertragstyp mit dem Merkmal der Erfolgsabhängigkeit die Folgen einer enttäuschten Erwartungshaltung treffend regelt. Die (Vertrags-)Mediation kann unter den Dienstvertrag subsumiert werden. Der Gegenstand der Vermittlung muss in allen Fällen in unmittelbarem Zusammenhang mit einer Vertragsbeziehung, sei es das Zusammenbringen der Parteien bei dessen Abschluss oder dessen Abwicklung, stehen; andernfalls wäre der Vermittler nicht Dritter. Die Entstehungsgeschichte des Maklerrechts lässt keinen eindeutigen Schluss auf das Verhältnis des maklertypischen Vermittlers zu den Hauptvertragsparteien zu. Es verbleibt demnach bei dem allgemeinen Grundsatz, dass man nur einem Herrn dienen kann. Diese einseitige Stellung kann der Makler aufgeben, wenn dies wegen eines Doppelauftrags, aufgrund Gesetzes oder der Vereinbarung einer Funktionsänderung gewollt ist. Der (Vertrags-)Mediator ist kraft Natur der Sache neutral. Das Maß an geschuldeter Information richtet sich nach der Art des Vermittlungsobjekts. Je eher dieses dem täglichen Leben zugeordnet wird und je unbedeutender die möglichen Risiken sind, desto geringerer ist die Informationsbedürftigkeit des Kunden. Das bei der Vermittlung von komplexen Gegenständen erkennbare Bedürfnis nach einer gegenüber beiden Hauptvertragsparteien informationspflichtigen Person könnte Anlass zu der Kodifizierung eines Vermittlerrechts geben, nach der die in diesen Bereichen tätigen Vermittler generell zur Aufklärung verpflichtet sind und insoweit eine neutrale Rolle einnehmen müssen.

Ausblick

Der Gang der Untersuchung hat bestätigt, dass die Vermittlungsverträge jeweils ihren eigenen Regeln folgen, so dass es schwierig ist, einen einheitlichen Begriff des ‚Vermittlers' bzw. des ‚Vermittlungsvertrags' herauszubilden. Der Typus des Vermittlungsvertrags existiert nicht, es ist lediglich möglich, ihn zur Systematisierung in seine einzelnen Regelungsbereiche aufzusplitten. Diese werden insbesondere durch den Vermittlungsgegenstand geprägt, der die Funktion des Vermittlers bestimmt und sich auf die Pflichten und die Position zum Vertragsgegner niederschlägt.

Obwohl der Vermittler seiner ursprünglichen Aufgabe gemäß zwischen den Parteien steht und diese lediglich zusammenführen soll, übernimmt er nun immer öfters weitergehendere Aufgaben, insbesondere die der Informationserteilung. Aus § 311 Abs. 3 BGB oder einem konkludent geschlossenen Auskunftsvertrag haftet er dabei häufig gerade auch gegenüber dem Vertragsgegner. Daneben wurde für den Spezialfall der Versicherungsvermittlung gesetzlich eine Beratungspflicht gegenüber dem Kunden auch ohne Abschluss eines Beratungsvertrags kodifiziert. Diese fortschreitende Verantwortungsübernahme und ausufernde Haftung des Vermittlers in informationsintensiven Bereichen zeigen das Bedürfnis nach einer Umorientierung des Vermittlerwesens in Richtung auf die Informationspflichtigkeit auf.

Man könnte demnach daran denken, dem Vermittler bestimmter Objekte eine gänzlich neue Rolle mit Informationspflichten beiden Parteien gegenüber zuzuweisen. In Abweichung zum typischen Zivilmakler würde es zu einer grundsätzlichen Pflichtenverschärfung gegenüber dem Vertragsgegner und, soweit für die Pflichtenerfüllung nötig, zu einer grundsätzlich neutralen Stellung führen. Die Versicherungsvermittlungsrichtlinie könnte bereits den Beginn dieser Entwicklung gesetzt haben.

Diese umfassende Pflichtenbegründung erfordert eine gesetzliche Kodifizierung, da allein die Rolle des Vermittlers, auch bei entsprechenden vertrauensfördernden Maßnahmen, eine Berufshaftung nicht zu begründen vermag. Im Unterschied zu den §§ 93 ff HGB, die aus einem angesehenen Berufsstand entwickelt worden sind, ist bei der Vermittlung gerade das Gegenteil der Fall. Für die gesetzliche Statuierung einer Haftung spricht generell, dass einerseits die Haftung und Aufklärungspflicht des Vermittlers gewollt ist und andererseits bis jetzt kein allgemein anerkanntes Konzept gefunden wurde. Dass die Aufklärungspflicht des Vermittlers in bestimmten Bereichen beabsichtigt ist, zeigt sich daran, dass zwar vordergründig hohe Anforderungen an das Schuldverhältnis gestellt werden, andererseits diese aber praktisch sowohl beim Auskunftsvertrag als auch bei der Eigenhaftung Dritter doch leicht erfüllt werden können.[1]

Dies bedeutet hier eine dem allgemeinen Trend gegenläufige Beobachtung, nämlich des removement from contract to status.[2]

[1] Siehe etwa *Benedict,* ZIP 2005, 2129 ff (2131 f); so sei etwa das Auftreten als Finanzkaufmann und eine Ausbildung als Mathematiklehrer ausreichend, wenn dieser selbst auch an der Anlage beteiligt ist, siehe *BGH,* Urteil v. 13.05.1993, NJW-RR 1993, 1114 ff (1115).

[2] *Benedict,* ZIP 2005, 2129 ff (2137).

Literaturverzeichnis

Abram, Nils: Die §§ 42a bis 42 I VVG des Referentenentwurfes eines Ersten Gesetzes zur Neuregelung des Versicherungsvermittlungsrechts, r+s 2005, 137 ff

Arendts, Martin: Beratungs- und Aufklärungspflichten über das einem Wertpapier erteilte Rating – zugleich eine Besprechung der Gerichtsentscheidungen zu den Bond-Anleihen, WM 1993, 229 ff

– Die Haftung für fehlerhafte Anlageberatung, München, 1998

– Die Nachforschungspflichten des Anlageberaters über die von ihm empfohlene Kapitalanlage, DStR 1997, 1649 ff

Assmann, Heinz-Dieter: Negativberichterstattung als Gegenstand der Nachforschungs- und Hinweispflichten von Anlageberatern und Anlagevermittlern, ZIP 2002, 637 ff

– Prospekthaftung als Haftung für die Verletzung kapitalmarktbezogener Informationsverkehrspflichten nach deutschem und US-amerikanischem Recht, Habil.-Schr., Köln/Berlin/Bonn/München, 1985 (zitiert: Assmann, Prospekthaftung)

Assmann, Heinz-Dieter/*Schneider,* Uwe H. (Hrsg.): Wertpapierhandelsgesetz, 4. Auflage, Köln, 2006 (zitiert: Bearbeiter, in: Assmann/Schneider, WpHG)

Assmann, Heinz-Dieter/*Schütze,* Rolf A. (Hrsg.): Handbuch des Kapitalanlagerechts, 2. Auflage, München, 1997 (zitiert: Bearbeiter, in: Assmann/Schütze, Handbuch des Kapitalanlagerechts); Ergänzungsband, 2001 (zitiert: Bearbeiter, in: Assmann/Schütze, Handbuch des Kapitalanlagerechts, Ergänzungsband)

Ballerstedt, Kurt: Zur Haftung für culpa in contrahendo bei Geschäftsabschluß durch Stellvertreter, AcP 151 (1950/1951), 501 ff

Balzer, Peter: Anlegerschutz bei Verstößen gegen die Verhaltenspflichten nach §§ 31 ff Wertpapierhandelsgesetz (WpHG), ZBB 1997, 260 ff

Bamberger/Roth: Beck'scher Online-Kommentar, Bamberger/Roth (Hrsg.), Stand 01.02.2007 bzw. 01.06.2007 (zitiert: Bearbeiter, in: Bamberger/Roth, BGB)

Bar, Christian von: Vertrauenshaftung ohne Vertrauen – Zur Prospekthaftung bei der Publikums-KG in der Rechtsprechung des BGH, ZGR 1983, 476 ff

Basedow, Jürgen: Preiskalkulation und culpa in contrahendo, NJW 1982, 1030 f

Baumann, Frank: Versicherungsvermittlung durch Versicherungsmakler, Diss., Karlsruhe, 1997

Baumann, Horst: Versicherungsrecht nach Deregulierung, VersR 1996, 1 ff

Baumgärtel, Gottfried: Anm. zu BGH, Urteil v. 30.09.1993, JR 1994, 466

Beenken, Matthias/*Sandkühler,* Hans-Ludger: Das Vermittlergesetz und seine Konsequenzen für die Branche, r+s 2007, 182 ff

Benedict, Jörg: Die Haftung des Anlagevermittlers – Von der Vertrags-, Vertrauens- und Garantiehaftung zur Berufshaftung?, ZIP 2005, 2129 ff

– Die rechtliche Einordnung des Anlagevermittlers, AcP 204 (2004), 697 ff

Benkel, Gert A./*Reusch,* Peter: Der Einfluß der Deregulierung der Versicherungsmärkte auf die Haftung des Versicherungsmaklers, VersR 1992, 1302 ff

Blankenstein, Alexander C.: Maklers ‚Innenprovision' – Eine Bestandsaufnahme, NZM 2002, 145 ff

Blaurock, Uwe: Haftungsfreizeichnung zugunsten Dritter – Die Ausdehnung vertraglicher Haftungsregelungen auf Dritte, ZHR 146 (1982), 238 ff

Bohrer, Michael: Die Haftung des Dispositionsgaranten. Ein Beitrag zur Lehre von der negativen Vertrauenshaftung, Ebelsbach, 1980

Brandner, Hans Erich: Abnehmerschutz im Wettbewerb. Zugleich Bemerkungen zu den Gesetzesnovellen für eine neunte UWG-Novelle, in: Festschrift für Robert Fischer, Lutter, Marcus/Stimpel, Walter/Wiedemann, Herbert (Hrsg.), Berlin/New York, 1979, S. 19 ff (zitiert: Brandner, Abnehmerschutz im Wettbewerb, in: FS für Robert Fischer)

Breidenbach, Stephan: Die Voraussetzungen von Informationspflichten beim Vertragsschluss, Diss., München, 1989

Brox, Hans/*Walker,* Wolf-Dietrich: Allgemeines Schuldrecht, 32. Auflage, München, 2007

Büdenbender, Ulrich: Der Werkvertrag, JuS 2001, 625 ff

Bünger, Klaus: Plädoyer für Gewerbefreiheit bei Versicherungsvermittlern, Kongressvortrag, GewArch 1994, 305 ff

Bydlinski, Franz: Über listiges Schweigen beim Vertragsschluss, JBl 1980, 393 ff

Canaris, Claus-Wilhelm: Bankvertragsrecht, Teil 1, 3. Auflage, Berlin/New York, 1988 (zitiert: *Canaris,* Bankvertragsrecht)

– Die Reichweite der Expertenhaftung gegenüber Dritten. Kongressvortrag, ZHR 163 (1999), 206 ff

– Die Vertrauenshaftung im deutschen Privatrecht, München, 1971

– Grundrechte und Privatrecht. Eine Zwischenbilanz. Stark erweiterte Fassung des Vortrags gehalten vor der Juristischen Gesellschaft zu Berlin am 10. Juni 1998 von Claus-Wilhelm Canaris, Berlin, 1999

– Schutzgesetze – Verkehrspflichten – Schutzpflichten, in: Festschrift für Karl Larenz zum 80. Geburtstag am 23. April 1983, Canaris, Claus-Wilhelm/Diederichsen, Uwe (Hrsg.), München, 1983, S. 27 ff (zitiert: Canaris, Schutzgesetze – Verkehrspflichten – Schutzpflichten, in: FS für Karl Larenz II)

– Sondertagung Schuldrechtsmodernisierung – Die Reform des Rechts der Leistungsstörungen – Kongressvortrag, JZ 2001, 499 ff

Coing, Helmut: Haftung aus Prospektwerbung für Kapitalanlagen in der neueren Rechtsprechung des Bundesgerichtshofes, WM 1980, 206 ff

Dauner-Lieb, Barbara/*Heidel,* Thomas/*Lepa,* Manfred/*Ring,* Gerhard (Hrsg.): Anwaltkommentar, Schuldrecht, Erläuterungen der Neuregelungen zum Verjährungsrecht, Schuldrecht, Schadensersatzrecht und Mietrecht, Bonn, 2002 (zitiert: Bearbeiter, in: Anwaltkommentar, Schuldrecht)

Deckers, Sven: Die Abgrenzung des Versicherungsvertreters vom Versicherungsmakler, Karlsruhe, 2004

Dehner, Walter: Das Verflechtungsproblem im Maklerrecht – Bemerkungen zu *BGH,* NJW 1992, 2818, NJW 1993, 2225 f

– Maklerrecht in der neueren höchstrichterlichen Rechtsprechung, Köln, 1987

Dreier, Horst (Hrsg.): Kommentar zum Grundgesetz, Band II, 2. Auflage, Tübingen, 2006 (zitiert: Bearbeiter, in: Dreier, GG)

Duve, Christian: Was ist eigentlich Alternative Dispute Resolution (ADR)? Überblick über die außergerichtliche Streitbeilegung in den USA, Beilage zu BB 1998, 15 ff

Ebenroth, Carsten Thomas/*Boujong,* Karlheinz/*Joost,* Detlev (Hrsg.): Kommentar zum Handelsgesetzbuch, Band 1, 1. Auflage, München, 2001 (zitiert: Bearbeiter, in: Ebenroth/Boujong/Joost, HGB)

Ebke, Werner F./*Fechtrup,* Benedikt: Zur Haftung des Wirtschaftsprüfers bei unrichtigen Auskünften über einen Kreditnehmer gegenüber einer Bank (f) – Anm. zu BGH, Urteil v. 19.03.1986, JZ 1986, 1112 ff

Edelmann, Hervé: Gibt es eine Hinweispflicht des Anlagevermittlers/-beraters auf negative Presseberichterstattungen?, BKR 2003, 438 ff

Eidenmüller, Horst: Effizienz als Rechtsprinzip. Möglichkeiten und Grenzen der ökonomischen Analyse des Rechts, 3. Auflage, Tübingen, 2005

Emmerich, Volker: Anm. zu BGH, Urteil v. 13.06.2002, JuS 2003, 401 f

– Anm. zu BGH, Urteil v. 12.02.2004, JuS 2004, 722 ff

– Das Recht der Leistungsstörungen, 6. Auflage, München, 2005

Ensthaler, Jürgen (Hrsg.): Gemeinschaftskommentar zum Handelsgesetzbuch, 6. Auflage, Neuwied, 1999 (zitiert: Bearbeiter, in: Ensthaler, HGB)

Fikentscher, Wolfgang: Schuldrecht, 10. Auflage, Berlin, 2006

Fischer, Detlev: Fehler- und lückenhafte Maklerprovisionsabreden in der Praxis, NZM 2002, 480 ff

Fleischer, Holger: Empfiehlt es sich, im Interesse des Anlegerschutzes und zur Förderung des Finanzplatzes Deutschland das Kapitalmarkt- und Börsenrecht neu zu regeln?, in: Verhandlungen des vierundsechzigsten deutschen Juristentags. Berlin 2002, Ständige Deputation des deutschen Juristentags (Hrsg.), Band I, Gutachten. Teil F und G, München, 2002 (zitiert: Fleischer, Gutachten F, Verhandlungen des 64. deutschen Juristentags)

– Informationsasymmetrie im Vertragsrecht. Eine rechtsvergleichende und interdisziplinäre Abhandlung zu Reichweite und Grenzen vertragsschlussbezogener Aufklärungspflichten, Habil.-Schr., München, 2001

– Konkurrenzprobleme um die culpa in contrahendo – Fahrlässige Irreführung versus arglistige Täuschung – zugleich eine Besprechung von BGH, Urteil vom 26-9-1997 – V ZR 29/96, NJW 1998, 302, AcP 200 (2000), 91 ff

– Prospektpflicht und Prospekthaftung für Vermögensanlagen des Grauen Kapitalmarkts nach dem Anlegerschutzverbesserungsgesetz, BKR 2004, 339 ff

– Vertragsschlussbezogene Aufklärungspflichten zwischen Personengesellschaftern – Zugleich ein Beitrag zur culpa in contrahendo im Gesellschaftsrecht, NZG 2000, 561 ff

Flume, Werner: Allgemeiner Teil des Bürgerlichen Rechts, Zweiter Band, Berlin u. a., 4. Auflage, 1992

Fröber, Hedrik Philipp: Die Entstehung der Bestimmungen des BGB über den Maklervertrag (§§ 652–654 BGB) und die Rechtsprechung des Reichsgerichts zum neuen Maklerrecht, Diss., Frankfurt a. M., 1997

Fuchs, Andreas/*Dühn,* Matthias: Deliktische Schadensersatzhaftung für falsche Adhoc-Mitteilungen – Zugleich Besprechung des Urteils des OLG München, BKR 2002, 1096

Gallandi, Volker: Die Aufklärungspflicht bei Innenprovisionen, WM 2000, 279 ff

Geibel, Stefan J.: Der Kapitalanlegerschaden, Diss., Tübingen, 2002

Geisendörfer, Ulrich: Berufs- und Gewerbefreiheit, ein Grundrecht für Unternehmer, GewArch 1995, 41 ff

Gerhardt, Walter: Die Haftungsfreizeichnung innerhalb des gesetzlichen Schuldverhältnisses, JZ 1970, 535 ff

Gilles, Peter: Partnerschaftsservice statt Ehemakelei – Ein neues Dienstleistungsgewerbe mit Makler-, Dienst- und Werkvertragsproblemen, NJW 1983, 361 ff

Grießenbeck, Armin von: Zur Anwendung des § 98 HGB auf Emissionsgehilfen von Anteilen einer Publikums-KG, BB 1988, 2188 ff

Grigoleit, Hans Christoph: Neuere Tendenzen zur schadensrechtlichen Vertragsaufhebung, NJW 1999, 900 ff

– Vorvertragliche Informationshaftung. Vorsatzdogma, Rechtsfolgen, Schranken, Diss., München, 1997

Grote, Thomas: Die Eigenhaftung Dritter als Anwendungsfall der culpa in contrahendo, Diss., Bochum, 1984

Grumann, Marc-Olaf: Prospektbegriff, -pflicht und -verantwortlichkeit im Rahmen der allgemeinen bürgerlich-rechtlichen Prospekthaftung im engeren Sinne, BKR 2002, 310 ff

Grunewald, Barbara: Die Beweislastverteilung bei der Verletzung von Aufklärungspflichten, ZIP 1994, 1162 ff

Hagemann-Böthern, Dörte: 2006 – Der Beginn einer neuen Ära für Versicherungsvermittler in Deutschland?, PHi 2006, 1 ff

Hartl, Sabine Michaela: Der Mäklervertrag des BGB – noch zeitgemäß?, Diss., Regensburg, 2001

Hasenkamp, Annabel: Die neue Prospektierungspflicht für Anbieter geschlossener Fonds, DStR 2004, 2154 ff

Heinemann, Klaus: Baustein anwaltlicher Berufshaftung: die Beweislast, NJW 1990, 2345 ff

Heinze, M.: Anm. zu BGH, Urteil v. 23.11.1973, JR 1974, 329 f

Heisterhagen, Christoph: Die gesetzliche Prospektpflicht für geschlossene Fonds nach dem Regierungsentwurf des Anlegerschutzverbesserungsgesetzes, DStR 2004, 1089 ff

Heisterhagen, Christoph/*Kleinert,* Jens: Neueste Entwicklungen und aktuelle Problemkreise im Bereich geschlossener Fonds, DStR 2004, 507 ff

Henssler, Martin: Risiko als Vertragsgegenstand, Habil.-Schr., Tübingen, 1994

Herrmann, Harald: Die Sachwalterhaftung vermögenssorgender Berufe – Zu den berufssoziologischen und wirtschaftsrechtlichen Grundlagen der culpa in contrahendo – Kongressvortrag, JZ 1983, 422 ff

Heymann, Ekkehardt von: Bankenhaftung bei Immobilienanlagen: Neueste Rechtsprechung, BB 2000, 1149 ff

– Zur Haftung bei Anlageberatung und Anlagevermittlung, DStR 1993, 1147 ff

– Kommentar zum Handelsgesetzbuch, Sammlung Guttentag, Horn, Norbert (Hrsg.), Band 1, Berlin/New York, 2. Auflage, 1995 (zitiert: Bearbeiter, in: Heymann, HGB)

Hiller, Tobias: Anm. zu BGH, Urteil v. 28.09.2000, ZMR 2001, 203 f

Hoegen, Dieter: Einzelfragen zur Haftung bei Anlagevermittlung und Anlageberatung unter besonderer Berücksichtigung der Rechtsprechung des Bundesgerichtshofes, in: Festschrift für Walter Stimpel zum 68. Geburtstag am 29. November 1985, Lutter, Marcus/Mertens, Hans-Joachim/Ulmer, Peter (Hrsg.), Berlin/New York, 1985, S. 247 ff (zitiert: Hoegen, Einzelfragen zur Haftung bei Anlagevermittlung und Anlageberatung, in: FS für Walter Stimpel)

Hoffmann, Hans-Joachim: Arglist des Unternehmers aus der Sicht für ihn tätiger Personen, JR 1969, 372 ff

Hohlfeld, Knut: Versicherungsvermittlung und Regulierung in Deutschland, NVersZ 1999, 305 ff

Honsell, Heinrich/*Mayer-Maly,* Theo/*Selb,* Walter: Römisches Recht, auf Grund des Werks von Paul Jörs/Wolfgang Kunkel/Leopold Wenger, 4. Auflage, Berlin/Heidelberg/New York, 1987 (zitiert: Honsell/Mayer-Maly/Selb, Römisches Recht)

Hopt, Klaus J.: Interessenwahrung und Interessenkonflikte im Aktien-, Bank- und Berufsrecht – Zur Dogmatik des modernen Geschäftsbesorgungsrechts, ZGR 2004, 1 ff

– Nichtvertragliche Haftung außerhalb von Schadens- und Bereicherungsausgleich – Zur Theorie und Dogmatik des Berufsrechts und der Berufshaftung, AcP 183 (1983), 608 ff

Hopt, Klaus J./*Merkt,* Hanno/*Baumbach,* Adolf (Hrsg.): Kommentar zum Handelsgesetzbuch mit GmbH & Co., Handelsklauseln, Bank- und Börsenrecht, Transportrecht (ohne Seerecht), 33. Auflage, München, 2008 (zitiert: Bearbeiter, in: Baumbach/Hopt, HGB)

Horn, Norbert: Die Aufklärungs- und Beratungspflichten der Banken, ZBB 1997, 139 ff

Hösch, Ulrich: Anlegerschutz auf dem ‚grauen Kapitalmarkt', GewArch 1999, 135 ff

Hübner, Ulrich: Die Berufshaftung – ein zumutbares Berufsrisiko?, NJW 1989, 5 ff

Ihle, Jörg: Der Informationsschutz des Versicherungsnehmers, Inaugural-Dissertation, Hamburg, 2006

Jarass, Hans D.: Das allgemeine Persönlichkeitsrecht im Grundgesetz, NJW 1989, 857 ff

Jauernig, Othmar: Kommentar zum Bürgerlichen Gesetzbuch, 12. Auflage, München, 2007 (zitiert: Bearbeiter, in: Jauernig, BGB)

Jörs, Paul/*Kunkel,* Wolfgang/*Wenger,* Leopold: Römisches Privatrecht, auf Grund des Werkes von Paul Jörs in 2. Auflage neu bearbeitet von Wolfgang Kunkel, 3. Auflage, Berlin, 1949 (zitiert: Kunkel, Römisches Privatrecht)

Jost, Fritz: Vertragslose Auskunfts- und Beratungshaftung, Habil.-Schr., Baden-Baden, 1991

Jung, Mathias: Die Auswirkungen der 6. KWG-Novelle auf Anlagevermittler, (Börsen-)Makler und Vermögensverwalter, BB 1998, 649 ff

Kieninger, Eva-Maria: Aufklärungspflichten bei fremdfinanzierter Lebensversicherung als Kapitalanlage, NVersZ 1999, 118 ff

– Informations-, Aufklärungs- und Beratungspflichten beim Abschluß von Versicherungsverträgen, AcP 199 (1999), 190 ff

Kiethe, Kurt: Kapitalanlagen in Immobilien – Aufklärungspflicht über Innenprovisionen?, NZG 2001, 107 ff

Kiethe, Kurt/*Groeschke,* Peer: Vertragsdisparität und strukturelle Unterlegenheit als Wirksamkeits- und Haftungsfalle. Zugleich Besprechung des Bürgschaftsbeschlusses des BVerfG vom 05.08.1994, BB 1994, 2291 ff

Kiethe, Kurt/*Hektor,* Doris: Haftung für Anlageberatung und Vermögensverwaltung, DStR 1996, 547 ff

Klumpe, Werner/*Nastold,* Ulrich A.: Immobilienfonds. Offene und geschlossene Immobilienfonds, Grundlagen, Unterschiede, Besonderheiten, Köln, 1993

Knieper, Rolf: Der Maklervertrag im System des BGB, NJW 1970, 1293 ff

Kohlhammer: Kommentar zum Wertpapierhandelsgesetz, Börsengesetz mit BörsZulV, Verkaufsprospektgesetz mit VerkProspV, Schäfer Frank A. (Hrsg.), Stuttgart/Berlin/Köln, 1999 (zitiert: Bearbeiter, in: Kohlhammer)

Koller, Ingo: Die Wirksamkeit formularmäßiger Haftungsfreizeichnungsklauseln zwischen Schadensausgleich und Schadensprävention, ZIP 1986, 1089 ff

Koller, Ingo/*Roth,* Wulf-Henning/*Morck,* Winfried: Kommentar zum Handelsgesetzbuch, 6. Auflage, 2007 (zitiert: Bearbeiter, in: Koller/Roth/Morck, HGB)

Kölner Kommentar: Kommentar zum WpHG, Hirte, Heribert (Hrsg.), Köln, 2007 (zitiert: Bearbeiter, in: KK, WpHG)

Köndgen, Johannes: Die Entwicklung des Bankkreditrechts in den Jahren 1995–1999, NJW 2000, 468 ff

– Selbstbindung ohne Vertrag. Zur Haftung aus geschäftsbezogenem Handeln, Habil.-Schr., Tübingen, 1981

Krebs, Peter: Sonderverbindung und außerdeliktische Schutzpflichten, Habil.-Schr., München, 2000

Krehl, Rainer: Die Pflichtverletzungen des Maklers, Diss., Kiel, 1989

Kübel, Franz Philipp von: Recht der Schuldverhältnisse. Die Vorlagen der Redaktoren für die erste Kommission zur Ausarbeitung des Entwurfs eines Bürgerlichen Gesetzbuches, Besonderer Teil (2), Schubert, Werner (Hrsg.), Berlin/New York, 1980 (zitiert: Schubert, Vorentwürfe der Redaktoren zum BGB)

Kübler, Friedrich: Anlageberatung durch Kreditinstitute, ZHR 145 (1981), 204 ff

Kühl, Martin/*Breitkreuz,* Tilman: Rechtsbeziehungen bei privater Arbeitsvermittlung, NZS 2004, 568 ff

Kümpel, Siegfried: Wertpapierhandelsgesetz – Eine systematische Darstellung, Berlin, 1996

Kuschka, Marius: Die aktuelle Rechtsprechung zur Haftung von Banken und Anlagevermittlern, MDR 2005, 906 ff

Lammel, Siegbert: Zur Auskunftshaftung, AcP 179 (1979), 337 ff

Lang, Volker: Einmal mehr – Berufsrecht, Berufspflichten und Berufshaftung, AcP 201 (2001), 451 ff

– Informationspflichten bei Wertpapierdienstleistungen. Rechtliche Grundlagen. Typenspezifische Anforderungen. Haftung, Inauguraldiss., München, 2003

Lange, Markus: Informationspflichten von Finanzdienstleistern: zivilrechtliche Vorfeldpflichten bei Anlagegeschäften an Finanz- und Terminmärkten unter Berücksichtigung der §§ 31, 32 WpHG, Diss., Potsdam, 2000

Larenz, Karl: Lehrbuch des Schuldrechts, I. Band, Allgemeiner Teil, 14. Auflage, München, 1987 (zitiert: Larenz, Lehrbuch des Schuldrechts, I. Band)

– Lehrbuch des Schuldrechts, II. Band, Besonderer Teil, 1. Halbband, 13. Auflage, München, 1986 (zitiert: Larenz, Lehrbuch des Schuldrechts, II. Band, 1. Halbband)

Larenz, Karl/*Wolf,* Manfred: Allgemeiner Teil des Bürgerlichen Rechts, 9. Auflage, München, 2004 (zitiert: Larenz/Wolf, Allgemeiner Teil des Bürgerlichen Rechts)

Leisau, Ulf: Die Rechtsbeziehungen zwischen Auftraggeber und Makler im Maklervertrag, Diss., Hamburg, 1967

Leisch, Franz Clemens: Informationspflichten nach § 31 WpHG. Rechtsnatur und Inhalt. Zur zivilrechtlichen Geltung einer Norm des Wirtschaftsrechts, Diss., München, 2004

Lenenbach, Markus: Aktienanleihen: Ihre Behandlung im Zivil- und Börsenterminrecht und nach dem AGBG – Zugleich Besprechung des Urteils des LG Frankfurt, NZG 2000, 793, NZG 2001, 481 ff

Lieb, Manfred: Culpa in contrahendo und rechtsgeschäftliche Entscheidungsfreiheit, in: Festschrift für Dieter Medicus, Beuthien, Volker/Fuchs, Maximilian/Roth, Herbert/Schiemann, Gottfried/Wacke, Andreas (Hrsg.), Köln u. a., 1999, S. 337 ff (zitiert: *Lieb,* Culpa in contrahendo und rechtsgeschäftliche Entscheidungsfreiheit, in: FS für Dieter Medicus)

Lorenz, Stephan: Der Schutz vor dem unerwünschten Vertrag. Eine Untersuchung von Möglichkeiten und Grenzen der Abschlusskontrolle im geltenden Recht, Habil.-Schrift, München, 1997

– Haftungsausfüllung bei der culpa in contrahendo: Ende der ‚Minderung durch c.i.c.'?, NJW 1999, 1001 f

– Vertragsaufhebung wegen culpa in contrahendo – Schutz der Entscheidungsfreiheit oder des Vermögens? – Eine Besprechung des Urteils des Bundesgerichtshofs vom 26. September 1997, ZIP 1998, 154, ZIP 1998, 1053 ff

Lorenz, Stephan/*Riehm,* Thomas: Lehrbuch zum neuen Schuldrecht, München, 2002

Loritz, Karl-Georg: Aufklärungs- und Informationsbeschaffungspflichten über Presseberichte beim Vertrieb von Kapitalanlagen, NZG 2002, 889 ff

– Innenprovisionen bei Kapitalanlagen, insbesondere beim Immobilienvertrieb, WM 2000, 1831 ff

Lutter, Marcus: Zur Haftung des Emissionsgehilfen im grauen Kapitalmarkt, in: Recht und Wirtschaft in Geschichte und Gegenwart. Festschrift für Johannes Bärmann zum 70. Geburtstag, Lutter, Marcus/Kollhosser, Helmut/Trusen, Winfried (Hrsg.), München, 1975, S. 605 ff (zitiert: Lutter, Zur Haftung des Emissionsgehilfen im grauen Kapitalmarkt, in: FS für Johannes Bärmann)

Machunsky, Jürgen: Immobilienfonds und Erwerbermodelle. Haftung bei steuerbegünstigten Kapitalanlagen, 3. Auflage, Neuwied u. a., 1997

Martinek, Michael: Der Maklervertrag als wucherähnliches Geschäft? – Vorschlag für einen Paradigmenwechsel bei der Sittenwidrigkeitskontrolle von Maklerverträgen, JZ 1994, 1048 ff

Matusche, Annemarie: Pflichten und Haftung des Versicherungsmaklers, 4. Auflage, Karlsruhe, 1995

Matusche-Beckmann, Annemarie: Berufsrecht und zivilrechtliche Beratungs- und Informationspflichten für Versicherungsvermittler, NVersZ 2002, 385 ff

– Probleme bei der Abgrenzung des Versicherungsagenten vom Versicherungsmakler – Zugleich Anmerkung zu dem Urteil des OLG Nürnberg vom 27.01.1994 (8 U 1184/93) VersR 95, 94, VersR 1995, 1391 ff

Medicus, Dieter: Bürgerliches Recht, 21. Auflage, München, 2007

Miettinen, Johanna: Information und Beratung – oder doch lieber Aufklärung? – Kritik zum Referentenentwurf ‚Erstes Gesetz zur Neuregelung des Versicherungsvermittlerrechts' (9.12.2004), VersR 2005, 1629 ff

Möllers, Thomas M. J.: Das europäische Kapitalmarktrecht im Umbruch – Ein Zwischenbericht zu den kapitalmarktrechtlichen Informationspflichten unter rechtsvergleichender Perspektive, ZBB 2003, 390 ff

Möllers, Thomas M. J./*Ganten,* Ted: Die Wohlverhaltensrichtlinie des BAWe im Lichte der neuen Fassung des WpHG – Eine kritische Bestandsaufnahme, ZGR 1998, 773 ff

Möllers, Thomas M. J./*Leisch,* Franz Clemens: Haftung von Vorständen gegenüber Anlegern wegen fehlerhafter Ad-hoc-Meldungen nach § 826 BGB, WM 2001, 1648 ff

Möllers, Thomas M. J./*Rotter,* Klaus (Hrsg.): Ad-hoc-Publizität, Handbuch der Rechte und Pflichten von börsennotierten Unternehmen und Kapitalgebern, München, 2003 (zitiert: Bearbeiter, in: Möllers/Rotter, Ad-hoc-Publizität)

Moritz, Hans/*Grimm,* Paul: Die Vermögensanlagen-Verkaufsprospekteverordnung: Inhaltliche Anforderungen an Verkaufsprospekte geschlossener Fonds, BB 2005, 337 ff

Mugdan, Benno: Die gesamten Materialien zum Bürgerlichen Gesetzbuch für das deutsche Reich, Band 2, Recht der Schuldverhältnisse, Aalen, 1979 (zitiert: Mugdan, Materialien zum Bürgerlichen Gesetzbuch)

Münchener Handbuch des Gesellschaftsrechts: Riegger, Bodo/Weipert, Lutz (Hrsg.), Band 2, 2. Auflage, München, 2004 (zitiert: Bearbeiter, in: Münchener Handbuch des Gesellschaftsrechts)

Münchener Handbuch zum Arbeitsrecht: Band 1, Richardi, Reinhard/Wlotzke, Otfried (Hrsg.), 2. Auflage, München, 2000 (Bearbeiter, in: Münchener Handbuch zum Arbeitsrecht)

Münchener Kommentar zum Bürgerlichen Gesetzbuch: Rebmann, Kurt/Säcker, Franz Jürgen/Rixecker, Roland (Hrsg.), Münchener Kommentar zum Bürgerlichen Gesetzbuch, Band 1, 4. Auflage, 2001; Band 2, 5. Auflage, 2007; Band 3, 5. Auflage, 2008; Band 4, 4. Auflage, 2005, München (zitiert: Bearbeiter, in: MüKo, BGB)

Münchener Kommentar zum Handelsgesetzbuch: Schmidt, Karsten (Hrsg.), Band 1, 2. Auflage, München, 2005 (zitiert: Bearbeiter, in: MüKo, HGB)

Musielak, Hans-Joachim (Hrsg.): Kommentar zur Zivilprozessordnung, 5. Auflage, München, 2007 (zitiert: Bearbeiter, in: Musielak, ZPO)

Müssig, Peter: Falsche Auskunftserteilung und Haftung, NJW 1989, 1697 ff

Neuner, Jörg: Privatrecht und Sozialstaat, Habil.-Schr., München, 1999

Nirk, Rudolf: Culpa in contrahendo – eine richterliche Rechtsfortbildung – in der Rechtsprechung des Bundesgerichtshofes, in: Festschrift für Philipp Möhring zum 65. Geburtstag, Hefermehl, Wolfgang/Nipperdey, Hans Carl (Hrsg.), München und Berlin, 1965, S. 385 ff (zitiert: Nirk, Culpa in contrahendo, in: FS für Philipp Möhring)

Oechsler, Jürgen: Aufklärungspflichten hinsichtlich des Verfalls von Rechten aus Optionsscheinen (f), Anmerkung zu BGH, 07.05.2002, NJW 2002, 2703 ff, LMK 2003, 25 f

Palandt, Otto/*Bassenge,* Peter: Bürgerliches Gesetzbuch, 67. Auflage, München, 2008 (zitiert: Bearbeiter, in: Palandt, BGB)

Pauly, Holger: Konkludenter Vertragsabschluss im Maklerrecht, MDR 2006, 549 ff

– Zur Frage der treuwidrigen Vereitelung des Hauptvertrages beim Maklervertrag, JR 1998, 353 ff

Pfeiffer, Florian: Der Schutz des (Klein-)Anlegers im Rahmen der Verhaltensregeln der §§ 31, 32 WpHG. Verbraucherschützende Aufklärungs- und Beratungspflichten der Banken, Diss., München, 1999

Picker, Eduard: Positive Forderungsverletzung und culpa in contrahendo – Zur Problematik der Haftungen ‚zwischen' Vertrag und Delikt, AcP 183 (1983), 369 ff

Piper, Henning/*Ohly,* Ansgar (Hrsg.): Gesetz gegen den unlauteren Wettbewerb mit Preisangabenverordnung, 4. Auflage, München, 2006 (zitiert: Bearbeiter, in: Piper, UWG)

Pleyer, Klemens: Zur Grundlage des Schadensersatzanspruchs wegen fehlerhafter Prospekte beim Vertrieb von Anteilen an einer Publikums-KG in der Rechtsprechung des BGH, in: Festschrift für Walter Stimpel zum 68. Geburtstag am 29. November 1985, Lutter, Marcus/Mertens, Hans-Joachim/Ulmer, Peter (Hrsg.), Berlin/New York, 1985, S. 337 ff (zitiert: Pleyer, Zur Grundlage des Schadensersatzanspruchs wegen fehlerhafter Prospekte, in: FS für Walter Stimpel)

Pleyer, Klemens/*Hegel,* Thomas: Die Prospekthaftung bei der Publikums-KG – Detailfragen anhand der Rechtsprechung des BGH, ZIP 1985, 1370 ff

– Zur Grundlage der Prospekthaftung bei der Publikums-KG in der Literatur, ZIP 1986, 681 ff

Pohlmann, André: Die Haftung wegen Verletzung von Aufklärungspflichten. Ein Beitrag zur culpa in contrahendo und zur positiven Forderungsverletzung unter Berücksichtigung der Schuldrechtsreform, Diss., Berlin, 2002

Rehm, Gebhard M.: Aufklärungspflichten im Vertragsrecht, München, Diss., 2003

Reich, Norbert: Informations-, Aufklärungs- und Warnpflichten beim Anlagengeschäft unter besonderer Berücksichtigung des „execution-only-business" (EOB), WM 1997, 1601 ff

Reiff, Peter: Die Umsetzung der Versicherungsvermittlerrichtlinie in das deutsche Recht, VersR 2004, 142 ff

– Das Gesetz zur Neuregelung des Versicherungsvermittlerrechts, VersR 2007, 717 ff

Renner, Oliver: Pflicht des Kapitalanlageberaters zum Hinweis auf negative Presseberichterstattung über die empfohlene Anlage, DStR 2001, 1706 ff

Reuter, Dieter: Das Maklerrecht als Sonderrecht der Maklertätigkeit – Versuch einer dogmatischen Ortsbestimmung, NJW 1990, 1321 ff

Riehm, Thomas: Aktuelle Fälle zum Bürgschaftsrecht, JuS 2000, 241 ff

Roth, Wulf-Henning: Die Vollendung des europäischen Binnenmarktes für Versicherungen, NJW 1993, 3029 ff

Rott, Peter: BB-Gesetzgebungsreport: Die Umsetzung der Richtlinie über den Fernabsatz von Finanzdienstleistungen im deutschen Recht, BB 2005, 53 ff

Schäfer, Hans-Bernd/*Ott,* Claus: Lehrbuch der ökonomischen Analyse des Zivilrechts, 4. Auflage, Berlin u. a., 2005

Schimikowski, Peter: Versicherungsvertragsrecht, 2. Auflage, München, 2001

Schirp, Wolfgang/*Mosgo,* Oleg: Aufklärungspflichten bei internen Provisionsvereinbarungen, BKR 2002, 354 ff

Schmitz, Dirk: Vertragliche Haftung bei unentgeltlichem Informationserwerb via Internet, MMR 2000, 396 ff

Schmitz, Erich: Dritthaftung aus culpa in contrahendo, Diss., Berlin, 1980

Schubert, Werner: Unredliches Verhalten Dritter bei Vertragsschluss, AcP 168 (1968), 470 ff

Schulenburg, Volker: Anm. zu KG, Urteil v. 17.04.2001, NZG 2001, 1104

Schumacher, Rolf: Vertragsaufhebung wegen fahrlässiger Irreführung unerfahrener Vertragspartner, Bonn, 1979

Schwab, Martin: Grundfälle zur culpa in contrahendo, Sachwalterhaftung und Vertrag mit Schutzwirkung für Dritte nach dem neuen Schuldrecht, JuS 2002, 872 ff

Schwark, Eberhard: Die Haftung aus dem Prospekt über Kapitalanlagen, BB 1979, 897 ff

Schwarze, Roland: Vorvertragliche Verständigungspflichten, Habil.-Schr., Tübingen, 2001

Schwennicke, Andreas: Die Dokumentation der Erfüllung von Verhaltenspflichten nach § 31 Abs. 2 WpHG durch die Bank, WM 1998, 1101 ff

Schwerdtner, Peter: Maklerrecht, 4. Auflage, München, 1999

Schwintowski, Hans-Peter: Neuerungen im Versicherungsvertragsrecht, ZRP 2006, 139 ff

Schwintowski, Hans-Peter/*Schäfer,* Frank A.: Bankrecht. Commercial Banking – Investment Banking, 2. Auflage, Köln, 2004 (zitiert: Bearbeiter, in: Schwintowski/Schäfer, Bankrecht)

Singer, Reinhard: Das Verbot widersprüchlichen Verhaltens, Diss., München, 1993

Soergel: Kommentar zum Bürgerliches Gesetzbuch mit Einführungsgesetz und Nebengesetzen, Band 2/1, 12. Auflage, 1986; Band 4/2, 12. Auflage, 1999, Stuttgart, Siebert, W./Baur, Jürgen F. (Hrsg.), (zitiert: Bearbeiter, in: Soergel, BGB)

Spindler, Gerald: Kapitalmarktreform in Permanenz – Das Anlegerschutzverbesserungsgesetz, NJW 2004, 3449 ff

Staub: Großkommentar zum Handelsgesetzbuch, Canaris, Claus-Wilhelm/Schilling, Wolfgang/Ulmer, Peter (Hrsg.), Erster Band, 4. Auflage, Berlin/New York, 1995 (zitiert: Bearbeiter, in: Staub, HGB)

Staudinger, Julius von (Hrsg.): Kommentar zum Bürgerlichen Gesetzbuch mir Einführungsgesetz und Nebengesetzen, Buch 2. Recht der Schuldverhältnisse. §§ 652–

656, Neubearbeitung 2003; Buch 2. Recht der Schuldverhältnisse. §§ 657–705, Neubearbeitung 2006, Berlin (zitiert: Bearbeiter, in: Staudinger, BGB)

Stodolkowitz, Heinz Dieter: Beweislast und Beweiserleichterungen bei der Schadensursächlichkeit von Aufklärungspflichtverletzungen, VersR 1994, 11 ff

Stoffels, Markus: AGB-Recht, München, 2003

Stoll, Hans: Vertrauensschutz bei einseitigen Leistungsversprechen, in: Festschrift für Werner Flume zum 70. Geburtstag, Band I, Jakobs, Horst Heinrich u. a. (Hrsg.), Köln, 1978, S. 741 ff (zitiert: Stoll, Vertrauensschutz bei einseitigen Leistungsversprechen, in: FS für Werner Flume)

– Zum Vertrauensschaden bei arglistiger Täuschung im Rahmen von Vertragsverhandlungen (f), JZ 1999, 95 ff

Straßer, Manuel: Die Haftung der Wirtschaftsprüfer gegenüber Kapitalanlegern für fehlerhafte Testate, Diss., Frankfurt a. M. u. a., 2003

Strauch, Dieter: Rechtsgrundlagen der Haftung für Rat, Auskunft und Gutachten, JuS 1992, 897 ff

Tewes, Dieter (Hrsg.): Praxishandbuch Immobilienkapitalanlagen. Darstellung sämtlicher Modelle aus steuerlicher, wirtschaftlicher und zivilrechtlicher Sicht, 2. Aktualisierung, Kissing, Juli 1995

Thiel, Rolf W.: Die Haftung der Anlageberater und Versicherungsvermittler. Risikoerkennung. Risikomanagement, München, 2005

Tiedtke, Klaus: Der Inhalt des Schadensersatzanspruchs aus Verschulden beim Vertragsabschluß wegen fehlender Aufklärung – Zugleich eine Besprechung des BGH-Urteils vom 8.12.1988 – VII ZR 83/88, JZ 1989, 569 ff

Ulmer, Peter/*Brandner,* Hans Erich/*Hensen,* Horst-Diether/*Schmidt,* Harry: AGB-Gesetz, Kommentar zum Gesetz zur Regelung des Rechts der Allgemeinen Geschäftsbedingungen, 9. Auflage, Köln, 2001 (zitiert: Bearbeiter, in: Ulmer/Brandner/Hensen, AGBG)

Urmersbach, Tim: Private Arbeitsvermittlung – Ein Beispiel sozialrechtlich überlagerten Zivilrechts, SGb 2006, 144 ff

Wach, Karl J. T.: Terminhandel in Recht und Praxis. Zivilrechtlicher Anlegerschutz beim spekulativen Termingeschäft an den Rohstoff-, Finanz- und Devisenbörsen unter Berücks. der wirtschaftlichen und soziologischen Tatsachen sowie des Straf- und Börsenrechts, Diss., Köln, 1986

Wagner, Klaus-R.: Aktuelle zivilrechtliche Entwicklung bei steuerorientierten Kapitalanlagen, WM 1998, 694 ff

– Anm. zu OLG Stuttgart, Urteil v. 09.03.1999, NZG 1999, 612 ff

– Der stillschweigende Anlagevermittlungs-/-beratungsvertrag, DStR 2003, 1757 ff

– Die Pflichten von Kapitalanlegern zur eigenverantwortlichen Prüfung und sachgerechten Entscheidung, BB 2002, 172 ff

– Einsatzmöglichkeiten notarieller Streitvermeidung und Streitentscheidung, NJW 2001, 2128 ff

– Kapitalanlagerechtliche Aufklärungspflichten über jede Art von Negativberichterstattungen? – Zum freien Kapitalanlagemarkt – WM 2002, 1037 ff

– Neue Entwicklungen zur Anlagevermittler-/Anlageberaterhaftung (Teil II), DStR 2004, 1883 ff

– Zur Problematik von Kausalität und Schaden bei langfristigen Kapitalanlagen, NZG 2003, 897 ff

Wagner, Klaus-R./*Loritz,* Karl-Georg: Konzeptionshandbuch der steuerorientierten Kapitalanlage, Band 1. Immobilienanlangen – Baumodelle, 2. Auflage, München/Berlin, 1997 (zitiert: Bearbeiter, in: Wagner/Loritz, Konzeptionshandbuch der steuerorientierten Kapitalanlage)

Weber, Martin: Die Entwicklung des Kapitalmarktrechts 1998–2000: Organisation, Emission und Vertrieb, NJW 2000, 2061 ff

Wegener, Ulrich/*Sailer,* Erwin: Der Makler und sein Auftraggeber. Rechte – Pflichten – Risiken, 4. Auflage, Stuttgart/München u. a., 1988

Weishaupt, Arnd: Der Maklervertrag im Zivilrecht, JuS 2003, 1166 ff

Werber, Manfred: Möglichkeiten einer Begrenzung der Versicherungsmaklerhaftung, JR 1996, 917 ff

Westa, Rudolf: Prospekt- und Vertriebshaftung bei steuerbegünstigten Kapitalanlagen, Diss., Frankfurt a. M./Bern/New York/Paris, 1988

Westphalen, Friedrich Graf von: Richterliche Inhaltskontrolle von Standardklauseln bei einer Publikums-KG und der Prospekthaftung, DB 1983, 2745 ff

– Zusammenhang zwischen der Prospekthaftung und der Haftung aus der individuellen Anlageberatung, BB 1994, 85 ff

Wiedemann, Herbert: Anm. zu BGH, Urteil v. 26.09.1997, JZ 1998, 1176 f

Wiedemann, Herbert/*Schmitz,* Erich: Kapitalanlegerschutz bei unrichtiger oder unvollständiger Information – Besprechung der Entscheidungen BGHZ 71, 284 und BGHZ 72, 382, ZGR 1980, 129 ff

Wiegand, Annette: Die ‚Sachwalterhaftung' als richterliche Rechtsfortbildung, Diss., Berlin, 1991

Wilburg, Walter: Entwicklung eines beweglichen Systems im bürgerlichen Recht. Rede, gehalten bei der Inauguration als Rector magnificus der Karl-Franzens-Universität in Graz am 22. November 1950, Graz, 1950

Windisch, Franz-Josef: Wohnungsvermittlung ohne Vermieterauftrag, WM 1999, 265 ff

Wingbermühle, Hans: Der annoncierende Makler mit Doppelprovision, MDR 1993, 820 f

Wittmann, Arno: Zivilrechtliche Prospekthaftung beim Vertrieb von steuerbegünstigten Kapitalanlagen, DB 1980, 1579 ff

Wolf, Manfred: BGH-Rechtsprechung aktuell: Prospekthaftung und Verschulden bei Vertragsschluß – Entscheidungen und LM-Anmerkungen 1992–1993, NJW 1994, 24 ff

Wolf, Manfred/*Horn,* Norbert/*Lindacher,* Walter F.: Kommentar zum AGB-Gesetz. Gesetz zur Regelung des Rechts der Allgemeinen Geschäftsbedingungen, 4. Auflage, München, 1999 (zitiert: Bearbeiter, in: Wolf/Horn/Lindacher, AGBG)

Wolf, Martin: Pflichtenstandards bei der Kapitalanlagevermittlung durch den Versicherungsvertrieb, NVersZ 2001, 392 ff

Wunderlich, Wolfgang: Haftungsfragen im Zusammenhang mit öffentlich angebotenen Vermögensanlagen, DStR 1975, 688 ff

Wüst, Günther: Präventiver und repressiver Rechtsschutz bei Anlegerwerbung und Anlagevermittlung, JZ 1989, 67 ff

Ziegler, Christoph Eduard: Die Beschränkung der Haftung aus culpa in contrahendo in Allgemeinen Geschäftsbedingungen, BB 1990, 2345 f

Ziegler, Ole: Die Prospekthaftung am nicht-organisierten Kapitalmarkt im Spannungsverhältnis zu personengesellschaftsrechtlichen Grundsätzen, DStR 2005, 30 ff

Zimmer, Daniel: Neue Vorschriften für den nicht organisierten Kapitalmarkt – Eine Bewertung der den „grauen Kapitalmarkt“ betreffenden Bestimmungen der 6. KWG-Novelle, DB 1998, 969 ff

Sachwortverzeichnis

Schriften zum Bürgerlichen Recht

341 Kai Haberzettl
Verschulden und Versprechen. Zur Haftung des Schuldners für die Verzögerung der Leistung. 250 S. 2006 ⟨978-3-428-11959-2⟩ € 78,–

342 Jan-Hendrik Schulze
Die akzessorische Haftungsverfassung der Außengesellschaft bürgerlichen Rechts. 342 S. 2006 ⟨978-3-428-12023-9⟩ € 76,–

343 Detlef Spranger
Rechtsprobleme des Austritts beim Formwechsel (§§ 207 ff. UmwG). Eine Untersuchung unter besonderer Berücksichtigung des Formwechsels zwischen Personenhandels- und Kapitalgesellschaften. 341 S. 2006 ⟨978-3-428-11984-4⟩ € 89,80

344 Felix Maultzsch
Zivilrechtliche Aufopferungsansprüche und faktische Duldungszwänge. Eine Untersuchung zu den §§ 904, 906 Abs. 2 BGB. 302 S. 2006 ⟨978-3-428-12074-1⟩ € 68,–

345 Reinmar Wolff
Der drittbestimmte Verein. Satzungsrechte Dritter zwischen Vereinigungsfreiheit und Vereinsautonomie. 343 S. 2006 ⟨978-3-428-11892-2⟩ € 76,–

346 Bert Stresow
Die richterliche Inhaltskontrolle von Eheverträgen. 375 S. 2006 ⟨978-3-428-12007-9⟩ € 98,–

347 Nicola La Corte
Die harte Patronatserklärung. Zugleich ein Plädoyer für eine geänderte Anlaßrechtsprechung. 664 S. 2006 ⟨978-3-428-12246-2⟩ € 98,–

348 Sandra Konnertz
Die Konkurrenz der deliktischen Schadensersatzansprüche von Eigentümer und Besitzer gegen den Schädiger. Unter besonderer Berücksichtigung des Leasing und Vorbehaltskaufs. 271 S. 2006 ⟨978-3-428-11976-9⟩ € 86,–

349 Arnd Weißgerber
Die Beendigung des Schuldnerverzugs. 123 S. 2006 ⟨978-3-428-12286-8⟩ € 62,–

350 Olaf Schermann
Der Schutz des Vermächtnisnehmers im gemeinschaftlichen Testament und Ehegattenerbvertrag. 435 S. 2006 ⟨978-3-428-12231-8⟩ € 98,–

351 Michael Schnell
Die nachträgliche Unmöglichkeit der Naturalrestitution im allgemeinen Sachschadensrecht. 315 S. 2006 ⟨978-3-428-12163-2⟩ € 78,–

352 Oliver Gras
Zahlungszusagen im bargeldlosen Zahlungsverkehr: Bestandsaufnahme – Analyse – Kritik. Eine rechtsdogmatische Untersuchung unter besonderer Berücksichtigung der Einwendungsproblematik. 355 S. 2006 ⟨978-3-428-12282-0⟩ € 89,80

353 Carola Reichold
Aufrechnung nach Vorausabtretung. Ein Beitrag zur Entstehung und Auslegung des § 406 BGB. 148 S. 2007 ⟨978-3-428-12100-7⟩ € 68,–

354 Antonios V. Papadimitropoulos
Schuldverhältnisse mit Schutzwirkung zu Gunsten Dritter. Ein Erklärungsmodell für die Entstehung von Schutzpflichten gegenüber Dritten. 486 S. 2007 ⟨978-3-428-12253-0⟩ € 69,80

355 Patrick Schmidt
Die Unmöglichkeit der Erfüllung in Ansehung der Zeit. Systematische Ableitung einer Kongruenz der Voraussetzungen von Schuld und Haftung aus dem Leistungsbegriff und dessen Bezogenheit auf das versprechensgemäße Handeln des Schuldners. 156 S. 2007 ⟨978-3-428-12335-3⟩ € 68,–

356 Birgit Schneider
§ 284 BGB – zur Vorgeschichte und Auslegung einer neuen Norm. 293 S. 2007 ⟨978-3-428-12364-3⟩ € 76,–

357 Martin Gerecke
Rechtsgüterschutz und Einzelhandel – zugleich ein Beitrag zur Rechtsstellung des Unbefugten in Verkehrs- und Schutzpflicht. 1 Abb.; 318 S. 2007 ⟨978-3-428-12410-7⟩ € 92,–

358 Markus Haas
Haftung des Verwalters einer Wohnungseigentümergemeinschaft. 212 S. 2007 ⟨978-3-428-12090-1⟩ € 68,–

359 Stephanie Lumpp
Die Scheineheproblematik in Gegenwart und Vergangenheit. Eine dogmatische Untersuchung des fehlenden Willens zur ehelichen Lebensgemeinschaft. 181 S. 2007 ⟨978-3-428-12158-8⟩ € 64,–

360 Sigrid Lorz
Arzthaftung bei Schönheitsoperationen. 283 S. 2007 ⟨978-3-428-12457-2⟩ € 69,80

361 Markus Finn
Erfüllungspflicht und Leistungshindernis. Die Bestimmung der Grenzen vertraglicher Primärpflichten nach §§ 275 Abs. 1 und 2, 313 BGB. 620 S. 2007 ⟨978-3-428-12337-7⟩ € 98,–

362 Andreas Steigenberger
Entgeltumwandlung in der Insolvenz. 249 S. 2007 ⟨978-3-428-12424-4⟩ € 79,80

363 Laurenz Voss
Die Verkehrspflichten. Eine dogmatisch-historische Legitimierung. 250 S. 2007 ⟨978-3-428-12529-6⟩ € 68,–

364 Daniel Schnell
Signaturmissbrauch und Rechtsscheinhaftung. 324 S. 2007 ⟨978-3-428-12495-4⟩ € 78,–

365 Moritz Keller
Schuldverhältnis und Rechtskreisöffnung. Von der Lehre der *culpa in contrahendo* zum Rücksichtnahmeschuldverhältnis der §§ 311 Abs. 2 und Abs. 3 BGB. 265 S. 2007 ⟨978-3-428-12517-3⟩ € 76,–

366 Florian Harder
Das Schiedsverfahren im Erbrecht. Die Besonderheiten der Zulässigkeit und der Durchführung eines privaten Schiedsverfahrens bei der Erbauseinandersetzung aufgrund letztwilliger Schiedsklausel oder Schiedsvereinbarung. 190 S. 2007 ⟨978-3-428-12312-4⟩ € 72,–

367 Christian Teupen
„Copyleft" im deutschen Urheberrecht. Implikationen von Open Source Software (OSS) im Urhebergesetz. 268 S. 2007 ⟨978-3-428-12325-4⟩ € 64,–

368 Susanne Sachs
Geschwister im Familienrecht. 167 S. 2007 ⟨978-3-428-12606-4⟩ € 68,–